KB091237

믿을 수 없는
강간 이야기

T. 크리스천 밀러
켄 암스트롱
지음

노지양
옮김

**피해자 없는 범죄,
성폭력 수사 관행
고발 보고서**

믿을 수 없는
강간 이야기

반비

성폭력은 여전히 강력범죄 중 가장 신고율이 낮다. 피해자에게 침묵을 강요하는 사회 분위기 때문이다. 그래서 성폭력은 오랫동안 피해자 없는 범죄로 불렸다. 이제야 비로소, 피해자가 말할 수 있게 되었지만 수사기관부터 주변 지인에 이르기까지 관련된 모든 사람들은 여전히 피해자의 말을 의심한다. 이 책은 피해자를 의심하는 동안 가해자가 얼마나 활개치고 다니는지를 아주 소름끼치게 알려준다. 다행히 이 책에 등장하는 두 명의 여성 형사는 다르게 접근한다. 피해자의 말을 경청하고 그 말을 기반으로 수사를 진행하고, 사건의 핵심이 달라지지 않았다면 섣불리 허위라고 단정 짓지 않는다. 그 결과 진범이 잡혔다. 이렇게 분명하고 간단한 원칙이, 이렇게나 예외적인 정의라는 점에서 내내 분노했고 한편으로는 통쾌했다. 문제가 나아지길 원하는 모든 사람이 읽어야 하는 책이다. 특히 피해자부터 의심하고 보는 '일부' 남성 경찰들이 반드시 읽기를 권한다.

—권김현영 | 여성학자, 『미투의 정치학』

악랄한 연쇄강간범을 어떻게 잡아낼 것인가. 처음엔 흘려보냈지만 나중에 돌아보니 '놓친' 증거였던 사소한 디테일은, 여러 사람에게 훼손되고 나서야 뒤늦게 도착했다. 애초에 그 증거를 왜 알아차리지 못했던가. '여자의 상상이다, 여자가 원했다, 여자의 거짓말이다……' 성폭력 사건에는 범인 찾기라는 하나의 추적만이 아니라, 성폭력을 둘러싼 수많은 편견과 오해와 불신의 과정들을 쫓아 그 원인까지 제거해야 하는 추적선※들이 존재한다. 이 책을 읽는 내내 분노와 슬픔과 통쾌함이 수없이 교차한다.

—김용언 |《미스테리아》편집장, 『문학소녀』

성추행을 신고했다가 무고로 몰려 1심과 2심에서 유죄가 선고된 KBS 파견직 여사원의 사건을 대법원에서 다투던 중에 이 책을 읽었다. 그리고 이 글을 쓰기 직전, 극적으로 무죄 판결을 받았다. 우리가 현실에서 상식이나 논리라고 믿고 있는 것들 상당수는 체제 속에서 구축되어온 것들이다. 성폭력은 통상 물리적으로도 사회적으로도 약자를 대상으로 일어난다. 그래서 사건이 불거지면 피해자가 범죄 당시나 전후에 무결점의 언동을 했는지 따지고, 세부적인 진술이 조금만 달라져도 피해자를 의심한다. 충격 받고 상처 입은 피해자가 전한 이야기들을 제대로 듣고 기억하고 있는지 확신할 수 없는 주변인들의 말들로 쉽게 배척된다. 여기에 상식이니 논리라는 말이 쉽게 대입되면서, 범죄자가 처벌되지 못하는 것을 넘어 피해자가 순식간에 무고 범죄자로 전락한다. 그런 현실의 사건을 마주하다 보니, 이 책을 읽는 내내 '마리' 때문에 마음이 끓었다. 지금 이 순간에도 미국에, 한국에, 지구상에 마리같이 무고라고 의심받고 긴 시간 고통 받는 이들이 있다. 그들 모두가 마리처럼 억울함을 풀 수 있을까? '마리'에게 애를 끓였다가 종래에 안도하는 과정을 거치며 책장을 덮을 즈음, 저자가 건네는 이야기가 비로소 들렸다. 종래에 성범죄 유죄 판결이 난 사건을 두고도 "피해자라면서 좀 이상하지 않아?"라는 말을 하는 한국 사회의 많은 이들에게, 이 책을 쓱 내밀어 일독을 권한다.　—이은의 변호사 | 이은의법률사무소 대표변호사, 『불편할 준비』

한국에도 수많은 '마리'가 살고 있습니다. '피해자다움'에 대한 통념은 성폭력 2차 피해를 일으킬 뿐 아니라 심지어 성폭력 피해자를 무고사범으로 몰아가고 있습니다. 그 사이 가해자는 수사망을 빠져나갑니다. 이 책에서 여성 경찰들은 적극적이고 철저한 공조 수사를 펼칩니다. 한국은 어떨까요? 우리나라 수사재판기관에서 이 책을 읽기를 바랍니다.

—한국성폭력상담소

성폭력을 당한 수많은 여성과 소녀들이 신고하지 않는다. 가장 큰 이유는 사람들이 믿어주지 않을 것이라는 두려움 때문이다. 이 책은 여성의 강간 신고를 의심했을 때 어떤 대가를 치르게 되는지를 낱낱이 보여준다. 책장을 빨리 넘기면서도 마음 깊이 불편해지는 이 책은 우리의 형법 체계가 어떻게 피해자를 좌절시키는지와 어떻게 이 시스템을 개혁할 수 있는지를 주제로 한 전국적인 논의가 벌어질 수 있는 계기를 마련했다.

—페기 오렌스타인 |『아무도 대답해주지 않은 질문들』

꼼꼼한 취재가 돋보이는 이 책은 여성을 대상으로 한 범죄수사 시스템의 실패를 고발하고 있다. 이들이 폭로한 실상은 비극적이고, 기가 막히고, 카프카 소설처럼 부조리하다. 하지만 저자들은 분노하는 데만 그치지 않는다. 체제의 변화를 통한 실제적인 개혁을 설명하면서 공공의 이익을 위한 방향을 제안한다. 객관적인 보도 정신과 인간에 대한 연민을 바탕에 깔고 이야기를 풀어간다. 디테일이 있고 드라마가 있고 인간애가 있다. 이처럼 탁월한 논픽션은 소설처럼 감동적일 수밖에 없다. —서배스천 로텔라 |『립 크루*Rip Crew*』

밀러와 암스트롱은 캐릭터들을 생생하게, 판단하지 않고 묘사하면서 우리 사회가 강간을 다루는 방식 안에 깊이 스며 있는 성차별을 풀어낸다. 더 바람직한 것은 이 책에 등장하는 여성들은 피해자이기도 하지만 싸울 준비가 되어 있는 강인한 주인공들이라는 것이다.

—앤마리 슬로터 |『끝나지 않은 일*Unfinished Business*』

미국은 위계질서를 이용하여 피해자를 더욱 최악의 상황으로 밀어 넣고 여성과 연약한 이들을 방치하게 만드는 비극인 성폭력을 적합한 방식으로 설명하지 못했다. 철저한 자료 조사와 가차 없는 폭로는 무지를 핑계 삼지 못하게 한다. 참담하지만 반드시 읽어야 할 글로 탐사보도의 장인들에 의해 완벽한 구성의 작품으로 탄생했다.

—브라이언 스티븐슨 | 『월터가 나에게 가르쳐준 것』

한마디로 탐사보도의 승리다. 이 책은 끔찍하게 잘못 흘러가버린 수사를 가차 없이 파고들어 가슴 아픈 실상을 밝힌다. 흉악한 범죄를 소름 끼칠 정도로 냉철하게 묘사한다. 자신의 주장이 묵살된 억울한 피해자를 대신하여 강력하게 정의를 호소한다. 이와 비슷한 수준의 범죄 논픽션은 다시 읽기 힘들 것이다.

—로버트 콜커 | 『로스트 걸스 *Lost Girls*』

심각하고, 충격적이고, 강렬하고, 중요한 책. 시기를 타지 않는 이슈들인 범죄, 피해자성, 진실성, 성차별을 다루지만 더없이 시의성이 강하다. 또한 매혹적이고 명징한 글은 독자들에게 끊임없이 반전과 놀라움을 선사한다.

—수전 올린 | 『난초 도둑』

밀러와 암스트롱은 젠더 편견과 성폭력에 대한 수많은 신화들이 얼마나 경찰 수사에 막강한 영향을 미치는지 보여준다. 이로 인해 피해자들은 상처 입고 가해자들은 풀려나 잠재적인 추가 범죄를 저지를 수 있다. 이 영리한 책은 올바르게 진행된 수사를 긴장감 넘치게 묘사하면서 훌륭한 경찰 수사가 어떻게 가능한지를 최신 자료와 정보와 함께 제시하며 성폭력 피해자들에게 정의를 쟁취할 수 있다고 말한다. 훌륭한 자료 조사와 진심 어린 연민이 담긴 이 책은 이 시대의 필독서이다.

—조앤 아첨볼트 | '국제여성폭력방지위원회 End Violence Against Women International' CEO

능력과 헌신과 책임감으로 평생토록 나의 모범이 되어준

나의 아버지 도널드 H. 밀러에게.

앞으로의 세월도 당신의 빛 안에서 머물기를 기대합니다, 아빠.

—T. 크리스천 밀러

———— ◆ ————

세 개의 북클럽에서 바쁘게 활동하며

여전히 책은 하드 커버여야 한다고 주장하시는

나의 어머니 주디 암스트롱에게.

"나는 책장을 넘기는 게 좋거든." 언제 들어도 소중한 말입니다.

—켄 암스트롱

차례

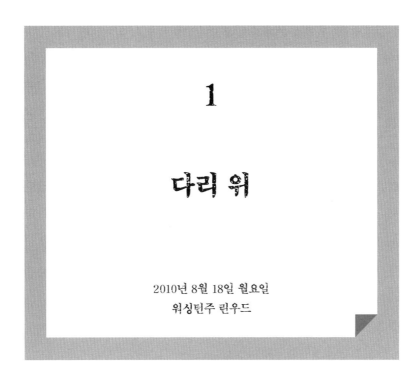

1

다리 위

2010년 8월 18일 월요일
워싱턴주 린우드

마리는 경찰 조사실을 나와 형사, 경사와 함께 경찰서 계단을 내려왔다. 마리는 이제 울먹이지 않았다. 경찰은 그녀를 계단 밑에서 기다리고 있던 두 사람에게 인도했다. 마리는 일정한 나이가 되어 위탁가정에서 나온 10대들을 지원하는 기관에서 도움을 받고 있었고 두 사람은 기관의 간사들이었다.

한 명이 말했다. 그래서 말인데.

너 강간당한 게 맞니?

일주일 전, 녹갈색 눈동자에 곱슬머리에 치아 교정기를 낀 18세 소녀 마리는 경찰에 강간 신고를 했다. 아파트에 침입한 낯선 남자는 그녀의 눈에 눈가리개를 하고 팔다리를 묶고 재갈을 물린 후 강간했다. 이후 일주일 동안 마리는 경찰에게 이 이야기를 최소 다섯 번 반복했다. 다음과 같은 내용이다. 마른 체형의 백인 남성, 키는 170센티미터가 안 되는 작은 편. 청바지 입었음. 후드 티셔츠 착용.(회색 같지만 흰색일 수도 있음.) 눈은 푸른색인 것 같았음. 하지만 마리가 진술할 때마다 말이 조금씩 바뀌기도 했다. 그 와중에 경찰은 마리를 의심하는 주변 사람들 이야기에 주목했다. 경찰이 마리를 불러 주변 사람들의 의심을 전달하니 그녀는 흔들렸고, 무너졌고, 결국 모두 지어낸 이야기라고 자백했다. 위탁모에게 전화를 해도 받아주지 않고, 남자 친구는 그냥 친구가 되어버렸으며, 혼자 있는 것이 외롭고 익숙지 않아서 그랬다고 했다.

관심을 받고 싶어서 그랬노라고.

그녀는 형사에게 어떤 어린 시절을 견뎌야 했는지 털어놓지 않을 수 없었다. 대략 스무 곳 이상의 위탁가정을 전전했고 일곱 살 때 강간당한 적이 있다. 생전 처음으로 완전히 홀로 살아가게 되자 불안하고 두려웠다. 무단 침입자에게 강간당했다는 이야기는 "어쩌다 나온 말이었는데 일이 너무 속수무책으로 커져버렸다."고 경찰에게 말했다.

그날 그녀는 경찰들의 얼마 남지 않은 인내심을 시험했다. 경찰서에 다시 돌아와서 처음 신고했을 때 했던 이야기가 전부 맞고, 자신은 실제로 강간을 당했다고 말한 것이다. 하지만 조사실에서 형사들의 취조와 압박을 받자 또다시 말을 바꿨다. 거짓말임을 인정한다고.

아니에요. 마리는 계단 아래에서 그녀를 기다리고 있던 위탁기관 간사들에게 말했다.

아니에요. 강간당하지 않았어요.

재나와 웨인은 주의 지원을 받아 위탁 청소년들의 자립을 돕는 비영리 단체인 프로젝트래더(Project Ladder)의 직원이었다. 이 기관의 직원들은 대체로 18세가 되어 고등학교를 졸업하고 사회에 나온 10대들에게 식료품 구입 요령이나 신용카드 사용 같은 자잘한 생활 요령을 가르친다. 무엇보다 이 단체가 제공하는 가장 대표적인 지원책은 역시 경제적 지원이었다. 청소년들에게 침실 하나짜리 아파트를 저렴하게 임대해 집세가 비싼 시애틀 근처에 살 곳을 마련해주는 것이다. 웨인은 마리의 담당 간사였고 재나는 부서 관리자였다.

만약 그렇다면, 네가 강간당하지 않았다면 말이야. 그들은 마리에게 말했다. 네가 앞으로 해야 할 일이 있어.

마리는 그다음에 나올 말이 두려웠다. 그들의 질문에 대답했을 때 그들 얼굴에 떠오른 표정을 똑똑히 보았기 때문이다. 그들은 눈도 깜짝하지 않았다. 전혀 충격받은 기색이 아니었다. 그들도 다른 사람들처럼 그녀를 줄곧 의심했던 것이다. 문득 이제부터 사람들이 자신을 정신적인 문제가 있는 애로 볼 것이라는 생각이 스쳤다. 그녀 또한 자기가 어디가 아픈가, 병원에 가봐야 할 상태가 아닌가 하는 생각마저 들었다. 자신이 얼마나 취약해진 상태인지 그제야 깨달았다. 그녀가 현재 가진 얼마 안 되는 모든 것을 하루아침에 잃을 수도 있었다. 일주일 전만 해도 마리에게는 친구가 있었고, 처음 갖게 된 일자리가 있었고, 자기 집이라 부를 수 있는 공간도 있었고, 가고 싶은 곳을 마음대로 오갈 수 있는 자유가 있었으며 자신의 삶이 이제야 제대로 펼쳐질 것 같은 희망이 있었다. 하지만 이제 일자리와 희망은 사라졌다. 나만의 공간과 소중한 자유도 잃을 위험에 처했다. 내가 도움을 청할 친구가 있나? 이제 세상에 나 혼자뿐인가?

그녀의 이야기는 정말로 눈덩이처럼 커져버렸다. 지난주에 텔레비전 뉴스 시간은 온통 마리 이야기로 도배되었다. "워싱턴주 서부의 한 10대 여성이 양치기 소년이었다고 자백했습니다."[1] 한 뉴스 진행자는 이런 표현까지 사용했다. 시애틀의 ABC, NBC, CBS 계열 지역방송국들도 일제히 이 뉴스를 보도했다. NBC 계열의 지역방송국인 KING5는 마리가 사는 아파트 단지에 카메라를 들이대 계단을 찍고 열려 있던 창문 영상을 한참 동안 내보냈고, 시애틀에서 가장 유명한 여성 앵커 진 에너슨은 시청자들에게 이렇게 말했다. "린우드 경찰서는 얼굴을 모르는 범인에게 성폭력을 당했다고 하던 여성의 주장이 허위였다고 보고했습니다. [……] 경찰은 그와 같은 거짓말을 한 이유는 아직 밝히지 못했으며 이 여성이 허위 신고로 기소당할 가능성도 있다고 전했습니다."[2]

방송기자들이 카메라를 들고 그녀의 집 현관문을 쾅쾅 두드리면서 왜 거짓말을 했는지 말해달라고 했다. 그녀는 기자들을 피하기 위해 스웨트셔츠로 얼굴을 가리고 집 뒷문으로 빠져나오기도 했다.

그녀의 사연은 퍼지고 퍼져 인터넷 세상의 음침한 구석에까지 자리를 잡았다. 성폭력 허위 고소 사건을 집중적으로 다루는 '가짜 강간 소사이어티'에서 린우드 사건에 대한 글을 두 차례 게시했다. "끊이지 않는 가짜 강간 주장 행렬에 또 한 건이 추가되었다. 이번에도 신고자는 젊은 여성,

10대 소녀다. [······] 이 거짓 혐의 씌우기의 파장이 얼마나 심각할 수 있는지를 고려한다면 허위 신고, 무고죄의 처벌은 강화되어야만 한다. 훨씬 더 강력하게. 그래야 거짓말쟁이들의 몰상식한 행태를 저지할 수 있을 것이다."[3] 런던에 거주한다는 어느 회원은 "전 세계 강간 무고죄 연대기"라는, 1674년까지 거슬러올라가는 게시물을 올렸는데 린우드 사건은 1188번째 사건으로 기록되어 있다. 그 바로 앞에는 "같은 학교 학생과 합의에 의한 성관계를 한 후에 초록색 쉐보레를 몰았다고 하는 한 상상의 남자를 가해자로 고소했다."는 조지아주의 한 10대 사건[4]과 "성관계 후 즐거웠다는 문자를 보낸 직후 바로 관계에 동의한 적 없다고 발뺌했다."고 하는 영국의 어느 10대 사건이 기록되어 있다. 작성자는 이렇게 썼다. "이 자료에서 볼 수 있듯이 일부 여성들은 섹스를 강간이라 울부짖고 혹은 섹스에 동의한 직후 후회 때문에 강간이라고 주장한다."[5]

워싱턴주와 인근 지역에서 마리의 사건은 성폭력을 당했다는 주장과 신뢰성이라는 해묵은 논쟁을 대표하는 사례가 되었다.

뉴스에서 그녀의 실명이 공개되지는 않았다. 하지만 마리 주변 사람들이 모를 리가 없었다. 고등학교 1학년 때 친구는 전화해서 말했다. "어떻게 그런 거짓말을 할 수가 있니?" 방송기자들이 묻고 싶었던 그 질문, 앞으로 마리가 어디를 가건 마주하게 될 질문이었다. 그녀는 친구에게 대답하지 않았다. 그저 듣고 있다가 끊어버렸다. 그렇게 하나의 우정은 끝나버렸다. 마리는 전에 다른 친구에게 낡은 검은색 IBM 노트북을 빌려준 적이 있었다. 친구는 이제 그것을 돌려주지 않겠다고 어깃장을 놓았다. 마리가 당장 내놓으라고 하자 이렇게 말했다. "네가 거짓말했으니까 난 물건 훔쳐도 되겠네." 바로 이 친구가, 아니 이제 전 친구라고 할 수 있는 이 아이가 전화를 걸어 협박조로 그렇게 살지 말고 죽어버리라고 말하기도 했다. 사람들은 마리 때문에 이제 진짜 성폭력 피해자들을 신뢰할 수 없게 되었다고 했다. 마리에게 욕을 했다. 쌍년, 골 빈 년, 창녀.[6]

프로젝트래더 간사들은 마리에게 지금 해야 할 일이 무엇인지 말했다. 그대로 하지 않으면 기관에서 쫓겨나고 지원은 끊길 거라고 했다. 아파트를 빼앗길 것이다. 집 없이 거리로 나앉을 것이다.

간사들은 마리를 아파트 단지로 데려갔고 프로젝트래더 소속의 다른 10대들을 소집했다. 모두 마리 또래이며 마리와 마찬가지로 위탁가정을 전전하며 어린 시절을 보낸 아이들이었다. 모두 열 명 정도로 대부분 소녀들인 이들은 관리실 앞 수영장 근처에 원 모양으로 둘러앉았다. 마리만 혼자 일어나서 바로 전주에 911에 강간 신고를 해준 위층 사는 친구를 포함한 모든 사람들에게 말했다. 자기가 한 말은 다 거짓이었으니 더 이상 걱정할 필요가 없다고. 저 바깥에 우리가 조심해야 할, 경찰이 체포해야 할 강간범 같은 것은 없다고.

마리는 이 말을 하는 내내 엉엉 울었고 울음소리는 어색한 침묵 때문에 더 크게 울려 퍼졌다. 그 공간 전체에서 연민이라고 할 만한 것은 딱 한 사람, 마리 오른쪽 옆에 앉은 소녀에게서만 느껴졌다. 다른 모든 사람들의 눈에는 온통 물음표뿐이었다. '대체 왜 그딴 짓을 하지?' 비난의 눈빛들이 따라왔다. '저 애 완전히 망했군.'

다음 주와 그다음 달, 신고 철회에 따른 더 나쁜 결과들은 마리에게 우박처럼 쏟아질 것이었다. 하지만 지금 마리는 이보다 더 최악의 순간이 존재하리라고는 상상하지 못했다.

마리에게는 의지할 수 있는 친구가 딱 한 명 남아 있었고 모임이 끝난 후, 그 친구 애슐리의 집으로 가기로 했다. 연수허가증만 있고 운전면허증이 없었던 마리는 걸어가기로 했다. 가는 길에 5번 주간고속도로 위를 지나가는 다리가 하나 있었다. 주에서 가장 교통량이 많은 이 남북고속도로에 스바루 승용차들과 18륜 트럭들이 꼬리를 물고 지나갔다.

마리는 순간 생각했다. 여기서 뛰어내리면 어떨까. 그러면 간단하게 끝나잖아.

휴대전화를 꺼내 애슐리에게 전화했다. 혹시 너 여기로 데리러 와줄 수 있니? 나 지금 이상한 짓 할 것 같아서 그래.

전화를 끊자마자 옆으로 던져버렸다.

2

쫓는 자들

2011년 1월 5일
콜로라도주, 골든

2011년 1월 5일 수요일 오후 1시가 약간 넘은 시간, 스테이시 갤브레이스 형사는 낮은 언덕 위부터 아래까지 비슷비슷한 건물 여러 동이 길게 늘어서 있는 아파트 단지로 다가갔다. 반쯤 녹은 지저분한 눈덩이들이 땅바닥을 군데군데 덮고 있었다. 헐벗은 가지를 드러낸 잿빛 나무들이 3층짜리 아파트 건물의 오렌지와 올리브색 벽과 대조를 이루며 서 있었다. 칼바람이 불고 이가 딱딱 부딪칠 정도로 추운 날씨였다. 갤브레이스는 방금 강간 신고를 받고 출동하는 중이었다.

이미 아파트 1층 곳곳에 경찰복이 보였다. 순경이 옆집 문을 차례차례 두드렸다. 범죄현장 감식반이 사진을 찍고 있다. 구급대원은 아파트 앞에 앰뷸런스를 주차 중이다. 갤브레이스는 이 북새통 속에서도 단연코 눈에 띄었다. 대부분 남자들만 가득한 이 장소에 있는 유일한 여성이었기 때문이다. 갸름한 얼굴에 금발의 생머리가 어깨를 지나 등으로 떨어진다. 장거리 육상선수처럼 호리호리하고 날렵하다. 눈은 푸른색이다.

그녀는 경찰 한 명에게 다가갔다. 그는 가느다란 겨울 햇살 아래 갈색의 롱코트를 입고 아파트 밖에 서 있는 여성을 손으로 가리켰다. 여성은 한 손에 소지품이 든 가방을 꼭 붙들고 서 있었다. 갤브레이스는 그녀가 20대이며 키는 대략 170센티미터 가까이 될 거라 짐작했다. 몸은 가냘프고 머리색은 짙은 갈색이다. 비교적 침착했고 동요의 기미는 없었다.

피해자였다.

갤브레이스는 다가가서 자신을 소개했다. 제 차에 들어와서 이야기할래요? 차 안이 여기보다는 더 따뜻할 거예요. 더 안전하기도 하고요. 여자는 고개를 끄덕였다. 그들은 앞자리로 들어갔고 갤브레이스는 차의 히터를 최대로 높였다.

피해자 성명은 앰버. 근처 대학교에 다니는 대학원생이다. 겨울방학이었고 룸메이트는 방학이라 집에 갔다. 그녀는 아파트에 혼자 남아 고독을 마음껏 즐기면서 밤 늦게까지 깨어 있다가 다음 날 하루 종일 잠을 자며 보냈다. 도시 외곽에 사는 남자 친구가 차를 몰고 자주 집에 찾아오긴 했지만 전날 밤에는 혼자였다. 혼자 저녁을 만들어 먹었다. 침대에서 이불을 돌돌 말고 「위기의 주부들」과 「빅뱅 이론」을 지겨워질 때까지 연속으로 보았다. 동틀 무렵이었는지 스르르 잠이 들면서 아파트 주민들의 출근 준비 소리를 들은 것도 같았다.

잠에 빠져들려는 순간 어떤 소리 때문에 잠이 깼다. 희미한 새벽빛 속에서 그녀 쪽으로 다가오는 어떤 형체가 보였다. 감각이 곤두서 지금 일어나고 있는 일을 감지했다. '내 방에 남자가 있어.' 검은색 마스크로 눈만 빼고 얼굴 전부를 가린 남자였다. 회색 후드 티를 입고 있었다. 하의는 스웨트 팬츠였다. 신발은 검은색이었다. 손에는 총 한 자루가 들려 있었다. 총구는 정확히 그녀를 겨누고 있었다.

"소리 지르지 마. 전화기에 손대면 바로 쏠 거니까." 그가 그녀에게 말했다.

아드레날린이 소용돌이치듯 온몸으로 퍼졌다. 눈은 오직 그 총에 고정되어 있었다. 번쩍이는 은색 총에 검은색 무늬가 있었다고 기억하고 있다.

그녀는 빌었다. 해치지 마세요. 때리지 마세요.

아파트에 현금이 있으니 얼마든지 가져가라고 했다.

"좆 까." 그는 그녀에게 말했다.

남자는 그녀를 공포에 질리게 했다. 남자는 그녀를 해칠 것이 분명했다. 아마 죽일 수도 있을 것이다. 그녀는 결심했다. 싸우지 말자. 견뎌보자. 남자가 시키는 대로 하자.

남자는 어깨에 메고 있던 초록색과 검은색이 섞인 배낭을 바닥에 내려놓았다. 그 안에는 남자에게 필요한 모든 것이 들어 있었다. 자신의 장비들을 안전하게 모셔놓은 투명 비닐 봉투를 꺼냈다. 봉투마다 대문자로 된 라벨이 하나씩 붙어 있었다. 재갈. 콘돔. 바이브레이터. 쓰레기.

그는 앰버에게 입고 있던 겨울용 파자마를 벗으라고 했다. 앰버는 그가 가방에서 허벅지까지 오는 흰색 스타킹을 꺼내 자기의 다리에 신기는 모습을 지켜보았다. 그가 하이힐이 있냐고 물었다. 없다고 대답하자 남자는 가방에서 투명 플라스틱 하이힐을 꺼냈다. 그리고 하이힐에 달린 발목에 묶을 수 있는 분홍 리본을 그녀의 발목 위 종아리 아래에 묶었다. 다시 가방 쪽으로 가더니 분홍색 머리끈을 꺼내서 그녀의 머리를 땋았다. 화장품은 어디 있어? 그녀는 서랍장 위에 있는 화장품 가방을 가리켰다. 그의 지시는 굉장히 구체적이었다. 아이섀도 먼저 칠해. 이제 립스틱 바르고. 더 진하게. 입술이 진한 분홍색이었으면 좋겠다고 했다. 마침내 그녀에게 매트리스에 누우라고 명령했다. 자기 가방에서 검은색 실크 리본을 꺼냈다. 손을 뒤로 해. 그가 말했다. 팔목을 리본으로 느슨하게 묶었다.

앰버는 그 리본을 알아보는 순간 경악했다. 남자 친구와 함께 산 리본, 몇 주 전에 남자 친구와 집 안 곳곳을 찾아보았지만 어디로 가버렸는지 도무지 찾을 수 없었던 리본. 엉뚱한 곳에 처박혀 있을 거라 생각하고 말았다. 머릿속이 혼란스러웠다. 어떻게 이 강간범이 내 리본을 갖고 있지?

그 후 네 시간 동안 그는 앰버를 수차례 강간했다. 남자는 지치면 잠시 휴식을 취하면서 셔츠만 입은 채 가져온 물병의 물을 마셨다. 그녀가 통증을 호소하니 윤활제를 발랐다. 춥다고 하니 그녀의 분홍색과 초록색이 섞인 담요를 덮어주었다. 그녀에게 무엇을 어떻게 할지 지시했다. "착하지. 말 잘 듣네."라고 말했다. 그는 콘돔은 사용하지 않았다.

그는 분홍색 디지털 카메라를 가져왔고 그녀에게 침대에서 포즈를 취하라고 했다. 이렇게 움직여봐. 이쪽으로 몸을 돌려봐. 포즈가 마음에 들면 사진을 몇 장 찍었다. 강간 도중에 사진을 더 찍기도 했다. 몇 장의 사진을 찍었는지는 모르겠다고 앰버는 갤브레이스에게 말했다. 가끔은 한 번에 20분 정도를 사진을 찍기도 했다. 사진은 경찰에게 강간이 아니라 합의된 성관계라고 말할 때 사용할 거라고 했다. 또 인터넷 포르노 사이트에 올려서 모든 사람, 그녀의 부모, 친구들, 남자 친구가 보게 할 거라고 했다.

앰버는 가능한 한 자신을 물건이 아니라 인간으로 느끼게 해서 살아남아야겠다고 결심했다. 그래서 남자가 쉴 동안 이런저런 사적인 질문을 던져보았다. 대답을 하지 않을 때가 많았다. 그러다가 20분 정도는 대화다운 대화를 나누기도 했다. 그가 그녀를 어떻게 찾게 되었는지 자세하게 설명했다. 심지어 그런 이야기가 남자를 안심시키는 것 같기도 했다.

남자는 지난 8월부터 아파트 창문으로 그녀를 훔쳐보았다고 했다. 이름과 성을 알고 있다. 생일도 알고 운전면허증 번호도, 차 번호도 안다. 어느 학교에서 무슨 공부를 하는지도 안다. 밤에 그녀가 침대에 들기 전에 욕실 거울을 보고 혼잣말을 한다는 것도 안다.

그 모든 내용 하나하나가 사실이더라고, 앰버는 갤브레이스에게 말했다. 허풍이 아니었다.

앰버는 이 남자의 배경에 대해 몇 가지 질문했다. 남자는 자기가 스페인어, 라틴어, 러시아어 3개 국어를 구사한다고 말했다. 전 세계 각지를 다녔고, 한국과 태국, 필리핀에도 있었다. 대학도 다녔고 돈이 필요한 건 아니었다. 군에도 있었다고 했다. 아는 경찰들이 많다는 이야기도 했다.

남자는 앰버에게 자신의 세계는 "복잡하다."고 말했다. 사람은 늑대와 브라보로 나뉜다. 브라보는 여자나 아이를 해치지 않는다. 하지만 늑대는 하고 싶으면 그렇게 해야만 한다.

그는 늑대다.

앰버는 강간범의 얼굴은 보지 못했다고 갤브레이스에게 말했다. 하지만 그의 신체적 특징들을 되도록 자세히 기억하려고 애썼다. 백인이다. 머리는 짧은 금발이다. 눈은 녹갈색이다. 190센티미터 정도 키에 몸무게는 82킬로그램쯤. 회색 스웨트 팬츠 무릎에는 구멍이 나 있다. 아디다스 로고가 붙은 검은색 운동화. 성기 부근 음모는 깨끗하게 깎았다. 약간 투실투실한 편이다.

한 가지 특이한 신체적 특징이 있었다. 종아리에 있는 갈색 반점이다.

그가 일을 끝냈을 때 시간은 거의 정오에 가까웠다. 그는 물티슈로 앰버의 얼굴을 닦았다. 그리고 앰버에게 욕실로 가서 이를 닦으라고 시켰다. 샤워 부스 안으로 들어가라고 했다. 그녀가 비누칠하는 것을 지켜보았고 구체적으로 몸의 어떤 부분을 문질러 닦으라고 지시했다. 샤워를 마치자 10분 동안 물을 맞으며 더 서 있으라고 명령했다.

그는 집에서 나가기 전에 자기가 집 뒤편의 슬라이드 유리창으로 들어왔다고 알려주었다. 문 아래쪽의 레일에 나무 장부촉을 달아놓으라고, 그래야 문이 단단하게 잠긴다고 했다. 지금보다 더 안전할 것이라고, 그래야 자기 같은 사람들이 집 안에 못 들어올 것이라고 일렀다.

그는 문을 닫고 떠났다.

그녀는 샤워 부스에서 나온 후에 강간범이 침실을 엉망진창으로 헤집어놓았다는 것을 알았다. 침대 시트는 가져갔고 그녀의 파란색 실크 속옷도 가져갔다. 분홍색과 초록색의 담요는 침대 발치 바닥에 동그랗게 말려 있었다.

휴대전화를 찾아 남자 친구에게 전화를 걸어 방금 강간을 당했다고 말했다. 남자 친구는 당장 경찰에 신고하라고 했다. 처음에는 싫다고 거부했지만 남자 친구가 꼭 신고해야 한다고 설득했다. 앰버는 남자 친구와의 전화를 끊고 911을 눌렀다.

낮 12시 31분이었다.

———— ◆ ————

갤브레이스는 피해자 여성의 이야기를 들으며 속으로 몇 번이나 움찔했다. 스토킹. 마스크. 강간 도구가 가득한 가방. 범행 과정은 너무나 흉악했고 범죄자는 너무나 철저했다. 낭비할 시간이 없었다. 수사는 당장, 이 경찰차 앞자리에서부터 시작해야 했다.

갤브레이스는 모든 강간 사건에는 세 곳의 범죄현장이 있다는 사실을 알았다. 범행 장소, 범인의 신체, 그리고 피해자의 신체다. 각각 결정적인 단서를 제공한다. 강간범은 그중 한 현장에서 자신을 철저히 지우려고 노력했다. 앰버의 몸이다. 갤브레이스는 앰버에게 DNA 증거를 수집하기 위해 길고 얇은, 일반 면봉처럼 생긴 채취용 살균 면봉을 사용해도 되냐고 물었다. 갤브레이스는 가냘픈 희망을 안고 그것으로 앰버의 얼굴을 닦아냈다. 어쩌면 강간범이 실수했을지 모른다. 자신의 흔적을 조금이라도 남기고 떠났을지 모른다.

갤브레이스는 부담이 될 또 하나의 부탁을 해야 했다. 앰버에게 물었다. 혹시 다시 아파트로 들어가서 그 강간범이 살짝이라도 건드렸던 물건이 무엇인지 가르쳐줄 수 있을까요? 앰버는 동의했다. 두 여자는 같이 강간 현장으로 걸어 들어갔다. 앰버는 갤브레이스에게 바닥에 떨어져 있는 분홍색과 초록색이 섞인 담요를 범인이 침대에서 잡아끌어놓았다고 알렸다. 또한 강간범이 그녀를 강간하던 사이에 여러 차례 들어갔던 욕실을 보여주었다. 그 사이에 갤브레이스는 더 자세하게 물어보았다. 마스크는 어떤 모양이었죠? 스키마스크는 아니었어요. 앰버가 대답했다. 마스크라기보다는 랩 같았어요. 옷핀으로 단단히 고정시켜서 랩처럼 얼굴을 다 감싸고 있었어요. 가져온 물병이 어떤 것이었는지 기억나나요? 네, 애로헤드라는 상표가 있었어요. 반점은 어떤 모양이었는지 기억나나요? 앰버는 그림으로 그려보았다. 달걀 크기의 타원형 반점이었다.

앰버는 남자가 춥지 않게 담요를 덮어주었다고 이야기하며 그때 그는 "젠틀했다."고 표현했다.

갤브레이스는 당황했다. 어떻게 이런 무자비한 일을 당해놓고, 자신을 강간한 그 인간에게 신사적이었다는 표현을 쓸 수 있을까? 그 점이 우려되기도 했다. 어쩌면 이 사내는 보통 때는 평범하고 정상적인 남자일지 모른다. 경찰일지도 모른다. "찾기 쉽지 않을 거야." 그녀는 혼잣말을 했다.

집을 둘러본 후 갤브레이스는 30분 거리에 있는 세인트앤서니노스병원으로 앰버를 데려다주었다. 성폭력 피해자 검사를 전문적으로 훈련받은 간호사가 있는 가장 가까운 의료기관이었다. 간호사가 단서를 하나라도 더 건지기 위해 앰버의 몸 구석구석을 검진하게 될 것이었다. 앰버는 검사를 받으러 가기 전에 갤브레이스 쪽을 쳐다보았다. 그 강간범은 앰버에게 그녀가 자신의 첫 희생자라고 했지만 앰버는 그가 거짓말을 하고 있다고 생각했다.

"분명 전에도 해본 것 같았어요." 그녀가 말했다.

범죄현장에서 경찰서로 돌아오는 길에 갤브레이스의 심장은 요동쳤다. 앰버의 이야기는 거의 믿기지 않을 정도였다. 강간범이 머리부터 발끝까지 검은색으로 입었다고? 강간에 필요한 모든 물품을 넣은 배낭이 있었다고? 주민들이 들락날락하는 큰 아파트 단지 안에서 대낮에 네 시간 동안 한 여성을 강간했다고?

이 사건은 그녀가 이제까지 다루었던 그 어떤 강간 사건과도 비슷하지 않았다. 보통 피해자는 자신이 아는 누군가에게, 적어도 한 번은 만난 적 있는 사람에게 강간을 당한다. 남자 친구, 전 남자 친구, 클럽에서 만난 남자 등등 말이다. 대체로 강간은 '누가 저질렀느냐.'가 아니라 '무슨 일이 어떻게 일어났는가.'의 문제다. 초점은 좁혀진다. 여성이 성관계에 동의했는가? 전국적인 조사에 따르면[1] 2014년 미국에서 15만 명의 남녀가 강간을 비롯한 성폭력을 당했다고 신고했는데, 이 숫자는 플로리다주 포트로더데일의 주민 수와 맞먹으며 그중 85퍼센트가 면식범의 소행으로 분류된다.

갤브레이스는 비교적 특수한 사건을 다루고 있음을 알았다. 낯선 사람에 의한 강간이다. 이러한 사건은 쉽게 재판에 회부될 수 있는데, 검사들이 '순수한 피해자'라고 칭하는 사람들을 다루기 때문이다. 이를테면 한 여자가 거리를 걷다가 무기를 휘두르는 낯선 남자에게 협박당한다. 저항하고 비명을 지르지만 도저히 피할 수 없어 굴복한다. 그녀는 아마도 사랑하는 가족이 있는 엄마이거나 착실한 딸일 것이다. 안정적인 가정이 있고 멀쩡한 직업이 있다. 옷도 점잖게 입었고 술도 마시지 않았다. 도시의 후미진 우범지대에서 헤매고 있지도 않았다. 검사들이 쉽게 기소할 수 있는 강간 사건이다. 배심원이 흔히 성폭력 피해 여성에게서 기대하는 피해자다움의 조건을 얼마든지 충족하는 사건인 것이다.

앰버의 경우 어떤 기준들에는 부합하나 전부는 아니다. 그녀는 굉장히 차분하고 담담했다. 강간범과 대화를 나누기도 했고 그를 "젠틀하다."고 표현했다. 경찰에 신고하기 전에 남자 친구와 연락하기도 했다.

사소한 디테일이 걸리는 건 아니었다. 갤브레이스는 강간당한 여성의 세계가 다른 모든 여성의 세계와 동일해 보일 수 있다는 사실을 잘 알았다. 그들은 엄마일 수도 있고 10대일 수도 있고 성노동자일 수도 있다. 고급 맨션에 살기도 하고 값싼 모텔에서 살기도 한다. 노숙자일 수도 있고 조현병 환자일 수도 있다. 흑인일 수도 백인일 수도 동양인일 수도 있다. 만취해 정신을 잃었을 수도 있고 술 한 방울 안 했을 수도 있다. 범행을 당한 후의 반응도 천차만별이다. 히스테리를 부릴 수도 있고 자기만의 동굴 속에서 홀로 견딜 수도 있다. 친구에게 털어놓을 수도 있지만 입을 다물어버릴 수도 있다. 사건 직후 경찰에 신고할 수도 있고 일주일을 기다린 후에 전화기를 들 수도 있고 한 달, 심지어 몇 년을 기다릴 수도 있다.

강간 사건을 수사할 때 경찰들의 접근법은 저마다 다르다. 강간은 가장 빈번히 일어나는 폭력 범죄 유형 중 하나이지만 그것의 해결 방식에 대한 보편적인 합의점이란 존재하지 않는다. 어떤 형사들은 회의적인 태도부터 보인다. 물론 여성들은 강간당했다고 거짓말할 수 있고 가끔은 거짓말을 한다. 따라서 경찰은 성폭력 피해 주장 앞에서 특히 더 신중을 기해야 한다고 믿는다. 경찰들이 읽는 수사 매뉴얼에서는 이 주제에 관해 이렇게 경고하기도 한다. "모든 신고가 형사 고발 요건을 갖추거나 반드시 형사 고발로 이어지지는 않는다."[2] 반면 이와 다른 접근 방식을 택하는 경찰들과 강간 피해자를 부당하게 취급하는 경찰에 반발하는 사회 운동가들은 피해자 신뢰가 우선이라고 강조한다. 성폭력 수사 개선에 전념하는 주요 경찰 교육기관의 캠페인 슬로건 또한 "시작은 믿음부터"[3]이기도 하다.

논란의 중심에는 언제나 신뢰라는 문제가 있다. 일반 폭행죄의 경우 경찰들은 눈에 보이는 상처나 손상을 입은 피해자를 대면한다. 하지만 성범죄에서는 상해의 정도가 확연히 드러나지 않을 때가 많다. 법의학적 검사 단계에서조차 합의된 성관계를 한 여성과 총구 앞에서 강간당한 여성이 외견상 똑같을 수 있다. 성폭력에 있어서만큼은 가해자의 신뢰성만큼이나 피해자의 신뢰성이 이슈가 된다.

갤브레이스에게는 강간 사건에 대한 자신만의 수사 원칙이 있었다. 경청하고 입증하자. "사람들이 이렇게 말하죠. '피해자를 믿어라. 무조건 피해자부터 믿어라.' 하지만 난 그것이 옳은 관점이라고 생각하지 않아요. 피해자의 말을 경청하는 것부터 시작해야죠. 그런 다음에 일이 어떻게 흘러가느냐에 따라 확증할지 반박할지 결정하죠."

갤브레이스가 아파트 단지에 되돌아가보았을 때 열 명이 넘는 경관들과 감식원들이 범죄현장을 가득 메우고 있었다. 갤브레이스와 마커스 윌리엄스 형사, 맷 콜 형사, 범죄현장 감식원인 칼리 깁슨이 아파트 안을 돌아보았다. 윌리엄스는 가루가 묻은 솔로 지문을 채취하고 면봉으로는 DNA 샘플을 채취하고 있었고, 깁슨과 동료들은 집 안의 모든 조명 스위치와 모든 벽과 모든 옷을 총 403장의 사진으로 찍었다.

아파트 밖에서도 경찰들이 사진을 찍고 쓰레기통을 뒤졌다. 땅바닥에서 담배꽁초가 하나 발견되었는데 앰버는 담배를 피우지 않았다. 두 경관 마이클 거트케와 프랭크 바는 주변에 떨어진 모든 담배꽁초를 수거했다. 옆집 현관 앞의 재떨이에 있던 꽁초 하나, 주차된 자동차 두 대 사이에 있던 꽁초 하나, 그 외 주차장에 떨어져 있던 다른 꽁초들이었다. 담배꽁초를 모두 주은 다음 경찰서로 운반하기 위해 증거 보관 봉투에 담았다.

다른 경찰들은 이웃사람들을 조사했다. 이틀 동안 골든의 경찰들은 총 60채에 달하는 아파트 단지의 모든 집을 방문하여 29명의 주민들과 면담했다. 연구자들이 설문 조사를 하는 것처럼 경찰은 미리 작성된 질문들을 활용해 일관성을 확보했다. 근방에서 낯선 사람 본 적이 있습니까? 배낭이나 특이한 물건을 갖고 다니던 사람을 보지 못했나요? 평소에 못 보던 차량이 있었습니까?

데니즈 메너트 경관은 아파트 세 개 동의 가장 꼭대기 층부터 1층까지 내려오면서 총 30가구의 문을 두드렸다. 한 남성 주민이 며칠 전 밤에 플래시를 들고 단지 내를 걸어 다니던 "다부진" 남성을 목격했다고 말했다. 다른 동의 이웃은 크리스마스 즈음에 단지 밖 도로에 주차되어 있던 캠핑카를 떠올렸다. 한 주민은 미니밴을 모는 남성을 본 것 같다고 했는데 챙넓은 모자를 쓴 "중년의 사내"라고 했다. 피해자가 묘사한 강간범과 일치하는 외모의 남성을 봤다고 이야기한 목격자는 없었다.

앰버의 아파트 바깥에서는 골든 순찰대가 아파트 뒤쪽 테라스에 난 발자국들을 찾았다. 다른 것들과 구분되는 독특한 발자국 하나가 푸슬푸슬한 눈덩이 위에 찍혀 있었다. 깁슨은 주변의 눈을 녹이지 않고 그 위에 찍힌 모양만 들어낼 수 있는 미끄러운 스프레이식 스노우 왁스를 이용해 발자국 모형을 뜨려고 해보았다. 그러나 왁스가 달라붙지 않아서 일단 자국에 형광 주황색 페인트 스프레이를 뿌렸다. 발자국은 갑자기 달에 착륙한 우주비행사가 남긴 흔적처럼 흰색 배경과 대조되며 환하게 반짝였다. 대단한 증거는 아니었다. 하지만 적어도 한 가지는 건진 셈이었다.

갤브레이스는 경찰과 수사원들을 계속 밀어붙였다. 저녁이 되자 한 경찰이 잠깐 쉬는 시간을 갖자고 제안했다.

"아니요, 계속 진행합니다!" 갤브레이스는 명령했다.

그녀가 현장을 떠났을 때는 이미 어둑어둑해져 있었다.

———◆———

갤브레이스는 텍사스주 댈러스 근처, 전형적인 미국 교외 지역인 알링턴에서 자랐다. 아버지는 식당을 경영하다가 컴퓨터 프로그래머가 되었다. 어머니는 석유회사에서 엔지니어링 분석가로 일했다. 갤브레이스가 세 살 때 부모님은 이혼하고 어머니는 인테리어 업자와 재혼했다. 그녀는 생물학적 부모와 계속 친밀한 관계를 유지하며 양쪽으로 늘어난 새 가족과도 잘 지냈다.

학교에서는 영특한 학생이면서도 반항아들과 어울리는 편이었다. 자신이 권위에 반대하는 기질을 가지고 있다고 생각했다. 농구부에 들어가서는 친구들과 담배를 피우다 들켜 몇 게임 출장 정지를 당하기도 했다. 그녀는 자신의 일탈을 굳이 감추려 하지 않았기에 교장이 그녀가 농구부 유니폼을 입고 체육관 앞에서 담배를 피우고 있는 모습을 망원경으로 발견한 것이다.

졸업한 후에는 노스텍사스대학교에 입학했다. 저널리즘을 전공하려고 해보았지만 기자로 일하는 자신의 모습이 그려지지 않았다. 그보다는 심리학 강의에 빠졌다. 살인자, 강간범, 연쇄살인범 이야기에 매혹되기 시작했다. "사람들의 심리가 어떻게 움직이는지, 사고가 행동에 어떤 영향을 미치는지가 아주 흥미로웠어요." 대학교 진로 교사는 그녀에게 범죄학을 전공하고 직업으로도 삼는 것이 어떻겠냐고 제안했다. 법 집행 관련 수업을 찾아 듣기 시작했다. 경찰관들과 친해지고 어울리기도 했다. 그녀는 자신이 보는 것들이 마음에 들었다. 근본적으로 경찰은 다른 사람들을 돕는 일이 아닌가. 그것이면 충분히 설명이 되었다. "뻔한 답인 걸 압니다만, 저는 남을 돕는 일이 좋습니다. 나쁜 짓을 하는 사람들에게 대가를 치르게 하고 싶기도 했죠."

그럼에도 졸업하자마자 경찰관이 되지는 않았다. 자신이 경찰직에 적합한 성격인지 확신할 수 없었다. 그러기엔 너무 반항적이고, 너무 독립적이지 않을까? 그렇게 중요한 일을 하기엔 자격이 충분하지 않다고도 생각했다. "경찰이 되고는 싶었어요. 그런데 그런 생각이 자꾸 드는 거죠. '난 아마 시험에서 떨어질 거야.'"

"나를 과소평가하는 편이었다고 할까요."

그녀는 결혼한 후에 자동차 본체 정비사로 일하게 된 남편을 따라 콜로라도주로 이주했고 콜로라도 연방교도소에 취직했다. 동료 직원들이 그녀에게 여기만 한 일자리는 없다고 입을 모아 말했다. "이제까지 다닌 직장 중에 최고라니까." 한 동료가 말했다. "할 일이 없거든." 갤브레이스는 그 직장이 끔찍이 싫었는데 정말로 할 일이 없었기 때문이다. 야간 근무를 할 때 하는 일이라곤 취침 중인 수감자들의 머릿수를 세는 일이었다. 말할 수 없이 지겨웠다. '이 일은 나에게 맞지 않아.' 그녀는 속으로 생각했다. '나는 진짜 일을 해야 해. 뭔가 유용한 일을 해야 해.'

한편 결혼 생활은 흔들리고 있었다. 남편은 그녀가 낮 시간 대부분을 남자 동료들과 어울리는 것을 탐탁지 않아 했다. 둘은 이혼했다. 갤브레이스는 이혼을 후회한 적은 없다. "과거를 너무 오래 곱씹는 편이 아니에요. 그냥 앞날을 보며 나아가는 편이죠."

그러다 몇 가지 우연이 겹치며 인생이 바뀌었다. 사실 그녀는 콜로라도주에 처음 도착했을 때 골든시 경찰관에 지원했다. 골든은 경찰들이 첫 근무지로 삼기에 완벽한, 조용한 소도시였다. 하지만 교도소에 먼저 채용되어서 바로 출근을 하게 된 것이었다. 7주 후 골든 경찰서가 그녀에게 연락하여 야간 근무를 하는 초급 순찰직 일을 제안했다.

갤브레이스는 연락을 받은 바로 그날 교도소를 그만두었다.

골든은 1873년에 세워진 유서 깊은 맥주회사인 쿠어스브루잉컴퍼니의 본사로 유명한 도시다.[4] 전 세계에서 가장 큰 맥주공장이 도시의 동쪽 언덕을 메우고 있다. 거대한 회색 건물과 철강과 높은 굴뚝 들이 이어지고 있어 디킨스 소설 속에 등장한 공장 부지라고 해도 이상하지 않을 정도다. 매년 수백만 배럴의 맥주가 이 공장에서 생산되어 전국의 남학생 기숙사와 풋볼 경기장과 여성들을 위한 1 플러스 1 행사에 배달된다.

쿠어스는 취하고 흥청대는 사람들과 관련이 있지만 골든이라는 도시는 전혀 그렇지 않다. 약 1만 9000명의 주민들은 로키산맥 기슭의 유서 깊은 도시에 모여 살고 있다.[5] 1859년 파이크스피크 골드러시 기간 중 세워진 이 도시는 한때 콜로라도주의 주도였고 그때 그 시절 서부의 느낌이 그대로 살아 있다. 중심가에는 대형 은행 건물과 고풍스러운 상점들이 늘어서 있고 당시의 의회 건물이 여전히 시청으로 사용된다. 주민들 중에는 말을 소유한 사람들도 많다. 엘크와 사슴이 도로를 지나다니기도 한다.

2003년 크리스마스에 갤브레이스는 선배 경찰 없이 처음으로 단독 순찰을 나가게 되었다. 그녀는 이 특별한 날을 이후 남편이 될, 남자 친구이자 골든 경찰서의 동료 경찰인 데이비드 갤브레이스와 축하했다. 두 사람은 저녁으로 립 스테이크를 든든하게 먹었고 갤브레이스는 야간 근무를 위해 경찰서로 떠났다.

갤브레이스가 처음 받은 신고 전화는 개의 사체 처리 관련 전화였다.[6] 시간당 8541대의 차량이 지나가며 덴버를 관통하는 70번 주간고속도로에서 차에 치인 개가 있다는 신고가 들어왔고 현장에 도착해보니 또 다른 개가 죽은 개의 운명을 확인하기 위해 속도를 높이는 차들 사이에 뛰어들고 있었다. 그 개 또한 최고 속도로 달려오는 차에 치여 걸레짝이 되어버리는 장면을 보고 말았다. 그녀가 받은 경찰 훈련 중에는 개 사체 치우기가 들어 있지 않았다. 일단 고속도로 한가운데 차를 세우고 차량 통행을 막았다. 사체 조각들을 비닐 봉투에 넣어서 고속도로 옆까지 질질 끌고 갔다. 저녁에 먹었던 립 스테이크는 모두 게워냈다.

그래도 내 임무였고 난 해냈어. 속으로 생각했다.

이 문장은 이후 그녀 삶의 모토가 되었다. 불평불만과 친하지 않았다. 핑계도 대지 않았다. 일을 맡았으면 완벽하게 해결하고 싶었다. 그리고 그렇게 하기 위해 일주일에 90시간을 일했다.

2007년 첫아이를 임신한 후에 형사로 진급 신청을 했다. 한 명의 부장 형사와 세 명의 수사원만 있는 작은 부서였다. 하지만 남편 데이비드가 야근을 자주 하기 때문에 일과 가정의 조화를 이루기 위해서는 그 방법밖에 없어 보였다. 갤브레이스 또한 야망을 가지고 있었다. 법 집행기관에서 형사는 높은 계급에 속하는 편이다. 가장 중요한 사건을 맡는다. 월급도 더 많이 받는다. 경찰 학교에서 올 A 점수를 받은 사람들이다. "난 형사가 꼭 되어야 했어요." 그녀가 말한다.

그녀는 형사로 진급했다. 약간의 논란도 있었다. 골든 경찰서의 일부 경찰들은 그녀가 임신했기 때문에 특혜를 받아서 형사가 될 수 있었다고 뒤에서 수군거렸다. 갤브레이스는 분노했다. 하지만 그녀는 자신이 알고 있는 단 하나의 방식으로 소문에 대처하기로 했다. 바로 업무를 완벽하게 수행하는 것.

작은 마을의 형사들은 신고가 들어오는 모든 크고 작은 사건들을 해결해야 한다. 그러나 갤브레이스는 자신의 전문 영역을 성폭력 사건으로 좁혀갔다. 그중 주목할 만한 한 사건은 한 10대 소년이 옆집에 사는 열 살짜리 소년을 성추행한 사건이었다. 서로의 사정을 모르는 사람이 없는 작은 동네였고 두 가족도 이웃사촌이나 마찬가지였다. 아내들은 같이 와인을 마시고 아이들은 어릴 때부터 함께 놀고 남편들은 주말마다 어울리는 사이였다. 성추행 신고가 들어왔다는 소문은 빠르게 퍼졌다. "그 골목이 발칵 뒤집어졌죠." 갤브레이스가 말한다.

갤브레이스와 다른 수사원 한 사람이 피해자와 면담했다. 소년은 구체적으로 정황을 설명했다. 형사들에게 그 형이 자신을 소파에서 추행했다고 말했고 소파의 천 색깔과 감촉까지도 기억하고 있었다. 사소한 디테일이었지만 그 소년이 없는 말을 지어내고 있지 않다고 확신할 근거로는 충분했다. 피의자로 지목된 10대 청소년 부모가 갤브레이스에게 아들의 신문을 허락했고, 그 소년은 모호하게 답하며 빠져나가려 했다. 10대 소년은 아빠 옆에 앉아 있다가 울기 시작했다. 갤브레이스는 파트너와 경찰서 앞 현관으로 나갔다.

저 녀석 체포할 거야. 그녀가 말했다.

확실한 증거 잡았어? 그가 물었다.

상당한 근거가 있어. 재판에 올린 다음 배심원이 결정하게 하면 돼. 그녀가 말했다.

10대 소년은 재판에서 유죄를 선고받았다. 동네 이웃들은 갤브레이스를 비난했다. 고집 세고 인정머리 없는 경찰 하나가 아이 미래를 망쳤다고 보았다. 갤브레이스는 정의를 구현했다고 여겼다. "이 아이가 커서 같은 짓을 하면? 이번에 빠져나가서 다른 사람에게 평생 동안 가게 될 정신적, 육체적 피해를 입히게 된다면? 지금 이 아이를 멈추지 않으면 미래에 더 많은 피해자들이 생길지도 모릅니다."

많은 형사들이 성범죄 사건은 피할 수만 있다면 피하려 한다. 강간 사건은 살인 사건처럼 세간의 이목을 끄는 강력범죄가 아니다. 너도나도 강간 사건을 소재로 영화를 만들겠다고 달려들지 않는다. 살인 사건이 흑과 백이라면 강간 사건은 온통 회색지대일 뿐이다. 또한 강간 피해자는 살아남아 계속 상처받고 있다. 그들의 고통은 바로 눈앞에서 노골적으로 드러나며 그들의 고통에서 절대, 절대로 눈을 돌릴 수 없다.

갤브레이스의 신앙이 강간 사건에 따라오는 감정적 스트레스를 이겨내게 했다. 갤브레이스와 남편은 모두 독실한 침례교 신자로 자란, 거듭난 기독교인이었다. 두 사람은 콜로라도의 초超교파 복음주의 교회에 빠지지 않고 나갔다. 부부는 가끔 주일 예배의 보안 경비를 맡기도 했다. "하나님이 내게 어떤 힘을 주셨다는 걸 알기에 그 힘을 사용해야 해요. 때로는 고통스럽다 해도요." 그녀는 말한다.

특히 그녀에게 계시처럼 느껴졌던 성경 구절을 잊지 않고 있다. 이사야 6장 1절부터 8절에서 여호와는 연기와 세라핌들에 둘러싸인 채 나타나 말씀을 전할 사람을 찾는다. 여호와가 묻는다. "내가 누구를 보내며 누가 우리를 위하여 갈꼬?" 이사야는 대답한다. "내가 여기 **있나이다.** 나를 보내소서!" 갤브레이스는 자신 또한 신 앞에서 그 대답을 한다고 생각했다.

그녀가 법 집행기관에서 일하게 된 이유는 누군가를 돕기 위해서다. 그녀 눈앞에는 암흑 같은 나날을 보내며 누군가의 도움을 간절히 바라는 피해자가 있다. 그들의 삶을 어떻게 하면 지금보다 더 나아지게 할 수 있을지는 그녀도 잘 알지 못한다. 하지만 방법을 찾아야만 한다는 건 안다.

"사람들이 자주 묻죠. '왜 하필 성범죄와 아동 범죄에 그렇게 집착하나?' 글쎄요. 저도 이 일이 즐겁지는 않죠. 하지만 누군가는 해야 할 일이예요. 그것도 아주 잘 해내야만 하는 일이고요."

———— ◆ ————

갤브레이스가 진입로에 차를 세웠을 때는 이미 늦은 밤이었다. 그녀는 기진맥진했다. 그녀의 마지막 업무는 앰버가 하룻밤을 지낼 곳을 구하는 것이었다. 두려움에 휩싸인 앰버가 자기 아파트에서는 잘 수 없었기 때문이었다. 갤브레이스는 동료 경찰이 앰버를 친구 집에 데려가는 것까지 확인하고 집으로 돌아왔다.

남편 데이비드는 이미 설거지를 마치고 아이들을 재워놓았다. 이제 아내가 왔으니 야간 근무를 위해 경찰서로 출근해야 했다.

부부는 마주 놓여 있는 거실 소파에 각각 자리를 잡았다. 그들만의 저녁 의식이자 일과 육아 사이에서 겨우 짬을 내 마련하는 부부만의 시간이었다. 여느 부부처럼 그들도 그날 하루동안 있었던 일을 나누었다. 대체로 갤브레이스가 하는 이야기가 더 무거운 편이었다.

그날 밤도 그러했다. 스테이시 갤브레이스는 남편에게 사건의 세부적인 사항들에 대해 이야기해보았다. 마스크 쓴 남자. 네 시간 동안이나 이어진 강간. 그리고 범인이 찍은 사진들.

내 말 좀 들어봐. 그녀가 남편에게 말했다. 마지막에 말이지. 남자가 여자한테 샤워를 하라고 했대.

데이비드는 아내의 말을 끊지 않고 경청하는 편이지만, 이번엔 가만히 있을 수가 없었다. 2008년에 그는 골든 경찰서를 나와 인근 교외 지역인 웨스트민스터의 경찰관으로 근무하고 있었다. 5개월 전에 웨스트민스터 경찰서로 한 아파트 단지에서 일어난 강간 사건이 신고되었고, 데이비드가 그 아파트로 출동하여 의심스러운 사람들을 조사했다. 그때 그 여성도 마스크 쓴 남자에게 당했다고 했다. 사진도 찍혔다고 했다. 범인이 집에서 나가기 전에 강제로 샤워를 시켰다고 했다.

그는 아내에게 말했다.

내일 아침에 출근하자마자 우리 경찰서로 전화해봐. 우리 지역에도 똑같은 사건이 있었어.

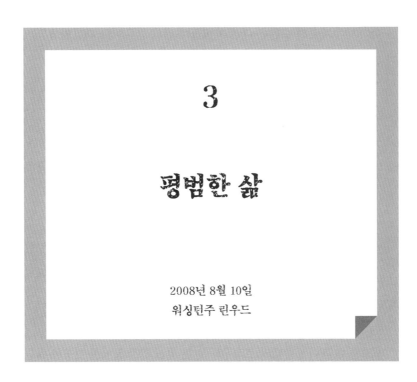

3

평범한 삶

2008년 8월 10일
워싱턴주 린우드

이 세상의 많고 많은 원 베드룸 아파트와 크게 다를 것이 없고, 세상의 많고 많은 아파트 단지와도 다를 것이 없었다. 집 안에 가구는 몇 개 없었고 그나마 있는 몇몇은 플라스틱이었다. 그래도 어쿠스틱 기타 두 대를 침실 벽에 기대놓았다. 컴퓨터 모니터는 일단 방 한구석 바닥에 놓았다.

별것 없는 방. 그러나 그녀만의 공간이었다. 늘 다른 사람들 집에 얹혀 살던 오랜 세월 끝에 처음으로 내 것이라고 부를 수 있는 공간이 생겼다. 마리는 그 집이 자랑스러웠다. 내 집이 **있다는 사실**이 자랑스러웠다. 그녀는 자기처럼 자랐던 수많은 다른 아이들이 결국 감옥이나 재활원에 가거나 거리를 떠돌게 된다는 사실을 모르지 않았다.

그 일요일 오전에 그녀는 진공청소기를 돌리고 구석구석 청소했다. 마리는 아파트를 먼지 하나 없이 유지하는 걸 좋아했다. 물건들도 잘 정돈되었으면 해서, 집 안을 돌아다니며 물건 크기를 재고 어디에 무엇을 집어넣을지 궁리했다. 안 쓰는 물건은 집 밖으로 내다놓거나 뒤 베란다 벽장에 넣어두었다. 슬라이딩 유리문 사이를 오가며 부지런히 쓸고 닦았다.

오후에는 친구들과 만나 시간을 보내고 교회에 나갈 예정이었다. 다른 열여덟 살들이라면 독립 후 첫 몇 달 동안은 주말마다 친구들과 짜릿한 모험을 시도했을지도 모른다. 그러나 마리는 정착하고 싶었다. 그녀에게는 평범한 일상이 삶의 낙이었다. 아마도 그녀의 성장 과정 때문에 더욱 그랬을지도 모른다.

마리는 이후 아동학대와 트라우마 관련 정신 건강 문제를 전공한 워싱턴대학교의 존 콘티 교수에게 심리 진단을 받게 된다. 콘티가 다섯 시간에 걸쳐 마리와 상담하고 쓴 장문의 보고서에는 그녀의 성장 과정에 대한 다음의 글이 포함되어 있다.

그녀는 생물학적 아버지를 딱 한 번 만났다. 생물학적 어머니에 대해서는 거의 알지 못하고 다만 자신을 남자 친구들에게 종종 맡기고 나갔던 기억만 있다. [⋯⋯] 마리는 6~7세 때부터 위탁가정에서 생활했다.

콘티의 보고서는 계속해서 이처럼 건조하고 임상적인 언어로 진행되고 그녀의 가장 암울한 시절 역시 그렇게 묘사한다. 마리가 기억하는 위탁가정에서의 생활은 "대체로 행복하지 않은 사건들의 연속이었다."라고 쓰여 있다.

그녀는 "아이 돌보는 일"에는 영 소질이 없는 할머니와 산다고 생각했다. 언제나 배가 고팠고 개 사료를 집어 먹은 적도 있다. 생물학적 어머니에게 보살핌을 받은 기억은 거의 없다. 다만 학대라 할 수 있는 물리적 훈육에 대해선 단편적으로 기억한다.(예컨대 파리채로 손바닥을 맞은 일 등.)

유치원을 다녔었는지는 알지 못한다. 2학년을 두 번 다녀야 했고 학교를 다니지 못하기도 했다고 기억한다. 그녀와 친남매들을 집에서 떼어놓았기에 경찰에 거부감을 가진 기억이 난다고 말했다. 그녀는 성적으로, 육체적으로 학대당했다. 성적인 학대는 상당히 자주 있었다고 말했다. 키우던 개를 엄마의 여러 남자 친구들이 때리는 장면도 떠올렸다.

엄마와 여러 주를 떠돌듯이 살다가 결국 집에서 강제로 나오게 되었다고 기억한다. [……]

위탁가정에서 마리가 겪은 삶에 대해서는 다음과 같이 기술하고 있다.

위탁가정에 사는 어린이의 전형적인 생활이었다고 말할 수 있다.

여러 가정을 전전하고, 거주 지역(집)과 학교를 자주 옮겼으며, 다양한 성인 보호자와 전문가가 그녀의 삶을 거쳐갔고, 정신적인 고통이나 학대를 경험했으며, 대체로 지속적인 안정감이 결핍되어 있었다.

마리는 엄마가 낳은 네 아이 중에 둘째였다. 아빠가 다른 의붓형제자매들이었지만 서로를 그렇게 부르지는 않았다. "오빠가 있었고 남동생과 여동생도 있었어요." 가끔 형제자매들과 같은 위탁가정에서 살기도 했다. 대부분은 떨어져 있었다. 아버지 쪽에 또 다른 남매가 있는지는 알지 못한다.

마리는 일찍부터 우울증으로 약물 치료를 받았다. "일곱 가지 약을 먹었어요. 졸로프트는 성인 약이잖아요. 그걸 여덟 살 때부터 먹었어요."

가장 힘들었던 부분은 위탁가정이 어떤 식으로 결정되는지 알 수 없다는 점이었다. 어른들은 그녀가 왜 집을 옮겨야 하는지 설명해주지 않았다. 그저 다른 곳으로 옮겨버릴 뿐이었다. "아마도 열 집이나 열한 집의" 위탁가정에서 살았고 두어 차례 그룹홈에서 잠깐씩 지내기도 했다. 바깥에 나가 노는 것을 좋아하는 편이었지만 가끔은 혼자 방 안에 틀어박히기도 했다. "벨링햄에 살 때는 거의 내 방에서 동물 인형들이랑 혼자 놀았어요."

전학은 아이들에게 두려운 일이다. 마리에게는 일상이 되었다. "항상 처음부터 다시 시작해요. 새 친구들을 또 사귀어야 하죠. 좀 힘들었지만 자꾸 하다 보니 적응되더라고요."

고등학교 입학은 불안정한 생활에 종지부를 찍는 약속처럼 보였다. 등교 첫날에 대부분의 학생들은 불안해하겠지만 마리는 하루빨리 1학년이 시작되는 날만을 바랐다. 시애틀에서 남쪽으로 56킬로미터가량 떨어진 퓨알럽에서 고등학교 1학년이 될 예정이었다. 듣고 싶은 모든 수업을 시간표에 넣었고 개학 전에 새 친구들도 많이 만들었다. 가장 중요한 건 새 가족과 함께 살게 되었다는 것이었다. 그 가족을 사랑했고, 가족도 마리를 사랑했다. 그들은 마리를 입양하려고도 했다.

"모든 게 완벽했어요." 마리는 말한다.

그러나 학교 수업 첫날 마리는 학교에서 강제로 끌려 나왔다. 담당 카운슬러가 말했다. "넌 더 이상 지금의 위탁가족과 같이 살 수 없어. 그 가족의 위탁 면허가 취소되었거든." 카운슬러는 비밀유지의무 때문에 자세히 설명해줄 수 없었다. 마리는 이유를 모른 채 또다시 떠나야 했다. 새 가족과 새 친구와 새 학교를. "그냥 울 수밖에 없었어요. 짐 쌀 시간 딱 20분만 주고 떠나라고 하더라고요."

새로운 가정이 준비될 때까지 마리는 단기적으로 섀넌과 제노라는 커플과 벨뷰에서 살게 되었다. 벨뷰는 첨단 산업 지역으로 급성장하여 이 도시만의 스카이라인을 형성한 시애틀 동쪽의 위성도시였다. 부동산 중개업자이며 오랫동안 위탁 양육을 맡아왔던 섀넌은 문제적인 과거가 있는 아이들 모임에서 마리를 처음 만났고 자신과 같은 부류라는 느낌을 받았다. 둘 다 "약간 푼수" 같다고 섀넌은 말한다. "항상 장난치고 서로 놀리고 웃겨요. 우린 많이 닮았어요."

두 사람은 죽이 잘 맞았다. 섀넌이 볼 때 마리는 "쉽게 좋아지는 아이"였다. 재고 따질 건 없었다. 마리는 자신의 쓰라렸던 과거를 억울해하지 않았다. 그녀 앞에 놓인 불안한 앞날에 대해서도 예민해지지 않았다. 섀년이 학교에 가라고 떠밀 필요도 없었다. 마리는 여기서 다니게 될 학교가 또 다른 간이역이라는 것을 알았음에도 말이다. 마리는 어른들과 대화가 잘 통하는 편이었다. 이를 잘 닦았고, 머리도 알아서 빗었다. 한마디로 키우기 쉬운 아이였다. "적어도 우리가 데리고 있었던 많은 아이들보다 훨씬 쉬웠어요." 마리는 벨뷰에서 계속 살고 싶어 했고 섀년도 그럴 수 있기를 바랐다. 하지만 섀년과 남편은 다른 아이도 위탁 양육하고 있었고, 그 10대 여자아이는 마리보다 훨씬 손이 많이 가고 큰 관심을 주어야 하는 아이였다. "그렇지 않았다면, 우리는 아무 고민 없이 마리와 같이 살았을 거예요."

마리는 몇 주 후에 섀년의 집을 떠나 페기라는 여성의 집으로 들어갔다. 노숙인 쉼터의 어린이 보호 담당자로 일하면서 시애틀에서 북쪽으로 24킬로미터 정도 떨어진 린우드라는 작은 교외 지역에 사는 여성이었다.

"마리는 위탁모로서 내가 처음 맡게 된 아이였어요. 나는 사실 아기를 기대하고 있었거든요. 아기 침대까지 준비해놓았는데 열여섯 살짜리 다 큰 청소년을 보내준 거 있죠." 페기는 웃으며 말한다. "그래도 괜찮았어요. 정신 건강 분야를 공부한 적도 있고 아이들과는 아주 오래 함께 일해왔으니까요. 에이전시에서도 이렇게 생각하지 않았을까요? '이 사람이라면 충분히 해낼 수 있을 거야.' 그래서 우리 집에 오게 된 거겠죠."

담당자는 페기에게 마리의 과거 학대당한 기록과 이제까지 전전했던 수많은 거처가 담긴 방대한 양의 서류를 건네주었다. "읽다 보니 마음이 아프더군요." 페기는 그 파일을 훑어보긴 했지만 꼼꼼히 읽지는 않았다.

"어떤 면에서는 아이에 대한 모든 걸 알고 싶지 않았어요. 편견 없이 아이를 내 눈으로 보고 싶은 마음 아시겠죠? 만나기 전부터 어떤 딱지를 붙이고 싶지 않잖아요. 어떤 아이를 만날 때는 내게 다가온 아이를 있는 그대로 보고 싶어요."

페기의 생각에 두 사람의 첫 만남은 썩 괜찮은 편이었다. "아직 아이 같더라고요. 집을 천천히 돌아다니고 뒷마당에도 가보더니 눈을 빛내며 이러는 거죠. '와, 여기 짱 좋네요.' 마리는 말도 많고 밝고 에너지가 넘치는 아이지만 굉장히 격정적으로 돌변하는 순간들이 있더군요. 감정적으로 격렬해진다고 할까." 마리는 퓨알럽의 집에서 이유도 모르고 쫓겨나버린 것에 대해 여전히 스트레스를 받고 있었다. 페기가 휴대전화를 사용할 수 있게 해준 덕분에 마리는 그쪽 친구들과 계속 연락할 수 있었다. 전화 요금이 어마어마하게 나오기도 했다. 그러나 차츰 불안에서 벗어나 안정을 찾는 모습을 보였다. "사실 생각보다 적응을 잘해서 놀라울 정도였습니다." 페기는 말한다. "새로운 학교에 다니게 되었는데, 착실히 잘 다니는 겁니다. 그냥 이렇게 말해도 이해하려 했거든요. '나 학교 가기 싫어요.' 하지만 마리는 그러지 않았어요. 아무 불평 없이 아침마다 등교했어요. 학생으로서 해야 할 일을 했어요. 집안일도 잘 돕고요. 마리의 회복력에 놀라고 감동도 받았죠."

하지만 이 관계, 처음으로 엄마 역할을 하게 된 여성과 복잡한 성장사와 트라우마를 지닌 10대 딸의 관계는 삐걱거릴 수밖에 없었고 실제로 삐걱거렸다. "가끔은 서로 예민해지기도 했어요." 페기는 말한다. "열여섯 살에, 이미 화가 난 채로 나에게 온 아이와 스스럼없는 사이가 된다는 것이 쉽지는 않지요. 당시 저는 마리가 성인으로 잘 성장할 수 있도록 이끌어주는 게 제 소임이라고 생각했어요. 사랑으로 품어주는 부모, 정성으로 보살피는 부모가 되려고 노력했고요. 하지만 이미 머리가 큰 열여섯 살 아이와 새로 시작하는 것은 어려웠어요. 그 아이는 어떻게 받아들였을지 모르겠지만……."

마리는 두 사람이 잘 안 맞는다고 생각했다. 마리는 강아지를 좋아했다. 페기는 고양이를 키우고 있었다. 마리는 다른 아이들과 함께 있는 집을 좋아했다. 페기의 집에는 마리뿐이었다. 마리는 말한다. "저와 페기 아줌마는 처음부터 성격이 잘 맞지 않았어요. 잘 지내기가 쉽지 않았어요."

마리는 이전 위탁가정 부모들과 연락을 유지하고 있었고 특히 섀넌과는 각별했다. 페기는 이 사실에 그리 개의치 않았고 이후에 섀넌과 친구가 되기도 했다. 두 위탁모는 마리에 대한 생각이나 의견을 공유했다. 어떤 면에서는 함께 키웠다고도 할 수 있었다. 풍성한 곱슬머리의 섀넌은 재미있는 엄마 쪽이었다. 마리와 같이 배를 타러 갔다. 같이 숲속을 산책했다. 같이 다이어트를 하자며 몇 주 동안 탄수화물 끊기를 하기도 했다. 마리는 섀넌 앞에서 감정에 솔직했다. 섀넌은 마리가 포옹하고, 같이 울 수 있는 사람이었으니까. 마리는 섀넌 집에서 하룻밤 자고 오는 날도 있었다.

페기는 규칙을 중시하는 엄한 부모 쪽이었다. 귀가시간을 정해놓는 엄마였다. 그녀가 볼 때 마리는 너무 요란스럽고 별나 보였다. "정말로, 정말로 예측불가였어요." 이를테면 페기는 친구들과 마트에 몰려가서 쇼핑 카트를 타고 돌아다니는 마리의 행동이 이해가 되지 않았다. "매사에 너무 들떠 있다고 할까요." 원칙적이고 신중한 페기는 이렇게 말하게 되었다.

"한 톤 낮추지 않을래." 페기는 섀넌과는 달리 마리와 찰떡궁합이 되기 어려웠다. "우리는 너무 달랐죠." 페기는 말한다.

페기는 적응하려고 노력하지만 잘 지내지 못하는 마리가 안쓰러웠다. 처음 페기의 집에 왔을 때 마리는 검은색과 회색 옷만 즐겨 입는 그런지 스타일의 10대였다. 그러나 마리는 모피 옷깃이 달린 여성스러운 코트를 골랐는데, 소녀들은 보통 그런 옷을 입는다고 생각했기 때문이었다. 하지만 그렇지 않다는 걸 깨닫고서 그 코트는 옷장 속에 처박히는 신세가 되었다. 페기가 볼 때 마리의 학교 생활은 행복해 보이지 않았다. 그 학교는 치어리더들과 운동선수들이 분위기를 주도하는 미국적인 클리셰가 가득한 학교였다. 반면 마리는 그림 그리기나 가스펠 음악, 록, 컨트리 음악을 좋아하는 "예술가 타입의 아이"였다.

두 사람은 같이 마리에게 더 잘 맞는 대안학교를 찾아 옮겼다.

그때부터 마리의 생활에 빛이 들었다.

마리는 친구들을 통해 맥도널드에서 아르바이트를 하던 고등학생 조던을 만났다. "우리는 마트에서 만나 학교 운동장을 함께 걷는 사이가 되었죠. 방과 후나 뭐 그럴 때요." 조던은 처음 두 사람만 만났던 날을 기억한다. 둘은 친구 사이로 시작했지만 시간이 흐르면서 서로의 남자 친구와 여자 친구가 되었다. 조던에게는 마리의 과거가 어쨌건 마리는 명랑하고 성격 좋은 여자 친구였다. "같이 있으면 한없이 편해지는 사람 있잖아요. 어떤 감정이나 생각을 털어놓아도 함부로 판단하지 않을 것 같은 사람. 마리가 그랬어요. 나한테 상처가 되는 말은 단 한마디도 안 했어요. 친구들 사이에서나 학교에서 튀려고 하거나 관심 받으려고 안달난 사람도 전혀 아니었어요. 너무 나대지도 않았고, 황당한 행동도 전혀 하지 않았어요."

이처럼 조던이 마리를 보는 방식이 페기와 사뭇 달랐다는 사실은 그렇게 놀라운 일만은 아니다. 페기는 마리가 관심을 받고 싶어 한다고 보았다. 조던은 마리가 관심을 피하고 조용히 지내고 싶어 하는 아이라고 보았다. 10대란 원래 친구들 사이에 있을 때와 부모와 같이 있을 때가 판이하게 다를 수 있다. 하지만 마리에게는 자신을 보는 이런 상반된 평가가 의미하는 무언가가 더 있는 것처럼 보였고 시간이 흐를수록 그 무엇인가를 이해하게 되었다. "사람들은 나를 내 생각과는 다르게 보더라고요." 마리는 말한다. 마리는 자신을 나대는 사람이 아니라 사교적인 사람으로, 극단적인 성격이 아니라 외향적인 성격인 사람으로 보았다.

마리는 가장 행복했던 시기가 열여섯, 열일곱 살일 때였고, 가장 행복한 날들엔 마리에게 사진 찍는 법을 가르쳐준 절친한 고등학교 친구와 함께였다고 회상한다. "친구와 해변에서 몇 시간 동안 놀다가 같이 노을을 바라보곤 했어요. 가장 소중한 추억이죠." 마리는 말한다. "친구가 찍은 사진 중에 특히 좋아하던 사진이 있어요. 같이 바닷가에 갔었는데, 아마 저녁 7시쯤이었을 거예요. 무슨 생각이었는지는 모르겠어요. 내가 바다에 무작정 뛰어들었다가 다시 나오면서 머리를 뒤로 넘겼어요."

친구가 그 순간을 포착했다. 사진을 찍은 다음 사진 일부를 어둡게 수정했다. 그렇게 완성된 그 환상적인 사진 속의 마리는 마치 석양을 배경으로 파도 속에서 걸어 나오는 신비로운 인어처럼 보였다. 마리는 그 사진을 마이스페이스에 올리고 온라인 앨범 포토버킷에 저장했다.

고등학교 졸업반이 되었을 때, 마리는 학교를 자퇴하고 고졸학력인정

시험을 준비하기로 했다. 그 결정으로 인해 그해에 페기와 마리 사이에서 갈등이 빚어졌는데 어디에서나 볼 수 있는, 전형적인 10대와 부모 사이의 갈등이었다. 마리는 고집을 꺾지 않았고 밤늦게 들어오곤 했다. 페기도 마찬가지로 원칙을 지켜야 한다는 주장을 밀어붙였다. "그러면 안 돼." 페기는 말했다. "저한테 이래라저래라 하지 마세요." 마리는 이렇게 말대답했다. 섀넌이 보기에는 그저 성인기 목전에서 누구나 겪고 지나가는 반항이었다. "자기가 하고 싶은 걸 꼭 해야 하고, 세상의 법칙을 따르기가 죽기보다 싫은 시절이죠. 여러 가지 패션을 시도하고 실험해보죠. 한 번씩 거쳐가야 하는 단계잖아요. 다른 10대들도 마찬가지 아닐까요. 담배도 한번 피워보고. 그런 것들 중에 하나죠." 2008년 봄에 마리는 열여덟 살이 되었다. 페기가 정한 규칙을 지키는 한에서 페기와 계속 살 수도 있었다. 하지만 마리는 독립하고 싶었다.

페기는 인터넷을 검색해서 시작된 지 1년 정도 된 파일럿 프로그램인 프로젝트래더를 찾아냈다. 거의 주 정부 예산으로 유지되는 이 기관은 노숙을 줄이기 위하여 이제 갓 성인이 된 청년들이 안정적인 일자리를 구해서 살 곳을 마련할 수 있도록 돕는다.[1] 이 프로그램에 속한 10대 회원들은 자급자족의 기술과 기본적인 '금융 지식'[2]을 배우게 된다. 이 프로그램의 회원들에게 집을 임대해주는 개인 임대업자들은 정부에서 월세 보조금과 적지 않은 임대 보증금을 받는다. 프로젝트래더에는 위탁가정에서 나와 독립하려는 10대들을 위한 자리가 딱 15개뿐이었지만, 운 좋게도 마리가 그중 하나를 얻었다. 마리는 페기 집에서 멀지 않은 린우드의 아파트 단지로 이사했다.

1920년대, 카운티가 통합되고 린우드라는 이름을 얻기 몇십 년 전의 이 지역은 양계장으로 유명한 도시였다. 한 해에 생산되는 달걀의 양은 줄 지어 놓으면 뉴욕에서 샌프란시스코까지 이을 수 있을 정도였다.[3] 그러나 현재 시애틀 주변에 사는 사람들은 린우드를 쇼핑의 메카로 알고 있다. 이 도시의 대표 자랑거리는 애버크롬비앤피치부터 주미즈 등 165개 매장이 입점해 있는 올더우드몰이다. 마리의 아파트는 캐스케이드산맥이 보인다 고 광고하는 아파트였고 쇼핑몰과는 몇 블록밖에 떨어지지 않아 생활하 기도 편했다.

마리는 독립을 하면 대학에 가서 사진을 전공하고 싶었다. 그녀는 니콘 디지털 카메라를 가지고 다니며 동물과 곤충과 주변 풍경을 찍곤 했다. 부목 조각들이 흩어져 있는 바닷가와 모래에 찍힌 강아지 발자국을 찍 고, 사운드 해변의 일출과 파도치는 바다 너머 만년설이 덮인 올림퍼스산 의 봉우리를 카메라에 담았다. 하지만 지금 당장은 소매점 직원이 된 것 에 만족하기로 했다. 적지 않은 월급과 직원 혜택으로 유명한 창고형 매장 코스트코가 그녀의 첫 직장이었다. 마리는 고객들에게 시식을 권하는 일 을 했다. 여섯 시간을 줄곧 서 있어야 했지만 힘든 줄 몰랐다. 손님들과 수 다 떠는 것도 성격에 맞았고 판매 실적 압박도 없었다. 직장에서 위탁가정 시스템에 속하지 않은 다양한 친구를 사귈 수 있다는 점도 좋았다.

마리에게는 아파트가 있었고 수입이 있었고 고졸학력인증서도 있었 다. 프로젝트래더의 지원을 받고 있었다. 근처에 페기도 살고 있었다. 이제 까지 겪었던 그 모든 학대, 방황, 허기의 터널을 무사히 통과한 것이다. 그 녀에게는 목표가 있었고 그 목표란 단순하기 그지없었다. 그리고 이제 손에 잡힐 듯 가까이 다가와 있었다. "평범하게 살고 싶었어요. 위탁가정에서 나왔을 때 내가 원한 건 평범한 아이들처럼 되고 싶다는 거였어요. 평범한 직업을 갖고, 내 공간에서 내 삶을 사는 거요. 가능한 행복하게 지내려고 노력하면서." 그녀는 자신의 어두운 과거가 현재의 안정을 방해하지 않기를 바랐다.

———— ◆ ————

마리는 아파트 청소를 한 다음 조던과 교회를 갔다. 두 사람은 1년 넘게 사귀었지만 두 달 전에 다시 친구로 돌아가기로 했다. 조던은 여호와의증인에서 성경 공부를 시작했고 이 종파에서는 혼전 섹스를 금지하기 때문에 마리와 데이트를 계속하면 자신이 위선자가 될 것 같아 두려웠다. 그래도 둘은 여전히 깊은 우정을 나눴다. 둘 다 불면증이 심해서 밤늦게까지 전화 통화를 하는 일이 많았다. 언젠가는 결혼을 해도 좋겠다는 이야기도 나누었다.

고졸학력인증서 시험 공부를 하면서 친해진 애슐리 집에 갔던 저녁, 마리는 아직 연수허가증만 있고 운전면허증이 없어서 애슐리의 엄마 차를 얻어 타고 집으로 왔다. 언제나 열쇠나 휴대전화를 깜빡하곤 하던 그녀는 집에 도착해서야 열쇠를 두고 왔다는 것을 깨달았다. 다시 애슐리네 집에 갔다가 돌아왔다.

집으로 들어가기 전에 마리는 위층에 사는, 자신과 마찬가지로 프로젝트래더에 소속되어 있는 열여덟 살 동갑내기 친구 내틀리 집에 잠깐 들렀다. 내틀리는 3층짜리 건물에서 마리의 바로 윗집에 사는 친구였고 아파트는 외부계단으로 오갈 수 있는 구조였다. 마리가 집으로 내려왔을 때는 밤 9시가 넘어 있었다. 집 안으로 들어와 현관문을 잠그고 하루를 마무리할 준비를 했다.

밤 9시 49분에 전화벨이 울렸다. 조던이었다.(나중에 조던은 경찰에게 정확한 시각이 찍힌 통화 기록을 제출했다.) 둘은 15분 정도 통화했다. 마리는 전화를 끊고 기타를 조금 튕기다가 침대에 누웠다.

새벽 12시 30분, 조던이 다시 전화를 했다. 이번에는 몇 시간 동안 통화했다. 날이 8월 11일 월요일로 넘어갔고, 둘은 조던의 휴대전화 배터리가 다 되어 전화가 끊길 수밖에 없었던 새벽 4시 30분까지 대화를 나눴다.

새벽 4시 58분, 조던은 다시 전화했다.

마리와 조던은 아침 6시 15분까지 통화했다.

그런 다음 마리는 잠이 들었다.

4

난폭한 연금술

2010년 8월 10일
콜로라도주 웨스트민스터

8월의 어느 이른 아침, 한 중년 여성이 덴버 근교 세인트앤서니노스 병원의 응급 병동 24호 병실의 침대에 웅크리고 앉아 있었다. 그녀는 요구르트를 먹으면서 투명 플라스틱 병에 담긴 물을 한 모금 마셨다. 붉게 염색한 머리의 색은 바래가고 있다. 앞면에 무지개가 프린트된 흰색 긴팔 후드 티셔츠를 입었다. 가늘고 마른 다리가 청반바지 밖으로 나와 있었다.

오전 8시 4분, 노크 소리가 들렸고 긴 금발 머리에 크고 푸른 눈의 여성이 병실에 들어왔다. 그녀는 파란색 폴로셔츠와 카키색 팬츠를 입었고 뒷

주머니에는 경찰 배지를 꽂고 있었다. 그녀는 침대 위에 있는 여성을 바라보았다. 이 중년 여성이 마치 길 잃은 아이처럼 보인다고 생각했다. 여성의 눈은 충혈되고 뺨에는 긁힌 자국이 나 있었다. 그녀는 무릎을 꿇고 자세를 낮춰 자신을 소개했다. 에드나 헨더샷 형사였다. "당신에게 끔찍한 일이 벌어졌다고 들었습니다. 제가 그 일을 알아보기 위해 왔어요." 그녀가 말했다.

세라는 이미 그 이야기를 이른 아침 아파트 밖의 서늘한 공기 속에 서서 이름도 모르는 이웃 사람들에게 말했다. 경찰차에 그녀를 태워 병원으로 데리고 왔던 젊은 경찰관에게도 이야기했다. 병실에서 조용히 그녀 옆에 앉아 있던, 경찰이 연결해준 피해자 지원 단체에서 온 전문 상담사에게도 말했다.

그녀는 정신을 가다듬었다. 그리고 같은 이야기를 다시 하기 시작했다.

세라는 이달 초에 새 아파트로 이사 왔다. 버리고 정리하고 소파 놓을 자리를 고민하고 침실을 꾸미고 옷상자와 신발상자를 풀고 부엌 용품들을 차곡차곡 정리하며 며칠을 보내고 나서, 세라는 쉬기로 했다. 월요일 아침에는 수영장 옆에서 낮잠을 잤다. 아파트 주변 산책로를 한 바퀴 돌기도 했다. 저녁에는 집에서 성경을 읽었다. 자정 즈음에 잠옷으로 갈아입고 선풍기 돌아가는 소리를 어렴풋이 들으며 잠들었다.

새벽 3시 30분, 그녀는 깜짝 놀라 잠에서 깼다. 누군가의 육중한 무게가 그녀의 등을 압박하며 침대로 세게 밀어붙이고 있었다. 남자였다. 다리를 벌려 그녀 위에 올라탄 채였다. 남자는 세라의 양팔을 잡고 옆구리에 고정시켰다. 세라는 소리를 질렀지만 소리는 목에 걸려 밖으로 나오지 못했다. "조용히 해." 남자는 말했다. "내가 하라는 대로만 하면 다치진 않을 거야. 하지만 난 총이 있고 필요하면 쓸 수도 있어."

남자는 흰색 티셔츠에 스웨트 팬츠를 입고 있었다고 세라는 헨더샷에게 말했다. 검은색 마스크가 남자의 얼굴 전체를 가렸다. 그는 세라의 손을 등 뒤로 묶고 속옷을 벗겼다. 그녀에게 침대로 올라가라고 한 후 특정한 포즈를 취하라고 지시했다. 카메라로 사진을 찍었다. 마음에 들지 않으면 포즈를 고쳤다. "내가 말한 대로 하지 않으면 이 사진들을 인터넷에 전부 유포할 거야. 모두가 보게 되겠지." 그는 그녀에게 말했다.

세 시간 동안 그는 세라를 자기 뜻대로 굴복시켰다. 강간을 한 차례 한 다음 휴식을 취했다. 사진을 찍은 다음 또 한 번 쉬었다. 세라는 그것을 "세션"이라고 표현했다. 아홉 번이었다고 기억했다. 남자에게 아프다고 말해보았다. 그러면 남자는 말했다. "긴장 풀어." 세라가 헨더샷에게 말하길, 강간범에게 제발 그만해달라고 빌기도 했다.

"난 아무 잘못도 안 했어." 세라는 남자에게 말했다.

"맞아, 당신은 나쁜 사람 아냐." 그가 대답했다. "하지만 창문을 열어놓았잖아."

그가 볼일을 모두 끝냈을 즈음 새벽의 여명이 엉망으로 된 아파트 사이로 스며들었다. 그는 증거 처리 작업에 들어갔다. 먼저 세라의 몸을 물티슈로 구석구석 닦았다. 그녀에게 이를 닦고 혀도 닦아내라고 명령했다. 침구 일부를 가져갔다. "경찰에게 단서를 남기지 않으려는 거야. 몇 가지는 내가 가져가야겠어." 그가 말했다.

그는 욕실로 가라고 명령했다. 그녀에게 20분간 샤워를 하라고 했다.

그녀는 20분이 지났을 때를 알고 싶어서 타이머를 가져다 달라고 했다.

어디 있는데? 그가 물었다.

부엌 싱크대 위에. 그녀가 말했다. 흰색 선빔 타이머였다.

그는 다이얼을 돌려 20분에 맞추고 욕실 세면대 옆 선반에 올려놓았다. 그러고는 문을 닫고 나갔다.

그녀는 샤워기 아래 섰고 물이 그녀의 몸을 타고 흘러내렸다. 타이머가 내는 1200번의 초침 소리 하나하나에 귀 기울였고 타이머는 마치 여름날의 매미처럼 끊임없이 째깍댔다. 마침내 타이머가 울렸을 때 샤워 부스에서 나왔다. 몸을 닦은 후에 방으로 와서 피해 상황을 정리했다.

강간범은 어머니의 유품이었던 침대 위의 초록색 새틴 베개를 훔쳐갔다.

침대 밑에 둔 비상금 상자에서 200달러를 훔쳐갔다.

카메라를 훔쳐갔다.

그리고 그녀의 인생을 영원히 바꿔놓았다.

쉽게 할 수 있는 이야기가 아니었다. 세라는 진술 내내 울먹거렸다. 전문 상담사가 옆에서 위로해주었다. 헨더샷도 그녀를 위로했다. 30분간 이야기를 들은 후 헨더샷은 세라가 이 정도면 충분히 말해주었다고 생각했다. 헨더샷은 세라에게 간호사가 곧 검사하러 올 것이라고 말했다. 어쩌면 강간범이 흔적을 전부 다 지우지는 못했을 것이다. 어쩌면 몸 안에 DNA가 남아 있을지 모른다.

"제발 그랬으면 좋겠어요." 세라는 대답했다.

세라의 아파트로 운전해 가면서 헨더샷은 머릿속으로 할 일을 하나씩 체크했다. 16년 동안 경찰직에 몸담으면서 그녀 머리에는 범죄현장 체크리스트라는 것이 각인되어 있었다. 먼저 순찰대에게 이웃집을 둘러보고 쓰레기통을 뒤져보라고 지시할 것이다. 현장감식반에게는 아파트와 그 주변 지역을 조사해보라고 할 것이다. 분석팀에게 세라의 아파트에 접근 가능한 모든 사람의 기록을 뽑아보라고 할 것이다.

동시에 실시해야지. 그녀는 생각했다.

헨더샷은 덴버 북서부로 점점 확장되던 교외 중산층 지역에서 성장했다. 어린 시절은 인구 10만 명 정도의 근교 도시인 아바다에서 보냈다.[1] 어머니는 동네 초등학교에서 음악을 가르쳤고 장로교회에서 피아노와 오르간을 연주했다. 아버지는 덴버에 있는 콜로라도주 의회에서 일하며 지역 정치에 관여하고 있었다. 그녀는 오빠와 남동생 사이에 낀 둘째였다.

부모는 그녀를 여성스럽게 키우려고 최선을 다했다. 어릴 때부터 발레 수업에 등록시키고 피아노를 가르쳤다. 집 근처 미술관에도 정기적으로 데려갔다. 그러나 이 모든 노력들은 허사로 돌아가곤 했다.

"피아노가 놓여 있는 거실에 들어가면 다정한 우리 엄마는 피아노 앞에 앉아 있죠. 내가 피아노를 쳐주었으면 하는 눈길로요. 나는 엄마에게 있는 대로 짜증을 내죠. 제가 너무 성질을 부렸다는 걸 알아요. 그렇지만 정말 싫었거든요. 밖에 나가서 뛰어놀고 싶었어요. 그 한심한 피아노 따위 치고 싶지 않았어요."

헨더샷은 전형적인 톰보이였다. 그녀는 운동을 사랑했다. 수영은 수준급이었다. 축구에서도 두각을 나타냈다. 여자 중고등부 스포츠 리그가 막 시작되던 시점에 이미 헨더샷은 스포츠 클럽에 소속되어 콜로라도주 전역을 돌고 있었다. 그녀는 아바다고등학교 축구팀의 선발 골키퍼로 활동했다.

헨더샷은 정확히 어떤 점 때문에 경찰에 끌리게 되었는지는 본인도 잘 모르겠다고 말한다. 가까운 가족이나 친지 중에 경찰이나 범죄자가 있는 것도 아니었다.(이것은 실제로 경찰이 되고자 하는 많은 이들의 지원 동기다.) 운명이었다는 말 외에는 달리 할 말이 없다. "그럴듯한 이야기를 들려주고 싶은데 없네." 그녀는 사람들에게 말하곤 했다. "그냥 언젠가부터 경찰이 되는 게 내 일이라는 걸 알았어요."

직선 코스로 경찰이 된 건 아니었다. 1988년 고등학교를 졸업한 후 두 개 대학에서 범죄학을 공부했다. 그러나 경제적 사정이 넉넉지 않아 학업과 일을 병행해야 했다. 웬디스의 계산대에서 일했고, 동네 멕시코 레스토랑에서 시간당 2.5달러와 팁을 받으며 웨이트리스로 일하기도 했다.

하지만 경찰이 되겠다는 일념만은 확고했다. 1990년에는 애덤스 카운티 보안관 사무실에서 지방 교도소 수감자 기록을 검토하는 일자리를 얻었다. 1년 후 그 일을 그만두고 아바다 경찰서에서 911 교환원으로 일하면서 응급 전화들을 처리했다. 야간 근무를 했고 낮에는 학교 수업을 들었다. 홀로 학비를 벌어 경찰 아카데미를 졸업했고, 이후 취직을 위해 집에서 멀리 떠나지 않아도 되었다. 아바다 바로 옆에 위치한 웨스트민스터 경찰서에 순찰대원으로 취직했기 때문이다. 헨더샷은 1994년 9월 19일에 신임 경찰 선서를 했다.

웨스트민스터는 덴버의 대표적인 베드타운으로 불린다. 대체로 중산층의 백인들이 거주하는 인구 10만 명의 소도시다. 주말이면 어린이 축구 경기장 사이드라인에 부모들이 줄줄이 모여 앉아 있는 풍경을 볼 수 있고, 주요 교차로에는 대형 창고형 매장들이 모여 있다. 랜치하우스와 아파트가 도시의 중심을 관통하는 덴버-볼더 간 고속도로 주변 모든 방향으로 뻗어 있다. 하지만 웨스트민스터도 알고 보면 다른 많은 교외 지역과 마찬가지로 마냥 평화롭고 완벽한 도시만은 아니다. 갱단이 있고 마약이 지역사회 깊숙이 퍼져 있기도 하다. 젊은 경찰이 경험을 쌓기엔 충분할 정도로 적지 않은 범죄가 일어나는 곳이다.

헨더샷은 순찰대원으로 거리에서 5년을 보낸 후, 수많은 경쟁자들을 제치고 웨스트 메트로 마약전담반에 합류하게 되었다. 각 지역의 가장 능력 있는 경찰들로 구성된 이 엘리트 부서는 갱단과 마약상을 단속한다. 그녀는 마약전담반의 유일한 여성 경찰이었다. 부서 동료들은 그녀를 "에드"라고 불렀다.

헨더샷은 자신의 젠더가 일종의 슈퍼파워가 될 수 있다는 것을 알게 되었다. 동료들 사이에서는 물론 범죄자들에게도 그녀의 외모는 눈에 띄었다. 상사들이 마약상에게 어떻게 접근해야 할지 고민하고 있으면 그 일을 자원했다. "이렇게 말하면 오만하게 들릴 수도 있지만, 상사들이 '이 사람 누가 잡을 거야?'라고 물으면 내가 대답했어요. '저라면 할 수 있을 것 같은데요.' 물론 머리를 양옆으로 흔들면서 실실 웃어야 한다는 게 영 고역이었지만."

그녀는 잠복 경찰 업무에 탁월한 재능을 보였다. 머리 빈 금발 머리 여자가 될 수도 있었다. 섹시한 바이커족이 될 수도 있었다. 양육권 분쟁 때문에 스트레스 받는 엄마 역할도 할 수 있었다. 용의자들이 성적으로 접근하거나 옷을 벗으라고 하면 이렇게 말하며 빠져나갔다. "집에 가야 돼요. 안 그러면 남친한테 뒤지게 맞는다고요." 혹은 "내일 사회복지사와 법원에 가야 해서 오늘 약 하면 안 돼요." 한번은 교도소에 수감되어 있는 조직폭력배 일당에게 마약과 무기를 밀반입하는 비리 공무원 사건을 맡았다. 헨더샷은 갱단 일원과 개인적으로 친해져서 신뢰를 얻은 다음 정보를 빼냈다. 비리 경찰이 체포될 때 헨더샷도 출동했다. 그 분야에서 닳고 닳은 선수였던 갱단 일원도 그 자리에서 체포되어 수갑을 찼고 그는 헨더샷이 경찰이라는 사실을 직접 눈으로 확인하고도 믿을 수 없어 했다. "사실 자부심이 없지 않았죠. 다들 깜빡 속아 넘어갔으니까요."

헨더샷은 동료들의 칭찬을 받으며 초고속으로 승진했다. 젊은 경관들을 멘토링하는 책임 있는 자리인 현장교육 담당관으로 뽑히기도 했다. 12년 내내 상사들은 근무평가서 작성 시 헨더샷에게 최고점을 주었고 그녀의 협동 정신을 "이례적일 정도로 우수하다."고 평했다.

2007년에는 헨더샷의 개인적 삶에 변화가 찾아왔다. 첫 번째 남편과 이혼한 지 몇 년 만에 재혼을 하게 된 것이다. 두 번째 남편 마이크 헨더샷은 오랫동안 골든의 경사로 일하다가 덴버 근교 다른 경찰서의 경감이 된 사람이었다. 그는 에펠탑 아래에서 그녀에게 청혼했고 두 사람은 강아지와 고양이 두 마리를 키울 수 있는 큰 집을 마련해 이사했다.

헨더샷은 이제 잠복 경찰 일은 그만두기로 결심했다. 그 부서에서 너무 오래 근무했기 때문에 범죄자들이 그녀의 얼굴을 알아볼 수도 있었다. 하지만 새로 맡을 업무가 무엇이 될지 몰라 두려웠다. 다른 일을 이전 일만큼 잘해낼 수 있을지 자신이 없기도 했다. 그래도 뭐 어때? 그녀는 스스로를 다독였다. 마흔이 되기 전에 이룰 만큼 이뤘잖아!

새로 배치된 부서는 대인對人 범죄 수사과였다. 완전히 다른 세계였다. 그녀가 접하게 된 피해자들은 폭행당하거나 강간당하거나 살해당한 사람들이었다. 마약 담당 경찰로 서류를 작성할 때에 피해자 란에는 항상 "콜로라도주" 또는 "미연방합중국"을 기입했지만 이제는 누군가의 이름을 써넣어야 했다. 자신이 마주 앉아 이야기 나눈 사람이었다. 자신이 그 고통을 가장 먼저 직접적으로 목격한 사람이었다. 그 죽음으로 인해 가족들이 무너지는 모습을 보아야 했던 사람의 이름이었다.

순간순간 압박감이 밀려오기도 했다.

"문자 그대로 육체적인 반응이 왔어요. 젠장맞을. 이거 진짜 보통 일이 아니잖아, 싶었죠. 100퍼센트 나한테 달려 있잖아. 전부 내 일이잖아."

◆

병원에서 면담을 마친 헨더샷은 도시의 서쪽에 있는 세라의 아파트로 향했다. 오전 10시였는데 벌써 해가 뜨거웠다. 오렌지색 패널과 벽돌 외벽의 3층짜리 건물들이 늘어서 있는 아파트 단지로 주민 공용 수영장과 클럽 하우스가 있고 산책로가 있다. 세입자들은 대체로 간호조무사, 케이블 설치 기사, 패스트푸드 매장 직원 등 블루칼라 노동자들이다.

단지 바깥에서 헨더샷은 크리스 파일러 경관을 만났다. 경관은 아침 일찍부터 목격자들을 찾아다니고 있었다. 세라가 문을 두드리며 도와달라고 외쳤을 때 경찰에 신고한 이웃 부부를 만나 이야기를 해보았다. 그들도 며칠 전에 이 아파트에 이사 온 주민들이었다. 강간 사건의 자세한 내용을 세라에게 직접 들어 알고 있었는데, 부인은 솔직히 전부 다 믿기지는 않는다고 했다.

예를 들어, 세라는 강간범이 샤워를 하고 머리를 감게 시켰다고 했다. 하지만 그 말을 하는 세라의 머리는 젖어 있지 않았다. 또 세라가 황당한 말을 했다고도 기억했다. 세라는 그들에게 말했다. "아, 막 이사 오셨군요. 이런 일은 절대 원치 않으시겠죠." 그 여성은 세라가 거짓말을 한다고 생각하지는 않았다. 다만 세라의 행동이 이상하다고 생각했다.

나라면 그렇게 행동하진 않았을 거예요. 이웃 여성은 파일러 경관에게 말했다.

그 여성의 의심과 회의적인 시선이 그리 놀라운 일은 아니다. 강간 사건에서 피해자들은 의심받는 경우가 많다. 경찰뿐만 아니라 가족이나 친구에게도 의심받는다. 경찰은 물론 일반 대중 사이에서도 모든 성폭력 신고가 진실은 아니라는 생각이 퍼져 있다. 문제는 그중에 얼마가 진실이고 얼마가 아닌지는 어느 누구도 모른다는 것이다. 범죄학 연구자들 또한 강간을 신고한 여성 중에 얼마나 많은 여성이 거짓말을 하는지 밝혀내기 위해 수십 년 동안 연구해왔다. 결과는 극단을 오간다. 영국의 한 경찰국 소속의사는 2006년 발표한 보고서에서 강간 혐의의 90퍼센트가 허위라고 발표했다.[2] 이는 오직 18건만을 샘플로 삼아 도출한 결론이기 때문에 이후 크게 비판받았다. 페미니스트 수전 브라운밀러는 1970년대 활동가 세대에 영향을 미친 페미니즘 고전 『우리의 의지에 반하여: 남성, 여성, 그리고 강간의 역사』란 책에서 강간 허위 신고 비율은 2퍼센트밖에 되지 않는다고 주장했다.[3] 하지만 이 수치 또한 정확하지는 않으며 의문의 여지가 있다는 의견이 다수 존재한다.

성폭력을 전문으로 연구해온 연구자들은[4] 허위 신고 비율이 대략 2퍼센트에서 8퍼센트 사이라고 결론내렸다. 하지만 이 범위는 특정한 조건하에서 산출된 것으로, 오직 경찰 측에서 여성의 거짓말을 증명할 수 있었던 성폭력 고소 사건만을 대상으로 한 것이다. 현실적으로 그런 일은 자주 일어나지 않는다. 경찰은 보통 의혹이 생길 경우 사건을 종결하고 더 이상 수사를 진행하지 않는다. 정확한 허위 신고 비율이라는 것은 측정 불가라고 할 수도 있다. 그것은 지지하는 관점에 따라, 성폭력을 어떻게 정의하느냐에 따라 모호해진다. 그리고 성폭력이란 워낙에 수치심과 비밀 유지와 관련이 있는 범죄이기에 명확한 자료를 추출하기가 거의 불가능하기도 하다.

헨더샷은 성폭력 수사를 할 때, 성폭력 혐의를 허위라고 결정내리기 전에 반드시 "결정적인" 증거가 확보되어야 한다는 것을 하나의 원칙으로 삼았다. 한번은 고환이 심하게 훼손된 남성 피해자가 응급실에 실려 왔다. 너무 심하게 잘려 있어서 의사가 제거해야 했을 정도였다. 남자는 의사에게 칼을 든 범인에게 공격당했고 강간당했다고 말했다. 헨더샷은 몇 주 동안 남자가 제공한 단서를 따라 추적했고 증거를 찾으러 와이오밍까지 직접 운전해 가기도 했다. 하지만 그녀는 남자가 인터넷 포르노 사이트의 생식기 할례 관련 채팅에 참여했음을 밝혀냈다. 헨더샷은 남자가 면도칼과 수소 거세에 사용하는 고무 밴드로 자신의 성기를 훼손하는 동영상까지 찾아낸 후에야 허위 신고로 기소했다. 다시 말해 그녀의 증거 확인 기준은 무척 높다는 뜻이다.[5]

헨더샷은 파일러와 이야기한 후 아파트로 들어가 범죄현장을 둘러보았다. 웨스트민스터 경찰서의 수석 현장감식원이자 오랜 친구 캐서린 엘리스를 보자 한결 마음이 놓였다. 엘리스는 경찰국의 과학수사연구소에 설치된 무전기에서 강간 사건 소식을 듣자마자 달려왔고 오전 7시 38분에 현장에 도착했다고 했다.

두 사람은 오래전 근처 경찰서에서 911 교환원으로 일하며 처음 만났다. 둘은 함께 자기 분야에서 경력을 쌓으며 높은 직급에 올랐다. 엘리스의 전공 분야는 과학수사로, 텔레비전 시리즈 때문에 과학수사가 유명해지기 훨씬 전부터 이 분야에 몸담아왔다. "저는 CSI가 존재하기 전의 CSI죠." 그녀는 이렇게 농담하곤 한다. 그녀의 작업 방식은 빈틈없고 철저하기로 정평이 나 있었다. 버지니아주 콴티코에 있는 엘리트 FBI 아카데미 교육과정을 이수하기도 했다. 또한 기억력이 비상하여 몇 년 전에 작성한 범죄 보고서의 사건번호까지도 외울 수 있다. 그녀는 자신의 직업에 관해 현실적이다. "전혀 멋있거나 화려한 직업이 아닙니다. 쓰레기통을 뒤지고 훼손된 아이 주검을 들여다보고 현장을 기어다녀야 하는 일이죠."

헨더샷이 도착했을 즈음엔 엘리스가 이미 아파트의 모든 방을 샅샅이 살펴본 후였다. 그녀의 메모는 그녀가 범죄현장의 디테일을 단 하나도 놓치지 않기 위해 얼마나 철저하게 작업했는지를 알 수 있다.

> 방 두 개, 욕실 두 개가 있는 아파트로 부엌과 식당과 거실이 있다.
> [……] 현관은 거실로 이어져 있다. 거실은 아파트의 남쪽에 위치한다.
> 동쪽 벽에는 피아노가 있고 남쪽 벽을 따라 가죽 소파가 있고, 소파
> 앞에는 원형 커피테이블이, 소파 서쪽 방향으로는 원형 사이드테이
> 블과 흔들의자가 있다. 소파에 신문이 쌓여 있고, 서쪽 쿠션 위에는
> 식당과 식료품 쿠폰이 담긴 폴더가 있으며, 가운데 놓인 쿠션의 움푹
> 들어간 부분은 발자국일 수 있다. 동쪽에 놓인 쿠션에는 성경과 기도
> 서가 있다.

엘리스는 다섯 시간 동안 아파트 안에 머물며 지문을 검출하기 위해 창
틀, 문, 카운터에 가루를 뿌렸다. DNA 채취용 면봉으로 거실 창문, 매트
리스 토퍼, 욕실 세면대와 변기를 닦아냈다. 카메라를 들고 뒤죽박죽이
된 안방 침실, 거실, 뒤 베란다 사진을 수백 장 찍었다. 아파트 외부로 통하
는 두 개의 문과 창문에 강제 침입의 흔적이 있는지 살펴보았다. 증거들을
비닐 봉투에 넣었는데 강간범이 가지고 가지 않은 담녹색 침대 시트, 싱크
대 주변에 있던 보라색 주방용 장갑, 그리고 빨강, 오렌지, 흰색이 섞인 이
불 등이었다. 특수 조명을 사용해 매트리스 토퍼에 DNA 흔적이 있는지
살폈다.

헨더샷은 엘리스에게 강간범이 세라의 부엌에 있던 흰색 선빔 타이
머를 만졌다는 정보를 전달했다. 과연 욕실 선반 끝에 타이머가 놓여 있

었다. 아파트에 있는 물건 중 강간범이 손을 댄 것이 확실한 물건이었다. DNA가 있는지 확인하기 위해 증거품 가방에 넣었다.

엘리스는 피해자가 진술한 대로 범죄가 벌어졌다고 가정했다. 하지만 현장을 조사할 때는 증거에만 집중했다. 증거는 진술과 모순될 수도 있고 진술에 부합할 수도 있다. 그녀의 임무는 무엇이 되었건 진실을 가려내는 것이다. "증거가 보여주는 대로 보고하죠. 사람들의 말이 아니라. 증거가 '거짓말, 거짓말' 하고 소리 지르거든요."

엘리스는 세라의 아파트에서 충분한 증거를 찾지는 못했다. 뒷문 옆 창문 아래 방충망이 떨어져 있었지만 흔한 일이었다. 창문 아래쪽 소파 위 쿠션은 누가 밟고 지나간 것처럼 움푹 들어가 있긴 했지만 어디에서도 무단 침입의 흔적은 발견할 수 없었다. 문틀에도 지레로 들어 올린 자국이 없었다. 창유리가 깨지지도 않았다. 창턱이나 소파나 침실에서 단 하나의 지문도 발견되지 않았다. 특수 조명을 켜보니 아파트 전체에서 오직 침대 위에만 약간의 체액이 남아 있었다.

그러나 딱 한 가지는 눈에 들어왔다. 뒤쪽 현관을 둘러싸고 있는 울타리에서 이상한 흔적을 발견한 것이다. 작은 육각형 무늬가 일정하게 찍혀 있었다. 벌집 같다고 그녀는 생각했다. 기록을 위해 사진을 찍어두었다.

하지만 무엇이 남긴 자국인지는 도무지 알 수 없었다. 이사 업체에서 사용하는 담요가 울타리를 덮으면서 생긴 자국인가?

신기한 패턴이네. 그녀는 생각했다.

강간 발생 이틀 후 헨더샷은 웨스트민스터 경찰서에서 세라를 만났다. 둘은 면담실에서 책상을 사이에 두고 마주 보고 앉았다. 헨더샷은 녹음기를 꺼내 녹음 버튼을 눌렀다. 이제 어느 정도 시간이 지났으니 충격이 가신 세라가 추가적인 세부 사항을 기억해주길 바랐다. 그녀는 여유를 갖고 시작하기로 했다. 사건이 발생하기 전, 세라의 인생은 어떠했는가?

세라는 자신의 이야기를 들려주었다. 애정 없는 수십 년간의 결혼 생활을 정리하기로 결정하고 늦은 나이에 이혼했다. "더 이상 그렇게는 살지 않겠다고 결심한 거죠." 이혼 후 스무 살 많은 남성과 사랑에 빠졌다. 그에게는 대가족이 있었고 그녀에게는 자녀가 없었다. 두 사람은 같은 교회를 다녔다. 그녀는 성가대에서 봉사했다. 둘은 데니스 레스토랑에서 만나 저녁을 같이 먹기도 했다. 둘은 2009년 9월에 결혼했고 두 사람이 살 큰 아파트를 얻었다. 그러나 결혼한 지 얼마 안 되어 남편이 암 진단을 받았다. 결혼식 후 8주 만에 그녀는 남편을 땅에 묻어야 했다. 더 작은 아파트로 이사하겠다는 결정은 남편 없이 혼자 사는 여성으로서의 삶을 받아들이는 첫 단계였다. 2010년 7월 28일에 임대 계약을 했다. 13일 뒤 강간범이 침입했다.

사건에 대해서 이야기해볼까요? 헨더슨은 물었다. "잠들 준비를 하고 12시 정도에 잠이 들었다고 했는데, 그다음 기억은 뭔가요?"

"그다음 기억은, 음, 누군가 내 몸 위에 있었다는 거예요. 나는 누워 있었어요. 아니, 내 말은, 엎드려 있었다고요. 배를 바닥에 대고." 세라가 말을 멈추더니 당황스러운 기색으로 말했다. "지금 나한테 그 일을 처음부터 다시 설명하라는 말인가요?"

헨더샷은 이해했다. 그녀는 이제까지 100건이 넘는 강간 사건을 담당했다. 강간에 대해 말하는 것이 얼마나 어려운 일인지 알았다. 너무나 고통스럽기에 많은 여성들이 입을 다물어버리기도 한다. 입을 닫는 가장 큰 이유 중의 하나는 말해도 믿어주지 않을 거란 두려움이다. 그럴 때면 젊은 경찰들은 어이없어한다. 저 사람 범인 잡고 싶은 거 맞아요? 왜 더 자세히 털어놓지 않는 거죠?

헨더샷은 그럴 때마다 후배 남자 경찰들에게 맞받아치곤 했다. "아내랑 가장 최근에 한 섹스에 대해서 아주 자세히 말해줄래? 지금 당장 말이야." 경찰들은 멋쩍게 웃다가 어색한 침묵에 빠지곤 했다. 무슨 뜻인지 알아들은 것이다.

면담실에서 세라는 기본적인 사실을 다시 진술했다. 처음 듣는 이야기가 추가되기도 했는데, 이를테면 침입자가 허벅지까지 오는 스타킹을 신으라고 했던 이야기다. 어떤 색상이었고 어디에서 가져왔는지는 기억하지 못했다.

"스타킹을 어떻게 신었어요?" 헨더샷이 물었다.

그녀는 설명하지 못했다.

"왜 보지 못했나요?" 헨더샷이 물었다.

"아마도, 그게, 엎드려 있었기 때문인 것 같아요."

세라는 또 한 가지, 범인이 하이힐이 있냐고 물었던 것을 기억했다. 없다고 하자 그는 그녀의 신발장으로 가더니 신발 한 켤레를 들고 왔다.

"어떤 신발이었는지 짐작은 가는데 확실히는 모르겠어요." 그녀는 말했다. 어떤 신발을 가져왔는지 모르겠고, 그가 갈 때 신발을 가져갔는지도 모르겠다고 했다.

헨더샷은 단념하지 않고 계속 캐물었다. 기억을 더듬게 해서 작은 정보라도 얻어야 했다.

"눈은 어땠어요? 기억나는 것 있나요?"

"얼굴에 대해선 정말로 아무것도, 아무것도 기억이 안 나요. 모르겠어요."

"그렇군요. 눈 색깔도, 전혀?"

"음, 눈 색깔도 몰라요."

"눈썹이나 수염은요?"

세라는 고개를 저었다. "정말 말씀드릴 수가 없어요. 몰라요."

세라의 시각 기억력은 떨어졌을지 몰라도 청각 기억은 꽤 구체적이었다. 강간범이 운동용 가방을 가져왔다는 것을 가방의 지퍼 소리에 대한 기억으로 알았다. 그가 화장실에 가는 것은 소변보는 소리로 알았다. 사진을 정면에서 찍었지만 사용한 카메라 기종이나 특징에 대해 전혀 설명할 수는 없었다. 그래도 소리만은 선명히 기억했다. **찰칵, 찰칵, 찰칵.**

하지만 세라의 진술은 오락가락했고 시간 순에 상관없이 이 장면과 저 장면 사이를 오가곤 했다. 그녀는 분절된 기억을 사건이 일어난 순서대로 배열하려고 애썼다. 세라는 헨더샷에게 강간범이 집을 나간 시간을 안다고, 그때 아파트 밖에서 어린 여자아이들이 놀고 있는 것을 보았기 때문이라고 했다. 그러다가 잠깐 생각에 잠겼다. 그녀는 경찰에 오전 7시 즈음에 전화했다. 그 이른 시간에 아이들이 왜 밖에 나와 놀고 있었겠는가?

"아냐, 그건 말이 안 되잖아." 그녀는 거의 혼잣말처럼 말했다.

세라는 자신의 이야기에 빈틈이 많다는 것을 깨닫고 당혹스러워했다. "왜냐하면요, 내가 거의 대부분 눈을 감고 있어서예요. 어쩔 땐 그 남자가 눈을 감으라고 했고, 또 나도 보고 싶지 않아서 눈을 감았어요."

헨더샷은 세라를 안심시켰다. "기억나지 않으면 무리하지 마세요. 괜찮습니다."

세라의 세계에 일어난 균열을 보고 헨더샷은 놀라지 않았다. 헨더샷은 트라우마가 남을 수밖에 없는 극한 상황에서 살아남은 후 기억이 왜곡되는 사람들을 수없이 목격했다. 많은 이들이 사건을 시간 순으로 기억하지 못한다.[6] 트라우마는 두뇌에 손상을 입힌다. 교통사고. 바로 옆에서 나무가 쓰러졌을 때. 전쟁터에서 동료가 총상당하는 장면을 목격하는 일. 압도적인 공포가 지배하는 몇 초 사이에 아드레날린과 코르티솔이 분출하면서 난폭한 화학적 변화, 곧 연금술을 일으킨다. 우리 정신은 스스로의 경험에 대한 불확실한 목격자가 된다. 기억 속에서의 시간은 실제 사건이 일어난 시간과 일치되지 않는다. 기억들은 묻힌다. 그러다가 며칠 후, 몇 달 후, 때로는 몇 년 후에, 떠올리길 원하지도 초대하지도 않았던 이미지들이 완벽한 그림이 되어 떠오르기도 한다. 마치 번갯불에 주변 풍경이 갑자기 반짝 하고 밝아지는 것처럼.

강간은 특수한 케이스다. 강간이란 경험, 무력함의 느낌은 마치 수사관들을 방해하려는 것이 아닌가 싶을 정도로 여러 측면에서 기억을 손상시킨다. 끔찍한 폭력의 실재를 견디기 위해 많은 여성들은 현재 벌어지고 있는 일에서 눈을 돌려버리고, 가해자에게서도 눈을 돌려버린다. 스탠드 불빛만 노려보거나 벽에 걸린 그림만 보고 있기도 한다. 아니면 눈을 감아버린다. 이는 곧 여성들이 강간범을 제대로 묘사하지 못할 수 있고, 범인이 입은 옷, 방, 시간, 주변 환경을 기억하지 못할 수도 있다는 뜻이다.

심리학자들은 중점적이고 강렬한 디테일이 전체적인 기억 형성에 얼마나 큰 역할을 하는지를 연구해왔다.[7] 위기의 순간에 두뇌는 자신을 살아남도록 도와줄 무언가에 절실하게 매달린다. 어떤 경우에는 위협이 되는 사물에만 집중한다. 가령 경찰이 용의자가 자신에게 겨누었던 총의 형태는 놀라울 정도로 자세히 묘사할 수 있으면서도 용의자가 입은 옷은 기억하지 못하는 것처럼. 하지만 어떤 경우에는 가장 인상적으로 남아 있는 디테일이 실제적인 위협과 상관없을 수도 있다. 강간의 고통과 관련 없는 무언가일 수도 있다. 이를테면 피해자는 침대 협탁 위에 놓인 램프라든지 멀리 보이는 가로등 불빛만을 기억한다. 이처럼 무관한 디테일에 시선을 고정시킴으로써 지금 현재 닥친 공포로부터 도망쳐 인지적 안전지대에 머무는 것이다.

성폭력 연구를 주도하고 있는 미시건주립대학교 교수 리베카 캠벨은 피해자들이 강간 경험을 직소 퍼즐에 비유해 묘사하는 경우가 흔하다고 말한다. 퍼즐을 풀기 위해 가장 먼저 하는 행동은 대개 모든 조각들을 앞면이 위로 오게 뒤집는 것이다. 다음으로 가장자리 조각들, 코너 부분의 조각들, 가운데 조각들을 분류한다. 그 후 퍼즐 박스의 그림을 들여다보며 어떻게 조각들을 맞출지 생각한다.

하지만 강간 피해자는 퍼즐을 풀 방법이 없다. 그들은 모든 조각을 소유하고 있지 않기 때문이다. 유의미한 방식으로 조각들을 분류할 수도 없다. 게다가 이미지를 형성하지도 못한다면, 어떻게 그 엉망인 그림을 들여다보고 있겠는가? "트라우마의 기억은 깔끔하게, 단정하게, 논리 정연하게 맞춰지지 않습니다." 트라우마가 두뇌에 미치는 영향을 연구한 캠벨은 말한다. "기억의 조각들은 두뇌에 점점이 흩어져 있어요. 문자 그대로 그렇습니다."

헨더샷은 세라와 함께 퍼즐 조각들을 같이 맞춰나가야 한다. 하지만 면담이 거의 끝나갈 즈음에도 용의자를 추측할 수 있는 단서는 거의 얻어내지 못했다. 강간범은 똑똑했다. 자신의 정체를 드러낼 단서는 거의 남기지 않았다.

면담을 정리하면서 헨더샷은 세라에게 그래도 좋은 소식을 전해주기로 했다. 200달러는 없어진 것이 맞지만 세라가 도둑맞았다고 생각한 카메라는 경찰이 아파트에서 찾았다는 사실이었다. 아마도 사건 후에 집을 제대로 둘러보지 못한 것 같았다.

"하지만 우리 집엔 카메라가 두 대 있는데요." 세라가 말했다.

"카메라가 두 대라고요? 무슨 뜻이죠?" 헨더샷은 물었다. 세라의 집에 카메라가 한 대뿐일 거라고 짐작했었다.

"분홍색 소니 카메라가 있고요. 그것보다 더 큰 은색 카메라가 있어요."

경찰이 찾아낸 카메라가 은색이라는 걸 헨더샷은 알고 있었다. 그렇다면 분홍색 소니는 어디 있지? 그녀는 경찰에게 웨스트민스터의 전당포들을 모두 돌면서 누군가가 분홍 카메라를 맡긴 적이 있는지 알아보게 했다. 그런 사람은 없었다.

헨더샷은 세라의 아파트에 케이블을 설치하러 왔던 컴캐스트 케이블 설치 기사와 면담 날짜를 잡고 있던 중에 전화를 받았다. 웨스트민스터에서 남동쪽으로 48킬로미터 정도 떨어진 부유한 교외 지역인 오로라에서 근무하는 한 경사의 연락이었다.

그 여성 경사는 경찰들끼리 대화하다가 웨스트민스터 강간 사건의 디테일을 알게 되었다고 하면서, 자기 경찰서의 한 형사도 유사한 사건을 조사 중이라고 했다. 두 사람은 사건 정보를 대조해볼 수 있을 것이다.

헨더샷은 첫 번째 기회를 잡은 것이었다.

———————◆———————

세라의 강간 사건이 일어난 지 2주 후, 헨더샷은 웨스트민스터 경찰서의 작은 회의실에 앉아 있었다. 맞은편에는 오로라 경찰서의 형사 스콧 버지스가 있었다. 희끗희끗한 머리를 잘 빗어 넘긴 신사였다. 항상 긴팔 셔츠와 잘 다린 바지를 입고 타이를 매고 출근하는 꼼꼼하고 신중한 사람이다. 가끔은 타이를 한 번, 두 번, 세 번, 네 번 감는 엘드리지 매듭으로 맸다. 엘드리지는 가장 까다롭다고 정평이 나 있고 타이스닷컴에서도 난이도 최고점으로 소개되는 매듭이다.

오로라 경찰서에서는 5년 전부터 성범죄 전담 부서를 신설해 운영하고 있었다. 버지스는 그 부서의 초기 멤버 중에 한 명이었다. "추첨으로 뽑았는데 내가 운이 좋았죠." 버지스는 헨더샷처럼 다른 사람을 돕는다는 개념을 좋아했다. 버지스는 피해자들을 이해했다. "확실히 알게 된 건 이런 종류의 폭력을 겪은 피해자가 마땅히 보일 법한 반응이란 없다는 겁니다. 나까지 눈물을 글썽이게 만든 피해자가 알고 보니 허위 신고자였던 적도 있어요. 또 이렇게 생각하게 했던 실제 피해자들도 있죠. '그 일이 일어났을 리가 없어. 그렇게 극악무도한 일을 당한 다음에 이렇게 반응할 수는 없어.' 한 가지 정답이란 있을 수 없어요."

이 교훈은 그가 2009년 10월 오로라에서 벌어진 강간 사건을 수사하는 데 큰 도움이 되었다. 피해자는 도리스라는 65세의 이혼 여성으로 근처 남학생 기숙사의 사감으로 일하고 있었다. 그녀는 오로라 남부의 자기 집에서 강간당했다. 버지스는 사건 다음 날 만난 도리스가 상당히 "침착해" 보였다고 헨더샷에게 말했다. "굉장히 이성적인 태도였고, 전혀 감정적이지 않았죠. 감정을 분출하거나 평정심을 잃은 모습은 보지 못했습니다. 피해자는 이런 식이었죠. '그 일이 일어났습니다. 지금 같이 어떻게 해결할 수 있나 봅시다.'"

버지스는 그가 작성했던 사건 보고서의 핵심 내용을 전달했고, 헨더샷은 귀 기울였다.

- 사건 발생 시각은 일요일 새벽 2시 30분경. 피해자는 집에서 취침 중이었음.
- 용의자는 문을 열고 들어와 엎드린 피해자의 등 위에 타고 앉아 플래시를 비춤.

- 용의자가 피해자에게 몸을 돌려 똑바로 누우라고 명령. 그때 피해자가 검은색 마스크 혹은 눈만 구멍을 낸 두건을 쓰고 있는 범인의 얼굴 목격.
- 용의자는 백인 남성으로 나이 대략 스무 살, 키 180센티미터 정도, "뼈대가 크며" 근육질은 아니지만 힘이 센 편. 체모는 옅은 색이었거나 거의 없는 편이고 말투는 부드러움.
- 용의자가 피해자에게 말함. "해치진 않을 거야. 하지만 당신을 강간할 거야."
- 용의자는 피해자의 손을 앞으로 모아 리본으로 느슨하게 묶음.
- 커다란 검은색 배낭을 갖고 있었음.
- 수차례 강간. 용의자가 피해자의 사진을 찍고 경찰에 신고하면 인터넷에 유포하겠다고 협박.
- 강간이 끝난 후 용의자는 옷을 입고 침대 시트를 가져가겠다고 말함.
- 마지막에는 피해자에게 샤워를 시키고 욕실 문 앞에서 지키고 서서 어떻게 씻어야 하는지 지시함. 나가기 전에 20분간 욕실 안에서 기다리라고 함.

도리스는 그 강간범을 "친절"하고 "젠틀"하다고 묘사했다. 그녀는 도중에 자기가 65세라고, 강간하기에는 너무 늙었다고 말했다. 그러자 강간범은 "늙은 거 아니야."라고 답했다.

또 남자가 강간하기 전에 그녀가 머리카락에 말고 있던 분홍색 헤어롤러를 빼냈다고 했다.

"나도 이 일이 끝나고 나면 기분이 처참해져. 하지만 어쩔 수가 없어." 범인이 도리스에게 말했다.

"당신은 도움을 받아야 돼." 도리스는 말했다.

"그러기엔 이미 늦었어." 그가 대답했다.

도리스는 그에게 동정심을 가지려고 했다고 한다. 아직 너무나 젊지 않은가. 어린 시절에 끔찍한 학대를 당했을 수도 있다. 아직 늦지 않았다.

남자는 듣기 싫은지 도리스의 말을 끊어버렸다. 학대당한 적이 없고, 부모님은 충분히 사랑을 베풀어주었다. 자기는 담배도 안 피우고 술도 안 마시고 마약도 하지 않는다고 했다.

"부모님은 내가 하는 짓을 안다면 죽어버릴지도 몰라." 그가 그녀에게 말했다.

그는 강간을 해야만 했다. 막을 수 없는 "충동"이라고 했다. 자신도 오랫동안 이 문제와 싸워왔지만 지고 지고 또다시 졌다고 했다.

"나는 어쩔 수 없어." 그가 말했다.

남자가 그녀에게 욕실로 들어가라고 지시한 다음 욕조를 물로 채우기 시작하는 순간 도리스는 최악을 상상했다.

"그 남자가 날 익사시킬 거라고 생각했어요."

하지만 그는 그녀에게 안에 들어가서 몸을 씻으라고 했다.

"20분만 있어. 정리하고 나가야 하니까." 그가 말했다.

욕실에서 나오자 시간은 오전 3시 45분이었다. 너무 무서워서 경찰에 전화하지도 못했다. 먼저 옷을 입었다. 커피 한 잔을 마셨다. 컴퓨터 앞에 앉았다. 인터넷 검색을 했다.

날이 밝고 새벽 6시가 되었고 도리스는 성기에서 피가 나고 있다는 것을 깨달았다. 운전을 해서 근처 응급실로 갔다. 응급실에서는 좀 더 운전해서 강간 피해 전문 인력이 있는 오로라메디컬센터에 가라고 했다. 그곳의 간호사가 경찰에 신고했다. 병원에서는 그녀의 몸에 남아 있을지 모를 DNA의 흔적을 찾기 위해 세 시간에 걸쳐 법의학적 검사를 실시했다.

버지스는 처음부터 그 사건이 까다로우리라는 것을 알았다고 했다. 도리스는 강간 사건의 많은 세부 사항을 기억하고 있었다. 하지만 그녀의 자세한 기억이 범인의 신원 파악에는 크게 도움이 되지 못했다. "이 사건을 어떻게 수사과 다른 형사들과 의논하지?" 버지스는 그 당시 이렇게 자문해보기도 했다. "용의자의 인종이 무엇인지, 태생이 어디인지도 확실히 말할 수가 없어요. 전부 다 가리고 있었으니까." 그는 헨더샷에게 범인이 (그의 묘사에 따르면 "극단적으로 철저하게 준비한") 일종의 전문 강간범이라 생각한다고 말했다. "이 남자는 너무나 용의주도해요."

버지스의 보고서는 그가 얼마나 철저히 수사를 진행했는지를 보여주었다. 순찰 경관들을 보내 오로라의 막다른 골목의 평범한 주택가를 모두 조사하게 했다. 한 경찰은 30개의 쓰레기통을 뒤지고 근처 야구장의 간이 화장실 세 군데를 훑었다. 다른 한 경찰은 무기를 지닌 채 현장 근처를 걸어가던 남자의 뒤를 쫓았는데 알고 보니 그 무기는 BB총이었다. 현장 근처에서 과속 운전으로 세운 한 남성의 차량 안에서 분홍색 시트와 수건 몇 장과 트렁크에 있는 검은색 가방 두 개를 발견하기도 했다. 용의자가 도리스의 집에서 가져갔다는 시트를 떠올렸지만, 일치하지 않았다.

추가로 이 남성의 여자 친구에게 전화를 걸었다. 여자 친구의 진술은 이 남성의 이야기를 뒷받침해주었다. 빨래를 한 시트를 남자 친구의 트렁크에 두고 왔다고 했다.

버지스가 처음 의심한 쪽은 도리스가 일하는 남자 기숙사의 학생들이었다. 도리스의 생각은 달랐다. "우리 애들 중 한 명은 아니에요." 만약 그랬다면 목소리로 알아챘을 거라고 했다. 하지만 버지스는 캠퍼스 순찰을 도는 경찰에게 연락하여 학내에 유사한 성폭력 사건 신고가 들어왔는지 알아보았다. 한 경사가 약 185센티미터의 키에 72킬로그램 정도인 남학생과 관련된 사건이 하나 보고되었다고 알렸다. 경찰은 2008년 11월에 수상한 행동이 포착된 남학생을 잡아 수색했다. 그의 차 트렁크에서 경광등으로 사용 가능한 플래시, 경찰봉, 음주 측정기, 9밀리미터 베레타 권총을 찾아냈다. 그러나 남자에겐 전과가 없었다. 버지스는 이 사건과 자신의 가설을 일단 제쳐두기로 했다.

도리스는 굉장히 자세한 묘사와 설명을 제공했다. 하지만 그것은 유령에 대한 묘사일 뿐이었다. 회색 옷을 입고 마스크를 쓴 남자일 뿐 다른 단서는 없었다. 목격자도 없었다. 감시 카메라에도 잡히지 않았다.

2009년 12월 31일, 그해가 끝나가고 있었고, 버지스는 이 사건의 상태를 대문자로 이렇게 적었다. "수사 중단."

수사를 종결지으려는 것은 아니었다. 다른 단서가 입수될 가능성이 없지는 않았다. 그렇지만 그는 마음 깊은 곳에서 '수사 중단'이 무엇을 의미하는지 알고 있었다. "답이 나오지 않을 거라는 뜻이죠."

참담한 결론이었다. 한동안 사건이 계속 버지스를 따라다녔다. 그는 도리스 강간 사건이 이제까지 맡은 사건 중 세 손가락 안에 드는 최악의 사건이라고 생각했다. 왜 그녀가 타깃이 되었는지 스스로에게 질문해보았다. 사실 답을 찾지 못해서 다행이라는 생각도 들었다. "그 범인을 이해한다면, 그게 더 끔찍하지." 그는 혼잣말을 했다.

버지스는 헨더샷과 미팅 후 새로운 희망을 품게 되었다. 정황증거는 하나의 결론을 제시했다. 도리스와 세라를 강간한 사람은 동일범이다. 헨더샷이 자신의 사건에서 실마리를 잡았다면, 그 또한 그가 맡은 사건의 실마리를 잡았다고 할 수 있었다. 도리스의 사건 기록을 보관한 지 8개월 만에 버지스는 수사 파일에 새로운 내용을 추가했다. 수사는 재개되었다. 강간범이 놓친 것, 단 하나의 실수면 된다. 실수 하나만 잡아내면 두 건의 범행이 해결된다.

계산은 단순했다.

◆

세라의 강간 사건 후 몇 주가 흘렀고 헨더샷은 형사, 범죄학자, 범죄분석가, 순찰 경관 들에게 지시했다. 경찰 여섯 명에게 아파트 근처 모든 쓰레기통을 확인하라고 했다. 혹시라도 범인이 도망가면서 무엇이든 버렸을지 모른다. 도랑과 얕은 연못도 모두 수색하라고 했다. 콜로라도주의 성범죄자 등록 시스템에서 이름을 검색해보았다. 세라의 집에 인터넷을 설치하면서 잠깐 동안 피해자와 대화를 나누었던 케이블 기사. 아파트 단지의 거

주민들. 청소부. 아무도 걸리지 않았다.

여러 단서가 연달아 등장하긴 했으나 헨더샷은 하나씩 제외시킬 수밖에 없었다. 경찰은 1978년 세라의 전남편을 강간 혐의로 체포한 적이 있었다. 하지만 세라는 전남편이었다면 당연히 마스크를 쓰든 안 쓰든 알아보았을 것이라고 했다. 경찰은 세라가 사별한 남편과 살던 아파트 단지에서 일어난 낯선 사람에 의한 강간 사건도 조사했다. 하지만 사건의 용의자는 사우디아라비아인으로 해외 도피한 것으로 밝혀졌다. 한 경찰은 수 년 전에 "강간 도구 키트"를 갖고 다니는 남성과 관련된 사건을 기억해냈다. 그러나 그 남자는 용의자가 되기엔 너무 늙었다.

마침내 세라의 아파트 단지에서 3킬로미터가 채 떨어지지 않은, 거리에 나무가 우거진 호숫가 근처를 돌아다니던 검은색 배낭을 멘 수상한 젊은 남성을 찾아냈다. 그러나 그는 환경 운동에 관심이 있는 대학생으로 밝혀졌다. 그 학생은 아침 일찍 개천으로 가서 강가의 돌들을 정리하여 괴어 있는 웅덩이의 흐름을 개선시키는 작업을 하고 있었다. 경찰이 그를 신문하자 "약간 비딱한 태도"로 대한 것은 사실이라고 고백했다. 하지만 강간범은 아니었다.

헨더샷은 강간 사건, 특히 낯선 사람의 공격은 보통 사건 발생 첫 주에 범인이 잡힌다는 사실을 알고 있었다. 시간이 갈수록, 하루하루 지날수록 가해자를 잡을 확률은 낮아진다. 조사할 단서는 바닥나고 있었다. 다른 사건들도 쌓이고 있었다. 사건 해결의 실마리는 희미해져갔다.

2010년 12월, 헨더샷은 데자뷰를 느끼고 있었다. 그녀는 버지스가 1년 전에 있었던 그 지점에 서 있었다. 어쩌면 더 나쁜 상황이었다. 왜냐하면 지금은 형사들이 연쇄강간범이 자유롭게 활보하고 있다고 믿을 이유가 충분히 있었기 때문이었다. 두 여성을 집에서 몇 시간 동안이나 강간하고도 아무 증거를 남기지 않고 빠져나간 범인이다. 목격자도 없다. 신체적 특징도 나온 것이 없다. 지문도 없다. 데이터베이스와 매치시켜볼 만한 DNA도 없다.

그뿐 아니라 헨더샷과 버지스는 이 강간범이 아마도 또다시 범행을 저지를 것이라고 생각했다.

그들이 할 수 있는 일은 기다리는 것뿐이었다. 범인이 한 번은 비끗하기를, 아니면 또 다른 강간을 저지를 때까지 기다리는 것이었다.

이제 계산법이 바뀌었다. 계산은 그렇게 단순하지 않았다.

범인은 대체 누구인가?

5

이길 수 없는 싸움

케이시 캠프, 동두천, 한국

그는 괴물이 태어난 순간을 기억하고 있다. 사실 사람들에게 솔직히 털어놓기 민망한 이야기다. 다섯 살 때 그는 부모와 함께 「스타워즈 에피소드 6: 제다이의 귀환」을 보러 갔다. 영화 초반에 자바 더 허트의 동굴 장면이 나온다. 자바 더 허트는 타투인 행성의 지배자이자 마피아로, 주인공인 한 솔로를 탄소냉각하여 벽에 장식해두고 있다. 자바는 쾌락에 빠져 사는 거대한 괴물로 단상 위에 누워 노예들과 혼혈족들과 외계인들에게 둘러싸여 있다. 이국적인 음악이 흐른다.

소년과 부모는 망토를 뒤집어쓴 루크 스카이워커가 자바가 잠든 사이에 그의 은신처에 숨어드는 장면을 보았다. 자바가 자고 있는 단상에 레이아 공주가 누워 있다. 금속 재질의 비키니만 입은 그녀는 허벅지, 복부, 목이 다 드러나 거의 헐벗은 상태다. 그녀는 목에는 쇠 목걸이를 하고 쇠사슬로 자바에게 묶여 있다. 루크가 들어와 쇠사슬을 풀려는 순간에 레이아가 잠에서 깬다. 그녀는 자바의 노예다.

이후 그는 그 장면을 자주 되돌려보곤 했다. 당시에는 자신이 받은 느낌을 묘사할 언어조차 갖고 있지 못했다. 어쨌든 생생했고 자극적이었고 위험했다. 그 장면만 생각하면 몸에 쾌감이 퍼졌다. 그가 아는 것은 그저 자기도 여성에게 그런 종류의 지배력을 행사하고 싶다는 사실, 여자를 완전히 소유해 자기 밑으로 종속시키고 싶다는 사실이었다. 그는 자신을 태어나자마자 처음 본 존재에 강한 애착을 느끼는 동물의 어린 새끼처럼 묘사했다. 그는 공포, 굴욕감, 노예화에 각인되었던 것이다.

"그때부터 난 기본적으로 우리 동네의 모든 여자애들을 묶을 준비가 되어 있었죠." 그는 이렇게 회상한다.

나이를 먹을수록 금지된 것이 주는 전율은 점점 더 강해졌다. 여덟 살 때 친구들과 빈집에 몰래 들어가 현금을 훔쳤다. 있지 말아야 할 장소에 있다는 것만으로 흥분되었다. 그때부터 그저 할 수 있다는 이유만으로 무단 침입을 시작했다. 몇 번이었더라? 세다가 잊어버렸다. 그에겐 그저 재미 만점의 오락이었다. "꼭 집 안까지 들어가지 않아도 창문을 따거나 문을 여는 행동만으로도 아드레날린이 치솟았어요." 그는 말했다.

자신의 강박을 어느 누구에게도 털어놓지 않았다. 누가 이해해줄 것인가? 그의 가정은 충분히 평범하고 정상적이었다. "어렸을 때부터 사랑을 많이 받았습니다." 그는 말했다. 그는 테네시에서 삼남매 중 맏이로 태어났다. 어머니와 아버지는 이혼했지만 어머니가 곧 재혼했고 새로운 가족은 콜로라도주의 덴버에서 한 시간 거리에 있는 지방 소도시 롱몬트로 이사했다. 인구 8만 명 정도의 마을은 눈만 돌리면 농장과 옥수수밭이었고 발길 닿는 곳마다 자주개자리풀이 자라나 있었다. 마을 뒤편으로는 마을 이름의 유래가 된 해발 4346미터의 롱스피크가 솟아 있다. 로키산맥의 가장 북쪽에 위치한 포티너스◆다.

그곳에서 그는 두 가지 인생을 사는 법을 배웠다. 세상에 비춰지는 쪽은 명랑하고 다정했다. 그는 삐쭉삐쭉 뻗친 머리에 웃을 때 이가 드러나는 소년으로 고양이를 사랑하고 롤러블레이드를 탔고, 그가 그레이스랜드라 이름 붙인 초원에 사는 엘비스라는 이름의 족제비에 홀딱 빠져 있다. 어느 날부터는 기타를 잡더니 꽤 괜찮은 연주 실력을 선보이기도 했다. 지미 헨드릭스가 작곡한 신비롭고 시적인 곡 「리틀 윙」을 익혔다. 그는 엄마를 위해서 그 노래의 끝까지, "천 개의 미소를 지닌" 여인이 내면의 격랑에 위안이 찾아오리라고 약속하는 데까지 연주하곤 했다.

그녀는 말했죠. 이제 괜찮아요, 다 괜찮아.
원한다면 나에게서 무엇이든 가져가요. 무엇이든.

◆ 해발 1만 4000피트(약 4300미터)가 넘는 봉우리를 일컫는 말.—옮긴이

다른 쪽은 바로 그 내면의 격랑이었다. 비밀스럽고 어둡고 혼란스러웠다. 여자에게 갖는 자신의 환상이 역겹고 병적이고 잘못되었다는 것을 모르지 않았다. 자신의 관음증적인 욕망과 다른 사람들의 인생에 침범하기를 즐기는 자신의 모습이 비정상이라는 것도 알았다. 하지만 그저 자기 머릿속 생각일 뿐이라고 여겼다. 통제할 수 있을 것이다. "내 머릿속에서 일어나는 일일 뿐이잖아. 나만 알고 다른 사람이 모르면 그만이지." 혼자서 그렇게 말하곤 했다.

———— ◆ ————

고등학교 2학년에 올드콜럼바인고등학교로 전학을 갔다. 마을의 남쪽 끝에 위치한 낮은 일자형 건물 주변에는 자동차 부품 가게, 패스트푸드점, 쇼핑몰 등이 있었다. 그는 소수의 친구들하고만 어울렸다. 주말이면 그들은 차를 끌고 나가 끝없이 단조로운 풍경만 이어지는 끝없이 단조로운 고속도로를 달렸다. 길가에 차를 세워놓고 맥주를 마시기도 했다. 열여섯 살 때 네 명의 친구들과 술을 마시다 미성년자 음주법에 걸려 볼더 카운티 보안관에게 체포되기도 했다. 어느 토요일 새벽 1시 30분이었다. 그의 차 뒷좌석에는 맥주 열여섯 병이 있었다. 85달러의 벌금을 냈다.

1995년 5월 31일 올드콜럼바인고등학교를 졸업했다. 졸업 후 덴버로 이사해 호화로운 유흥지인 체리크리크 근처에 방을 얻어서 고교 동창과 함께 살았다. 1년 동안 인터넷회사의 외판원으로 일하다가 다음 해에는 고객의 집을 방문해 인터넷을 설치해주는 기사로 일했다. 그는 친구들과 포켓볼을 치며 놀았다. 대마초를 피우다 적발된 적도 있었지만, 검사는 기소를 철회하였다. 덴버대학교에 입학했다가 한 학기만 다닌 후 그만두었다. 롱몬트의 부모님 집으로 다시 들어갔다. 근처의 콜로라도주 라이언스에서 지방 특산 수제 맥주로 유명한, 어두컴컴하고 소박한 오스카 블루스 바에서 바텐더로 일했다. 고등학교를 졸업한 지도 어느덧 6년이 흘러 있었다. 앞으로 무엇을 하며 살고 싶은지는 여전히 알 수 없었다.

그러다 9·11이 일어났다. 그는 그동안 자신을 평화주의자라 생각했다. 그는 머리를 히피처럼, 록스타처럼 기르고 다녔다. 대체로 보수적인 콜로라도에서 가장 자유롭고 진보적인 볼더에서 노는 걸 좋아했다. 그는 군대에 제 발로 입대하는 인간들은 대체로 무식한 덩치들이나 가난한 레드넥*이나 세뇌당한 바보들이라고 생각했다. 하지만 쌍둥이 빌딩이 무너지는 장면을 보면서 그의 안에서 강렬한 감정이 북받쳤다. 이제야 자신의 소명을 찾은 기분이었다. 자신을 괴롭히던 내면의 괴물을 쫓아줄지도 모를 사명을.

미국이 아프가니스탄을 침공한 지 3개월 후인 2002년 1월 22일에 그는 덴버 시내의 미 육군신병지원센터에 걸어 들어갔다. 23세였으므로 미 육군 신병의 평균 연령보다는 많은 편이었다. 그는 팔굽혀펴기 13번, 윗몸 일으키기 17번을 하고 1.6킬로미터를 8분 30초 안에 주파할 수 있었다. 키

◆ 미국의 비하 단어 중 하나로 미국 남부의 보수적 성향을 보이는 가난하고 교육 수준이 낮은 백인 농부, 노동자를 비하하는 말.—옮긴이

는 188센티미터였지만 몸무게는 고작 70킬로그램 정도였다. 모병관은 그 점이 염려되었다. 바람 불면 날아가게 생긴 녀석이잖아. 기본 훈련을 받기 전까지 몸무게가 단 1킬로그램도 줄어선 안 된다고 장교가 경고했다.

그는 자신이 미합중국의 군인이 된다는 사실을 스스로도 잘 믿을 수가 없었다. "나는 아무래도 군인 체질은 아닌 것 같다." 이렇게 일기에 쓰기도 했다. 그의 부모도 깜짝 놀랐다. "우리는 웃으면서 농담하지 말라고 했지요." 그의 어머니는 말한다. "하지만 아들은 마음속 깊이 나가서 싸워 우리 나라와 국민들을 보호해야 한다고 느꼈던 것 같습니다. 우리가 안전하길 원한다고 했어요."

자신이 군대 생활에 맞는지 아닌지 확신은 없었다. 어떤 모병 담당 장교들은 군 입대 자격시험인 군복무직업적성검사 점수로 군인들을 알파(alpha)와 브라보(bravo)로 나누기도 한다. 브라보는 시험 점수는 더 낮지만 더 나은 군인으로 간주된다. 그들은 유연하고 더 순응적이다. 명령을 더 잘 따른다. 무난하게 상위 계급으로 진급한다. 큰 부대는 개개인의 역량보다 복종에 더 높은 가치를 둔다. 알파는 시험에서 높은 점수를 받는 이들이다. 그들은 독립적으로 사고하는 경향이 있다. 하지만 그것은 곧 그들이 의문을 제기하는 성향이 있다는 의미이기도 하다. 아웃사이더나 반항아로 보일 수도 있다.

그는 알파였다.[1] 그가 받은 점수는 수험자 중 최상위권에 속했다. 고교 졸업장밖에 없었지만 군대에서 가장 높은 지능과 정신력이 요구되는 부서에 지원할 자격이 되고도 남았다. 보통 장교나 대학 졸업자들에게 돌아가는 지형분석가, 범죄 수사관, 암호해독가가 될 잠재력도 갖고 있었다.

하지만 그는 미국 군대에서 최하위 말단 계급인 일반 보병에 지원했다. 2002년 아프가니스탄에서 보병들은 진흙투성이 산골짜기 마을을 행군하거나 가옥을 부수거나 민간인에게 총을 쏘는 지상군이었다. 비무장 지프차인 험비 뒤에 앉아 먼지 풀풀 날리는 도로를 지나가면서 길가에 파묻힌 지뢰 조각이 내장을 뚫고 지나가지 않기만을 기도하며 엉덩이를 바짝 조이고 앉아 있어야 하는 졸병들이었다. 최전방에서 몸을 던져야 하는 이들이었다.

하지만 그는 아프가니스탄에서 탈레반을 공습하는 대신 주한미군이 되어 대한민국의 케이시 캠프라는 곳에 배치되었다. 동두천의 케이시 캠프는 북한과의 비무장지대에서 16킬로미터 남짓 떨어진, 14제곱킬로미터에 달하는 미 2사단 기지다. 그의 새 거처 또한 고향 콜로라도처럼 주변이 온통 산뿐이었다. 물론 시야에 들어오는 가장 높은 산봉우리가 해발 1455미터인 소요산이라는 점은 달랐다. 그는 D중대, 2여단, 제9보병 사단인 일명 '맨추' 부대에 속하게 되었다. 맨추란 이름은 중국 의화단사건 당시 벌어진 전투에서 136킬로미터 행군을 해냈던 전설적인 미군 부대에서 유래한다.[2] 해외 생활은 이번이 처음이었다.

한때 평화주의자였던 남자는 완벽한 군인으로 다시 태어났다. 담배를 끊었다. 체중을 불리고 근육을 키웠다. 체력 훈련에 누구보다 열심이었고 전투 기술을 빠르게 습득했다. 작전에 들어가기 전에는 목표물을 자세히 살피기 위해 정찰을 실시했다. 전투 전에는 전투전검사를 실행해 장비와 무기를 철저히 확인했다.

군대는 그의 성실한 군 생활을 다양한 방식으로 인정해주었다. 육군

의장대에 소속되기도 했다. 선행장, 육군공로훈장, 국방종군기장 등의 메달과 훈장도 수여했다. 특히 그는 무기 다루는 기술이 탁월했다. 경기관총인 M249를 잘 다루었는데, 전투 훈련 중 이 무기를 써서 그의 소대 전초기지로 기습해 들어온 상대 보병 부대를 소탕하며 자신의 능력을 인정받았다. 한 상사는 이렇게 평가했다. "그의 출중한 기술과 원숙한 태도는 동료 병사들에게 모범이 된다." 그는 일병에서 부사관으로 진급했다. 그는 스스로가 비하했던 그 무식한 덩치로 변해갔다. 스스로를 "꽤 쓸 만한 군인"이라고 칭하기도 했다.

어머니에게 편지로 종종 이 일에 얼마나 즐겁게 임하고 있는지 이야기했다. 한국에서 아프가니스탄이나 이라크로 파병되는 제2보병 사단을 훈련하는 훈련 조교가 되기도 했다. 어머니는 아들이 더 나은 사람이 되어간다고 생각했다. "아들은 병사들을 최선을 다해 훈련시켰습니다. 그들 중에 몇몇은 다시 조국으로 돌아올 수 없다는 것을 알았기에 최대한 병사들이 살아남을 수 있도록 돕고 싶어 했어요." 그의 어머니는 말한다. "그때는 아이가 좋은 방향으로 변하고 있다고만 봤어요."

2003년 10월, 그는 부대 근처 술집에서 웨이트리스로 일하는 러시아 여성을 만났다. 마샤(가명)는 러시아 억양이 약간 있는 영어를 썼다. 짧은 머리에 앞머리를 높게 쳤다. 얼굴은 둥그렇고 상냥한 인상에 입술이 도톰했다. 손톱엔 언제나 깔끔하게 매니큐어를 칠했다. 그보다 세 살이 어렸다. 외국 국적인 마샤가 군부대 안으로 들어와 생활할 수는 없었기에 그는 매일 오후 4시면 캠프에서 나가 그녀와 같이 있다가 부대 통금시간에 맞춰 자정에 돌아오곤 했다. 6개월 정도 데이트를 하고 나서 두 사람은

2004년 3월 11일에 결혼했다. 그가 서울의 주한미군기지로 배정되었고 부부는 같이 이사했다.

전형적인 직업군인의 결혼 생활이었다. 대부분 젊은 아내나 여자 친구가 있는 동료 군인 커플과 어울렸다. 밤늦게까지 바에서 술을 같이 마시고 관사 아파트에서 모여 파티를 열기도 했다. 때때로 하이킹도 즐겼다.

그는 아내에게 자신의 어두운 내면에 대해 한마디도 하지 않았다. 그의 머릿속에선 성적인 사디즘의 이미지가 떠난 적이 없었다. 쇠사슬에 묶인 여자, 그의 노예가 된 여자, 그가 강간할 때 공포에 질린 표정의 여자들이 끊임없이 떠올랐다. 마샤에게 그의 환상을 충족해달라고 부탁해본 적도 없다. 딱 한 번 섹스 장면을 비디오로 찍어보기는 했다. 하지만 아내가 좋아하지 않았고 다시는 시도하지 않았다. 아내의 팔목을 끈으로 묶어보고 싶다는 이야기도 꺼내지 않았다. 부부의 성생활은 따분할 정도로 정상적이었다. 인간적으로 아는 여자, 좋아하는 여자에게 자신의 욕망을 투사하는 것은 거의 불가능했다. 자신과 상관없는 이름 모르는 여자여야 했다.

10대와 20대 초반 내내 그의 상상은 그의 뒤를 따라다녔다. 이미지들은 떠올랐다가도 시간이 흐르면서 다시 사그라지곤 했다. 그럴 때면 자신이 다시 정상으로 느껴졌다. 그러나 언젠가부터 그 생각들이 그의 머리를 완전히 점령하기 시작했고 끊임없이 들려오는 이명처럼 되어버렸다. 자신의 강박과 끝없이 싸우다 보니 정신적으로나 육체적으로나 지쳐버렸다. "내가 아는 유일한 방법으로 대처했습니다. 아무에게도 이야기하지 않고 내 머릿속에서만 통제하는 거죠."

그는 마샤가 아닌 다른 곳에서 안정을 찾으려 했다. 점점 더 폭력적인 포르노그래피를 보기 시작했다. 성매매 여성을 찾아가서 강간 피해자 연기를 해달라고 하기도 했다. 아무것도 그의 소란스러운 마음을 진정시키지 못했고, 점점 더 통제력을 잃기 시작했다. 자신의 딜레마를 생각할 때면 「스타워즈」를 봤을 때 자신의 반응이 떠올랐고 어쩔 수 없는 기분이 들었다. "다섯 살짜리가 수갑에 매혹되었어. 그런 아이가 결국 어떻게 되겠어?"

그는 궁금해졌다. 만약 내가 내 욕망대로 행동한다면? 여기서 무엇이 달라질 것인가? 내가 만약 딱 한 번만 하고 싶은 대로 해버린다면 그다음부터 마음의 평화를 찾게 되지 않을까? "딱 한 번만 저지르고 나면 마치 가려운 곳을 긁은 것처럼 해결될 것이라고 나 자신을 설득했습니다. 내면의 갈등을 극복하고 다시 나다운 삶을 살 수 있을 거라고." 그에게 필요한 것, 그 괴물에게 필요한 것은 공포였다. 진짜 현실의 공포.

그는 공격을 감행해보기로 했다.

◆

한국에 주둔한 많은 미군 기지의 높은 담벼락 주변에는 현란한 조명을 밝힌 좁은 골목에 성냥갑 같은 나이트클럽들이 줄지어 있는 구역이 있다. 그런 클럽들 중에서도 가장 소문이 나쁜 곳은 일명 '주스바'[3]로 군인들이 10달러짜리 주스 한 잔을 사면 필리핀 출신의 어린 '드링키걸'과 아쉽지 않은 시간을 보낼 수 있다. 밤이면 거리에 쏟아져 나온 여자들이 딱 붙는

드레스 차림에 하이힐을 신고 골목에 서 있곤 한다. 부끄러워하지도 않고 두려워하지도 않는다.

완벽한 목표물이야. 그는 생각했다.

그는 늦은 밤 복잡한 거리와 미로 같은 골목에서 여자들의 뒤를 따라갔다. 마스크를 쓰고 장갑을 꼈지만 그 외의 계획은 없었다. 여자를 납치해서 호텔방이든 숲속에 세워둔 차든 어디론가 데려가면 되지 않을까 하고 생각했을 뿐이다. 누가 알겠는가. 그는 여자를 강간할 것이었다. 그리고 마침내 치유될 것이었다. 돌발 상황이나 결과에 대해서는 걱정하지 않았다. "한국에서 일어난 일은 한국에 남을 거야." 스스로에게 말했다.

하지만 그의 생각처럼 쉬운 일이 아니었다. 몇 달 동안 다니는 여자들의 꽁무니를 쫓아다녔다. 그때마다 몇 시간이나 거리만 헤매다 관두고 집에 들어갔다. 그러고는 분노의 바닷속에서 혼자 씩씩거렸다. 자신이 계획을 행동으로 옮길까 봐 두려운 동시에 행동하지 못하는 무능에 치가 떨렸다. 하지만 아무에게도 말하지 않았다. 마샤에게 댈 핑계는 얼마든지 있었다. 친구 만났어. 늦게까지 일했어. 아내는 의심하지 않았다.

그리고 어느 날 밤 그 일이 일어났다. 자정이 다 된 시간이었다. 자기 나이와 비슷해 보이는 젊은 한국 여성이 어두운 골목을 휘청거리며 걷고 있었다. 혼자였다. 아주 많이 취한 듯 보였다.

"해버리자, 씨발." 스스로에게 말했다. "이렇게 평생 동안 빌어먹을 거리만 헤매면서 살 순 없어."

그때 당시 그는 체중 80킬로그램에 잘 단련된 근육질의, 인생 최고의 몸 상태였다. 여자에게 뛰어들어 여자를 땅에 눕혔다. 여자는 몸부림치면서 그를 밀어냈다. 강한 억양이 섞인 영어로 그가 쓴 어두운 마스크를 보며 소리 질렀다. "저리 꺼져, 이 흑인 놈아. 떨어져, 이 흑인 새끼!"

그는 자기도 모르게 웃음이 터져 나왔다. 이 작고 술 취한 여자가 그와 몸싸움을 하려고 했다. 코믹한 상황이었다. 왜 안 무서워해? 공포는 어디 갔어? 두려움은? 아냐, 이건 내가 기대한 게 아니야.

그는 몸을 뺐다. 여자는 비틀거리며 일어나더니 휘청휘청 걸어가기 시작했다. 뛰지도 않았다. 걸었다. 그는 키득키득 웃으면서 여자의 뒤를 몇 걸음 좇아가 보았다. 여자가 뒤돌아보더니 길에서 돌멩이를 하나 주워서 그에게 던졌다. "이 흑인 놈아, 저리 가." 그녀는 다시 소리 질렀다.

이번에는 여자의 목청이 꽤 커서 이러다 다른 사람이 들을 수도 있겠다는 생각이 들었다. 여기서 끝내기로 했다. 다시 한 번 그는 실망했고 혼란스러워졌다. 그 모든 것이 그냥 우스운 짓거리일 뿐이었다. 한 편의 부조리극이었다.

그는 교훈을 얻었다. "골목길에서 누군가를 납치하는 건 내 스타일이 아니야. 이건 안 먹히겠어."

다음 강간 계획은 어린 시절에 짜릿함을 주었던 일탈 행동, 즉 무단 침입과 결합해보기로 했다. 다시 사냥에 나섰고 이번에는 인근 주택가를 살폈다. 어느 날 밤 절호의 기회를 포착했다. 작은 빌라의 1층 집이었다. 창문이 열려 있었다. 내부가 훤히 들여다보였다. 부엌이 있고 작은 욕실이 있고 침실이 하나 있었다. 가슴이 두근거렸다. 마치 모든 것이 그의 욕망에 맞추어 장식되어 있는 인형의 집 같았다. 침대 위에서 한 여자가 자고 있었다. 새벽 3시였다. 주변에 아무도 없었다.

현관을 살폈다. 한국인들이 집으로 들어가기 전에 신발을 벗어두는 곳이다. 여자 신발밖에 없었다. 만약 이 집에 남자가 살고 있다면 지금은 외출 중인 것이라고 생각했다. 혹시나 하고 문손잡이를 돌려보았다. 문은 잠겨 있지 않았다. 기회였다. 그는 스키 마스크를 쓰고 장갑을 끼고 안으로 들어갔다.

잠시 멈춰서 아파트 내부를 둘러보았다. 집은 손바닥만 했다. 부엌에서 미군 전투식량인 MRE를 보았다. 미군이 전장에 나간 군인들에게 지급하는 건조식품이었다. 그는 순간 이 여자가 미국인과 결혼했을지도 모른다는 생각에 덜컥 겁이 났다. 주변을 돌아보았지만 서양인의 다른 흔적은 보이지 않았다. 마음을 다시 안정시켰다. 환상을 만족시킬 수 있는 길이 드디어 눈앞에 열린 것이다.

부엌에 서 있을 때 분노의 파도가 다시 그를 휩쓸고 지나갔다. 순간 그는 마비된 것처럼 꼼짝 않고 서서 얼른 공격해버리자고 혼잣말하기도 했다가 지금이라도 그만두자고 말하기도 했다. 낯선 여자가 침대에 누워 있는 낯선 아파트에서 30분 동안 옴짝달싹 못 하고 있었다. "미친 새끼야, 너 지금 뭐 하고 있냐?" 그는 스스로에게 말했다. "그냥 여기서 나가서 다 없던 일로 해."

갑자기 바깥에서 어떤 소리가 들려왔다. 부엌에서 얼른 나가자마자 중년의 한국 남자가 현관문을 벌컥 열고 들어왔다. 한국 남자는 늦게까지 술집에서 술을 마시고 왔는지 휘청거리면서 그를 올려다보았다. 한밤중에 자기 집 한가운데 서서 자신을 내려다보고 있는, 180센티미터가 훨씬 넘고 검은색 마스크를 쓴 녹갈색 눈동자의 우람한 외국인 침입자. 깜짝 놀란 집주인은 현관으로 달려 나가 문을 닫아버렸다.

"씨발. 나 갇혔잖아." 그는 생각했다. 몸으로 밀어 문을 열려고 해보았지만 문 맞은편에 한국 남자가 자기 몸무게로 버티고 있었다. "갇혔잖아. 쌍. 나 이 집에 갇히게 생겼어." 그는 생각했다.

하지만 다음 순간 문이 바깥쪽으로 열렸다. 한국 남자가 문을 확 잡아당겨 열었다. 그는 호텔의 도어맨처럼 문 옆에 얌전히 서 있었다.

그에 맞는 예의를 차릴 여유는 없었다. 한국 남자를 밀쳐버리고 거리로 달려 나왔다. 전속력으로 낯선 주택가를, 어두워진 도시를 미친 듯이 달려 1.6킬로미터 정도 떨어진 그의 집에 도착했다. 숨이 헐떡거리고 있었다. 혈관에 흐르는 피가 배터리액같이 느껴졌다. 하마터면 거의 잡힐 뻔했다. 그는 등신 머저리였다.

두려워할 사람은 자기 자신이었다.

"앞으로는 절대 그런 실수를 하면 안 돼. 절대로 충동적으로 일을 저질러선 안 돼." 그가 생각했다. "감방에 가고 싶지 않으면 더 꼼꼼히 생각해 봐야 해."

복무 기간이 끝나가고 있었다. 다시 고향으로, 미국으로 돌아갈 날이 기다려졌다.

거기서 연습하면 되었다.

6

백인, 푸른 눈, 회색 스웨터

2008년 8월 11일 월요일
워싱턴주 린우드

911 전화는 오전 7시 55분에 걸려왔다. 전화를 건 사람의 말투로 보아 위급 상황인 것은 확실해 보였다. 아래층에 사는 이웃이 아파트 안에서 강간을 당했다는 한 젊은 여성의 신고 전화였다. 범인은 15분 전에 달아난 것 같다고 했다.

911 교환원은 신고한 이웃과 계속 통화를 하면서 피해자가 허둥거리며 전하고 있다고 하는 사항을 모두 받아 적었다. 강간범은 칼을 갖고 있었다. 사진을 찍었다. 낯선 사람이다. 그가 아파트 안에 있었을 수도 있는

데 밤부터 새벽까지 이어진 피해자의 전화 통화를 엿들었기 때문이다. 오전 8시 3분, 신고자는 피해자가 방금 침실에서 칼을 찾았다고 말했다. 8시 4분, 피해자의 엄마가 막 도착했다. 아파트 단지는 린우드 경찰서에서 1.6킬로미터 거리밖에 되지 않아 도로를 두어 번만 꺾으면 도착할 수 있었다. 요원이 신고를 듣고 있는 사이에 이미 경찰은 현장으로 출동했고 경찰들은 각각 8시 3분, 8시 4분, 8시 5분에 도착했다.

구급차도 출동했다. 경찰견 부대인 K-9도 범인의 뒤를 쫓을 수 있길 바라며 출동했다.

범죄현장 감식원인 앤 마일스는 8시 4분에, 현장에 두 번째로 도착했다. 아파트 앞에 차를 세우고 피해자가 사는 1층 아파트로 들어갔다. 곱슬머리에 녹갈색 눈의 열여덟 살 여성을 발견했고 그녀에게 무슨 일이 일어났는지 물었다.

아마도 이때 마리가 한 말이 경찰에게 한 최초 진술이었을 것이다. 절대적으로 중요한 순간이었음에도 불구하고 그 순간에 대한 마리의 기억은 많은 부분 지워져 있었다. 경찰이 도착했을 때 담요를 덮고 방구석에서 떨고 있었던 건 기억한다. 구급대원들에게 말을 한 것도 기억한다. 소파에 옮겨 앉아 페기 옆에 있었던 것도 기억한다. 하지만 그곳에 있었던 여자 경찰은 기억하지 못했고 그 경찰에게 자기가 어떤 말을 했는지도 자세히 기억하지 못했다.

마리는 마일스에게 칼을 든 남자 때문에 잠에서 깼다고 말했다. 남자는 그녀의 이불과 시트를 끌어내고 그녀에게 엎드리라고 말했다. 그는 그녀 위에 올라앉았고 손을 묶고 눈을 가리고 재갈을 물렸다. 그 후 몸을 뒤집어 똑바로 누우라고 했다. 그는 그녀를 손으로 더듬었고 강간했다. 느낌 상 그가 장갑을 끼고 있는 것 같았다. 그는 콘돔을 꼈다고 말해주었다. 찰 각거리는 소리를 들었고 플래시가 터지는 느낌이 났다. 그는 자신이 사진 을 찍었으며 경찰에 신고하면 사진을 인터넷에 퍼뜨리겠다고 말했다. 그 는 앞문으로 나갔다. 그녀는 문이 닫히는 소리를 들었다.

마일스는 마리에게 남자의 신체적 특징을 묘사할 수 있냐고 물었다. 마 리는 제대로 볼 수가 없었다고 했다. 모든 일이 너무나 순식간에 일어났 다. 그가 백인이었다는 점만 말할 수 있었다. 눈은 푸른색이었다. 회색 스 웨터를 입고 있었다. 마일스는 목소리나 체취 등에서 특이한 점을 찾을 수 있었냐고 물었고 마리는 마일스에게 다시 한 번 너무 순식간에 일어난 일이라 모든 것이 희미하다고 말했다.

마일스는 강간이 지속된 시간은 어느 정도였냐고 물었다. 마리는 모르 겠다고 대답했다.

마리는 강간범이 마리의 가방을 바닥에 내던졌다고 했다. 왜 그랬는지 는 모른다.

마일스의 임무는 물리적인 증거를 수집하고 처리하는 것이었기에 마리 와 함께 아파트를 살펴보기 시작했다. 침실에는 마리의 말대로 가방이 바 닥에 떨어져 있었고 지갑은 침대 위에 있었다. 지갑에 들어 있던 마리의 연수허가증이 사라졌다. 그 허가증은 침실 창가에 떨어져 있었다.

마리의 침대 옆, 플라스틱 수납함 위에서 마일스가 검은색 손잡이가 달린 칼을 발견했다. 마리의 말에 의하면 부엌에 있던 마리의 칼이며, 마 리를 위협한 것도 이 칼이다. 침대 위에 신발 끈이 놓여 있었는데 마리를 묶을 때 사용한 것으로 보였다. 침실 구석, 컴퓨터 모니터 위에서 여자 속옷이 묶인 신발 끈 하나를 더 발견했다. 마일즈는 보고서에 "속옷에 묶여 있던 신발 끈은 눈가리개로 사용되었거나 마리가 소리를 지르지 못하게 입에 물렸던 것으로 보인다."고 썼다. 마리는 마일스에게 그 끈은 거실에 있던 자신의 테니스화 끈이라고 했다.

마일스는 마리에게 문을 잠그고 잤냐고 물었다. 마리는 확신할 수 없다고 했다. 마일스가 현관을 확인했으나 강제 침입의 흔적은 보이지 않았다. 아파트 뒤편의 슬라이딩 유리문도 확인했다. 잠겨 있지 않고 살짝 열려 있었다. 마일스는 유리문을 열고 뒤쪽 현관으로 가서 나무 울타리를 검사했다. 대부분 먼지가 덮여 있었지만 1미터 정도 누군가 이곳을 넘어오면서 몸으로 닦은 것처럼 먼지가 지워져 있었다.

마일스는 슬라이딩 유리문에서 DNA 흔적을 찾기 위해 유리문의 외부와 내부 손잡이를 면봉으로 닦았다. 아파트의 내부와 외부 사진을 찍었다. 총 70장 이상의 사진은 그날 아침에 일어난 일을 설명해줄 수 있는 사진들로 현관 울타리, 침실 창가에 떨어져 있던 연수허가증, 칼 하나가 빠져 있던 부엌의 칼집, 끈이 빠진 운동화 등을 찍은 것이었다. 신발은 거실 소파 옆에 있었다. 벽에 기댄 소파 위에는 점박이 송아지 인형과 흰색 발강아지 인형이 있었다.

마일스는 마리의 아파트에서 나와 객관적인 진술만이 담긴 2페이지짜리 보고서를 작성했다. 그 보고서에는 그녀가 믿거나 믿지 않는 바는 전혀 포함되지 않았다. 그녀가 보고 행한 것들만 적혀 있었다.

린우드 경찰서는 총 79명의 정식 경찰이 있으며 3만 4000여 명의 주민이 사는 도시를 관리하고 있다. 2008년에 마리 사건은 이 경찰서가 수사에 착수한 10건의 강간 사건 중 하나였다. 그만큼 강간 신고는 많지 않았고 범죄 수사과에는 성범죄 전담반이 따로 구성되어 있지 않았다.

마리가 강간을 신고한 아침에 수사과 반장 제임스 넬슨은 아파트 건물로 직접 와서 수사에 착수했고 집마다 방문하여 사건을 목격했을지도 모르는 이웃들을 만났다. 203호에 사는 남자는 그날 아침에 이상한 장면을 보거나 별다른 소리를 들은 적이 없다고 했다. 그는 넬슨이 말을 걸어볼 수 있었던 유일한 거주자였다. 103호, 201호, 301호, 302호, 303호, 304호의 문을 두드려보았지만 아무 대답도 없었다.

넬슨은 근처의 다른 아파트 건물에도 방문했다. 아파트 주민 세 명과 면담했고 동일한 답을 얻었다. "수상쩍은 것을 보거나 듣지 못했다." 다른 집에서는 대답이 없었다.

8시 15분경 경찰견 부대 K-9이 출동했다. "탐지견은 사무용 빌딩이 있는 남쪽을 향해 수색했지만 아무 단서도 찾을 수 없었다."고 경찰은 보고했다. 탐지견은 주차장 인근의 북쪽 방향도 수색했지만 소득은 없었다.

그날 오전 다른 범죄현장 감식원이 작업을 돕기 위해 도착했다. 마일스처럼 조시 켈시 형사도 2페이지짜리 보고서를 제출했다. 마일스와 달리 11일 후에 보고서를 작성했는데 그때는 이미 마리가 진술을 번복한 후였다. 켈시는 방마다 걸어다니며 조사를 하면서 보고서에 관찰한 내용을 기록했다. 끈이 빠진 운동화는 "소파 끄트머리 쪽 침실 문 근처에 한 켤레가 나란히 놓여 있었고 신발 바닥이 아래를 향하고 있어서 주인이 신발을 벗어 놓아둔 것 같았다.(누가 건드린 것 같지는 않았다.) [……] 침대는 헝클어져 있었지만 침대 헤드 옆에 작은 선풍기가 똑바로 세워져 베개 옆에 놓여 있었다. [……] 눈가리개로 사용되었을 법한 물건은 보지 못했다."

켈시도 슬라이딩 유리문에서 지문을 채취했다. 안쪽 유리에서 부분적이지만 지문을 채취할 수 있었고 지문 카드에 보존해두었다. 마리는 강간범이 현관문을 통해 도망갔다고 말했지만 켈시의 보고서에 현관문 주변에서 지문이나 DNA 감식을 했다는 내용은 없었다. 마일스도 최초 보고서에서 이 부분을 언급하지 않았다.

켈시는 교광등◆을 이용해 침실에 체액의 흔적이 나타나는지 살펴보았다. 바닥에 떨어져 있던 이불과 담요에서는 검출되지 않았지만 매트리스 두 군데에 흔적이 있었다. 침대 위에서 모낭 두어 개와 약간의 섬유 조직을 발견하여 수집해두었다.

총 18개의 증거 물품을 수집하여 라벨을 붙인 다음 마리의 아파트에서 그녀의 삶의 증거들을 걷어냈다. 분홍색 이불에서 매트리스 패드까지 침구 전체와 신발, 가방, 연수허가증도 가방에 넣어 경찰서로 가져갔다.

◆ 지문, 발자국, 혈흔 등을 식별할 수 있는 범죄 수사용 광원장치옮긴이

린우드의 수사과 형사인 제프리 메이슨 경사는 8시 45분경 도착했다. 아파트 앞에는 프로젝트래더 담당자인 웨인과 그녀의 위층에 사는 이웃이 있었다. 형사가 들어갔을 때 마리가 위탁모 페기와 함께 소파에 앉아 있었다. 마리는 담요로 몸을 말고 있었다. 그녀는 울다 그쳤다 하고 있었다.

이 수사는 메이슨이 총지휘하게 될 것이었다. 그는 마리에게 다가가 자기소개를 했다.

메이슨은 39세로 6주 전 경사로 승진하여 범죄 수사과로 발령받았다.

그는 대부분의 경력을 오리건에서 경력을 쌓았는데 처음에는 와스코 카운티에서 911 교환원으로 일하다가 승진을 거듭하여 오리건주 경찰국에서 근무하게 되었다. 가장 오랜 기간 근무한 곳은 더 댈러스라는 도시의 작은 경찰서로 9년 동안 근무하다가 최고 영예 훈장을 받았다.

지난 몇 년간 그는 총 열 개가 넘는 다양한 항목의 경찰 교육과정을 이수했다. 저격수 양성 학교도 다녀왔다. 폭주족들에 대해 공부하기도 했다. 피의자 신문 과정을 이수했고 피의자들의 보디랭귀지 해석법도 익혔다. 하지만 그중에서도 그가 정통한 분야가 있었다. 그의 인사 파일에 나열된 이수 교육 프로그램 목록으로도 증명된다. 실내 대마초 재배, 길거리 마약, 마약 검사 & 신원 검사, 마약반 습격(일명 레이드(RAID)), 비밀 마약 보관소, 멕시코산 메트암페타민. 그가 이수한 교육과정은 몇백 미터 상공에서 일반 논밭과 대마초 재배지를 구분하는 항공 수사부터 비밀 마약 제조실에 안전하게 진입하는 방법까지 아울렀다. 메이슨이 이제까지 몸담아온 세계는 마약 중독자와 거래상 사이에 들어가 활동하는 잠복 경찰과 정보원의 세계였다.

메이슨은 2003년에 린우드 경찰서로 발령받았다. 경사로 승진하기 전에는 4년 동안 순찰대로 일했고 1년간은 마약단속반에서 일하면서 철저한 직업 정신과 신뢰도 높은 업무 능력으로 인정받았다. 상사들은 그의 프로페셔널함을 높이 샀다. 나무랄 데 없는 서류 작성("매우 꼼꼼하고 실수는 거의 찾아볼 수 없이 빈틈이 없다."), 업무를 대하는 그의 태도("적극적이다."), 리더십("타고난 멘토 능력") 등 다방면에서 극찬했다. 한 경사는 "효율적인 업무 방식"도 언급했다. 메이슨이 최대한 윗선에서 신경 쓰지 않도록 업무를 처리한다는 뜻이었다.

메이슨은 19년 동안 경찰업계에 몸담아왔지만 강간 사건은 한두 건밖에 처리해본 적이 없었다. 물론 성폭력 전문 수사 교육도 받았지만 오래전인 1990년대 중반의 일이었다.

메이슨은 마리를 처음 보았을 때 단도직입적인 사람이라는 인상을 받았다. "성폭력 피해자를 다루어본 경험이 많지는 않았습니다." 그는 나중에 이렇게 말했다. "하지만 피해자가 어떻게 행동할지 예상하고 임하지 않으려 했습니다. 마리는 히스테리컬하지 않았습니다. 이성적인 태도로 진술했어요. '이러이러한 일이 일어났습니다.'라고요." 마리는 메이슨과 함께 온 형사에게 이전에 마일스에게 했던 것과 대체로 비슷한 진술을 했다. 슬라이딩 유리문은 잠겨 있지 않았고, 낯선 범인은 칼을 들었고, 침실에서 강간당했다. 메이슨은 마리에게 나중에 더 자세한 진술을 부탁한다고 했지만 지금 당장은 일단 병원에 가서 성폭력 피해 검사를 받으라고 했다. 검사 후에 다시 경찰서로 와서 완전한 진술을 해달라고 했다.

마리가 간사와 위탁모와 함께 병원으로 떠난 후 메이슨은 아파트를 둘러보았고 비어 있는 가방을 눈여겨보았고 신발 끈이 묶여 있는 속옷도 살펴보았고 매트리스도 보았다. 매트리스는 침대의 박스 스프링 위에 10센티미터 정도 삐뚤게 놓여 있었다. 메이슨은 마리 윗집에 사는 열여덟 살의 내틀리와도 이야기해보았다. 내틀리는 밤에 특별한 소리는 듣지 못했다고 했다. 아침 7시 52분 혹은 53분쯤에 마리가 전화하여 울고 비명 지르면서 누가 집으로 들어와 자신을 강간했다고 말했다고 했다. 내틀리는 휴대전화를 들고 계단을 달려 내려가 마리의 아파트에서 911에 전화했다.

메이슨이 이 사건에서 지휘 수사관이었지만 수사과의 또 다른 형사인 제리 리트간에게 도움을 받기로 했다. 리트간은 워싱턴대학교에서 동물학으로 학사 학위를 받았다. 이전에는 해병대에서 헬리콥터 항공학 전문가로 복무했고 항공우주산업 분야의 기술자로 일하기도 했다. 린우드 경찰서에서 11년 동안 근무했고 지난 4년간은 형사로 일했다. 그가 맡은 임무 중에 하나는 입사 지원자의 배경을 확인하고 그들의 고용 여부를 추천하는 것으로 그 분야에서 능력을 증명하여 수사과의 신뢰를 얻었다. 2006년에 그는 린우드 경찰서 올해의 경찰로 뽑히기도 했다.

아파트로 호출된 다른 형사들처럼 리트간도 며칠 후, 마리가 진술을 번복한 후에 수사 보고서를 작성했다. 그의 보고서에서는 병원으로 가는 마리의 손목을 관찰했으나 양쪽 손목 어디에도 묶인 흔적은 보이지 않았다고 적혀 있다. 마리의 침실을 자외선 라이트로 검사했을 때 시트나 침구에 체액의 흔적은 없었다고 적혀 있다. 욕실, 변기, 쓰레기통을 수색한 결과 콘돔이나 콘돔 포장지 등은 발견되지 않았다. 아파트 외부와 근처 언덕도 둘러보았지만 아무것도 없었다.

◆

페기와 웨인은 마리를 데리고 인근 에버렛에 있는 병원인 프로비던스메디컬센터로 갔다. 이 병원은 성폭력 전담 의료기관으로 피해자 상담사와 성폭력 증거 수집을 전문적으로 훈련받은 전담 간호사가 있었다.

2008년 8월 당시는 강간 피해자가 전문적인 검사를 받게 된 지 30여 년이 되던 해였다. 성폭력 증거를 수집해 따로 보관하는 상자를 가리키는 일명 '성폭력 응급 키트(rape kit)'는 피해자 지지 활동가들과 경찰 증거 분석가들과 전혀 예상치 못한 기관에서의 투자 덕분에 세상에 등장할 수 있었다.

1970년대 중반, 마사 '마티' 고더드는 시카고에 비영리기관인 피해자지원을위한시민위원회(Citizens Committee for Victim Assistance)를 설립했다. 당시 성폭력은 오명에 휩싸여 있었고 세간의 관심을 얻지 못했다. 그나마 받게 되는 관심은 좋은 쪽보다는 나쁜 쪽인 경우가 많았다. 고더드는 본인 스스로 A 유형 성격◆이라고 말할 만큼 적극적이고 성취 지향적인 사람으로, 회사 바로 옆에 살면서 주말과 휴일에도 일을 하고 헬스클럽 멤버십

◆ 경쟁적이며 다양한 대상에 관심을 갖고 그것을 획득하려는 성급한 성격.—옮긴이

에 수백 달러를 쓰는 등 해야 할 일을 피하지 않았다. 그런 그녀가 이 사회의 강간 문화를 변화시키겠다고 달려들었다.

고더드가 착수한 과제 중 하나는 사람들이 강간에 대해 쓰는 방식에 맞서는 것이었다. 위원회 회원 중 한 명은 상점에서 카드 하나를 발견하고는 "기겁해서" 고더드에게 가지고 왔다. "이거 읽어보세요." 카드 겉표지에는 "강간을 멈추도록 도와주세요."라고 쓰여 있었는데 카드 안을 펼쳐보니 "예스라고 하세요."라고 쓰여 있었다. 고더드는 당장 카드회사에 편지를 썼다. "여러분은 이것이 웃기다고 생각했겠죠. 하나도 웃기지 않습니다." 그 회사는 사과한 후 카드를 매장에서 거둬들였다. 시카고 신문에 난 강간 신고에 대한 기사 건도 있었다. 기사는 피해자의 이름만 밝히지 않았다 뿐이지 불필요한 신상 정보를 부주의하게 흘렸다. 피해자의 외모를 구체적으로 묘사하고 직업(웨이트리스)을 밝히고 일하는 장소(레스토랑 이름)까지 언급했다. 피해 여성의 신상은 만천하에 드러난 것이나 마찬가지였다. 고더드는 신문사에 가서 편집국장과 기자들을 만났다. 처음에는 그들도 방어적으로 나왔으나 곧 사과했다. "이것만은 말씀드릴 수 있죠. 그 신문은 다시는 그렇게 기사를 쓰지 않았어요." 고더드에게는 매일 그런 날들의 반복이었다. "한 건을 처리하고 나면 또 다른 사건, 또 다른 사건이 벌어지죠. 끝이 없을 것 같았어요."

또 고더드는 성폭력 사건의 사법 처리 절차에 초점을 맞추었다. 경찰과 검사, 응급실 의료인 들을 만난 후 성폭력 사건 수사 과정에 문제가 있음을 발견했다. 증거 수집이 무성의하기 이를 데 없었다. 머리카락, 피부 조직, 혈흔, 정액, 손톱조각, 옷 등의 증거를 수집한 후에 제대로 보존하지도, 항목별로 정리하지도 않아 증거 가치가 훼손되었다. 경찰은 고더드에게 응급실 직원들이 지문이나 혈액이 묻은 슬라이드글라스를 마주보게 붙인 다음 고무줄로 묶어버려 샘플이 오염되기도 한다고 말해주었다. 가끔은 슬라이드가 어떤 사건의 샘플인지도 구분할 수도 없다고 했다. 의료인들은 강간 피해자를 환자로만 보았고 환자인 **동시에** 범죄의 피해자로 보지 않았다. 병원에는 갈아입을 옷도 마련되어 있지 않아 입었던 옷을 증거품으로 가져가면, 피해자는 병원 슬리퍼와 뒤에 끈이 달린 환자 가운을 입고 경찰차를 탄 채 집으로 돌아가야 했다. 이웃이 그 모습을 본다면 이상하게 여길 수밖에 없었다.

고더드는 시카고 경찰서에서 자신의 대의를 지지해줄 동지들을 찾았고 그중에는 과학수사연구소의 소장이자 현장감식반으로 일하는 루이스 비툴로 경사도 있었다. 비툴로는 시내 한복판에서 일했지만 도시에서 북쪽으로 한 시간 떨어진 교외에서 살고 있었다. 그는 과학수사연구소에서 험한 꼴을 워낙 많이 보았기에 시카고라는 도시의 위험성을 알고 있었다.[1](딸이 20대가 될 때까지 혼자 시카고 시내에 나가지 못하게 할 정도였다.) 1960년대에는 8명의 간호학과 학생들을 살해한 악명 높은 살인자 리처드 스펙 사건 수사에 협조한 적도 있었다. 비툴로는 고더드와 협력하기로 했고(고더드는 말한다. "연구실에서 거의 살다시피했어요. 농담이 아니라 정말로요.") 두 사람은 이후 표준화된 성폭력 증거 수집이 가능한 푸른색과 흰색의 카드보드 상자를 개발했다. 멸균 면봉과 슬라이드글라스를 항목별로 정리할 수 있는 키트와 자료를 넣고 밀봉할 수 있는 라벨 달린 폴더가 담겨 있다.

비툴로의 도움을 받아 고더드가 디자인을 했다. 하지만 실제 제품 생산을 위해서는 투자금이 필요했다. 수많은 재단이 의학 연구기관에는 넉넉하게 연구비를 지원한다. 여성과 소녀들을 지원하고 싶을 때는 주로 YWCA나 걸스카우트를 찾는다. 하지만 성폭력이 관련되는 사업에는 관심이 없다. "대부분의 재단과 기업의 윗사람들은 남성이니까요. 그들이 돈줄을 쥐고 있는데 그 돈줄을 우리에게 풀려고 하지 않았죠." 고더드는 말한다. 결국 고더드는 친구인 마거릿 스탠디시를 찾아갔다. 당시 스탠디시는 휴 해프너 왕국의 사회사업 기관인 플레이보이재단의 운영자였다. 플레이보이재단은 1만 달러를 기부했고 플레이보이의 사무실들을 조립 공장으로 빌려주었다. 이곳에서 장년층의 자원봉사자들이 접이식 탁자에 놓인 공짜 커피와 샌드위치를 먹으며 이 혁신적인 키트를 제작했다. "《플레이보이》에게 후원을 받았다고 여성 운동가들에게 맹공격을 받았어요. 답답했죠." 고더드는 말한다. "《펜트하우스》나 《허슬러》라면 몰라요. 하지만 《플레이보이》잖습니까. 이 정도는 봐줘야죠."

1978년 9월, 시카고의 26개 병원이 이 키트를 사용하기 시작했다.[2] 이듬해 2777개의 키트가 시카고의 과학수사연구소로 들어갔다. 1979년 여름, 검찰은 한 남자를 시카고 교통국 소속 버스 운전자를 강간한 혐의로 기소하는 데 이 키트를 사용했다. 배심원단은 피고인에게 유죄 평결을 내렸고, 판사의 허락하에 고더드 측은 배심원단에게 이 키트가 판결을 내리는 데 도움이 되었냐고 물었다. 아홉 명이 그렇다고 대답했다.

같은 해 고더드는 노스웨스턴대학교를 졸업하고 홍보 일을 하면서 설립된 지 얼마 안 된 강간 피해자 지원 단체에서 활동하던 수전 아이리언을 만났다. 당시 아이리언은 12시간 교대 근무를 하면서 일곱 곳의 응급실에서 연락받으면 바로 달려가 성폭력 피해자들이 의료 검사와 경찰 면담을 받을 수 있도록 도와주는 일을 하고 있었다. 고더드는 아이리언을 피해자지원을위한시민위원회(Citizens Committee for Victim Assistance)의 부위원장으로 고용했다. 2년 반 동안 아이리언은 의료진과 경찰에게 성폭력 응급 키트 사용법과 함께 트라우마의 복잡성을 교육시켰다. 예상에 너무 의존하지 마세요, 그녀는 설명하곤 했다. 종종 트라우마는 우리의 예상과는 상당히 다른 모습으로 나타날 수 있습니다.

아이리언은 전문성을 갖추기 위해 시카고대학교 사회복지학과 교수인 존 콘티에게 자문을 구했다. 이후 워싱턴대학교로 옮긴 존 콘티는 마리의 심리 검사를 실시한 사람이기도 하다. 아이리언은 1979년에 출간된 『강간: 위기와 회복』이란 책에서 얻은 지식을 결합하기도 했다. 이 책은 보스턴시티병원에 입원했던 146명의 강간 피해자들에게 위기개입 지원을 했던 정신과 간호사와 사회학자가 집필했다. 저자들은 성폭력 피해자들에게서는 매우 다양한 양상의 감정적인 반응이 나타났다고 말한다. 분노하고 불안에 떠는 피해자들도 있지만 침착한 이들도 있고 충격에 빠져 이상행동을 보이는 사람도 있다. 한 여성은 이렇게 말했다. "그놈이 나간 후에 내가 이상한 행동을 한 기억이 납니다.[3] 내 팔을 내가 깨물어본 거예요…… 감각이 느껴지는지…… 꿈인지 현실인지 확인하기 위해서요." 신체적인 반응도 제각각이다. 수면 패턴에 이상이 올 수도 있고 신체적 고통이 지속되는 경우도 있다. 어떤 피해자는 말한다. "갈비뼈 안쪽이 너무나 아픕니다.[4] 통증이 항상 있어요. 사라지지가 않아요. 엑스레이를 찍으면 이상이 없다고 하지만 범인이 내게 상해를 입힌 게 분명합니다." 어떤 피해자는 또 다시 강간이 일어나지만 도망칠 수 없는 악몽에 시달린다. 스스로 고립 상태로 밀어 넣어 바깥 출입을 거의 하지 않거나 학교를 결석하거나 직장을 그만두기도 한다.

1980년이 되자 일리노이주의 215개 병원이 고더드와 비툴로의 성폭력 응급 키트를 사용하고 있었다.[5] 성폭력 응급 키트는 전국적으로 확대되며 표준으로 자리 잡았다. 특히 1980년대 후반에 도입된 DNA 검사 덕분에 이 키트는 더욱 강력한 힘을 갖게 되었고, 혈액형 분류나 현미경 검사에 머물렀던 과학수사 방법이 획기적으로 발전했다.

증거 수집이 매우 중요하긴 하지만, 세 시간에서 여섯 시간이 걸리는 증거 수집 과정은 고역이었다.

병원에 있을 때 프로젝트래더의 간사인 재나가 검사를 마칠 때까지 마리의 곁을 지키며 안정시켜주었다. 재나는 마리의 등을 쓰다듬었다. 마리에게 너의 잘못이 아니라고 말해주었다.

이 병원 의료팀에는 특수 훈련을 마친 성폭력 전담 간호사가 상주하고 있었다. 이 간호사는 본인이 성적 학대를 당한 경험이 있어서 피해자의 처지를 더 잘 이해했다. 피해자 인권보호센터에서 파견된 상담사도 마리 주변에 머물면서 심리적인 안정에 도움을 주고 마리의 질문에 대답해주었다. 병원 소견서에는 마리가 "정신이 또렷하고 상황에 적응했으며 극심한 스트레스의 상태는 아니었다."라고 기록되어 있다.

의사가 검사를 시작했고 옆에서 간호사가 적절한 도움을 제공했다.

마리에게 용의자의 인상착의를 물었다.

채혈을 했다.

소변 샘플을 받아갔다.

질 분비물을 채취하고 슬라이드글라스에 묻혔다.

임질 검사를 했다. 간염, 클라미디아, 매독 검사를 했다.

질염 검사를 했다.

HIV 검사를 했다.

검사할 때마다 의료진은 마리에게 검사 결과를 지금 당장은 알 수 없다고 말했다. 마리는 결과를 알기 위해서 며칠 기다려야 했다.

검사 항목에는 범죄 수사에 도움이 될 법의학 증거 채취도 포함되어 있었다.

과학수사실에서 조사할 수 있도록 마리의 옷가지를 모두 수거해갔다.

외부 상처가 있는지 관찰했다. 상처의 흔적이 보이면 기록했다.

"양 팔목에 외상이 나타나는 것으로 보인다." 병원 소견서에 쓰여 있었다. 마리의 팔목 사진을 찍고 찰과상 정도를 측정했다. 찰과상의 길이와 넓이를 잴 때는 밀리미터, 때로는 마이크로미터까지 잰다. 마리의 팔에 가장 길게 난 상처는 7센티미터였고 빨갛게 부어올라 있었다.

생식기 상처를 검사하기 위해 톨루이딘청을 사용했는데 이는 착색 용액으로 건강한 피부 조직과 다친 부위를 대조시킨다. "소음순 내부에 찰과상이 있다." 소견서 기록이다.

마리의 볼 안쪽을 멸균 면봉으로 문질러 DNA를 채취했다. 성폭력 응급 키트에서 검출될 수 있는 다른 이의 DNA와 구별하기 위하여 마리의 유전자도 감식하는 것이다.

네 개의 질 샘플을 수집했다.

네 개의 직장 샘플을 수집했다.

그 사이 부위에서 네 개의 샘플을 수집했다.

이 멸균 면봉들은 아이스박스에 보관한 다음 다른 증거들과 함께 안전히 밀봉하여 린우드 경찰서로 보내질 예정이었다.

성병에 감염되었을 가능성이 있으므로 항생제인 지스로맥스 1그램과 수프렉스 400밀리그램을 처방했다.

사후피임약도 처방했다. 한 알은 병원에서 삼키게 했고 한 알은 12시간 후에 복용하라고 했다.

과도한 출혈이 있거나 평소와 다른 질 분비물이 나오거나 생리가 멈추면 바로 알려달라고 당부했다.

호흡곤란이 오거나, 물이나 음식을 삼키기 힘들거나, 두드러기가 나거나, 혹시라도 자살 생각이 든다면 반드시 병원부터 오라고 했다.

페기는 마리를 병원으로 데려다주고 병원에 함께 있었다. 마리의 손목 사진을 찍을 때도 옆에 있었다. 마리의 손을 잡아주었다.

하지만 검사가 너무 길어지자 페기는 먼저 떠났다. 집에 10대 소녀인 다른 위탁 아동 둘이 있었기 때문에 세 시간 정도 지나자 집에 가야 했다.

검사가 끝나고 마리는 병원에 올 때 가져온 새 옷으로 갈아입었다. 병원을 나섰을 때 아침은 오후가 되어 있었다.

2008년 마리가 강간 신고를 했을 즈음 성범죄 전문가들은 한 가지 의제를 중심에 놓고 수사 절차를 발전시켜왔다. 추정보다 증거를 우선한다는 것이다. 그 전해에 경찰을 교육하는 비영리단체 국제여성폭력방지위원회(End Violence Against Women International)는 성폭력 수사와 관련한 다양한 과목을 수강할 수 있는 온라인 강좌를 만들었다.[6] 기획자 중에 한 명인 조앤 아첨볼트는 은퇴한 수사과 경사로 10년 동안 샌디에이고 경찰서 성범죄 전담반을 이끌었다.

아첨볼트는 추정에 도전하는 방식으로 경력을 쌓아온 경찰이다. 1970년대 후반, 그녀는 샌디에이고의 교육문화원에서 취업을 알선해주는 일을 하고 있었다. 어느 날 두 명의 경찰관이 신임 경찰을 모집하며 아첨볼트에게 경찰은 남자가 해야 하는 일이라는 발언을 했다. "엄청 열 받았죠." 아첨볼트는 말한다. 사실 그때 타오른 분노가 경찰에 지원한 계기였다. "경찰이 되고 싶었던 적도 없어요. 그저 내가 합격할 수 있다는 것을 보여주기 위해서 지원했어요." 경찰학교에서 120명의 경찰 지원자 중 여성은 단 네 명이었다. 아첨볼트의 눈에 훈련은 여성들을 떨어뜨리기 위한 목적으로 만들어진 것 같았다. 예를 들어 턱걸이 철봉은 너무 굵어서 여자 손으로 잡기에는 무리였다. 1년도 되지 않았을 때 아첨볼트는 유일하게 남은 여성 지원자였다. 1980년 봄, 샌디에이고 경찰서에 취직했다. 순찰대원으로 시작하여 대여섯 개의 부서를 거치다 보니 어느새 이 경찰서에서 여성으로서 최초의 갱단 담당 형사가 되어 있었다.

아첨볼트에게 경찰로서 보낸 23년의 시간은 의심이 얼마나 만연해 있고 그것이 얼마나 사건을 부식시키는지를 배우는 시간이었다. 아동학대 사건들을 수사하면서 얼마나 많은 엄마들이 자기 아이들의 말을 믿지 않는지[7] 발견하고 놀랐다. 성범죄 전담반에 합류한 뒤 국제경찰서장연합(International Association of Chiefs of Police)에서 1999년 출간한 문건을 보고 몸을 떨기도 했다.

> 일반적으로 정당한 강간 피해자의 행동과 외양은 그 범죄가 일어났다는 사실에 의심의 여지를 거의 남기지 않는다. 강간이란 상황에서 피해자는 극심한 불안감을 보이며 감정적으로 극도로 흥분해 있어 보통은 히스테리 증상을 보이며 대체로 부상, 베인 상처, 멍, 찰과상 등이 남아 있다. 피해자의 의복은 강제로 벗겨졌다는 증거로서 보통 뜯어지거나 찢어져 있다. 만약 강간이 실외에서 일어났다면 피해자는 땅바닥에 내동댕이쳐져 옷에 얼룩이 지고 흙과 먼지가 묻어 있다. 열거한 징후들이 하나도 보이지 않거나 거의 없다면 강간 기소의 타당성과 관련하여 합리적인 의심을 제기할 수 있다.

아첨볼트는 이 내용이 틀렸다는 것을, 그것도 완전히, 기가 막힐 정도로 틀린 서술이라는 사실을 잘 알았다. 그녀는 경찰이 성범죄를 해결하는 데 크게 관심이 없다는 것을 잘 알았다. 수사관들은 충분히 교육받지도, 지원받지도 못한다. 경찰의 우선순위는 대중의 우선순위를 반영한다. 사법기관 외부의 일반인들도 성폭력에 대해서 이야기하고 싶어 하지 않았다.

대중은 경찰이 갱단이나 살인자에게 집중하기를 원한다.[8]

그녀가 기획과 개발을 도운 온라인 강좌에서는 피해자가 사건 발생 당시의 세부 요소들을 혼동하는 경우가 많고 때로는 진술을 철회하는 경우도 있다는 사실에 유의하라고 말한다. 경찰은 고정관념에 빠지면 안 된다고 경고하는데, 예를 들어 청소년 피해자가 성인에 비해 신뢰감이 떨어진다는 것도 편견일 수 있다. 피해자를 취조하듯이 다루는 것은 "완전히 부적절하다." 거짓말 탐지기를 사용하거나 사용할 것이라고 협박해서도 안 된다. 그것은 법 집행기관에서 피해자의 신뢰를 무너뜨리는 결과를 낳는다. 게다가 거짓말 탐지기는 "위기를 겪은 피해자들의 진술은 정확하게 판별하지 못한다고 알려져 있기"도 하다.

아첨볼트는 수사를 잘못된 방향으로 이끌 수 있는 충동들도 목격해왔다. 이를테면 그녀는 수업 중 자신의 아파트에서 방금 강간했다고 신고하는 여성의 목소리가 담긴 911 신고 전화 테이프를 들려준다.[9] 배경에는 시끄러운 음악이 흘러나오고 있다. 강간범이 자신의 손을 묶었다는 말이 음악 소리와 함께 들려온다. 수업을 듣는 경찰관들은 대개 이 테이프를 들으면 장난 전화라고 생각한다. 손이 묶여 있다면서 어떻게 전화를 했는가.(여자는 발가락으로 번호를 눌렀다.) 뒤에 흐르는 시끄러운 음악도 이해가 안 된다.(강간범은 여자의 비명이 새나가지 않게 하기 위해 일부러 음악을 크게 틀었다.) 그 전화는 장난 전화가 아니었다. 전화한 여성은 실제로 강간을 당했다. "연구에 따르면 범죄가 내밀할수록 사람들은 피해자의 행동에 초점을 맞추는 경향이 있습니다.[10] 물론 성폭력보다 더 내밀한 범죄는 있을 수 없죠."

2005년 국제경찰서장연합은 성폭력 범죄 수사에 대한 정책 모형을 다시 발간하면서 10년 전에 발표된 문서에 내재되어 있었던 개념들을 파기했다. 아첨볼트는 이 기관의 요청으로 새로 발간된 문건에 집필자로 참여했다. 가장 주목해야 할 문장은 다음과 같다. "성폭력이라는 트라우마에 대한 피해자의 반응이 신뢰도를 판단하는 방법으로 사용되어서는 절대 안 된다."[11]

———◆———

마리는 병원을 나와 린우드 경찰서로 향했다. 웨인이 운전했다. 경찰서에 도착하니 이미 오후 3시가 거의 다 되어 있었다.

메이슨 경사는 마리를 면담실로 안내했고 둘만 남았다. 메이슨이 보기에도 마리는 피곤해 보였다. 지난밤에 한 시간도 채 자지 못했다고 했다. 머리가 깨질 것 같다고도 말했다.

메이슨은 마리에게 물을 한 잔 주었다. 왜 지금 꼭 그녀의 진술을 들어야 하는지도 설명했다. 이런 사건은 되도록 상세한 진술을, 되도록 빨리 듣는 것이 중요하다고 말했다. 마리가 지금 제공하는 정보가 결정적인 단서가 될 수 있고, 단서가 있어야 범인을 검거하고 다른 시민들도 보호할 수 있다.

메이슨은 마리에게 지난밤을 잘 기억해보라고, 아파트 안에서 어떤 일이 일어났는지 되도록 자세히 묘사해보라고 말했다.

그렇게 되면 마리는 이 성폭행 사건을 네 번째로 묘사하는 것이 된다. 처음에는 마일스에게 했다. 아직 아파트에 있을 때 메이슨과 리트간에게도 했다. 병원의 간호사에게 또 한 번 말했다. 이제 또다시 처음부터 말해야 한다.

마리는 메이슨에게 그날 밤 대부분의 시간 동안 친구인 조던과 전화 통화를 했다고 말했다. 새벽 6시 45분, 혹은 7시에 잠에서 깨어 그때 침실 문 옆에 칼을 들고 서 있는 남자를 보았다. 마리는 메이슨에게 그 남자 외모를 묘사했다. 아파트에서 마일스에게는 남자가 푸른 눈에 회색 스웨터를 입고 있었다고 말했다. 이때 메이슨에게는 그 남자 눈이 푸른색인 것 같다고 했고 후드 티를 입었는데 회색인지 흰색인지 모르겠다고 했다.

남자는 서른은 안 돼 보였다고 말했다.

키는 170센티미터에서 180센티미터 사이 정도로 보인다고 했다.

마른 편이라고 했다.

마리의 손이 등 뒤로 묶였다고 말했다. 남자가 셔츠를 들어올려 사진을 찍었다고 했다. 그녀 생각에는 대략 5분간 강간을 당했다고 말했다.

마리는 강간범이 아파트를 나간 후에 자신이 무엇을 했는지 차례차례 서술했다.

먼저 현관문으로 달려가 문을 잠갔다.

슬라이딩 유리문으로 달려가 문을 잠갔다.

부엌으로 가서 칼을 들고 손을 묶은 끈을 자르려 했다.

잘 되지 않아 다시 침실로 가서 발을 이용해 서랍장 맨 아래 칸에 들어 있던 가위를 꺼냈다. 그 가위로 손목의 끈을 잘랐다.

휴대전화를 들어 조던에게 전화를 했으나 받지 않았다.

페기에게 전화를 하자 페기는 집에 와주겠다고 말했다.

위층에 사는 친구에게 전화를 했고 친구가 내려왔다.

마리가 진술하는 동안 메이슨은 수첩에 메모했다. 따로 녹음은 하지 않았다.

진술을 마치자 메이슨은 병원이 의료 기록을 경찰에 공개하도록 허가한다는 서류를 건넸다. 마리는 서류에 사인을 했다.

메이슨은 마리에게 또 한 장의 서류를 주었다. "사건 진술 서식"이라는, 25개 정도의 줄이 쳐진 빈 종이에 일어난 모든 일을 적으라고 했다. 서식의 하단에는 경찰에게 거짓말하거나 허위 진술을 하는 것은 범죄에 해당된다고 적혀 있었다. 이것을 쓴다면 마리가 이 사건을 다섯 번째로 묘사하는 것이 된다.

마리는 메이슨에게 이제 너무 지쳤다고 말했다. 머리가 쿵쿵 울린다고 했다. 메이슨은 그녀에게 집에 가서 일단 휴식을 취한 후 서류를 작성해 전화를 달라고 말했다.

경찰서를 나오기 전에 마리는 그날 아침 아파트에서 증거를 수집했던 현장감식반 조시 켈시를 만났다. 마리가 신발 끈을 직접 가위로 자른 후부터 7시간이 지나 있었다. 켈시는 마리의 손목과 손 사진을 열 장 이상 찍었다. 일주일 넘게 지난 뒤 작성한 보고서에는 양쪽 손목에 붉은 자국이 남아 있었다고 기록했다. 추가로 "끈 자국이 붉게 남아 있었지만 찰과상이나 타박상은 보이지 않았다."라고 적었다.

웨인은 마리를 태우고 경찰서에서 나왔다.

같은 날 마리는 아파트 단지에서 프로젝트래더 소속의 다른 친구들과 만나는 자리를 가졌다. 마리는 그때 무슨 일이 일어났는지 말했다. 그녀는 친구들에게 조심하라고 말했다. 문단속을 잘 하라고 당부하기도 했다. 말하기 시작한 지 몇 분 지나지 않아 마리는 울음을 터뜨리며 무너져 내렸고, 대화를 더 이어갈 수 없었다.

그날 밤은 친구 집에서 보냈다.

━━━━━ ◆ ━━━━━

경찰이 출동한 지 최소 24시간이 흘렀고 수사는 일반적인 방향으로 진행되었다. 경찰 서류에 마리가 거짓말을 하는 것일 수도 있다는 언급은 전혀 없었다. 마리 또한 누군가 자신을 의심할 거라 생각조차 하지 못했다. 그녀는 충분히 지지받고 있다고 느꼈다. 경찰에게, 병원 사람들에게, 친구들에게, 두 명의 위탁모에게, 프로젝트래더의 간사들에게.

8월 12일, 마리가 강간 신고를 한 다음 날인 화요일에 메이슨 경사는 응급 치료를 한 병원에 의료 기록을 요청하는 팩스를 보냈다. 통상적인 절차였다.

하지만 바로 그날 메이슨은 신분을 밝히지 않은 사람에게 전화를 받는다. 그가 이후 보고서에 이 부분을 애매모호하게 적어놨기 때문에 비밀로 남았다. 그는 전화한 사람이 누구인지 알고 있었으나 신원을 밝히지 않았다. 그는 수사에 결정적인 반전을 가져온 순간이 된 것으로 판명될 두 문장을 적는다. "익명이길 원하는 제보자에게 전화를 받았다. 제보자는 마리가 과거에 과도하게 관심을 받고자 하는 경향이 있었으며 '강간'이 실제로 일어났는지 의심된다고 말했다."

메이슨은 근거 여부를 확인하기 위해 제보자와 일대일 면담을 해보기로 했다.

7

자매들

2011년 1월 6일
콜로라도주, 웨스트민스터

에드나 헨더샷 형사는 웨스트민스터 경찰서의 자신의 책상에서 늘 마시는 스타벅스 커피 한 잔을 옆에 두고 앉아 있었다. 벤티 사이즈의 저칼로리 캐러멜 마키아토다. 오전 9시 7분, 이메일이 한 통 도착했다. 덴버 지역 전체의 형사 전원에게 자동으로 전송되는 메일링 리스트로 온 메일이었다. 제목이 단박에 눈길을 끌었다. "유사한 성범죄?"

이메일에는 전날 골든에서 일어난 강간 사건이 묘사되어 있었다. 용의자는 피해자의 손목을 묶었다. 피해자에게 샤워를 시켰다. 피해자의 사진을 인터넷에 유포하겠다고 협박했다. 이메일 마지막에는 특정인을 호명했다. "헨더샷 형사님, 이 사건과 관련하여 저에게 연락주실 수 있겠습니까?" 발신자는 골든의 형사 스테이시 갤브레이스였다.

헨더샷은 갤브레이스 형사를 알지는 못했다. 그러나 무슨 일에 관한 메일인지 알 것 같다는 직감이 들었다. 세라의 강간이 일어난 지 5개월이 지났고 도리스 사건은 15개월이 지나 있었다. 그녀는 지난번 만났던 오로라의 형사 버지스에게 전화를 해서 이 소식을 전했다.

최악의 일이 벌어진 듯했다. 강간범이 다시 나타난 것이다.

경찰은 정보가 새어 나가면 수사에 차질이 생길 위험이 있기 때문에 자신이 맡은 사건을 보호하는 경향이 있다. 하지만 헨더샷은 메일을 받자마자 갤브레이스와 버지스와 공조할 경우 수사에 진척이 있을 것이라 생각했다. "두 사람이 머리를 맞대면, 아니 셋, 넷이 되면 한 명보다 낫지 않겠어요?" 그녀는 말한다. 갤브레이스도 그렇게 생각했다. 그녀가 속한 경찰서는 규모가 작은 편이었다. 총 40여 명의 경찰이 인구 2만여 명의 소도시를 관할하고 있었다. 협력 요청은 당연하게 느껴졌다. "도움을 청하는 건 전혀 어려워하지 않아요." 갤브레이스는 말한다. "범인을 잡기 위해서 할 수 있는 건 다 해봐야죠."

우리는 경찰 증원이 필요해요, 갤브레이스는 헨더샷에게 말했다. 이 사건을 콜로라도 수사국으로 가져가 봅시다. 미연방수사국(FBI)에도 연락해봐야 해요. "작은 골든 경찰서가 다루기엔 어려운 사건이에요. 제퍼슨 카운티로도 부족합니다." 그녀는 말했다. 헨더샷은 조금 더 신중했다. 상관들은 시간을 갖고 접근하기를 바라고 있었다. 일단 우리 관할 경찰서에서 나, 당신, 버지스가 다 같이 만납시다. 그녀는 갤브레이스에게 말했다. 갖고 있는 정보들을 모두 펼쳐보자고 했다. "아직 아무것도 확신할 수는 없어요. 아직 조사할 것이 많아요."

며칠 후 세 형사는 웨스트민스터 경찰서의 회의실 탁자에 동그랗게 둘러앉았다. 각자 수사 파일을 가져왔다. 세 개의 파일은 비슷한 이야기를 하고 있었다.

피해자가 묘사한 범인의 인상착의가 겹쳤다. 여성들은 범인의 키를 178센티미터에서 188센티미터 사이로 추정하고 있었다. 몸무게는 대략 80킬로그램 정도로 추측했다. 앰버가 이 사람의 외모를 가장 자세히 묘사할 수 있었다. 눈은 녹갈색이고 머리는 금발로 보였다.

범인은 마치 자낙스*를 복용하기라도 한 것처럼 시종일관 차분했다. 피해 여성들과 대화를 나누기도 했다. 똑똑하고 교육 수준이 높은 것처럼 보였다고 했다. 다소 내성적인 사람으로 보였다. 그는 피해 여성들의 일상에 대해 사적인 부분까지 상세히 파악하고 있었다. 때로는 친한 친구나 파트너가 아니면 알 수 없는 부분까지 있었다. 미친 소리처럼 들리기도 하지만 이 세 여성은 모두 그 남자가 가끔씩은 신사적이었다고 묘사했다.

이 강간범은 범죄를 매우 기계적으로 저질렀다. 각각의 가해 방식은 동일했고, 철저하게 효율적인 순서로 반복되었다. 눈만 빼고 얼굴 전부를 가린 마스크를 착용했다. 여성들의 두 손을 묶었지만 느슨하게 묶었다. 여성들을 몇 시간 동안 여러 차례 강간했다. 강간이 끝난 후에 여성들에게 강

◆ 신경안정제의 한 종류.—옮긴이

제로 샤워를 시켰다.

헨더샷과 버지스는 강간범이 세라와 도리스에게 어떤 식으로 포즈를 취하게 하고, 강간을 하는 도중에 어떤 식으로 수많은 사진을 찍었는지 설명했다. 두 여성은 찰칵거리는 소리를 내던 커다란 검은색 카메라를 기억했다.

이제 다른 점에 대해서 짚어볼까요? 갤브레이스가 지적했다. 범인은 앰버의 사진도 찍었다. 하지만 이번엔 분홍색 디지털 카메라였다.

그 이야기를 듣자마자 헨더샷은 두 번째 카메라가 없어졌다는 세라의 이야기가 생각났다. 분홍색 소니. 강간범이 훔쳐갔다고 했다. 그리고 이 강간범의 범행 방식과 인상착의는 앰버의 강간범과 일치한다. 아무리 신중한 헨더샷이라고 해도 결론을 내지 않을 수가 없었다. 이 사건은 동일범의 소행이다.

세 형사는 더 깊이 들어가보았다. 여성들 사이에 어떤 관련성이 있을까? 여성들 사이의 공통점이 강간범을 잡을 단서가 될 수 있을까? 세 여성은 모두 콜로라도주 동부와 와이오밍주에 지점이 여러 개 있는 킹 수퍼스라는 마트에서 식료품 쇼핑을 한다. 세 사람은 모두 그 지역 대학교와 관련이 있다. 오로라의 피해자 도리스는 남학생 기숙사에서 사감으로 일한다. 웨스트민스터의 피해자 세라는 새집으로 이사하기 전에 지역 전문대 근처의 아파트에 살았다. 앰버는 대학원생이었다.

하지만 거기까지일 뿐 더 이상의 공통점은 발견되지 않았다. 도리스는 65세로 근린 주거 지역의 주택에서 살았다. 세라는 59세로 최근 새 아파트 단지로 이사했다. 두 사람은 중년 이상의 백인 여성이고 두 사람 다 혼자 살았다. 하지만 앰버는 20대이며 유색인이었다. 그녀에게는 룸메이트가 있었다. 남자 친구도 있었다.

여성들의 연령, 인종, 외모의 특징이 다르다는 점은 이제까지 조사된 연쇄강간 패턴과는 대조되었다. 경찰이 "피해자학"이라고 부르는 피해자 특성 연구에 따르면 성범죄자들은 유사한 대상을 공격하는 경향이 있다. 나이는 어릴 수도 많을 수도 있다. 교사일 수도 의사일 수도 있고 금발일 수도 흑발일 수도 있다. 그러나 보통 피해자들을 하나로 묶을 수 있는 공통점이 존재한다.

이 사건의 경우에는 피해자들의 유사성이 상대적으로 적어서 한 명 이상의 강간범이 활동 중일 가능성도 완전히 배제할 수 없었다. 범행 방식의 유사성은 우연의 일치일 수 있다. 하지만 좀 더 불편한 시나리오를 떠올릴 수도 있었다. 어쩌면 경찰 수사를 따돌리기 위해 여러 명의 남성이 조직적으로 저지른 강간일지도 모른다. 포르노 업계와 관련이 있는 범죄일 수도 있다. 굉장히 능수능란하고 계속 이동하는 강간범 두 명에게 덴버 근교 소도시가 점령당한 것일지도 모른다.

형사들은 또 하나의 골치 아픈 동향을 발견했다. 2009년 10월 오로라에서의 첫 사건과 2010년 8월 웨스트민스터에서의 두 번째 사건 사이에는 10개월의 간격이 있다. 5개월 후 2011년 1월에 골든 사건이 벌어졌다. 첫 번째, 두 번째 사건에서 강간범은 여성들에게 총이 있다고 협박했으나 실제로 총을 겨누지는 않았다. 하지만 골든에서는 권총을 내보였다. 앰버에게 정통으로 겨누기도 했고 총을 쏠 수도 있다고 협박했다.

사건 사이의 시간 차는 점차 줄어들고 범행은 점점 더 폭력적인 성향을 띤다. 형사들은 이것을 강간범이 점점 더 자신감을 갖게 된다는 근거로 봤다. 또한 자신이 하는 일에 더 노련해진다는 사실을 가리키기도 했다. 경찰은 이것을 "MO 진행"이라고 부른다. MO는 '작업 방식(modus operanti)'의 줄임말이다. 범인이 루틴에 점점 더 익숙해지고 편안해지면 종종 선을 넘고 모험을 한다.

버지스는 무거운 마음으로 회의실 밖으로 나오며 하나의 질문에 몰두했다.

"범인이 또다시 누군가를 강간하기 전에 어떻게 막을 수 있을까?"

———— ◆ ————

갤브레이스에게는 강력한 단서가 될 만한 자료가 하나 있었다. 앰버의 아파트 맞은편 사무실에 설치된 감시 카메라는 아파트 단지 입구를 향해 있었다. 건물주에게 영상을 넘겨받았다. 감시 카메라 분석은 갤브레이스의 파트너이자 사건 현장에 직접 출동했던 골든의 형사인 맷 콜에게 돌아갔다.

콜은 하루 종일 지직거리는 저화질 동영상을 들여다보았다. 재생 되감기, 재생 되감기를 반복했다. 영상 속에는 짙은 색 배낭을 맨 자전거 탄 남자가 있었다. 그가 앰버의 아파트를 계속 들여다보고 있었을까? 왜 은색 쉐보레 셀러브리티 차량이 주차 장소를 바꾸었을까?

1월 4일 밤부터 1월 5일 새벽까지 총 261대의 차량이 오갔다. 한 차량이 동트기 전에 열 번 정도 화면에 나타났다. 눈 쌓인 주차장을 천천히 지나가는 흰색 픽업트럭이었다.

콜은 이 차량이 나타난 시각을 초까지 기록했다.

오전 12:37:44.

오전 01:16:25.

오전 02:30:03.

오전 05:03:00.

오전 05:05:26.

오전 05:14:02.

오전 05:16:30.

오전 05:17:14.

오전 05:19:19.

오전 05:19:59.

이 픽업트럭이 범인의 차일까? 콜과 갤브레이스는 차량을 색별하기 위해 CCTV 영상을 수십 번 돌려 보았다. 차 뒤편의 "마즈다"는 읽을 수 있었다. 조수석 옆 사이드 미러는 깨져 있는 것 같았다. 연식이 오래된 차종처럼 보였다. 하지만 번호판은 읽을 수가 없었다. 영상을 화질 향상을 전문으로 하는 영상분석가에게 보냈다. 분석가는 겹치는 각각의 화면을 1200개의 이미지로 나누어 가장 선명한 부분만 이어붙여 확대하는 애버리징이라고 불리는 기술을 사용했다. 그래도 보이지 않았다. 화질 상태가 너무 나빴다.

이 영상의 시간대에도 문제가 있었다. 트럭이 카메라에 찍힌 마지막 시각은 새벽 5시 20분이었다. 하지만 범행은 두 시간 후인 7시 30분경에 일어났다. 그 사이에 이 트럭은 등장하지 않았다. 어쩌면 이 차는 밤새 공부하다가 커피나 간식을 사러 나간 학생의 차일 수도 있다. 갤브레이스는 포기했다. 트럭은 머리에서 지우기로 했다. 그녀가 보기엔 막다른 길이었다.

골든 경찰서는 기본적인 사건 개요만 언론에 발표했다. 용의자는 백인 남성으로 188센티미터 정도의 키에 녹갈색 눈동자의 소유자다. 그 외에 신원을 알 수 있는 사항은 없었다. "용의자가 마스크를 덮어쓰고 있어 몽타주 작성은 불가능했다." 보도자료는 발표했다. 갤브레이스는 이 보도자료가 앰버의 관심을 끈 세부 사항을 중요하게 다루고 있는지 확인했다. "용의자의 바깥 종아리에 큰 달걀 크기의 반점 혹은 문신이 있다." 갤브레이스는 피해자의 말을 믿어보기로 했다. 앰버의 기억이 부디 정확하기만을 바랐다.

며칠 후 덴버 부근 대학교에 다니는 학생이 경찰 핫라인에 전화를 걸었는데 음성 메시지함에 녹음된 목소리는 떨리고 있었다. 그는 경찰에 연락해야 할 의무감을 느꼈다고 했다. 자기 친구 중에 한 명이 그 기사에 나오는 것과 비슷한 반점이 있다고 했다. 남자의 이름은 프랭크 터커(가명), 같은 학교 학생이었다.

제보자의 도움으로 갤브레이스는 터커의 페이스북 페이지를 찾았다. 그의 다리를 보여주는 사진이 한 장 있었다. 사진은 흐릿하고 어두웠다. 하지만 반점이 있는 것 같기도 했다. 갤브레이스는 앰버에게 전화하여 경찰서로 와달라고 했다. 엠버가 경찰서에 와서 터커의 다리 사진을 자세히 들여다보았다. 확신할 수는 없다고 했다. 강간범 다리에 있던 점은 이것보다 더 아래쪽에 있었던 것 같지만 사이즈와 모양은 얼핏 보면 비슷하다고 했다.

갤브레이스는 터커의 전과 기록을 살폈다. 4년 전 캠퍼스 경찰관이 한 여학생에게 신고를 받은 적이 있었다. 여학생은 파티에서 술에 취해 터커 바로 옆에서 대화를 나누었다. 술에 취한 남녀 사이의 대화가 오간 후 그는 섹스를 강요했다. 만약 해주지 않으면 헤픈 여자라고 전교에 소문을 퍼뜨리겠다고 했다. 여학생은 어쩔 수 없이 섹스에 응했다. 도중에 마음을 바꾸었으나 터커는 무시했다. 그녀는 교내 경찰서에 강간 신고를 했지만 결국 고소는 하지 않기로 했다.

갤브레이스는 그 피해 학생이 사건을 쉬쉬하지 않고 알린 것이 행운이라고 생각했다. 많은 여성들은 성폭력 신고를 꺼린다. 전국적으로 실시된 조사에 따르면 강간당한 여성 다섯 명 중에 한 명만이 경찰에 신고한다. 성범죄에 대한 편견이 크나큰 벽이 되어 공개적으로 말하는 것을 꺼리게 한다. 친구나 가족들이 알게 될까 봐 겁먹기도 한다. 피해자들은 자신들의 이야기가 진지하게 받아들여지지 않을까 봐 걱정한다. 이 일은 법이 관여할 만큼 충분히 심각하지는 않은 일이라 생각하기도 한다. 가해자이긴 하나 그들의 남자 친구, 남편, 또는 아이들의 아버지를 교도소에 보내길 원치 않기도 한다.

갤브레이스에게 이 여학생의 강간 신고는 터커를 용의자로 볼 만한 충분한 근거가 되었다. 전화회사에 공문을 보내 그의 휴대전화 통화 기록을 입수했다. 판사에게 터커의 차에 GPS 추적 장치를 달 수 있는 허가서를 요청했다. 그녀의 의도는 명확했다. 터커의 차를 추적해야 하는 이유는

"미래의 희생자를 추적하기 위해서"라고 판사에게 말했다.

———————— ◆ ————————

한편 헨더샷은 앰버의 사건을 통해서 이제까지는 실망만 줬던 증거와 흔적을 다시 따라가보기로 했다.

텔레비전 드라마에서는 DNA가 모든 미스터리를 푸는 마법의 열쇠인 것처럼 그려진다. 형사들은 범행 도구에 묻은 한 방울의 피나 담배꽁초에 묻은 타액을 찾아낸다. 샘플을 과학수사연구소에 보낸다. 연구소에서 샘플을 용의자의 DNA와 대조한다. 짠! 일치. 범죄는 광고시간 포함 한 시간 안에 해결된다.

현실은 이와 다르다. 물론 FBI는 미결 사건의 가장 방대한 데이터베이스인 코디스(CODIS, Combined DNA Index System)를 보유하고 있다.[1] 이 데이터베이스 안에는 대부분이 유죄 판결을 받은 범죄자인 1500만 명 이상의 유전자 정보가 들어가 있다. 이 유전자 정보는 사법 절차 진행 중 특정한 시점에 제한된 조건에서 수집된 DNA 샘플로부터 추출한 것이다. 예를 들어 용의자가 교도소에 감금되었을 때의 구강 상피 세포 채취 절차에서 수집한 정보다. 분석가는 DNA 샘플을 분리 추출하여 줄무늬 패턴의, 마치 엑스레이 필름에 새겨진 바코드처럼 보이는 프로필을 생성하는데 FBI는 13개 부위 유전자 형질을 포함할 때만 이 프로필을 인정한다.

이 데이터베이스가 힘을 발휘하려면 형사가 범죄현장에서 혈액, 정액,

타액 등의 체액을 채취해야만 한다. 일단 범죄현장에서 발견한 샘플을 분석하면 저장된 수백만 개의 샘플과 대조해볼 수 있다. 하지만 FBI는 일부 제한적인 경우를 제외하고는 범죄현장에서 추출된 샘플에서 13개 부위 유전자 형질이 나오지 않으면 대조를 실시하지 않는다. DNA 샘플이 훼손되거나 양이 적어 분석 결과 다섯 개나 열 개 부위의 정보만 나온다면 FBI는 대조를 거부한다. "고도로 엄격한" 일치 기준을 고집함으로써 FBI는 오류 확률을 10억분의 1로 낮춘다.

헨더샷은 강간범이 이 과정에 대해서 무언가 알고 있다고 생각했다. 경찰 용어로 범인은 "DNA를 의식하는" 자이다. 그는 분자 단위로 자신의 존재를 지워버리려 했다. 그리고 적어도 지금까지는 성공하고 있다.

버지스는 DNA와 관련하여 처음으로 실망을 맛본 사람이었을 것이다. 오로라 강간 사건이 일어나고 며칠 후 도리스는 랜디 네리라는 현장감식반과 같이 자신의 집을 둘러보았다. 네리는 방마다 돌아다니며 물었다. "무엇을 보셨습니까? 그 남자가 어디 어디를 갔습니까? 남자가 만진 물건이 뭔지 보셨습니까?" 침실로 들어갔을 때 도리스는 침대 옆 원목 서랍장 위에 있는 텔레비전을 보았다. 텔레비전 위에 흰색 두 개, 노란색 한 개, 총세 개의 곰인형이 있었다. 도리스는 인형들을 보고 멈춰 섰다. 네리에게 말했다. 노란색 곰인형이요. 강간범이 지나가다 노란색 곰인형을 바닥에 떨어뜨렸고 몸을 굽혀 다시 올려놓았다고 했다.

네리는 면봉으로 곰인형에 묻어 있을 세포를 채취하여 샘플을 증거 봉투에 넣었고 콜로라도 수사국의 과학수사연구소에 보냈다.

콜로라도 수사국 본부는 복잡한 사거리의 후터스 레스토랑 맞은편, 소

나무들이 둘러싼 낮은 벽돌 건물에 입주해 있다. FBI의 과학수사연구소처럼 이 수사국도 과학과 첨단 기술을 이용해 고난이도 범죄의 실마리를 발견한다. 250여 명이 일하고 있으며 콜로라도주 전역에 걸쳐 여러 분원이 있는 이 콜로라도 수사국은 지역 경찰과 보안관들의 과학수사연구소가 되어준다. 지문과 DNA를 분석하고 독극물 테스트를 하고 권총 구입 출처를 쫓는다. 콜로라도 과학수사연구소는 1996년 콜로라도 볼더의 집에서 살해된 여섯 살의 미인대회 수상자 존베넷 램지 살인 사건을 철저하게 분석하면서 유명해졌다.[2] 당시 이 연구소의 법의학자들은 2509개의 표본을 받아서 총 3116시간 동안 2만 5520차례의 실험을 실시했다. 살인자는 끝내 밝히지 못했다. 하지만 콜로라도 경찰에게 콜로라도 수사국은 까다로운 사건이 일어났을 때 기댈 수 있는 마지막 보루이자 최대의 희망이다.

2009년 12월 7일 도리스 사건 발생 2개월 후 콜로라도 수사국 분석가인 세라 루이스는 버지스에게 전화하여 좋은 소식과 나쁜 소식을 전했다. 강간범은 정말로 꼼꼼한 사람이었다. 하지만 완벽하지는 않다. 도리스의 곰인형에는 미세한 흔적이 남아 있었다. 최대 일곱 개나 여덟 개의 피부세포로, 장갑 없이 그 인형을 잡았을 때 손가락 끝의 각질에서 벗겨진 세포 일부였다. 터치 DNA로 불리는 마이크로 유전자 샘플 분석은 혁명적인 수사 기법이라 할 수 있다. 경찰은 전통적인 DNA 테스트로는 분석이 불가능한 소량의 DNA만 갖고도 유전자를 검출할 수 있게 되었다. 하지만 이 새로운 검사 방식에도 단점이 있다. 세포가 워낙 소량이라 FBI의 유전자 대조 기준인 13개에는 미달인 것이다.

루이스는 Y-STR 분석이라는 조금 더 제한된 타입의 DNA 검사[3]를 실시할 수밖에 없었다. 이 감식 방법은 남성 DNA의 Y 염색체에서 염기서열반복구간(short tandem repeats)이라는 패턴을 찾는 감식법이다. 이 방식은 여성 용의자의 경우에는 소용이 없다. 남성이라고 해도 제한된 양의 정보만 제공한다. 어떤 남성 용의자가 특정 가계에 속해 있는지는 식별할 수 있다. 하지만 개인의 고유한 유전자 지문이 되지는 못한다. 루이스는 다음과 같은 소식을 버지스에게 전했다. 곰인형에서 추출한 DNA에서는 "결정적인 근거나 결과가 도출되지 않습니다. 이 프로필은 코디스 DNA 데이터베이스와 대조할 자격을 갖추지 못했습니다."

웨스트민스터에서 헨더샷은 강간범이 손으로 집었다는 흰색 요리용 타이머에 기대를 걸었다. 범인이 직접 손을 댔다고 경찰이 확신한 몇 개 안 되는 물건이었다. 세라의 기억은 정확했다. 콜로라도 수사국 분석가인 젠트리 로스는 타이머에서 유전자 형질 흔적을 발견했다. 하지만 도리스의 집에 있던 곰인형처럼 Y-STR 분석에만 적합한 소량의 세포만 검출할 수 있었다. "DNA의 양은 완전한 DNA 프로필을 추출하기엔 충분하지 않다." 헨더샷은 보고서에 이렇게 썼다.

골든의 갤브레이스도 순찰차 앞에서 앰버의 얼굴에 문질러보았던 면봉을 통해 약간의 세포를 추출할 수 있었다. 하지만 이 또한 도리스의 곰인형과 세라의 타이머처럼 강간범의 유전자 형질을 충분히 제공해주지 않아 완전한 프로필을 생성하기엔 미흡했다. 분석가들은 이번에도 오직 Y-STR 분석만 시행할 수 있었다. 현대 범죄 수사의 꽃이라는 DNA라는 마법은 헨더샷을, 갤브레이스를, 버지스를 비껴갔다. 용의자를 특정할 가능성이 있는 FBI 데이터베이스를 조회해볼 수 없었다.

하지만 한 분석가가 헨더샷에게 아이디어를 건넸다. 이 샘플로 한 명의 용의자를 식별할 수 없지만, 여전히 유용할 수는 있다. 콜로라도 수사국이 이 세 개의 Y-STR 프로필을 서로 대조해볼 수는 있다. 만약 다르다면 형사들은 세 명의 용의자를 추적해야 한다. 그러나 일치한다면 형사들은 콜로라도 교외에서 발생한 세 건의 범죄를 한 사람, 적어도 부계 유전자가 연결된 남성들이 저질렀다는 사실을 확인할 수는 있다.

범인이 2인 이상이라 해도 서로 완전히 남남이 아니라 친족이라는 것 정도는 알 수 있는 것이다.

헨더샷은 그 작업에 착수하기로 했다.

◆

헨더샷과 갤브레이스는 이전까지는 서로를 직접적으로 알지 못했지만 이들의 인생은 사실 많은 부분 겹쳐 있었다. 그들은 남학생 사교 클럽의 여학생, 다시 말해 여성 경찰들이었다.

갤브레이스는 20대 순찰대원 시절에 선배 여성 형사에게 많은 영감을 받았다. 어느 날 아침 골든의 경찰서장은 경찰들을 소집하여 그날 오후 그 지역의 패스트푸드 레스토랑에서 대대적인 마약단속이 벌어질 것이라 발표했다. 덴버 전역에 걸친 여러 경찰서에서 엘리트 마약단속원만 뽑아 구성된 웨스트 메트로 마약단속반이 출동해 마약 조직을 소탕하게 될 것이라고 했다. 그때 골든 경찰서 회의실에서 브리핑하던 한 경찰이 갤브레이스의 눈길을 끌었다. 그녀는 강렬한 위엄을 발산하고 있었다. 갤브레이스는 그전부터 마약단속반에 지원하고 싶다고 생각해왔다. "저분도 여자잖아. 저분이 할 수 있으면 나도 할 수 있어." 그때 브리핑하던 형사가 바로 에드나 헨더샷이었다.

지난 100년간 미국의 여성 경찰들은 다른 여성 경찰들이 성공할 수 있는 토대를 만들어 왔다.[4] 한때 여성 경찰들의 업무는 아동이나 여성 민원 부서에 국한되어 있었다. 엘리스 스테빈스 웰스가 그 판을 바꾸었다. 그녀는 1910년 9월 12일에 로스앤젤레스 경찰서의 경찰로 임명되었는데 경찰관이 아닌 '여경(officeress)'으로 불렸다. 그녀의 경찰 신분증에는 '여순경(Policewoman)'이라고 박혀 있었다. 금색 배지 아래에는 번호가 적혀 있었다. 1호. 그녀는 소위 '행실단속반'이라는 부서에 소속되어 페니 아케이드,◆ 댄스홀, 스케이트장 등을 단속했다. "웰스는 시나 지역 경찰서의 정식 직원인 여성 경찰이 단지 청소년과 여성범죄자만을 다루는, 보호적이고 예방적인 역할을 수행하는 데에만 적합하다는 개념과 싸웠다." 본인이 설립하기도 한 국제여성경찰연합(International Association of Women Police)의 공식 프로필에 이렇게 소개되어 있다. 웰스가 경찰이 된 지 1년 만에 다른 여성 경찰 두 명이 더 로스앤젤레스 경찰서에 합류했다.

웰스는 여성 경찰들만이 지닌 강점이 경찰 업무에 도움이 된다고 주장[5]했지만 남자 동료들을 늘 설득하지는 못했다. 그러나 시간이 흐르면서

◆ 1페니 오락 시설이 있는 놀이공원.—옮긴이

여성 경찰들이 경찰서와 지역사회에 가져오는 구체적인 이익에 대한 연구 결과가 나왔다. 여성들은 남성 동료들보다 물리적인 압력을 행사하는 경우가 적어 직무상 불법으로 인한 국가배상 소송에 휘말릴 확률이 적다. 시민들은 여성 경찰이 남성 경찰들보다 공감력과 소통 능력이 뛰어나다고 느낀다. 여성 경찰들은 지역사회 치안 활동의 목표, 즉 협력 및 시민과의 소통이라는 법 집행 철학을 더 적극적으로 수용한다.

또 여성 경찰들은 여성 대상 폭력 사건에 좀 더 효과적으로 대응한다. 1985년 실시한 연구에 따르면 여성 경찰들은 가정폭력 피해자들에게 더 인내심을 발휘하고 더 잘 이해하는 경향이 있다.[6] 1998년 전국 147개의 경찰서에서 수집한 표본 조사에 따르면 여성 경찰들은 남성 경찰들보다 가정폭력범 검거에 성공할 가능성이 높다.[7] 미국의 60개 대도시 경찰서를 대상으로 한 2006년도 조사에서는 여성 경찰이 1퍼센트 증가할 때마다 그 관할 경찰서에 보고된 강간 사건 신고도 1퍼센트 증가한다는 결과가 나타났다.[8]

이런 연구 결과들이 있다고 해서 매년 수천 명의 강간범들을 수사하고 체포하는 남성 경찰들의 노력이나 성과가 폄하되지는 않는다. 여성 경찰이 자동적으로 남성 경찰보다 젠더와 관련된 폭력 범죄를 더 능숙하게 처리한다고 말하는 것도 아니다. 같은 성별의 경찰에게 진술하는 것을 선호하는 여성 피해자도 있지만 남자 경찰 앞에서 더 안전한 느낌이 들고 차분해진다고 하는 여성 피해자들도 적지 않다. 경찰 교육 단체인 국제여성폭력방지위원회에 따르면 피해자와의 대화에 영향을 미치는 가장 중요한 요소는 수사관의 관심도와 진정성이었다. "한 가지 확실한 것은 성폭력 피해자의 면담에서 수사관 개인의 역량과 공감 능력이 젠더보다 훨씬 더 중요하게 작용한다는 점이다."[9]

젠더 다양성이란 가치가 중시되고 있긴 해도[10] 여전히 여성 경찰은 이 업계에서 힘겨운 싸움을 하고 있다. 순찰대원부터 경찰서장에 이르기까지 여성을 고용하는 데 거부감을 갖고 있는 경찰이 적지 않다. 이들은 여성은 경찰이 되기에 충분히 강인하거나 터프하지 않다고 주장한다. 또한 조사에 따르면 63퍼센트에서 68퍼센트의 여성 경찰들이 어떤 형태든 직장 내 성희롱과 차별을 겪었다고 보고했다. 여성 경찰관들 사이에서 가장 빈번하게 나오는 불만은 적대감, 승진 기회의 부족, 일과 가정생활을 병행하기 어렵게 하는 빈약한 정책들이다.

하지만 여성 경찰의 수를 확충하려고 노력하는 경찰서들도 나름대로의 어려움을 호소한다. 많은 여성들이 적어도 대중문화 안에서는 오직 총과 폭력에 관한 직업처럼 비춰지는 경찰에 크게 관심 갖지 않는다. 그 결과 미국의 어떤 경찰서도 남녀 동수는커녕 그 근처에도 가지 못한다.[11] 국세청의 범죄 수사과의 여성 비율이 32퍼센트인데, 미국의 법 집행기관 중 가장 높은 수치다. 필라델피아나 로스앤젤레스 같은 대도시에서는 전체 4분의 1가량을 차지한다. 그러나 종합적으로, 미국의 여성 경찰은 10만 명 정도로 전체 경찰의 11퍼센트 정도일 뿐이다. 경찰업계는 여전히 마초적이고, 가부장적이며, 군대식 서열이 중요한 남성의 영역이다. 여성 경찰은 여전히 소수집단이다.

갤브레이스와 헨더샷은 강간범 검거를 목표로 협력하다가 빠르게 친해졌다. 두 사람 모두 외향적이다. 두 사람 모두 말장난을 좋아하고 화통하게 웃는다. 갤브레이스가 젊고 에너지로 무장하고 있다면 헨더샷의 경험은 갤브레이스의 열정을 보완해준다.

두 사람 모두 테스토스테론이 분출하는 법 집행기관의 세계에서 일하는 것을 편안하게 여기는 편이다. 골든과 웨스트민스터의 정식 경찰 중 90퍼센트가 남성이지만 갤브레이스나 헨더샷은 불청객 취급을 받는다고 느끼거나 주눅들지 않았다. 둘 다 남자 형제들 틈에서 자랐다. 여자 친구가 많지 않고 남자들과 스스럼없이 잘 지내는 편이다. 대차고 강인한 성격에 자부심을 갖고 있다. "난 유난떠는 걸 못 참아요. 너무 오글거리거나 감상적인 건 성미에 안 맞아요." 갤브레이스가 말한다.

두 사람 다 경찰업계에서 스스로 입지를 다졌다. 문 앞에 발을 디밀어, 자신이 누구인지 증명해보인 다음에 형제들의 세계에서 받아들여졌다. 다른 경찰들과 똑같은 수순을 밟았고, 이때 여성이라는 성은 그리 문제가 되지 않았다. "처음 진입했을 땐 여자라는 점이 두드러질 수도 있죠." 헨더샷은 말한다. "하지만 거리에서 순찰대원으로서 일하면서 입지를 확실하게 다지고 난 뒤에는 문제되지 않아요. 그냥 그런 거죠."

그들은 경찰서에서, 응급실에서, 기자실에서 어떻게든 유머를 찾아내 심각한 분위기에서 빠져 나갈 줄 알았다. 범죄현장과 교통사고의 세부 사항을 공유했다. 둘 다 욕도 잘했다. 소름끼치는 경험은 얼마든지 있었다.

부패한 시체 냄새를 덜 맡기 위해 마스크 안에 종이 섬유유연제를 쑤셔 넣은 적도 있고, 마약상으로 위장했다가 남자가 자위하는 장면을 보기도 했다.

"남자가 문을 열었는데 검은색 반바지만 입고 있더라고. 당연히 웃통은 벗었고. 발목을 봤지. 전자 발찌가 떡하니 걸려 있는 거야." 헨더샷이 갤브레이스에게 말했다.

"귀엽네." 갤브레이스가 받아쳤다.

"섹시함의 최고봉 아니겠어? 안 그래? 거부할 수 없는 남자잖아."

가끔 두 사람은 여성 신체 기능이나 성기 관련 농담을 아무렇지도 않게 던져 후배 남자 동료들을 놀리기도 했다.

"얼마나 당황하는지 보는 것도 재미있다니까. 솔직히 말하면 그래." 헨더샷은 갤브레이스에게 말한다.

"그러면 그 애들은 바로 인사과로 걸어가더라고요." 갤브레이스가 말한다.

"아니지. 달려가지."

두 여자는 같이 웃는다.

남성 경찰들이 그들에게 모욕적인 말이나 성희롱을 할까 봐 걱정하는 건 그들이 아니라 상사다. 한번은 갤브레이스의 상사가 형사들 사이 대화가 선을 넘었다고 생각해 그녀를 한쪽으로 불러내어 그런 유의 대화가 불편하지 않냐고 물었다. "내가 그랬지. '아뇨? 괜찮아요. 내가 시작한 건데요?'"

물론 여성 경찰로 살아가는 데 따르는 불편함은 있다. 갤브레이스는 흙이나 피가 묻지 않도록 출동 전에 머리를 하나로 올려 묶어야 한다. 헨더샷은 몸에 권총을 숨길 곳이 없어서 불편하기도 하다. 두 사람 모두 방탄조끼가 특별히 더 잘어울린다고 생각하지 않는다. "화려하지는 않죠. 깜찍한 신발을 신지도 못하고 말이죠. 이 사회가 '여자라면 어떠해야 한다.'고 주입하는 외모, 행동, 생각과는 상당히 다르죠." 헨더샷은 말했다.

이 여자들은 또 다른 면에서도 인연이 있었다. 경찰업계가 워낙 좁다 보니 한두 다리만 건너면 서로를 알고 결혼도 그 안에서 하고 친구도 그 안에서 사귄다. 헨더샷의 두 번째 남편인 마이크와 갤브레이스의 두 번째 남편 데이비드는 골든 경찰서 동료였다. 데이비드는 웨스트민스터 경찰서에서 헨더샷과 함께 일한 적도 있었다.

———— ◆ ————

2011년 1월 18일, 형사들은 다시 모였다. 이제 이해관계는 더 복잡해졌고 회의실에 모인 사람들 머릿수가 그 상황을 반영하고 있었다. FBI와 콜로라도 수사국과 제퍼슨 카운티 검찰청에서 파견된 요원들이 골든의 역사 깊은 구 시가지에 있는 소방서의 2층에 집합했다.

새로운 얼굴 중에 한 명은 덴버 지부에서 일하고 있는 베테랑 FBI 요원 조니 그루징이었다. 키가 크고 마르고 탄탄한 체격에 냉소적인 유머를 장착한 노련한 지맨*이었다. 덴버에서만 15년째 근속 중이었는데 보통 도시를 옮겨가며 활동하는 FBI 요원의 특성을 고려하면 매우 드문 경우였다.

대부분의 기간 동안 그는 은행 강도 사건을 담당했다. 현재는 9·11 이후에 FBI의 전문적인 기술과 지역 경찰의 현장 경험을 결합시키기 위해 신설된 '세이프 스트리트 태스크포스'에서 일하고 있다. 그는 회의에 참여한 대부분의 기관과 같이 수사한 경험이 있었고 회의실에 있는 사람들은 그가 지역 경찰에게서 수사권을 빼앗아갈 위협적인 사람이 아니라는 걸 잘 알고 있었다. "우리가 어떤 경찰서나 관할구역에 들어갔을 때 '뭐야, FBI잖아?' 하면서 경계한 적은 없습니다." 그루징이 말했다.

그루징은 강간범 체포에 결정적인 도움을 줄 수도 있는 도구를 가져올 수도 있었다. 수천 건의 범죄 기록이 담긴 FBI 데이터베이스인 폭력 범죄자 추적 프로그램 바이캡(ViCAP, Violent Criminal Apprehension Program)이다. 바이캡은 연쇄살인범이나 연쇄강간범을 추적하기 위해 제작된 프로그램으로, 전문가들이 연쇄범이라고 부르는 반복 범법자들에게 지문이나 DNA 조각만큼 뚜렷하게 구분되는 특유의 행동 패턴이 나타난다는 원리를 전제로 하여 만들어졌다. 어떤 지역에서 자신이 선호하는 칼을 사용한 연쇄강간범은 다른 지역에 가서도 같은 칼을 사용한다. 지역 수사관이 연쇄범죄자의 활동 여부가 의심된다면 범죄의 세부 사항을 가능한 자세히 데이터베이스에 넣어본다. FBI 분석가들은 유사한 특징을 가진 인물이나 수법이 발견되길 기대하며 미해결 사건의 파일을 검색한다. 이 시스템을 통해 동일범을 추적하는 두 기관이 협력하여 범죄자의 세부 사항을 공유할 수 있다.

◆ G-man, FBI의 요원을 일컫는 속어.—옮긴이

오로라의 범죄분석가인 던 톨락슨은 이미 콜로라도에서 발생한 세 건의 성폭행 사건의 특징을 데이터베이스에 입력했다. FBI의 본부인 콴티코의 분석가들은 톨락슨이 제출한 자료를 데이터베이스에 담긴 수천 건의 정보와 대조했다. 그렇게 해서 얻은 결과를 그날 그루징이 가져온 것이다. 적어도 하나는 건졌다. 그들이 찾고 있는 콜로라도 범인은 10여 년 전 캔자스대학교를 공포에 떨게 했던 강간범과 많은 유사점을 보유하고 있었다. 캔자스대학교에서는 2000년과 2008년 사이 13명의 젊은 여성이 강간당하거나 폭행당했다.

그 사건의 피해자 여성들은 용의자가 대략 26세에서 35세 사이의 백인 남성이라고 묘사했다. 신장은 179센티미터에서 182센티미터 사이일 것이라고 했다. 보통 이른 아침에 공격했다. 그는 침대에 누운 여성 위에 올라탔다. 끈 등을 사용해 손을 묶었다. 짙은색 옷을 입었다. 검은색 마스크를 하고 있었고 장갑을 꼈다. 권총으로 협박했다.

그는 짧고 직설적으로 명령했다. 어조는 차분했다고 한다. 그는 피해자를 입으로, 질과 항문으로 강간했다. 가방에 윤활제와 비디오 카메라를 갖고 다녔고 카메라로 강간 장면을 찍었다. 끝난 후에는 피해자들의 몸에서 증거를 제거하기 위해 샤워를 시켰다. 여성들에게 욕실에서 나오기 전 20분 동안 기다리라고 말했다.

그는 2000년 10월 1일에 첫 사건을 저질렀다. 피해자가 잠에서 깨보니 남자가 방에 서 있었다. 침대에서 튀어나와 비상벨을 누르려고 했으나 범인은 그녀의 머리에 총을 겨누고 움직이지 말라고 했다. 하지만 범인은 순간적으로 겁을 먹었는지 여자를 강간하지 않고 나갔다. 나가면서 이렇게 경고했다. "부탁 하나만 들어주라. 다음번에는 문을 꼭 잠그길."

2004년 7월 14일, 피해자는 잠에서 깨 침대 발치에서 자신을 응시하고 있는 남성을 발견했다. "총이 있어. 아무 말도 하지 마. 죽일 수도 있어." 그는 여성에게 말했다. 그는 윤활제가 들어 있는 검은색 가방을 갖고 있었다. 강간을 끝낸 후 여자에게 욕실로 가라고 명령했다. 이를 닦으라고 강요했다.

마지막 여성은 룸메이트가 추수감사절 휴가를 떠났을 때 강간당했다. 이전의 범행보다 더 폭력적이었다. 범인은 피해자의 얼굴을 주먹으로 쳤다. 입에 양말을 쑤셔 넣어 소리를 지르지 못하게 했다. 수차례 강간했다. 그 여성은 남자의 인상착의를 거의 떠올리지 못했다. 너무 공포스러워 내내 눈을 감고 있었기 때문이었다.

2008년 12월에 마지막 범죄를 저지르고 이 남자는 사라졌다. 그루징은 이 질문을 하고 있었다. 같은 범인이 다시 활동을 재개한 것인가? 10개월 후 콜로라도주 오로라에서?

그루징은 그렇다고 믿었다.

"그동안 연습을 거쳤기 때문에 이렇게 숙련될 수 있었던 겁니다. 마치 농구나 야구를 하는 사람들을 보면 그들이 그전에 공을 다루어봤는지 아닌지 알 수 있는 것처럼 말입니다." 그루징은 말한다.

"우리가 찾던 그놈이라 생각했습니다."

바이캡에 의지하는 형사들은 사실 FBI에서 가장 홀대받는 프로그램 중 하나에 기대를 걸고 있는 것이기도 했다.

바이캡의 창시자는 전설적인 경찰 피어스 브룩스다. 각진 턱과 넓은 이마에 사람을 꿰뚫어보는 눈을 가진 그는 20년 동안 로스앤젤레스 경찰로 맹활약하며 범죄자 열 명을 사형대에 올리기도 했다. 영화 「드라그넷」에서 고지식한 형사 조 프라이데이를 연기한 잭 웹에게 자문을 해주기도 했다. 또 경찰 살해범 두 명을 집요하게 추적하여 명성을 얻었는데, 이 사건의 수사 과정은 조지프 웜보의 1973년 논픽션 베스트셀러 『양파밭(The Onion Field)』에서 생생하게 묘사되기도 했다. "브룩스의 상상력은 존경스럽다. 그러나 그의 철두철미함이야말로 전설이다." 웜보는 이렇게 썼다.

1950년대 후반 브룩스는 두 건의 살인 사건을 수사 중이었다.[12] 두 건 모두 여자 모델이 강간당하고 살해된 후 밧줄에 결박된 채 발견되었는데 범인의 결박 방식이 독특했다. 브룩스는 이 살인범이 다른 살인도 저지를 것이라 직감했다. 이듬해 도서관에서 모든 지방 신문들을 샅샅이 뒤졌고 밧줄을 이용해 여성을 납치하려다가 체포된 남성에 대한 기사를 발견한 후 두 사건을 연결시켰다. 범인 하비 글래트먼은 사형 선고를 받아 1년 후에 처형되었다.

이 경험으로 인해 브룩스는 연쇄살인범은 보통 '시그니처', 즉 다른 범죄자들과 식별되는 특정 행동 방식이 있다고 확신했다. 데이터 기반 수사를 거의 처음으로 도입했던 그는 전국 미제 살인 사건의 정보를 축적할 수 있는 컴퓨터 데이터베이스가 있다면 유사 행동을 하는 용의자를 검색할 수 있다고 생각했다.

브룩스가 이러한 시스템을 구축해야 한다고 의회에 수년간 로비하자 의회도 반응을 보였다. 1983년 7월 브룩스는 상원 법사위원회 앞에서 7개 주에 걸쳐 30명의 여성을 살해했다고 자백한 엽기적인 연쇄살인마 테드 번디 이야기를 꺼냈다.[13] 바이캡 시스템이 있었다면 여러 피해자들의 목숨을 구할 수 있었을지도 모른다. "바이캡이 도입된다면 수년간 지속적인 문제로 거론되고 있는, 수백 수천 마일 떨어진 경찰서들이 공조해야 하는 사건 수사에 결정적인 정보의 누락과 간과와 수사 지체를 감소시킬 수 있을 것입니다." 브룩스는 입법자들에게 호소했고 공청회 후에 브룩스는 국회로부터 100만 달러를 지원받을 수 있었다.

FBI는 이 자금으로 당시 "컴퓨터계의 캐딜락"이라고 불리던 AVAX 11/985, 일명 '슈퍼스타'를 사들였다. 512킬로바이트의 메모리를 갖고 있던, 당시에는 혁명적이었던 이 덩치 큰 컴퓨터는 버지니아주 콴티코 FBI 내셔널 아카데미 카페테리아 두 층 밑에 있는 건물 방공호의 대부분을 차지했다. 지하 사무실에는 그즈음 신설된 다른 부서 직원들도 입주했는데 이후 토머스 해리스의 『양들의 침묵』으로 유명해진 행동분석팀의 프로파일러들이었다. 당시 FBI의 일반 요원들은 듣도 보도 못한 부서와 바이캡 컴퓨터 프로그램을 헛짓거리라고 생각했다.[14] 심리학자, 경찰, 행정가들이 섞인 이 괴짜 집단을 "FBI 떨거지들"이라든가 "나환자 수용소"라고 부르기도 했다. 지하 사무실은 책상, 책장, 캐비닛이 빡빡하게 들어찬 어둡고 곰팡내 나는 곳이었다.[15] "그 사무실이 얼마나 지하 깊숙한 곳이었으냐 하면, 죽은 사람들보다 열 배는 더 깊은 곳에 있었다고 보면 되죠." 한 요원이 이렇게 회상했다.

FBI 요원 아트 마이스터가 바이캡 시스템을 수정하여 연쇄강간범 추적도 가능하도록 만들었다. 코네티컷주의 전직 경찰관으로 공부벌레 같은 인상의 마이스터에게는 이런 방향의 업그레이드가 타당해 보였다. 연구는 강간범들이 살인자들보다 연쇄적으로 범죄를 저지를 확률이 훨씬 더 높다는 것을 보여준다.[16] 강간범 중 4분의 1에서[17] 3분의 2는[18] 여러 건의 성폭행을 저지른다고 밝혀졌다. 살인자는 단 1퍼센트만이 연쇄살인범으로 추정된다.[19]

콜로라도 연구자들이 연쇄강간을 수사하던 즈음 바이캡에는 폭력적이고 엽기적인 범죄 자료들이 산더미처럼 축적되어 있었다. 자료의 양이 워낙 방대하고 꼼꼼해 한번은 연구자들이 카니발리즘에 대한 논문을 쓰기 위해 자료를 요청한 적도 있다.(마이스터는 요청을 거부했다.) 하지만 바이캡 프로그램은 창백한 낯빛의 원치 않는 아이 신세가 되어 FBI 지하실에서 버지니아 2차선 고속도로 옆 작은 쇼핑몰로 거처를 옮겨 근근이 살아가고 있었다. 만성적인 운영 자금 부족을 겪어야 했다. 데이터베이스 자체도 사용이 쉽지 않았다. 형사가 담당 사건과 이 데이터 안의 사건을 비교해보기 위해서는 총 95개의 빈칸을 채워야 했다. 정보의 노이즈도 많다. 경찰은 쓸데없는 정보들을 너무 많이 준다며 한숨을 쉰다. 또한 가장 중요한 것은 이제 FBI에 DNA 매치 시스템인 코디스가 치고 들어와 바이캡을 능가했다는 것이다. 바이캡의 행동 유사성 연결은 그보다 훨씬 더 과학적이고 확실한 유전자 검사 프로그램과 비교가 안 된다. 코디스의 성공률은 논란의 여지가 없으며 지난 몇 년간 34만 6000건의 범죄를 연결시켰다. 1990년대 결산에 따르면 바이캡은 12년 동안 오직 33건의 범죄 해결에만 도움이 되었다.

그 결과 바이캡은 거의 사용하지 않는 도구가 되었다. 미국의 대략 1만 8000개의 경찰서 중 1400개의 경찰서만이 바이캡 데이터베이스에 정보를 입력한다. 따라서 입력되는 사건은 매년 발생한 강간과 살인 사건의 1퍼센트에도 못 미친다. 바이캡 데이터베이스는 비극적이게도 충족되지 못한 약속이 된 것이다. 강간 사건의 대략 절반 정도에서만 DNA가 나온다. 하지만 나머지 절반은 연쇄강간범이 특정한 마스크를 쓰거나 독특한 말투를 갖고 있거나 특정한 방식의 매듭을 사용한다는 정보로 사건을 풀어가야 하며 그러한 방면에서 바이캡은 가장 우수하고 유일한 전국 규모의 도구다. "분명 수요가 있습니다." 국제법집행정보분석가연합회(International Association of Law Enforcement Intelligence Analysts)의 전 회장인 리치 마르티네스가 말한다. "하지만 바이캡이 그 수요를 충분히 채워주지는 못하고 있습니다."

─────◆─────

헨더샷은 컴퓨터 전문가와는 거리가 멀다. 하지만 그녀도 데이터가 DNA만큼이나 범죄자를 잡는 데 도움이 된다는 사실은 알았다. 갤브레이스와 그루징은 캔자스 강간범과의 연관관계를 쫓고 있었고, 그녀는 더 가까운 곳에 있는 자원에 기댔다. 자신의 소속 경찰서 범죄분석가인 로라 캐럴이었다.

로라 캐럴은 범죄현장 감식반인 엘리스처럼 헨더샷이 웨스트민스터 경찰서에서 가장 아끼는 동료였다. 캐럴은 우연히 이 세계로 발을 들인 경우였다. 원래는 교사의 꿈을 갖고 대학 생활을 시작했지만 결국 범죄학을 전공하게 되었다. 법 집행기관에서 일하는 것이 그저, 더 흥미로워 보였다. "나쁜 놈들을 잡는 거잖아요. 좋은 일의 일부가 되는 거고요." 그녀가 말한다. 총을 들고 거리를 돌아다니는 것에는 관심이 없었다. 너무 위험해 보였다. 그래서 처음에는 사무직으로 일했다. 아바다 근처의 경찰서에서 일하다가 웨스트민스터 지역의 시 법원들에서 법원 서기로 일하기도 했다. 일 자체는 그리 흥미롭지 않았지만 무언가 더 큰 것의 일부가 된 느낌이 좋았다.

그러다가 자신의 진정한 재능을 발견했다. 웨스트민스터 경찰서의 교통과에서 일하게 되면서 지도 분석 소프트웨어 교육과정을 이수하게 된 것이다. 이후에 자료 검색과 컴퓨터 지도를 공부하면서 자연스럽게 범죄분석가가 되었다. 그녀는 경찰들에게 운전자들이 속도를 무시하고 달리는 위험한 사거리나 도로를 알렸다. 이로써 그녀도 범죄 소탕팀의 일원이 되었다. 그 일이 마음에 들었다.

하지만 외로운 직업이기도 했다. 대부분의 작은 경찰서에는 범죄분석가가 따로 없고 경찰서에서도 두세 명이 있을 뿐이다. 캐럴은 다른 기관의 분석가들과 네트워크를 구축하는 것이 매우 중요하다는 것을 깨달았고 콜로라도 범죄분석가협회(Colorado Crime Analysis Association)가 여는 월례 회의에 참석하기 시작했다. 소박한 모임이었다. 대부분이 여성인 분석가들이 경찰서를 돌아가며 남은 회의실에 모여 전 달에 벌어진 사건을 리뷰하고 데이터의 패턴을 비교하는 것이다. 하지만 대화를 통해 새롭게 발견하게 되는 것도 있었다. 그녀는 협력을 통해 데이터가 강력한 수사 도구가 될 수 있다고 자각했다. "분석가로서 우리는 항상 소통하고 협력하려고 합니다. 범죄에는 국경이 없으니까요." 캐럴은 나중에 협회의 회장이 되었다.

헨더샷은 처음에 캐럴에게 앰버가 묘사했다는 강간범 종아리의 달걀 모양 반점에 근거해 세라 사건 용의자에 대한 힌트를 얻을 수 있을까 해서 연락했다. 헨더샷은 그것이 문신일지도 모른다고 생각했고 캐럴에게 웨스트민스터 교도소를 거쳐간 모든 범죄자의 모든 문신에 대한 자료가 있다는 것을 알았다. 경찰은 범죄자를 검거한 후 문신 크기, 모양, 색깔, 위치 등의 정보를 데이터베이스에 입력한다. 캐럴은 다리 문신 124개를 찾았고 그 문신을 소유한 32명의 남성을 찾아냈다. 그중 두 사람의 종아리 문신은 정확히 달걀 모양이라고 할 수는 없었지만 캐럴이 더 캐보고 싶을 만큼은 비슷했다. 한 명은 인상착의가 일치하지 않았다. 다른 한 명은 세라 사건 당시에 교도소에 수감 중이었다. "여기서 뭘 더 어떻게 해야 할까?" 캐럴은 곰곰이 생각했다.

일주일 후 답이 나왔다. 그녀가 참석하는 범죄분석가협회 월례 회의에서 그녀는 강간 사건의 개요와 특이 사항을 발표했다. 혹시 비슷한 사건 접한 분 있나요? 레이크우드의 한 분석가가 관할 부서에서의 강도 신고를 기억해냈다. 한 남자가 여자가 자고 있는 집에 침입을 한 적이 있다고 했다. 그 남자도 검은색 마스크를 썼다. 여자는 탈출했고 남자는 도주했다. 한번 살펴볼 가치가 있겠어, 캐럴은 생각했다.

다음 날 아침 레이크우드 분석가에게 자료를 건네받았을 때, 캐럴은 자신이 옳은 방향으로 가고 있다는 것을 알았다. 레이크우드의 형사들은 그 사건을 미수에 그친 주거 침입 사건인 **동시에** 강간 미수 사건으로 분류했다. 수사가 심도 깊게 이루어지지는 못했다. 하지만 레이크우드의 범죄현장 감식반은 현장에서 발자국과 장갑 자국을 찾아냈다.

캐럴이 헨더샷에게 그 자료를 보여주자, 헨더샷도 흥미를 가졌다. 골든의 앰버 아파트 밖에 쌓인 눈 위에도 발자국이 찍혀 있었기 때문이었다. 헨더샷은 엘리스에게 문자를 보냈다. 레이크우드 형사에게 연락해서 두 개의 발자국을 비교해보면 어떨까?

그날 오후 범죄분석실의 자신의 책상에서 점심을 먹고 있던 엘리스는 오랜 친구이기도 한 레이크우드 범죄분석가에게 이메일 한 통을 받았다. 메일을 열자 컴퓨터 스크린에 장갑 자국과 발자국이 크게 떴고 엘리스는 보자마자 의자에서 벌떡 일어났다. 믿을 수 없었다. 그녀는 바로 헨더샷 자리로 달려갔다. "에드 어딨어요? 에드?" 그녀는 소리쳤다. 헨더샷이 회의실에 있다는 말을 듣자 엘리스는 헨더샷에게 문자메시지를 보냈다. 긴급 상황이었다.

"당장 전화 바람. 911."

8

"그 애 말투와 어조가 뭔가 이상했어요."

2008년 8월 12일 화요일
워싱턴주 린우드

메이슨 경사는 전날 전화한 여성을 기억하고 있었다.

처음 마리의 아파트에 갔을 때 마리와 함께 소파에 앉아 있던 여성이다. 마리가 가장 먼저 도와달라고 전화한 사람 중 하나다. 마리와 병원에 동행한 사람이다.

그런데 만 하루가 지난 후 그 여성은 그와 함께, 주변에 키 큰 상록수들이 서 있는 굽이진 골목 안 자신의 아늑한 단층집 거실에서 마리가 이 모든 이야기를 지어낸 건 아닌지 의심스럽다는 이야기를 하고 있다.

메이슨의 정보제공자는 마리와 소원해진 친구도 아니고, 마리에게 원한이 있는 전 남자 친구도 아니었다. 마리와 함께 살았던 위탁모였다.

그날 오전 페기는 메이슨에게 전화를 걸어 이름을 밝혔지만 익명으로 해달라고 부탁했다. 할 말이 있지만 마리의 귀에 들어가지는 않기를 바란다고 했다. 메이슨은 마약 수사라는 비밀 세계에서 오래 일한 바 있어 제보자의 익명 요청이 낯설지 않았고 페기의 신분을 보호해주기로 약속했다. 수사 보고서에 전화 통화에 대해서는 썼지만 이름은 올리지 않았다. 그리고 오늘의 일대일 면담에 대해서도 기록을 남기지 않을 것이다.

두 사람은 페기의 거실에서 이야기를 나누었다. 페기는 단어를 신중하게 골랐다. 이런 식으로 말하지는 않았다. 마리가 거짓말하고 있어요. 그렇게 말할 수는 없다고 했다. 거기까지는 잘 모르기 때문이다. 다만 의심이 간다고, 뭔가 앞뒤가 안 맞는 면이 있다고 말했다.

페기가 마리의 말에 회의적인 반응을 갖게 된 이유는 단순하지 않았다. 마리를 키우면서 마리에 대해 알게 된 사실들, 전날 본 마리의 모습, 마리와 친한 사람에게 들은 이야기들이 모두 얽혀서 만들어진 뿌리 깊고 복잡한 이야기였다.

페기는 정신 건강 상담 분야의 석사 학위 소지자였다. 이전에는 위탁가정 아동들의 관리자였고 지금은 노숙인 보호소에서 어린이 보호 담당자로 일하고 있다. 몇 년 후 그녀는 특수 아동 보조 교사로 학교에서 일하게 된다. 집에는 DSM, 즉 『정신질환의 진단 및 통계 편람』이 있었다. 미국 정신의학회(American Psychiatric Association)에서 공식적으로 사용하는 정신질환 진단 분류 체계로 종사자들이 가장 자주 참고하는 전문서적이다. 페기는 그 몇백 페이지 안에 마리의 진단명이 있다고 믿었다. 마리는 과거 지속적인 상처를 받으며 피상적인 관계만을 맺고 극적인 상황에 끌리는 일종의 성격장애가 발현된 것이다. "마리의 과거를 고려하면 이해할 수는 있어요. 이제까지 관심을 받아야 살아남을 수 있었을 거예요." 페기는 말한다. 아마도 연극성 성격장애 아닐까요? 페기는 확실히 그렇다고 단정짓진 않았다. 하지만 몇 가지 사건 때문에 의문을 갖게 되었다고 했다.

강간 신고 며칠 전, 마리와 페기는 페기의 남자 친구와 현재 페기가 돌보고 있는 10대 자매 두 명과 함께 소풍을 갔다. "많은 일이 있었어요." 페기가 말한다. "그날 마리는 나한테 관심을 받으려고 무척 애쓰고 있었어요, 내 느낌에요." 페기는 마리가 그 집에 들어온 10대 아이들에게 경쟁심을 느끼거나 질투를 하는 것일지도 모른다고 생각했다. 또한 마리가 자기 모습이 어떻게 비춰지는지 알지 못하는 것 같아 안타까웠다. "마리가 그날따라 경박하게 행동해서 한 남자가 끈질기게 쳐다봤어요. 나는 마리에게 자제하라고 말했죠. '너 지금 너무 눈길 끌고 있는 거 아니?' 내가 말했어요. '첫째, 보기 안 좋아. 둘째, 저쪽에 있는 남자가 너를 뚫어져라 쳐다보고 있는데 너는 그 이유를 아니, 모르니…….'"

마리가 전화로 강간당했다고 말했을 때 페기는 놀랐고 마음이 아팠다. 마리의 말을 진지하게 받아들여야 한다는 걸 알았다. 그리고 그렇게 했다. 마리의 아파트로 달려갔고 신고를 받고 출동한 경찰만큼이나 빨리 도착했다. 하지만 가는 내내 다른 생각과 씨름하고 있었다. "또 다른 나는 이렇게 말하고 있었어요. 마리의 평소 행동은 가끔씩 정말, 정말 과할 때가 있거든요. 사람들의 반응을 유도하기 위해서 일부러 과장된 행동과 말을 해요. 그게 성격의 일부이기도 하고." 그리고 전화 속 마리의 말투와 목소리가 페기의 심증을 강화했다. "마리는 아주 작은 목소리로 말했어요. 무슨 말인지도 알아듣기 힘들 정도였죠. 진실되게 들리지가 않았어요. 뭔가, 뭐랄까……. 어떻게 보면 연극 대사 같았달까. 이런 식이었거든요. '오, 맙소사.'"

아파트에 가보니 마리는 바닥에 엎드려 울고 있었다. "또 이상했던 건 말이죠. 내가 옆에 앉았더니 마리가 무슨 일이 있었는지 말하기 시작했는데요. 내가 「로 앤 오더」 애청자인데 정말 이상한 느낌이 드는 거죠. 마치 「로 앤 오더」 대본을 읽어주는 것 같았어요." 부분적으로는 마리가 한 말의 내용 때문이기도 했다. 왜 강간범이 하필 마리의 신발 끈으로 마리를 묶었을까? 너무 이상하지 않은가? 신발 끈이라니, 사람을 묶기에는 너무 약하지 않을까? 왜 밧줄이나 수갑을 가져오지 않았지? 또 한편으로는 마리가 말하는 방식 때문이기도 했다. "무심했어요. 자기 일이 아닌 것처럼. 말의 내용과 감정이 분리되어 있는 것처럼."

마리는 강간범이 사진을 찍었다고 말했는데 그 말을 듣고도 페기는 멈칫했다. 의심은 추정으로 바뀌었다. 마리가 골치 아픈 상황에 처했는지도 모른다고 생각했다. 어쩌면 다른 사람에게 자기 사진을 찍게 했고 그 사진이 인터넷에 유포될지 모르니 위기를 모면하기 위해 이런 사고를 계획한 건 아닐까.

페기는 이렇게 의심이 생겼다는 데 죄책감을 느꼈고 자신이 끔찍한 사람처럼 여겨졌다. 마리가 거짓말을 하고 있다고 믿고 싶지 않았다. 하지만 자신의 의심이 무엇이 되었건 간에 마리의 아파트에서 진지하게 수사에 임하는 경찰과 마리를 위로하는 사람들을 지켜보며 그런 의심을 키우고 있는 건 자기 혼자뿐이라 느꼈다.

얼마 후 그렇지 않다는 사실을 알게 되었다.

———— ◆ ————

섀넌, 마리의 또 다른 부모이자 마리의 재미있는 엄마 섀넌은 그 소식을 듣자마자 의심이 생겼다고 했다.

"전화 받은 순간은 정확히 기억나죠." 섀넌은 말한다. "발코니에 서 있다가 전화를 받았는데 마리가 말했어요. '저, 강간당했어요.' 건조하게, 높낮이 없는 어조로."

마리는 월요일에 병원에서 나와 섀넌에게 전화를 걸었다. 섀넌은 마리에게 괜찮은지 물었고 마리는 괜찮다고 했고 그날 밤은 친구 집에서 잘 것이라 말했다. 그것이 마리가 한 말의 전부였다. 남편이 집에 오자 섀넌은 마리의 전화에 대해 말했다. 마리를 믿어야 할지 모르겠다고도 했다. "마리의 말투와 말하는 방식 때문에 마리가 실제로 강간을 당했는지 아닌지 의문을 갖게 되었어요. 목소리 톤 때문이었을까요. 아무 감정이 실려 있지 않았어요. 마치 방금 샌드위치를 만들었다고 말하는 것 같았어요. '방금 저 치킨 샌드위치 하나 만들었어요.' 이렇게."

섀넌은 마리가 종종 감정적이라는 것을 알고 있었다. 눈물이 많은 아이란 것도 알았다. 이런 초연함은 평소 마리에게서 찾아보기 힘들었다.

섀넌에게는 또 하나, 마리를 의심할 만한 개인적인 이유도 있었다.

섀넌은 마리의 입장을 이해하기 위해 상상하려 애쓰지 않아도 되었다. 섀넌에게도 같은 경험이, 똑같지 않다 해도 비슷한 경험이 있었기 때문이었다. "어렸을 때 성적으로 학대당했어요." 섀넌은 말한다. "성인이 된 후에 성폭력을 당했고요." 두 경우 모두, 다른 사람에게 그 일에 관해 말할 때(어릴 때 당한 학대는 9년이 흐른 뒤에야 꺼내놓을 수 있었다.) 섀넌은 전혀 침착하거나 태연하지 못했다. "히스테리컬했죠. 감정이 폭발했어요. 많이 울었고. 그렇죠. 수치스러웠어요." 섀넌와 마리는 닮은 점이 많았다. 그런데 마리의 반응은 어쩌면 이렇게 다를까?

페기는 화요일에 메이슨에게 전화를 하기 전, 섀넌과 전화 통화를 했다. 사건 당일 밤이거나 그다음 날 아침이었을 것이다. 두 사람은 마리의 부모로서 의견을 나누었다. 페기는 마리가 강간 신고를 하기 전에 둘이 말다툼을 했다고 말했다. 마리가 페기의 집에 자전거를 두고 왔고 마리는 자전거를 가지러 가고 싶다고 말했지만 페기는 잠시 혼자 쉬고 싶다고 말했다. 그 말에 마리가 화를 냈다. 페기는 섀넌에게 그렇게 생각하기 싫지만, 어쩌면 마리가 이 강간 이야기로 원하던 관심을 얻으려는 건 아닐까 싶다고 했다.

지금 무슨 일이 일어나고 있는지 모르겠어요, 페기는 섀넌에게 말했다. 나도 이렇다 저렇다 말할 순 없지만…….

페기, 당신만 마리를 믿지 못하는 게 아니에요, 섀넌이 말했다.

두 사람은 마리가 어떤 식으로 주변 모든 사람에게 자기에게 일어난 끔찍한 일을 말하고 다니는지 생각했다. 마리는 친구 한 명 한 명에게 일일이 다 전화를 걸어 말했다. 나 강간당했어. 그중에는 사이가 소원해진 친구도 있었고 마리에게 못되게 군 친구들도 있었다. 마리는 이 문제를 비밀로 하거나 조심스레 취급하려 하지 않았다. 특별한 사람 몇 명에게만 이야기한 것이 아니었다. 페기도 섀넌도 마리가 과하게 행동하고 사람들의 관심을 갈구하는 건 맞지만 습관적인 거짓말쟁이라고 생각해본 적은 없었다. 그러나 지금은 두 사람 모두 마리가 이 모든 일을 꾸며낸 것은 아닌지 의심하고 있었다.

섀넌의 의심이 페기의 의심을 굳혔다. 페기의 의심은 섀넌의 의심을 굳혔다.

섀넌의 의혹은 화요일에 더욱 증폭되었고 그날, 페기는 경찰서에 전화했다. 재범이 우려된 마리와 위층 친구 내틀리는 새 아파트를 배정받았다. 섀넌은 마리의 집에 가서 이삿짐 싸는 것을 도와주었다. 섀넌이 들어갔을 때 부엌에 서 있던 마리는 섀넌과 눈을 마주치려 하지 않았다. "너무 이상했어요." 섀넌이 말한다. "우리는 언제나 만나면 포옹을 하고 마리는 나와 눈을 맞추곤 했거든요." 침실에서 마리는 평소와 다르지 않아서 전날 아침 그곳에서 강간을 당한 사람처럼 보이지 않았다. "아무 일이 없었던 것처럼 차분히 짐을 싸고 이사를 준비하더라고요." 마리의 친구들과 프로젝트래더의 간사가 오자 마리는 그들과 잠시 바깥에 나가 있기도 했다. "자기 프로그램을 담당하는 남자와 시시덕거리기도 했어요. 잔디밭에서 누워서 뒹굴고 웃고 떠들기도 하고. 너무 이상했어요."

섀넌은 그날 마리와 하루 종일 같이 있었는데 이상하게 느껴지는 행동은 한두 가지가 아니었다. 결정타는 두 사람이 저녁에 간 쇼핑이었다. 마리는 경찰이 침구를 증거로 가져가서 새 침구가 필요하다고 했다. 두 사람은 예전에 마리가 시트와 스프레드를 샀던 매장으로 갔고, 마리는 강간당했을 때 침대에 깔려 있던 것과 같은 침구를 찾았다. 같은 침구가 없다고 하자 마리는 불같이 화를 냈다. 하루 종일 같이 있었지만 마리가 화를 낸 건 그때가 처음이었다. 섀넌은 도통 이해가 되지 않았다.

왜 굳이 똑같은 시트를 사려고 하니? 안 좋은 기억이 떠오르지 않겠어? 섀넌이 마리에게 물었다.

전 그 시트가 좋단 말이에요, 마리가 말했다.

섀넌은 마리의 행동에 충격을 받아서 위기상담센터에 전화를 걸어 강간 피해자의 반응을 어떻게 이해해야 하는지 알아보려 했다. 인터넷에서 찾은 번호로 전화를 걸었지만 받지 않았다.

◆

화요일, 페기의 거실에 앉아서 메이슨은 마리의 두 위탁모의 의심 이야기를 전해 들었다. 메이슨이 볼 때 페기는 진심이었다. 솔직해 보였다. 마리를 걱정하는 기색이었고 그럼에도 자신이 전달해야 할 정보가 있다고 느꼈다. 마리의 성격에 대한 자신의 관점을 전했다. 사진에 대한 추측도 전달했다.

마리의 마지막이자 가장 최근 위탁모인 페기는 마리를 잘 안다고 할 수 있는 사람이다. 마리의 독립을 도와준 기관인 프로젝트래더의 직원들 또

한 그럴 것이다. 이 기관의 담당자 중 한 명이 메이슨에게, 마리가 강간 신고하기 전에 담당자에게 아파트를 바꿀 수 있는지 물은 적이 있다고 했다. 그 담당자는 이렇게 말한 것이 아니다. 마리가 거짓말하는 것 같아요. 자기가 원하는 걸 이루고 싶어서 이야기를 지어낸 것 같아요. 메이슨은 담당자의 언급을 보고서에 따로 기록하지도 않았는데 당시에는 그 말에 전혀 의미를 부여하지 않았기 때문이다. 하지만 그 말을 한구석에 넣어놓고 기억은 하고 있었다. 이제는 그 이야기를 다시 꺼내서 페기의 심증에 덧붙여보았다. 따로따로 본다면 둘 다 사소한 일이다. 그러나 두 개를 연결 지어 보면 갑자기 무게감이 생긴다.

메이슨은 페기 집에서 나오면서 마리가 거짓말을 했는지 확신할 수는 없다고 생각했다. 하지만 하나의 질문이 그의 마음에 심겨버렸다.

"확실한 답을 구해야 할 질문이었습니다." 그는 말한다.

———— ◆ ————

수요일, 마리는 린우드 경찰서로 돌아와 메이슨에게 진술서를 넘겼다. 마리는 24개의 빈 줄을 빼곡히 채웠고 강간을 당한 일과 그 후 자신이 한 일을 총 400단어 정도 분량으로 썼다.

"그 남자가 나간 다음에 입으로 폰을 물었고(내 머리 바로 옆에 있었다.) 조던에게 전화를 하려고 했다."

하지만 조던은 전화를 받지 않았다고 마리는 썼다. 그래서 위탁모에게 전화를 걸었다.

"전화를 끊은 다음에 혼자 끈을 풀어보려고 했다. 부엌칼을 사용하려고 했지만 칼로는 잘 끊어지지 않았고 가위를 찾아서 잘랐다."

이 장면이 메이슨의 눈을 잡아끌었다. 마리가 그전에 그에게 말한 내용과 일치하지 않았다. 이틀 전 마리가 병원에서 검사를 마치고 경찰서로 왔을 때 마리는 끈을 먼저 자르고, **그다음에** 조던에게 전화를 걸고, 그리고 페기에게 전화를 했다고 말했다. 그녀가 쓴 진술서에서는 순서가 바뀌어 휴대전화를 사용하려고 했을 때 묶여 있었다고 말하고 있다.

메이슨은 이 진술의 불일치를 머릿속으로 기억해두었다. 그리고 마리에게 몇 가지 질문을 더 했다. 조던과는 어떤 관계인가.(전 남자 친구이고 지금은 좋은 친구라고 마리가 말했다.) 강간범이 끼고 있던 장갑은 어떤 것인지 기억나는가.(라텍스인 것 같다고 마리가 말했다.) 그러고 나서 메이슨은 경찰서로 와주어 고맙다고 말하고 수사가 더 진행되면 연락 주겠다고 말했다.

———— ◆ ————

목요일 아침, 메이슨은 조던의 집에 찾아가 면담을 했다. 8월 14일로 강간 신고 3일 후였다.

조던은 메이슨에게 마리와 어떤 관계인지 말했다. 그들은 더 이상 사귀고 있지 않지만 여전히 좋은 친구라고 했다. 일주일에 한두 번 교회 성경 공부 모임에서 만난다. 전화 통화는 거의 매일 하는 편이다. 속마음을 털어놓을 수 있는 친구다. 사건이 있기 전날 밤 통화도 평소와 다르지 않았다고 형사에게 말했다.

메이슨은 마리가 월요일 아침 사건 직후에 전화를 했다고 하는데 전화를 받지 못했냐고 물었다. 조던은 휴대전화 통화 기록을 확인했다. 기록이 있었다. 확인되었다. 7시 43분에 마리에게 온 부재중 전화가 한 통 있었다. 통화 기록은 다음과 같았다. 마리는 조던에게 7시 43분에 전화를 했고, 그다음에 페기에게 전화를 했고, 그다음 이웃에게 전화를 했다. 위층 친구가 내려와 7시 55분에 경찰에 신고했다.

메이슨은 마리가 그날 아침 있었던 일을 조던에게 말했느냐고 물었다. 조던은 마리가 끈에 묶여 있어서 발가락으로 조던의 번호를 눌렀다고 말했다고 했다. 메이슨은 이후에 이 진술을 보고서에 기록했다. 마리의 월요일 진술이 버전 1이라면(먼저 끈을 끊고, 전화를 했다), 마리의 수요일 진술은 버전 2였다.(전화를 하고 끈을 잘랐다.) 이것은 버전 2(A)라고 할 수 있었다. 역시 전화를 하고 그다음에 끈을 끊었다. 여기에는 발가락으로 번호를 눌렀다는 새로운 디테일이 추가되었다.

이 면담에서 조던은 마리가 거짓말을 하는 것 같다는 말을 하지 않았다. 메이슨도 그런 질문을 하지 않았다.

———————— ◆ ————————

목요일 오후, 메이슨은 마리에게 전화를 해서 만날 수 있겠냐고 물었다.

마리의 집으로 데리러 가겠다고, 같이 경찰서로 와서 이야기하면 된다고
말했다.

"저한테 무슨 문제가 생겼나요?" 마리는 형사에게 그렇게 물었다.

———————— ◆ ————————

메이슨은 마리의 집에 혼자 가지 않았다. 동료 형사인 제리 리트간과 함
께 갔다.

메이슨은 리트간에게 자기는 더 이상 마리를 믿을 수 없다고 했다. 경
찰서로 같이 오자고 하자마자 마리가 이렇게 답했기 때문이다. **저한테 무
슨 문제가 생겼나요?** 메이슨의 경험상, 누군가 자기에게 문제가 있냐고
묻는다는 것은 언제나 그렇다는 뜻이었다. 메이슨은 그런 결론을 내린 다
른 이유들도 설명했다. 그러나 이후 이 대화에 대한 리트간의 보고는 소
름끼칠 정도로 부정확하다. "그는 마리 및 마리가 신고 전에 통화했던 위
탁모나 친구 조던과의 추가 면담, 그리고 그 내용이 마리의 진술과 일치하
지 않는다는 사실에 근거했을 때, 그도 다른 사람들도 마리가 이야기를
지어냈다고 생각한다고 말했다."

이제 수사의 초점은 완전히 바뀌었다. 그날 오후 메이슨과 리트간은 피
해자로서 마리와 면담하는 게 아니었다. 그녀를 피의자로 놓고 신문할 것
이었다.

반세기 이상, 신문을 하는 특정 접근 방식이 미국 경찰들의 작업 방식

을 지배해왔다. 성폭력 응급 키트와 마찬가지로 이 수사 기법의 기원은 시카고에서 찾을 수 있는데, 물리적인 폭력의 사용 없이 자백을 이끌어내는 것으로 명성을 얻은 시카고 경찰 존 E. 리드가 원조다. 리드는 곤봉 대신 조심스러운 언어 사용, 회유, 연민의 표현 등을 통해 자백 이끌어내기를 목표로 했다. 그는 이 작업 방식을 대표하는 인물이 되었고 은퇴한 후에는 경찰들에게 이른바 리드 테크닉이라고 알려진 기술을 교육시켰다.

1962년 리드는 공동 저자와 집필한 『리드 테크닉의 정수: 범죄 신문과 자백』이라는 책에서 자신이 개발한 기술의 기본 법칙들을 대중에게 알렸다. 책이 출간되면서 그의 기법을 추종하는 사람들이 급증했고, "미국 전역은 물론 캐나다, 멕시코, 유럽, 남미, 아시아"에서 수십만 명의 일선 수사관들이 리드 테크닉 세미나에 참석했다고 한다.[1] 이 테크닉은 "전해 내려오는 선배들의 지혜가 되어 수 세대의 경찰들이 내면화했다."[2] 잡지 《와이어드》의 한 기사는 이렇게 말하면서 덧붙였다. "이 신문 기법은 과학의 포즈를 취하고 있지만 이 기법을 뒷받침하는 과학적 근거는 없다." 메이슨과 리트간 둘 다 리드 테크닉 교육을 받은 적이 있었다. 메이슨은 오리건에서 경찰로 일하던 1994년에 받았다. 메이슨을 지도한 강사인 루이스 세네즈는 수십 년간 이 기법을 가르쳐왔다. 3일간의 교육과정에서 그는 거짓말이 의심되는 사람에게 신문하는 기술을 특히 더 강조했다. "그들이 부정할 기회를 주지 마세요. 입을 다물게 하는 것이 관건입니다."[3]

경찰의 면담은 비난을 기반으로 하지 않는다. 그것은 정보 수집을 위한 행위여야만 한다. 그러나 신문은 비난조이며 설득을 위한 행위다. "형사는 용의자가 유죄라는 타당한 근거가 있을 때에만 신문할 수 있다."[4] 『리드 테크닉의 정수』는 말한다.

리드 테크닉을 사용하는 수사관들은 자극적인 질문을 던지고 상대의 반응을 판단하도록 교육받는다. 자주 등장하는 대사는 이것이다. 당신은 이 짓을 저지른 사람이 어떤 종류의 벌을 받아야 한다고 생각하는가? 대답이 '글쎄요. 상황에 따라 다르겠죠.'처럼 얼버무린다면 그 사람은 유죄일 확률이 높다. 신문자는 덫을 놓거나 속임수를 쓸 수도 있다. 목격자가 하지 않은 말을 했다고 주장할 수 있고('네가 그것을 하는 걸 봤다고 하던데?'), 물리적 증거가 없지만 있다고 말할 수도 있다.('총에서 네 지문을 찾았어.') 이 기법에 깔린 가정에 의하면 결백한 사람은 덫에 걸려들지 않는다. 신문자는 언어적 행동을 판단하는 법을 배운다. 확고하게 답변한다면? 신뢰할 수 있다. '일반적으로'와 '전형적으로' 같은 애매한 단어가 들어간 답변이라면? 그다지 신뢰할 수 없다. 스타카토식의 대답은 좋다. **나는/절대/하지/않았습니다.** 웅얼거리는 건 거짓말하고 있다는 뜻일 수 있다.

리드 테크닉은 보디랭귀지 해석에도 큰 의미를 부여한다. 질문자는 발, 자세, 시선을 눈여겨본다. "형사를 속이는 피의자들은 대체로 수사관들의 눈을 똑바로 보지 못하는데 바닥을 내려다보거나 옆으로 시선을 피하거나 천장을 보면서 신적인 존재가 자신이 할 대답을 알려주길 간구하는 것처럼 보인다."[5]고 『리드 테크닉의 정수』는 설명한다. 피의자의 손이 자꾸 얼굴로 향하는 것, 이를테면 입을 가리는 행위 또한 거짓말을 암시한다. "피의자는 마치 자기 손가락이 자칫 내뱉을 수 있는 자백을 걸러주기라도 하는 것처럼 손가락 사이로 말을 한다."[6]

피의자의 유죄를 확신하는 신문자는 거래를 성사시킨 세일즈맨처럼 확실하게 끝맺음도 해야 한다. 피의자가 무죄를 주장하기 시작하면 신문자는 손을 위로 쳐드는 만국 공통의 '그만'의 제스추어를 하거나, 관심 없다는 듯 고개를 저어서 피의자의 말을 저지한다. "보통 유죄인 피의자가 범죄에 연루되지 않았다고 주장할수록 그가 진실을 말하게 될 확률은 낮아진다."[7] 책은 이렇게 말한다. 마지막으로 신문자는 피의자에게 양심의 가책을 줄여주고 약간의 체면을 세울 수 있도록 한다.("이봐, 그렇게 쥐꼬리만한 월급을 받으니까 돈이 필요해서 그런 거잖아?") 형사들은 자백이 가져올 법적 결과에 관해서는 언급하지 않도록 훈련받는다. "용의자가 진실을 말한 후에 치르게 될 대가나 부정적인 파급에 대해 언급하는 것은 심리적으로 부적절하다."[8]

마침내 용의자가 자백한다면? 형사는 자술서를 받는다.

———◆———

메이슨과 리트간이 아파트에 도착해보니 마리는 아파트 밖 잔디밭에 앉아 있었다. 늦은 오후였다. 그들은 마리를 태우고 경찰서로 와서 회의실로 데려갔다.

이후에 메이슨이 쓴 보고서에 따르면, 그는 마리가 앉자마자 바로 본론으로 들어가 그녀의 진술과 다른 목격자들의 진술이 엇갈리는 지점이 있다고 말했다. 마리는 그 즉시 단호히 반발하지는 않았다. 적어도 형사들이 경험한, 진실만을 말하는 사람에게서 나올 법한 반응을 하지는 않았다. "강경한 태도로 강간은 사실이라고 주장하지는 않았다." 리트간은 보고서에 썼다. 마리는 형사들에게 어디가 엇갈리는지 모르겠다고 했다. 마리는 다시 한 번 자신의 진술을 되풀이했는데, 이번에는 강간이 일어난 것이 확실하다고 주장한 것이 아니라 강간이 일어났다고 믿는다고 말한 것을 두 형사 모두 들었다.

마리는 눈물을 글썽이면서 어린 시절 겪은 학대와 불안정한 과거에 대해 말하며 지금은 곁에 아무도 없이 홀로 서 있는 기분이라고 말했다.

나중에 마리가 기억하는 바에 따르면, 두 사람이 그녀를 의심하고 있다고 경찰이 말한 바로 그 시점이 신문의 전환점이었다.

페기가 네 말을 믿지 않아, 형사들은 마리에게 말했다.

조던도 너를 믿지 않아, 그들은 말했다.

그 두 사람의 이름이 나오자 마리는 충격으로 머리가 멍해졌다. 아무 생각도 나지 않았다.

조던이 왜 그런 말을 해요? 마리가 물었다.

하지만 애매한 답변만 받았다. 나도 몰라. 네가 말해봐.

리트간은 마리에게 그녀의 진술과 현장 증거가 일치하지 않는다고 했다. 성폭력 응급 키트가 진술을 뒷받침해주지 못한다고 말했다. 물론 계획적이진 않았겠지만 마리가 즉흥적으로 없는 이야기를 지어낸 것 같다고 말했다. 리트간이 보기에는 마리가 그의 말에 동의하는 것처럼 보였다. 그는 마리에게 물었다. 지금 저 바깥에 우리 경찰이 찾아야 할 강간범이 돌아다니고 있는 게 맞니?

마리는 기어들어가는 목소리로, 눈을 내리깔고 아니라고 말했다.

"그녀의 대답과 몸짓으로 판단한다면, 마리가 거짓말을 하고 있는 것은 명백해 보였다." 리트간은 이렇게 썼다.

형사들은 마리에게 미란다 원칙, 즉 변호사를 선임할 권리와 묵비할 권리를 고지하지도 않은 채 그녀에게 진실을 쓰라고, 거짓말을 인정하고, 그 결과 허위 신고라는 범죄를 저질렀다는 것을 인정한다고 쓰라고 했다. 마리는 동의했고, 형사들은 잠시 자리를 비웠다. 마리는 서류에 이름과 주소와 사회보장번호를 썼다. 그리고 이렇게 썼다.

그날 밤 전화로 조던에게 하루 일과를 묻고 이런저런 이야기를 나누었다. 전화를 끊고 요즘 스트레스 받는 것들에 대해 생각하기 시작했다. 혼자 사는 것도 두려웠다. 그러다 잠이 들었고 누군가 우리 집에 침입해 날 강간하는 꿈을 꾸었다.

되돌아온 형사들은 마리가 진술서에 강간이 거짓말이 아니라 꿈이라고 쓴 것을 보았다.

왜 네가 꾸며낸 이야기라고 쓰지 않았니? 리트간은 물었다.

마리는 울면서 자신은 그 일이 정말로 일어났다고 믿는다고 말했다.

우리 아까 다 이야기했잖아, 리트간은 말했다. 우리가 찾아야 할 강간범은 없다고 말했지 않니.

마리는 테이블을 주먹으로 내리치더니 그래도 강간이 일어난 것에 대해 "꽤 확신한다고" 말했다.

메이슨은 마리의 행동을 어떻게 해석해야 할지 알 수 없었다. 주먹은 내리쳤지만 대답은 애매하다. 완전히 반대되는 신호였다.

꽤 확신하니, 아니면 정말 확신하니? 리트간은 마리에게 물었다.

아마도 강간이 일어나긴 했는데 내가 중간에 기절한 것도 같아요, 마리는 말했다.

이런 사건에 거짓말을 하는 사람에게는 어떤 일이 일어나야 한다고 생각하니? 리트간이 마리에게 물었다.

전 상담을 받아야겠죠, 마리가 말했다.

메이슨은 다시 증거로 돌아갔다. 그는 마리가 조던에게 건 전화에 대한 설명이 조던의 말과 다르다고 말했다. 마리는 손에 얼굴을 묻고 바닥을 내려다보았다. "마치 적당한 대답을 생각하고 있는 것처럼 눈동자가 이리저리 흔들렸다." 리트간은 이렇게 썼다.

두 형사가 아까 마리가 했던 이야기로 돌아가 그동안 불안하고 외롭지 않았냐고 하니 마리도 잠깐 안정을 찾는 것 같았다. 눈물을 그치고 살짝 미소를 짓기도 했다. 그리고 사과한 다음 다른 진술서를 쓰기로 동의했으며 이번에는 자신의 이야기가 거짓말이라고 썼다.

요즘에 스트레스 받는 일이 너무도 많았고 누군가와 함께 어울리고 싶었지만 그럴 만한 사람이 없어서 이 이야기를 지어냈고 이렇게 커질 줄은 예상하지 못했다. [……] 너무 일이 커져버렸다. [……] 내가 왜 다른 선택을 하지 않았는지 모르겠다. 일어나지 않았어야 할 일이었다.

이 진술서에 형사들은 만족했다. "마리와의 면담과, 메이슨 경사가 발견한 진술의 불일치를 통해 우리는 마리가 강간을 당하지 않았다는 진실을 이야기하고 있다고 확신했다." 리트간은 이렇게 썼다.

마리에게는 이 신문이 몇 시간처럼 느껴졌다. 그녀는 스트레스를 받을 때마다 하는 행동을 했다. 그녀의 표현에 따르면 스위치를 꺼버리는 것으로, 어찌 다루어야 할지 모르는 감정들을 억압해버리는 것이다. 이야기를 지어냈다고 자백하기 전에는 이 두 형사, 두 남자의 두 눈을 똑바로 보지 못했다. 자백한 후에는 그렇게 할 수 있었다. 그런 다음에 그녀는 웃었다. 화장실에 가서 세수를 했다. 스위치 꺼버리기는 그녀를 안심시켜주고 집으로 보내주기도 할 것이다.

메이슨의 손에는 자술서가 있었고 서명도 있었고 서명시 입회인도 있었다. 그는 이 사건이 종결되었다고 생각했다.

———— ◆ ————

금요일에 마리는 덜덜 떨면서 프로젝트래더의 간사인 웨인에게 전화를 걸었다. 전날 경찰과 이야기를 나누었는데 경찰이 그녀를 믿지 않았다, 강간당했다는 것을 믿지 않았다고 전했다. 전화로는 더 자세하게 설명하고 싶지 않으니 직접 만나자고 했다. 변호사를 원한다고도 말했다.

전화를 끊은 후 웨인은 프로젝트래더의 팀장인 재나에게 전화를 걸었다. 재나는 그에게 메이슨 경사에게 전화를 걸어보라고 조언했다.

웨인은 그렇게 했다. 경사는 웨인에게 증거가 마리의 진술과 일치하지 않는다고 말했다. 마리가 자술서에 서명을 하고 자신이 모든 이야기를 꾸며낸 것을 인정했다고 했다.

웨인은 들은 그대로 재나에게 전했고 이번엔 재나가 메이슨과 직접 통화해보아야 할 것 같다고 했다. 그래서 재나도 그렇게 했다. 통화를 마친 후 재나는 웨인에게 마리가 주말에 친구들과 지낼 수 있도록 하라고 했다. 이 문제는 월요일에 더 의논해보자고 했다.

마리는 경찰과의 신문이 끝난 후에 신문 중에 언급된 두 사람에게 전화를 했다.

너 나를 못 믿는다고 했니? 조던에게 물었다.

무슨 소리 하는 거야? 조던이 대답했다. 너 대체 무슨 소리 하는 거야? 당연히 난 널 믿지.

형사는 그렇게 말 안 하던데?

난 너를 무조건 믿어. 알잖아.

마리는 페기에게 전화했고 이번에는 다른 대답을 들었다. 페기는 그렇다고, 마리 이야기의 진실성에 의심이 간다고 말했다. 마리가 사건 당일 전화로 한 첫마디는 "저 방금 강간당했어요."가 아니라 "저 방금 강도당했어요."였다고 했다. 마리는 그렇게 말한 기억이 없었다. 하지만 가방이 바닥에 나뒹굴고 있었기에 아마도 연수허가증이나 지갑에 대해서 뭔가 말한 것 같다고 생각했다. 페기는 자전거 때문에 싸운 일을 꺼내면서 혼자 있고 싶다는 말에 네가 화를 내지 않았냐고 했다. 어쩌면 그것 때문에 자기를 공격하기 위해서 지어낸 이야기가 아니냐고 했다.

마리는 페기의 말을 듣고 있기조차 힘들었다. '지금 내가 고작 그딴 것 때문에 강간당했다는 거짓말을 한다는 거야?'

◆

8월 18일 월요일, 재나와 웨인은 전에 살던 아파트 맞은편에 있는 마리의 새 아파트에서 마리를 만났다. 마리가 강간 신고를 한 지 일주일이 지났을 때였다.

재나는 메이슨 경사가 마리가 진술을 철회했다고 알려준 이야기를 전했다. 마리는 강박 상태에 있었다고 말했다. 경찰들이 그녀를 경찰서에 너무 오래 머무르게 하였고 경찰서에서 나오기 위해 자술서를 쓰고 서명할 수밖에 없었다고 말했다.

그래서 경찰이 정말로 강간범을 잡아야 한다는 거니? 재나는 물었다.

네, 그래요. 마리는 대답했다.

그러면 경찰에게 그렇게 말해야 해, 재나는 말했다.

웨인은 이때 마리를 믿고 있지 않았고 이후 보고서에도 그렇게 적혀 있었다. 웨인은 경찰이 설명한 증거 이야기를 들은 후 마리가 강간당하지 않았다고 확신하고 있었다. 웨인은 마리에게 만약 경찰에게 거짓말을 했다면, 그것은 허위 신고에 해당된다고 말했다. 허위 신고는 범죄이므로 프로젝트래더 회원 자격 박탈 사유가 된다고 했다. 마리는 집을 잃게 되는 것이다.

하지만 마리는 물러서지 않았다. 그래서 세 사람은 마리의 거짓 자백을 철회하기 위해, 첫 진술이 사실이라고 말하기 위해 경찰서로 향했다.

경찰서에 가보니 메이슨은 자리에 없었다. 하지만 리트간은 있었다. 리트간은 대동할 형사가 필요해 로드니 콘하임에게 부탁하여 입회해달라고 했다. 콘하임은 대인 범죄 담당 형사로 마리가 강간 신고를 했던 당시에는 댈러스에서 세미나에 참석하느라 부재중이었다. 리트간은 콘하임에게 사건을 간략히 설명하고 마리가 나흘 전에 최초 진술을 취소했었다고 말했다. 그들은 마리를 데리고 2층 회의실에 갔고 재나와 웨인은 1층에서 기다렸다.

마리는 리트간에게 자신이 강간당한 것이 맞으며, 사건을 꾸며낸 게 아니라고 했다. 그녀는 울기 시작했다. 그리고 그가 자기 몸 위에 올라와 있었던 장면이 머릿속에서 사라지지 않는다고 했다.

리트간은 눈물에 마음이 약해지지 않았다. 이후에 사건 보고서를 작성하면서 이때 마리가 한 말을 그대로 옮기면서 "그가"라는 단어에 따옴표를 쳤다.

리트간은 이미 이 이야기는 끝난 것이 아니냐고 말했다. 혼자 살아가기가 외롭고 힘들어 그랬다고 인정하지 않았나. 마리는 이미 거짓말을 했다고 인정했다. 이미 증거를 스스로 만들었다고도 인정했다.

거짓말 탐지기 조사를 받고 싶어요, 마리가 말했다.

만약 네가 거짓말 탐지기 조사를 해서 거짓말이라고 나오면, 난 널 감방에 보낼 수도 있어, 리트간이 말했다.

이 협박을 듣고 마리는 돌처럼 굳었다. 이 말에 크게 동요하여 한발 물러났다. 그녀는 어쩌면 자기가 최면에 걸려서 자신이 강간을 당했다고 믿게 되었는지도 모르겠다고 말했다.

리트간은 이 아이가 너무 심하다고 생각했다. 그는 보고서에 이렇게 적었다. "네 번째 등장한 황당무계한 이야기였다." 마리의 말은 이렇게 달라졌다. 강간당했다, 정신을 잃었다, 꿈을 꾸었다, 최면에 걸렸다. 그는 마리에게 경찰이 거짓말 탐지기 조사를 실행한다면 이렇게 묻지는 않을 거라고 했다. 당신은 꿈을 꾸었습니까? 기절을 했습니까? 최면에 걸려 있었습니까? 질문은 이렇게 될 것이다. 당신은 강간당했습니까? 만약 답변이 거짓말로 나오면, 마리를 감옥에 보낼 뿐만 아니라 프로젝트래더에 아파트 제공을 당장 중단할 것을 권고하겠다고 말했다.

이 말에 마리가 확실히 한발 더 뒤로 물러섰다.

자신이 거짓말을 했다고 말했다.

경찰은 마리를 다시 데리고 계단을 내려왔다. 웨인과 재나가 기다리고 있었다.

그래서, 한 사람이 물었다.

너 강간당한 거 맞니?

———— ◆ ————

며칠 후 워싱턴주 범죄피해자보상위원회는 린우드 경찰서에 마리 사건에 관한 정보를 달라고 요청했다. 사건 신고 보고서, 수사 보고서와 함께 마리가 피해자 보상을 받을 조건에 합당한지 결정할 수 있는 근거가 있다면 달라고 했다. "범죄피해자보상위원회는 가능한 빠른 시일 내에 피해자에게 정신적·경제적 혜택을 제공하여 잠재적 고난과 고통을 예방합니다." 이 기관은 피해자에게 정신과 상담 비용과 의료비는 물론 사건 때문에 잃게 된 수입까지도 보상해준다.

8월 25일, 마리가 신고한 지 2주가 되던 날 린우드 경찰서는 이 기관의 담당자에게 전화해 신경 쓰지 말라고 말했다. 이것은 성폭력 사건이 아니라 허위 신고 사건이라고 했다. 마리는 강간 피해자가 아니라 강간당했다고 거짓말하는 여성이다.

---◆---

마리에게 그 2주는 혼돈의 소용돌이였다. 진술을 철회하기 전 이미 코스트코는 그만두었는데 마음이 어지러워 도무지 그곳에 서서 사람들을 바라보고 있을 수가 없기 때문이었다. 노력을 안 한 건 아니다. 하루나 이틀 정도는 출근해 손님들에게 시식을 권했다. 그러다가 그냥 걸어 나와서 집으로 갔고 일을 그만두겠다고 말했다.

강간 신고를 철회한 후에는 잃는 것이 점점 많아졌다. 그녀가 원했던 평범한 생활, 규율에서 벗어날 성인으로서의 자유는 이제 그녀의 손에서 멀어지고 있었다. 프로젝트래더에서는 9시 통금 시간을 지키라고 말했고 담당자와의 정기 만남을 두 배로 늘렸다.

마리의 집 현관에 같이 앉아 있던 조던은 마리의 휴대전화로 친구들과 예전 동창들의 전화가 끊임없이 걸려온다는 것을 알게 되었다. 전화를 받을 때마다 마리는 더 심하게 울었다. 그들이 왜 전화를 걸어오는지 알았다. 그들은 애초부터 그녀의 말을 믿지 않았으며 왜 그런 거짓말을 했는지 이해할 수 없다고 말하려고 전화했다.

경찰은 마리가 강간 신고를 철회했다고 공식 발표했다. 마리의 고등학교 때 단짝 친구였고 그녀에게 사진을 가르쳐준 친구, 해질녘 바다에서 나오는 사진을 보정해준 그 친구는 웹사이트를 개설해 마리가 어떻게 거짓말을 했는지 알렸다. 경찰은 마리의 본명을 밝히지 않았다. 그러나 마리의 친구는 공개했다. 그 친구는 마리의 마이스페이스 페이지에 있는 사진을 복사해 올리기까지 했다. 그 웹사이트를 보자마자 마리는 완전히 무너져 내려 아파트를 엉망으로 만들었다. 페기에게 알린 후 페기와 함께 그 친구의 집에 찾아갔다.

너 나한테 왜 그랬어? 마리는 알아야겠다고 했다.

나도 왜 그랬는지 모르겠어, 친구는 마리에게 말했다.

그 친구는 웹사이트를 내렸다. 그냥 그렇게 간단히. 하지만 마리는 여전히 억울해서 견딜 수 없었다. 적어도 '나도 왜 그랬는지 모르겠어.'가 아니라 솔직한 답을 듣고 싶었다. "그때부터 그 친구와는 인연을 끊었어요." 마리는 말한다. "친구란 그런 짓을 하는 사람이 아니니까요."

마리는 끝도 없는 바닥으로 추락하는 기분이었다. 어쩌면 그중에서도 가장 고통스러운 것은 섀넌에게 거부당했다는 사실이었을 것이다. 섀넌의 집은 오랫동안 마리에게 안식처와 피난처가 되어주었다. 마리는 섀넌과 산책하거나 배를 탄 날 저녁에는 섀넌의 집에서 자곤 했다. 이제 섀넌의 남편은 자신도 마리의 허위 신고에 말려들 수도 있으니 더 이상 마리가 집에서 자는 일은 없었으면 좋겠다고 말했다. 한 번 거짓말을 했다면 비슷한 거짓말을 하지 않으리라는 보장이 있는가? "위탁 부모가 되면 그런 위험에 노출되니까요." 섀넌은 말했다.

그 소식은 섀넌이 전해야 했다. 집에 놀러올 수는 있지만 자고 갈 수는 없다. 그 말을 하는 섀넌의 마음은 무너졌다. 그 말을 듣는 마리의 가슴도 찢어졌다.

8월이 가기 전 마리는 편지 한 통을 받았다.

편지를 열어보고 시련이 끝나려면 아직도 멀었다는 것을 깨달았다. 그렇게 많은 것을 잃고도 앞으로 더 잃을 것이 남아 있었다.

9

내면의 그림자

콜로라도주, 레이크우드

그는 2009년 6월 24일에 임대차 계약서에 서명했다. 마샤와 함께 콜로라도주 레이크우드, 할런 스트리트 65번지 방 두 개, 화장실 두 개짜리 집에서 새로운 삶을 시작했다. 회색 외벽의 낮은 건물로 낮은 체인 울타리가 있고 주유소와 자동차 부품 매장과 정육점에서 반 블록 정도 떨어진 북적이는 거리에 있었다. 여름이면 잎이 우거진 고목이 이파리를 지붕 위에 드리운다. 소형 주택들과 직사각형의 아파트 단지가 골목을 둘러싸고 있는 동네다. 집세는 한 달에 1150달러였다.

이 이사는 어쩌면 그의 인생에서 전환점이 될 수도 있었다. 어머니와 새아버지, 인근 덴버 노숙인 쉼터에서 일하는 여동생도 근처에 살았다. 그는 고등학교 동창들과 다시 어울리기 시작했다. 같이 당구를 치고 기타를 치기도 했다. 마샤는 올리브 가든에 풀타임 웨이트리스로 취직했다. 그는 트웬티포아워피트니스에서 운동을 시작했다. 두 사람은 샤페이 강아지를 입양해 아리아스라고 이름 짓고 애지중지 키웠다. 킹 수퍼스에서 쇼핑하곤 했다. 아기를 갖자는 이야기도 나왔다.

하지만 그의 야수는 그렇게 만만하게 물러설 놈이 아니었다. 그 짐승은 자기만의 리듬이 있었다. 그는 그것을 사이클이라고 불렀다. 몇 주 동안, 몇 달 동안은 자신이 평범한 사람처럼 느껴지고 실제로 평범하게 산다. 피트니스센터에서 근력 운동을 한다. 부모님과 저녁 식사를 한다. 강아지를 수의사에게 데려간다. 하지만 그 시기는 오래가지 못한다. 그 안의 괴물은 다시 힘을 모으기 시작한다. 지배하고 싶은 욕망, 통제하고 싶은 욕망이 그의 안에서 치솟는다. 그런 날 밤이면 그는 보물찾기를 하러 나선다. 몇 시간을 트럭을 타고 돌아다니거나 동네를 걸으며 집을 훔쳐보고 아파트를 순찰하듯 돌아다닌다. 그 사이클이 거의 끓는점에 도달할 때가 있다. 그러면 그는 주택에 침입한다. 강간을 한다. "뚜렷한 리듬이 있어요." 그는 말했다. "정상인일 때가 있고 강간범일 때가 있죠."

항상 일이 잘되지는 않았다. 몇 주 동안 욕망이 부글부글 끓었고 어느 날 밤 그는 콜로라도주 골든의 한 여성의 집 창문을 강제로 열려 했다. 창문을 고정시키는 걸쇠가 부서져 바닥에 떨어졌다. 여자가 경찰에 전화를 걸 때 그는 도주했다. 또 한번은 콜로라도주 리틀턴에서 아이를 키우는 이혼 여성의 집을 "과도하게 정찰"하는 실수를 범했다. 그날 밤 그 여성이 뒷문을 열고 고양이를 내보내려고 할 때 뒤뜰에 숨어 있는 그를 발견한 것이다. "당장 나가." 여자는 소리질렀다. 몇 주 후에 다시 돌아가보니 방범 시스템이 설치되어 있었다.

그는 강간을 공부하는 학생이었다. 각각의 실수에서 하나씩 배워나갔다. 마이스페이스에서 유용한 정보를 얻을 수 있다는 사실을 발견하기도 했다. 여성의 프로필을 검색한 다음에 나이가 많은지 혼자 사는지 여부를 알아냈다. 그런 여자들은 쉬운 먹이가 될 수 있다고 생각했기 때문이다.

그렇게 해서 도리스를 찾아냈던 것이다. 프로필에 따르면 그녀는 65세였다. 싱글이었다. 오로라의 시가지에서 살짝 벗어난, 26채의 주택들이 늘어선 작은 주택가에서 혼자 살았다. 집 뒤편으로는 2층짜리 아파트 건물 여러 채가 늘어선 아파트 단지가 있었다. 아파트들 사이에는 골목이 있었다. 그는 도리스의 뒷마당과 골목을 분리하는 낮은 벽돌 벽 뒤에 웅크리고 숨었다. 그곳에서 그녀를 지켜보았다.

그녀는 집에 자주 머무는 편이 아니었고 주말에만 있는 경우도 많았다. 그는 몰래 현관문까지 가서 발판 밑에 있는 열쇠를 찾아냈다. 이웃에게 남긴 열쇠가 있으리라 생각했던 것이다. 너무나 예측 가능했다. 그는 철물점에서 열쇠를 복사한 다음 원래 것은 다시 발판 밑에 놔두었다. 주인이 알아낼 리 없었다. 아무도 없을 때 집으로 들어갔다. 집에 총이 없다는 것을 확인하기 위해서였다. "예측 못한 망할 일이 언제든 일어날 수 있으니까." 그는 이 말을 명심했다. 그녀의 이름을 알아냈다. 자는 방도 알아냈다.

그는 2009년 10월 4일에 그녀를 강간했다. 그 여성은 그의 가족에 대해서 묻고 그에게 전문적인 도움을 받으라고 말하기도 했는데 듣고 있기 불편하고 거슬렸다. 그래서 계획보다 더 빨리 일을 끝냈다. 집에서 나올 때 속옷 한 벌을 가져왔다. 그것들을 할런 스트리트 65번지의 그의 침실에 있는 15와트짜리 검은색 커리어 기타 앰프 뒤에 숨겨두었다. 그의 트로피, 전리품이었다.

아내 마샤는 점점 성가시고 짜증나는 존재가 되어갔다. 아내는 그가 스토킹을 하고 새벽녘에 들어와도 왜 늦었는지 캐묻지 않았다. 하지만 그는 자신이 무얼 하고 돌아다니는지 설명하기 위해 이야기를 지어내야 했다. 술 마시고 왔어. 고등학교 친구들과 놀다 왔어. 그는 온전한 자유를 원했다. 이것은 온전한 자유가 아니었다. 2월의 어느 날 밤 마샤에게 말했다. "난 다시 싱글이 되고 싶어. 혼자 살고 싶어."

마샤는 결혼 생활을 지켜보려고 나름대로 노력했다. 남편에게 혼자만의 시간을 주기 위해 한국에서 친해졌던 조지아의 친구 집에서 지내다 오기도 했다. 한 달 후에 돌아온 그녀는 소파 쿠션 사이에서 검은색 레이스 팬티 두 장을 발견했다. 화를 내며 따졌다. 남편은 사실을 털어놓았다. 그녀가 떠나 있을 때 다른 여자와 성관계를 했다고.

그는 더 이상 결혼한 상태를 견딜 수가 없었다.

그녀는 한 달 동안은 그 집에 살았는데 웨이트리스 일을 하며 번 돈은 이미 생활비로 다 나갔기 때문이었다. 떠나기 위해 필요한 돈을 모아야 했다. 그들은 이혼 조건에 합의했다. 그녀는 그들 소유였던 2004년식 흰색 크라이슬러 세브링을 갖기로 했고, 그가 개 아리아스와 다른 차인 1993년식 흰색 마즈다 픽업트럭을 갖기로 했다.

그는 이 합의가 마음에 들지 않았다. 세브링은 무해해 보이는 중형 세단이었다. 이 차가 주택가에 세워져 있으면 어느 누구도 이상하게 생각하지 않을 터였다. 하지만 고물 픽업트럭이라면? 30만 킬로미터가량을 뛴 차였다. 앞좌석 시트에서 누런색 솜뭉치가 튀어나와 있었다. 오른쪽 사이드 미러는 부서졌다. 트럭 뒤에는 나무토막들이 뒹굴고 있다. 상당히 음침한 분위기를 풍기는 차였다.

'그냥 좀 눈에 띄는 정도가 아니잖아.' 그는 생각했다.

2010년 4월 16일, 마샤는 세브링을 타고 조지아로 떠났다.

그는 자유의 몸이 되었다.

———— ◆ ————

그는 레이크우드의 6번 도로 바로 옆 낮은 언덕에 위치한 통학 학교인 레드록스커뮤니티칼리지에 등록했다. 이 학교에 다니는 학생들은 나지막한 캠퍼스 건물을 둘러싸고 있는 널찍한 주차장에서 캠퍼스로 걸어올 때 이 도시의 중심을 가로지르는 4차선 고속도로에서 들려오는 자동차 소음을 들어야 했다. 콘크리트 벽에 형광등이 달려 있는 강의실 안으로 들어와야 비로소 차 지나가는 소리가 작아졌다. 레드록스는 명문이라 자처하는 학교는 아니었지만 고등학교만 졸업한 제대 군인에게는 들을 만한 수업이 꽤 많았다. 그는 자신이 똑똑한 사람이라고 생각했지만 교육 수준은 낮다는 걸 알았다. 그는 교수에게 인터넷 기사보다 긴 글은 읽어본 적이 없다고 솔직히 말했다.

그는 학교의 인문학 커리큘럼에 푹 빠졌고 새로운 지식의 바다를 헤엄치는 눈 반짝이는 대학 신입생이 되었다. 역사, 인류학, 철학 등 인간의 정신세계를 설명하는 것이라면 무엇이든 가리지 않고 수강했다. 가톨릭 신학자인 토머스 아퀴나스를 읽고 스코틀랜드의 회의론자 데이비드 흄을 읽고, 정치사상가 존 스튜어트 밀과 독일 윤리학자 임마누엘 칸트와 프랑스 실존주의자 장폴 사르트르와 미국 언어학자 놈 촘스키의 책을 읽었다. 할렘 스트리트 65번지 집 작은방 책상 위에는 빽빽하게 필기된 미드사의 스프링 공책 몇 권이 굴러다녔다. 그는 심리학을 전공하기로 했다.

레드록스 교수들이 가르쳐준 모든 지식을 전부 받아들이지는 않았다. 어떤 지식은 이 세상이 실제로 어떻게 돌아가는지에 대해 한심할 정도로 무지한 탁상공론처럼 느껴지기도 했다. 하지만 우주와 인식론과 자기 자신에 대해 새로운 사실을 발견하는 느낌은 사랑했다. 교수들과 같은 수업을 듣는 학생들 모두 그에게 감탄했다. 같이 심리학 수업을 들으며 팀 프로젝트를 한 여성은 그가 "굉장히 명석하고, 아마도 수업에서 가장 똑똑한 학생이었을 것"이라고 말했다.

그는 학교 공부가 자신을 재정의할 수 있는 기회가 되었다고 대학 영어 글쓰기 교수에게 말했다. 그는 무언가 거창한 글을 쓰려고 해보았다. 하지만 그에게는 도움이 필요했다.

이전에 내가 썼던 글을 다시 읽어보니 내용이 얼마나 빈약하고 비논리적인지가 눈에 보여 부끄럽다. 나는 위대한 작가들 앞에서 한없이 작아지지만 언젠가는 내가 가장 존경하는 작가들의 반만이라도 언어를 잘 다루는 문장가가 되기를 희망한다.

인류학 입문 시간은 사회와 권력 구조를 고민해볼 수 있는 계기가 되었다. 그는 어디에서건 얼굴 없는 강력한 실체가 대중 위에 군림한다고 보았다. 한 시험에서 그는 자본주의를 비판했다.

우리는 미디어를 통해, 교육 시스템을 통해, 이 세상에 있는 거의 모든 제도를 통해 물질적인 '부'가 가장 중요하다는 사상을 주입받으며 대부분의 경우에 우리의 생존에 '필수적'이라고 배운다. 따라서 우리 사회는 무엇이 되었건, 생존에 관련되었건, 사회적이건, 경제적이건, 정치적이건, 좋건 나쁘건 '전지전능한' 달러를 중심으로 돌아가게 되었다.

하지만 그에게 자신의 삶에서 가장 이해 불가한 것, 즉 내면의 괴물을 이해할 기회를 준 것은 철학 입문을 가르친 멀린다 와일딩 교수였다. 그는 인간의 이중성을 인식했지만 아직은 설익은 신념을 갖고 있었다. 그의 생각에 모든 인간에게는 양면성이 있는데 하나는 공적인 면, 다른 하나는 사적인 면이다. 이는 그에게 무척 유용한 철학이었는데 자신과의 씨름을 변명까지는 할 수 없다 해도 이해는 하게 해주었기 때문이었다. 하지만 와일딩 덕분에 인간의 정신세계를 훨씬 더 깊게 파헤친 철학자와 그의 저서를 만나게 되었다. 스위스의 정신분석학자 카를 구스타프 융이다. 이 의욕적인 학생의 생각에 이 사람이야말로 세계를 진정 이해하는 학자였다.

융은 현대 사회에 원형이라는 개념을 소개했다. 원형이란 보편적 심리 구조로, 모든 인류가 공유하는 이른바 "집단무의식"에 기인한다. 정신세계의 깊은 곳에는 시공간을 초월해 보편적이고 공통적으로 나타나는 개념과 상징이 존재한다. 예를 들어 신화는 전사, 사기꾼, 현자◆에 관한 이야기들이 등장하는 원형의 보고다. 융은 가장 중요한 원형 중 하나를 "그림자"라 이름 붙였다. 의식적 자아에 의해 숨겨져 있거나 부정되지만 모든 이들에게 존재하는 어두운 내면이다. 융은 자아실현으로 가기 위해서는 자신의 그림자와 대면해야 한다고 말한다. 그림자의 사악한 목적을 수용하지 않되 그 존재를 인식하는 것이다.

융은 그림자에 관해, 그리고 그림자를 무시했을 경우 일어날 수 있는 잠재적 비극에 관해 1938년작 『심리학과 종교』에서 설명한다.[1]

안타깝게도 인류 전반은 자신이 상상하거나 되고 싶은 이상향보다 열등하다. 모두가 그림자를 지니고 있으며, 그림자가 개인의 의식적인 삶 안에서 발현되지 않을수록, 그림자는 더 어두워지고 더 짙어진다. 열등함을 의식하고 있다면 얼마든지 개선할 여지가 있다. 게다가 지속적으로 다른 이해관계와 상충하기 때문에 수정을 할 수밖에 없게 된다. 그러나 무의식이 억압되고 의식으로부터 격리되면 개선될 수 없고, 의식하지 못하는 순간에 갑자기 튀어나오게 될 가능성이 있다.

◆　융의 원형들 중 일부.—옮긴이

융의 인식론은 그에게 아름다운 노래처럼 들렸다. 바로 이거야. **억압되고 격리되다가 어느 순간 튀어나올 수밖에 없는 그림자.**

새 프로젝트가 생겼다. 자기가 할 수 있는 한 이 괴물의 모든 것에 대해 배울 것이다.

와일딩은 학생들에게 '당신 삶의 그림자는 무엇인가'라는 주제의 보고서를 과제로 내주었다. 그는 자신이 자유주의적 정치관을 갖고 있었음에도 9·11 이후에 어떻게 군에 입대하게 되었는지를 설명하면서 에세이를 시작했다. 군대는 그의 "전사 정신"에 불을 댕겼다고 썼다. 하지만 그는 복무를 마치고 제대하자 놀라운 현상을 발견하게 되었다.

> 나는 '전사 정신'을 꺼버리는 것보다 켜는 것이 더 쉽다는 사실을 깨달았다. '과거의 나'라면 아마도 내가 군대에서 세뇌당했다고 말할 것이다. 그러나 '새로운 나'는 내가 과거만큼이나 자유롭게 사고하는 사람이라는 사실을 이해한다. 아마도 더 자유로워졌을지 모른다. 여러 면에서 '전사 정신'은 나의 성격, 나의 개성, 내 인생의 다른 수많은 면을 확장시켰다. 그럼에도 불구하고 이 분출하는 '에너지'가 언제나 긍정적인 방식으로 자신의 실체를 드러내지 않는다는 사실 또한 발견하는 중이다.

그는 자신의 그림자 욕망이 무엇인지 명확하게 설명하지는 않았다. 그 본영이 얼마나 캄캄한지, 그 그림자가 자신을 어떻게 속박하는지, 왜 끝까지 숨겨야 하는지에 대해서는 이야기하지 않았다. "다른 모든 개개인의 그림자처럼, 부정적인 면을 탐지하는 것은 극단적으로 어렵고 어떤 면에서 나는 너무나 오랜 기간 그러한 부정적인 면이 실제로는 긍정적인 면일 수도 있다고 속아오기도 했다." 그는 이렇게 쓰고 있다.

그는 그가 자신의 그림자와 전쟁을 벌이기로 했다는 사실을 와일딩이 알아주기를 바랐다. 이기기를 소망했다. 하지만 승리를 장담할 수 없었다.

융과 마찬가지로, 나도 한 인간이 자신의 그림자를 완전히 소멸시킬 수 있다고 믿지는 않는다. 그 대신, 우리 존재에 대해 100퍼센트 책임을 지고, 그림자를 의식적인 인식에 통합시키는 것이 최선이다. 매우 어려운 과정이며 하루아침에 이룰 수는 없다. 하지만 우리의 의식적인 사고와 우리의 자아는 언제나 통제되며 언제나 옳다는 생각에 의문을 던지고 거부하는 법을 배우기 시작한다면 훨씬 달성할 만한 과정이기도 하다. 가끔은 내면의 권위에 의문을 제기해야 한다.

와일딩은 그의 그림자를 구체적으로 언급하지 않은 점이 아쉽다고 평했다. "그것이 이 과제의 목표였지만, 거부할 권리도 존중합니다." 그녀는 썼다. "내면의 권위"에 의문을 표한다는 그의 마지막 문장 밑에 교수는 "왜? 언제?"라고 썼다. 교수는 그가 그 질문을 숙고해보기를 바랐다. 그 리포트에 10점 만점에 8.7점을 주었다.

와일딩은 자신의 새 학생이 학문에 관심이 있고 열정적이라는 사실을 알았다. 그는 강의실에 있는 다른 학생들보다 나이가 많았다. 하지만 누구보다 지적이며 적극적으로 토론에 임했다.

몇 년 후 그의 과거를 알게 되었을 때 와일딩은 자신의 수업이 그에게 어떤 영향을 미쳤을지 생각했다. 그녀는 그를 강의실에서 "똑똑하고 통찰력 있는" 학생으로 기억한다. 커뮤니티칼리지의 철학 강의실에서는 흔치 않은, "배울 열의가 있는" 학생들 중 한 명이었다. 하지만 자신의 철학 수업이 그가 자신의 실체를 파악하는 데 도움이 되었을까? 아니면 그저 현대 철학 이론으로 포장된, 자기의 행동에서 빠져나갈 핑계 혹은 변명을 제공했던 걸까?

"제 사견으로는, 그에게 융의 원형에 대한 참조는 죄책감을 전이시키는 방법이 된 것 같습니다. 아니면 자신은 옳고 그름의 차이를 인지하고 있다고 포장하려는 술책이었거나요. 여성을 사냥감으로 삼으려는 욕망, 그들의 신체뿐 아니라 공포까지 먹잇감으로 삼으려는 욕망을 실행에 옮기는 내내 말입니다." 와일딩 교수는 말한다.

◆

학비 마련은 어렵지 않았다. 군대에서 복무했기 때문에 제대군인원호법 혜택을 받을 수 있었다. 학기마다 퇴역군인관리국에서 등록금과 수업료 명목으로 레드록스에 3834.35달러를 보냈다. 또 매달 집 렌트비로 1531달러 수표를 보내주었다. 주거정책에 근거해 책정된 이 금액은 그가 임대해 살고 있는 할런 스트리트 65번지의 월세보다 많았다. 그러니까 피트니스 센터 이용료도, 가끔 후터스에서 지출하는 식비도, 온라인 비디오게임인

월드 오브 워크래프트 월정액권도 미국 정부가 비용을 대는 셈이었다.

돈이 더 필요해졌을 때, 그는 자신의 그림자에 기댔다.

수년 동안 그는 안정을 찾기 위한 방편으로 인터넷 포르노 중에서도 가장 음울하고 악의적인 것들만 찾아 헤매곤 했다. 신체결박이나 사도마조히즘에 관한 포르노. 강간 포르노. 노년 여성 포르노. 10대 여성 포르노. 뼈가 살을 뚫고 나올 것 같은, 기근 피해자처럼 보이는 극단적인 영양실조 여성들이 나오는 포르노. 그는 최대한 불경하고 음란하고 외설적이고 역겨운 것들만 찾아 보았다. 그의 컴퓨터 스크린에는 점점 더 폭력적이고 현실과 괴리된 이미지들이 전시됐다. 그는 끊임없이 자위 행위를 했다. 포르노 사냥은 그를 소진시켰다. 그는 그것을 "중독"이라고 불렀다.

이 습관이 괴물을 진정시키는 데는 도움이 되지 못했다. 하지만 그는 이 음침한 취미가 돈이 될 수는 있다는 것을 알아냈다. 직접 포르노그래피 사이트를 제작해 운영하기 시작한 것이다.

밤이면 할런 스트리트 65번지의 작은방에 들어가 작업을 시작했다. 아내와 친구들에게는 웹 디자인 일을 한다고 말했다. 하지만 실상 밤만 되면 몇 시간 동안 새로운 음란 이미지와 영상을 발굴하기 위해 인터넷을 헤매고 있었다. 그것들을 자신의 웹사이트에 올려 원 사이트 주소를 링크시켰고, 그의 사이트를 방문한 사람이 링크된 주소를 클릭하면 원 사이트 운영자에게 약간의 커미션을 받았다. 인터넷 시장의 가장 기본적인 사업 모델인 일종의 제휴 마케팅이었다. 매달 그는 제휴 사이트 사이에서 중개자 역할을 하는 독일 회사로부터 수표를 받았다. 돈은 볼더의 엘레베이션 신용 조합에 개설된 통장에 유로로 입금되었다. 액수는 그리 크지 않았다. 어떤 달에는 520.57달러, 어떤 달에는 355.78달러 정도가 들어왔다.

그는 꿈을 더 키우기 시작했다. 책상 위 종이의 가장 위에 그는 이렇게 썼다. "계획." 사이트 중에서 가장 인기가 있었던, 중년 여성 포르노를 올리는 아닐로스닷컴(anilos.com)에서 한 달에 1000달러의 수익을 올리는 것을 목표로 했다. 제휴 네트워크로 한곳에서 한 달에 2000달러는 꾸준히 입금이 될 수 있기를 바랐다. 전략은 이러했다. 다른 곳에서 잘 찾을 수 없는 콘텐츠의 틈새 포르노 사이트를 만들어 일주일에 한 번씩 업데이트를 하고 추가 이익을 발생시키자. 이상성욕자들의 구미를 맞추는 기이한 영상을 올리면 진짜 돈을 만질 수 있을 것이다.

마이스페이스에서 자신의 직업을 '포르노그래퍼'로 올렸다. 일부는 개인 용도, 일부는 사이트에 올릴 용도로 총 1700만 개 이상의 사진과 영상을 수집해 작은방 컴퓨터의 하드 드라이브에 저장해두었다. 그는 수학적으로 매우 복잡한 알고리즘인 트루크립트(TrueCrypt)라는 무료 소프트웨어 프로그램을 다운받아 이 파일들을 암호화했다. FBI 와 미국 국가안보국에서 일하는 해커들을 포함하여 전 세계의 정상급 컴퓨터 해커들도 트루크립트의 기술은 거의 해킹할 수 없는 것으로 여긴다. 몇 년 전 군대에서 적성 검사를 했을 때 암호전문가가 될 소질이 있다고 나온 바가 있다. 그는 어느새 진짜 암호전문가가 되었다.

자신과 비슷한 그림자를 가진 이들을 공략하기 위해 수십 개가 넘는 웹사이트를 제작했다. 가장 큰 수익을 가져다주는 것들은 이 사이트들이었다. 삐쩍마른10대닷넷(skinnyteen.net), 학대받는10대창녀닷컴(abusedteenwhores.com), 할머니팬티닷넷(grannypanties.net), 야한선생섹스닷넷(hotteachersex.net). 다른 사이트들에는 주로 강간 포르노를 올렸다. 근친상간 사이트도 있었다. 기괴한 포즈를 취하고, 입에 재갈을 물고 모욕당하는 여성만 올리는 사이트도 있었다. 머리가 희끗희끗한 중년 여성들이 침대에 다리를 벌리고 있거나 젊은 남자와 성행위를 하는 포르노들도 있었다. 너무 어려 보이는 여성들만 나오는 사이트도 있었다. 마름페티시닷컴(thinfetish.com)은 기아 상태에 가까울 정도로 초췌하고 수척한 여자들에게 성적으로 흥분하는 사람들을 끌어오기 위해 만들었다.

하지만 만들고 또 만들어도 충분하지가 않았다. 돈이 돌기 위해서는 웹사이트 소굴에 신선한 이미지들로 업데이트를 해야만 했다. 새로운 소재와 자료는 새로운 고객을 끌어들이고 단골 고객들을 계속 찾게 했다. 그는 한 친구에게 자기는 "가식적인" 포르노는 식상하다고 말하기도 했다.

그는 더 진짜다운 것을 원했다. 더 생생한 것. 그가 구할 수 있는 가장 생생한 것.

———— ◆ ————

마샤가 조지아로 떠나고 한 달 후 그는 현대적인 로맨스의 세계로 빠져들었다. 인터넷 데이트 사이트였다. 언제나 그랬듯이 그의 준비성은 철저했다. 작은방 책장에는 최근에 나온 픽업 가이드 책들이 꽂혀 있었다. 닐 스트라우스의 『더 게임』을 완독했고 에릭 본 마코빅의 『미스터리 메써드』도 읽었다. 두 책 모두 시시한 명칭이 남정네들을 거부할 수 없는 픽업 아티스트로 탈바꿈시켜 섹시한 여자와 잘 수 있게 해준다고 약속한다. 노련한 바람둥이들이 유혹의 기술을 공유하기 위해 모이는 비밀 모임들을 알려주기도 한다. 틱택 루틴이라는 것도 있다.[2](여자에게 캔디를 주고, 자신은 준 건 되돌려 받는 "인디언 기버"라고 말한 다음 여자에게 키스하라.) 보푸라기 대화법(손에 보푸라기 조각을 쥐고 바에 들어가서 여자의 어깨에서 떼어주는 척하면서 말을 건네라. "이거 언제부터 묻어 있었던 걸까요?"), 어두운 곳에서 빛나는 목걸이 하기(자신을 꾸며 더 나은 "공작"이 되어 눈길을 끄는 전략) 같은 기술도 있다.

픽업 아티스트들의 세계에서 여성들은 '목표물'이다.[3] 이런 책에는 픽업 아티스트들이 이른바 '홈인'을 할 수 있도록 돕는 각본들이 수록되어 있다. 어떤 책은 "네그"라는, 대화 중 기습 공격에 초점을 맞추기도 한다.

> 목표물이 당신이 말하는 데 끼어든다면 "이보세요. 왜 말 끊어요. 내가 이야기하고 있었잖아요." 혹은 "잠깐만요……. 내가 하던 말 마저 하면 안 돼요?"라고 하라. 그리고 나서 다른 사람들에게 이렇게 말하라. "이 여자 원래 이래요?" 그리고 장난기 있게 눈을 굴린다.

다시 말해서 슈퍼 섹시 걸의 콧대를 꺾어 혼란스럽게 해서 당신에게 먼저 다가가게 하는 방법이다. 일종의 실용 심리학이다.

여자를 찾기 위해 오케이큐피드 같은 온라인 데이팅 서비스나 덴버 크레이그리스트*의 "가벼운 만남" 섹션을 훑어보았다. 온통 남자들이 올린 성기 사진과 아마추어 포르노와 당장 섹스하고 싶다는 남자들의 울부짖

음뿐이었다. 그 사이에 한 여성이 저녁 데이트를 할 남성을 찾는다는 글을 올렸고, 그는 자신의 단조로운 삶에 대한 농담을 섞어 답글을 남겼다.

원래 오늘 밤에 집에서 책이나 읽으려고 했는데(무지 재밌겠죠?) 대신 크레이그리스트를 정독하다가 당신 글을 보았어요. 오늘 밤에 같이 한잔하면 좋을 것 같은데 어떠세요.

저는 이런 사람입니다.

32세

187센티미터, 99킬로그램

이혼남

책 좋아하고 여행 좋아하고, 자신감과 유머감각 있는 훌륭한 대화상대.

많은 건 기대 안 함. 그냥 저녁에 나가 가볍게 놀고 싶음.

담배, 마약 안 함.

글을 올린 여성은 아마추어 사진가라고 했다. 그는 그녀에게 자기도 사진에 관심이 많고 배우고 싶다고 말했다. "우리 집에 캐논 Rebel xTi가 있는데 난 다룰 줄도 몰라요 하하! 나한테 사진 기술을 전수해주시면 어떨까요?" 웃는 표정의 이모티콘을 보낸다.

◆ 미국에서 주로 이용하는 온라인 벼룩시장. 주택에서부터 잡동사니까지 다양하게 거래되며, 구인, 구직, 즉석만남 글도 올라온다.—옮긴이

어떤 여성들은 그가 위협적이라고 생각했다. 그는 28세의 덴버 여성에게 자신은 키가 작고 섹시한 옷을 입고 화장을 진하게 한 여자들을 선호한다고 말했다. "여자들한테도 강간 판타지가 있지 않나요?"라고 말하기도 했다. 한번은 31세의 한 여성이 자신은 덴버 시내에 있는 생추어리라는 사도마조히즘 클럽을 좋아한다고 말하니 그가 코웃음을 쳤다. 그 클럽은 선을 넘지 않는 S&M을 할 수 있는 섹스 파티를 여는 클럽이다. '던전 마스터'가 폭력의 수준을 통제한다. 모든 사람이 불편한 행동을 곧바로 중단하게 하는 안전어를 정하도록 요구된다. 피를 봐선 안되고 소변이나 대변을 사용한 플레이는 금지된다. "그 사람들은 지배가 뭔지도 몰라요." 그가 여성에게 말했다.

하지만 그는 알았다. 그 욕망이 여성을 찾게 만들었다. "나는 그런 여자들을 대번에 알아볼 수 있어요. 한번 뒷목을 잡아채고, 머리카락을 잡은 다음 반응을 보면 알 수 있죠." 그녀가 자신이 지배할 수 있는 여자인지 아닌지 안다는 뜻이다. 그런 상대들에게 그는 하이힐을 신기고 립스틱을 진하게 바르도록 했다. 가끔 그 여성들은 자신들의 강간 판타지를 충족시켜달라고 애원하기도 했다. 그는 거친 섹스를 좋아했다. "내가 가장 잘하는 건 수치심과 모멸감 주기죠." 그는 말한다. 하지만 언제나 상호 합의된 행위였다. "나는 여자들을 존중했어요. 절대 학대하지 않았어요. 글쎄요, 그들이 원하지 않는 한."

이런 사도마조히즘적인 만남도 그를 만족시키진 못했다. 그 여자들을 인간적으로 알게 되기 때문이었다. 그러면 더 이상 목표물이 되지 못한다. 살아 있는 진짜 사람들이니까. "내가 좋아하는, 예쁘고 매력적이고 지적인 여자와 온갖 짓을 할 수도 있어요. 하지만 내가 좋아한다는 게 문제가 되죠. 그 여자들을 좋아하고 알게 돼요. 이유가 뭔지 모르겠지만, 그때부터 욕망이 식어요. 전에 느꼈던 짜릿함을 느낄 수 없게 돼요."

그러던 어느 날 오케이큐피드를 훑어보다가 에이미란 여성을 만나게 되었다.⁴ 덴버 남부 시내 중심가의 스와핑 클럽에서 웨이트리스로 일하는 33세의 여성이었다. 짙은 머리카락과 일자 뱅 앞머리에 동그란 얼굴에는 감정 표현이 풍부한 큰 눈이 자리 잡고 있다. 그녀는 서빙을 할 때 교복을 입거나 비키니를 입는다. 프로필에 자신을 세 개의 형용사로 묘사한다면 다음과 같다고 했다. "악마 같은", "호기심 많은", "뒤틀린." 내 타입이군, 그는 생각했다. 메시지를 보냈다. "궁금한데, 얼마나 뒤틀렸는데요?"

첫 번째 데이트에서 그녀의 집까지 차로 데리러 갔다. 둘은 바에서 당구를 쳤다. 그녀는 그를 "완벽한 신사"이며 매력적이고 위트가 넘친다고 묘사했다. 그도 오케이큐피드에 그녀에 대한 극찬을 남겼다. "세련미 넘치고, 생각이 어디로 튈지 모르는 여성."

"당신은 이 세상에서 내가 통한다고 느낀 몇 안되는 사람 중에 한 명이에요." 그는 그녀에게 이런 메시지를 보내기도 했다.

둘은 오래 사귀지는 않았다. 하지만 연락은 계속 주고받았다. 그녀는 불면증이 있었고 그는 포르노 사이트를 운영하느라 늦게까지 깨어 있었다. 두 사람은 밤새도록 이메일과 메시지를 주고받곤 했다. 그는 에이미를 어둠 속의 친구라고 생각했다.

그녀는 그에게 자신의 아파트 단지에서 어떤 사건이 일어났다고 말했다. 아파트 복도를 걷고 있는데 한 남자가 튀어나와 그녀를 잡으려고 했지만 몸부림쳐서 겨우 빠져나왔다. "그 남자는 또 돌아올 걸. 아직 능숙하지 못해서 그래. 다시 돌아올 거고 그때는 성공할 거야." 그녀에게 말했다. 다른 상황이었다면 그가 바로 그 남자일 수도 있었다. "당신을 공격한 그 남자와 내가 다른 건, 나에겐 내 가족과 내 인생이 있다는 것뿐이지."

그는 그녀에게 자신이 사디스트이며 여러 명의 섹스파트너를 원한다고 말했다. 자신이 운영하는 포르노 사이트를 자랑했다. 폭력적이고 모멸감을 주는 섹스에 관한 자신의 판타지에 대해 떠들기도 했다. 여자들은 마조히스트라 남자들이 자신을 해치고 통제하길 바란다고 했다. 어떤 여성들은 강간을 즐기기도 한다고 말했다. "어떤 여자들은 섹스한 다음에 온몸에 멍이 드는 걸 좋아해. 그것 때문에 받는 동정을 좋아하니까." 그녀에게 그렇게 말했다.

가끔은 픽업 책에서 배운 기술들을 응용해보기도 했다. 한번은 에이미가 답장을 빨리 하지 않자 페이스북 메시지를 보냈다. "네가 나와 이야기할 마음이 있다면, 페이스북 페이지를 좀 더 띄워놓을게. 그렇지 않다면, 네가 절대 읽을 리 없는 책더미 위에 있는, 커다란 백 년 전 바이브레이터로 자위나 해." 좋은 '네그'로 그녀를 열 받게 한다. 그리고 솔직한 감정과 이해심을 드러내는 메시지로 잘 마무리한다. "우리가 함께할 때도 내 인생에 뭔가가 빠진 것 같다고 말한 적이 있지. 마침내 그 빠진 것이 무엇이었는지 조금씩 알아가고 있는 것 같아. 아주 복잡해. 다시 말하지만, 우리 같은 사람들은 원래 복잡한 존재들이지. 네가 알고 있는 것 이상으로."

2010년 8월에는 덴버 출신의 28세 여성 칼라와 만나기 시작했다. 어느 날 그는 작은 쇼핑몰에 위치한, 가족이 운영하는 그린 마운틴 건스라는 총포상에 그녀를 데리고 갔다. 자기가 사고 싶은 총이라며 검정색과 은색의 작은 38구경 루거를 보여주었다.

그달 8월 10일 그는 세라를 강간했다. 세라의 아파트에서 나온 후 그는 자신과 마샤의 결혼 반지를 전당포에 맡겼다. 자동차등록국에 가서 운전면허증을 갱신했다. 마지막으로 들를 곳은 그린 마운틴 건스였다. 새로운 면허증을 이용하여 반지 판 돈과 세라 집에서 훔친 200달러를 합친 현금 328.13달러로 루거를 샀다.

집에 와서 세라의 속옷을 침실의 검은색 기타 앰프 뒤에 쑤셔 넣었다.

총을 사진으로 찍어 칼라에게 메시지로 보냈다.

그는 이제 두 개의 트로피를 확보했다.

———— ◆ ————

2010년 10월, 집세를 같이 부담해줄 새로운 룸메이트가 생겼다. 남동생 마이클이었다. 아마 누군가 길에서 두 사람을 보았다면 두 사람이 형제라는 것을 바로 눈치챌 수 있을 것이다. 그는 32세에 99킬로그램에 키는 188센티미터 정도였고 금발에 녹갈색 눈동자. 동생 마이클은 30세에 104킬로그램에 188센티미터에 모랫빛 금발 머리에 초록색 눈이다. 두 사람을 동일인으로 헷갈리는 사람들도 있었다.

그러나 외모만 꼭 닮았을 뿐 내면은 아주 크고 넓은 차이가 있었다. 그들은 형제였지만 둘은 그다지 가깝지 않았다.

그는 종종 동생 마이클이 짜증스러웠다. 마이클은 스포츠를 좋아했다. 테네시 타이탄스의 열혈 팬으로 방에 커다란 테네시 풋볼팀 깃발을 걸어두었다. 이 집의 작은방을 적어도 하루에 한 번은 들러서 자신의 판타지 풋볼*팀과 농구팀 성적을 확인했다. 그는 마이클에게 주의를 주기도 했다. 프로 스포츠는 약해빠진 인간들을 위한 것이다. 완전히 시간 낭비다. "사람들을 바보로 만들어."

바로 그 지점이 문제였다. 마이클은 지극히 평범한 미국 남성이었다. 고등학교 졸업 후 군대에 다녀왔다. 복무를 마친 후에는 대학에서 농구선수로 뛰고 싶었고 네브래스카 남동쪽 평지에 있는 작은 마을의 작은 기독교 학교인 요크칼리지에서 그 소원을 풀었다. 졸업 후에는 자신이 딴 경영학 학사 학위가 취직에 별반 도움이 되지 못한다는 것을 깨닫고 다시 콜로라도로 돌아와 가구 배달로 생계를 꾸렸다. 그는 평범하고 흔한 직업들 가운데에서도 가장 평범한 일에 자신의 미래를 걸어보기로 하고 덴버의 에밀리그리피스 기술학교에 있는 미용학원에 등록했다. 그는 자신을 그런 사람으로 생각했다. 보통 남자. 고등학교 때부터 만나 오래 사귄, 교회를 다니는 여자 친구가 있었다. 두 사람은 같이 어울리는 친구들이 많았다. 취미는 레스토랑 가기나 영화 보기였다. 그의 인생철학은 그의 형보다 훨씬 덜 복잡했다. "그냥 내 분수에 맞게 살면서 날 행복하게 해주는 게 뭔지 찾아보는 거죠."

마이클은 형이 자신과 다른 족속이라는 사실을 알았다. "아주 깊어요.

◆ 자신이 드래프트한 NFL 풋볼선수들로 경기해 점수를 내는 온라인 게임.—옮긴이

알 수 없는 사람. 비밀스러운 사람." 형을 이렇게 묘사했다. "형은 겁나 똑똑해요." 형은 술을 마시지 않았다. 담배도 피우지 않았다. 마약도 하지 않았다. "친구가 많지 않아요." 그는 이렇게 말했다. "절친이 있기는 한지도 잘 모르겠네요." 형은 자신에 대해 거의 말하지 않고, 모든 것을 할런 스트리트 65번지의 작은방 컴퓨터 안에 꽁꽁 숨겨두었다. 동생 마이클이 자기 컴퓨터를 절대 들여다보지 못하게 했다. 다른 계정을 사용하라고 했다. "형 계정은 보지 않아요. 형도 내 걸 안 보겠죠." 마이클은 말했다.

마이클은 형의 비상한 두뇌에 놀라기도 했다. 하지만 형에게는 수수께끼 같은 구석이 있었다. 책장에 상징, 고대 종교, 비밀 사교 클럽에 관련된 요상한 책들을 나란히 꽂아두었다. 가끔씩 기묘한 음모론을 내놓고 토론하기를 좋아했다. 그가 볼 때 형의 사고방식은 일반 사람들의 사고와 달랐다. "정상적인 사회 안에서 본다면, 그러니까 정상적인 사고방식으로 생각한다면 형은 거기서 아주 멀리 비껴나 있는 사람이죠."

예를 들어서 그는 형이 그해 가을부터 데이트하고 있는 새 여자를 보며 이렇게 불렀다. "완전히 딴 세상" 사람이라고.

그녀의 이름은 칼릭사 버클리(가명)였다. 32세로 콜로라도 남서부 가난한 광산촌과 허허벌판이 있는 산미겔 바진에서 자랐다. 18세에 해군에 들어갔지만 성미에 맞지 않아 1년 후에 나왔다. 다시 콜로라도로 돌아와 노우드라는 작은 마을에서 드럭스토어와 주유소를 털다가 체포되기도 했다. 그러다 척 트래버스(가명)라는 이름의 중년 남자와 동거를 시작했다. 두 사람은 애리조나 동부 나바호 사막 사이 띄엄띄엄 흩어진 인적 없는 마을의 트레일러파크와 단층 모텔을 전전하며 살았다. 척은 정비공 일을 했다. 칼릭사는 호피족 예언을 기초로 한 선언문을 쓰는 데 집중했다. 그녀는 그것을 "모든 것에 대한 이론"이라고 불렀다.

칼릭사와 척은 13년 동안 동거했고 부부라고 여겼다. 그러면서도 폴리아모리(다자연애)를 받아들여 종종 다른 사람과 사귀고 섹스를 했다. 그러니 칼릭사가 크레이그리스트를 통해 연락해온 콜로라도의 한 남자에게 관심을 갖는 것도 이상한 일은 아니었다. 처음에는 이메일만 주고받았다. 그러다가 전화 통화를 하게 되었다. 한번 통화하면 몇 시간씩 영화, 책, 야한 이야기 등의 소재로 대화가 이어졌다. 두 사람은 "형제보다 가까운" 사이가 되었다고 척은 생각했다.

칼릭사는 새로운 남자를 직접 만나기 위해 비행기를 타고 콜로라도까지 가기로 했다. 척은 해병대 정보 부서에서 일했었고 자기가 사람 보는 눈이 있다고 생각했다. 크레이그리스트의 낯선 남자와 직접 대화를 나누어보기도 했다. 그는 이 남자가 굉장히 비밀스럽고 고집 센 사람이라고 보았다. 그의 최종 분석은 그가 "지적이고, 책을 많이 읽었고, 사디스트이고, 권력욕이 강하다."는 것이었다. 하지만 칼릭사와의 사이를 막을 만큼 위험하지는 않아 보였다. 2010년 10월 척은 피닉스 스카이하버 국제공항까지 칼릭사를 데려다 주었다. 그들이 사는 인구 5053명의 애리조나주 홀브룩에 있는 66번 국도 바로 옆 데저트 모텔에서는 왕복 여섯 시간이나 걸리는 먼 공항이었다.

그는 덴버 공항에 그녀를 마중 나갔고 할런 스트리트 65번지에서 2주 동안 함께 머물렀다. 그녀는 날카로운 광대뼈가 높게 솟은 길고 마른 얼굴에 좁은 코를 갖고 있었다. 짙은 색의 구불구불한 머리가 어깨를 넘어

등으로 흘러내렸다. 종종 검은색 마스카라를 짙게 칠하는 그녀의 눈은 움푹 들어가 깊고 위협적으로 보였다. 그녀는 이 세상이 대중을 은밀히 지배하는 초강력 비밀 집단으로 가득한 복잡한 장소라고 생각했다. 그는 드디어 자기와 같은 세계관을 가진 여자를 찾았다고 생각했다. 강한 유대감을 느꼈다. "그 여자가 무척이나 좋아." 그는 그렇게 말했다.

남동생 마이클은 정반대 반응을 보였다. 칼릭사 옆에 있으면 불편했다. "괴상한 친환경 뭐시기 음모론에 빠진 여자"라고 불렀다. 그녀가 전화로 길고 비밀스러운 통화를 하는 걸 우연히 듣게 됐는데 연금술이니 원형이니 무한자니 하는 단어가 튀어나왔다. 자기가 초강력 비밀 집단 안에서 높은 지위의 회원이라는 암시를 주기도 했다. 어느 날 밤 마이클은 칼릭사와 형과 외출을 했다. 형은 조심스럽게 행동해야 한다고 말했다. 칼릭사는 기록이 지워진 사람이다. 정부조차 그녀의 존재를 모른다. 사회보장번호조차 없다. 잠복 특수요원들이 이 여자를 미행하고 있다. 그들이 콜로라도까지 그녀를 따라왔다. 마이클은 아무것도 말하지 않겠다고 약속했다. "시체로 발견되고 싶지 않아."

마이클이 이해한 바로는, 그의 형은 자신이 엘리트 그룹, 즉 세상이 진짜로 어떻게 돌아가는지 알고 있고 그 진실을 일반인과 평민을 지배하는 데 사용하는 계몽된 핵심 그룹에 속한다고 생각했다. 마이클은 미친 소리처럼 들린다는 것을 알았다. 하지만 믿었다. "전부 다 헛소리가 아닌 이유를 지금 당장 설명할 수 있어." 그는 비밀 위계질서에 형의 대한 열정을 의심하는 사람들에게 그렇게 말하곤 했다. "형 옆에 있으면 진짜라는 걸 알게 돼. 그냥 쓰레기 사상은 아니라니까."

마이클은 형이 칼릭사와 마찬가지로 오컬트에 깊은 관심을 있다는 것을 알았다. 형은 카발라, 행성의 영향, 도유, 부적, 주문 등을 알고 싶으면 19세기 주술서 『마구스(*The Magus*)』를 찾았다. 그는 자신이 기원후 200년경부터 전해 내려오는 신비로운 문헌 모음인 『헤르메스 전집(*Corpus Hermeticum*)』의 전문가라고 보기도 했다. 자기가 해박한 배경 지식을 가진 독자라는 사실에 자부심을 갖기도 했다. 『헤르메스 전집』에 기독교적 신플라톤주의 색채가 가미된 판본은 좋아하지 않는다고 한 친구에게 이야기했다.

"적어도 내 의견으로는, 인터넷에 원전인 그리스어에 더 충실한 번역본이 있어."

그는 숫자점에도 매혹되었다. 이교도의 상징 문자들로 노트를 채웠다. 보다 충실한 연구를 위해 희귀 문서를 찾아다녔다. 이집트의 신지학을 전부 담고 있는 42권짜리 『토트의 서(*Book of Thoth*)』도 구하려 했다. 사회에 관한 자신의 이론을 뒷받침해줄 현대 과학도 받아들였다. 베르트 휠도블러와 E. O. 윌슨이 곤충의 계급 체계를 연구해 집대성한 『초유기체』같은 책이었다. 최면술도 흥미로웠다.

그는 자신의 통찰을 블로그에 기록하고 싶었다. 그는 여러 이름으로 블로그를 개설했다. 하이브이론(HiveTheory), 댓위치이즈(ThatWhichIs), 프라이멀마인드(PrimalMind), 트라이브투제로(TribeToZero). 그의 친구에게 메일을 보내며 그가 다루는 주제는 "영성, 오컬트, 철학 등이고 그에 관한 내 생각들을 적은 평범한 블로그"라고 말했다.

칼릭사는 11월에 다시 한 번 할런 스트리트 65번지를 찾아왔다. 이번에는 한 달 동안 머물렀다. 그는 그 두 사람의 관계가 좀 더 오래 지속되기를 바랐다. 마샤 이후 처음으로 그는 깊은 유대감을 느꼈다. 그는 여전히 아이를 갖고 싶기도 했다. "여자한테 이렇게 빠져본 건…… 정말 정말 오랜만이야." 사람들에게 말하곤 했다. 그녀와 함께 있으면 그도 다른 사람이 되었다. 스스로도 놀랐다. 이제 포르노그래피도 보지 않았다. 범행 대상을 찾느라 방황하지도 않았다. 그녀 옆에 있으면 안정을 찾았다. 괴물은 동요하지 않았다. "이 여자와 난 너무 생각과 흥미가 비슷해서 옆에 있으면 너무 편안하고 아무런 생각조차 나지 않았어요." 그가 말했다. "다른 걸 생각할 이유가 없기 때문이었죠."

하지만 칼릭사의 생각은 달랐다. 더 깊은 관계에는 관심이 없다고 했다. 현재 그녀의 급선무는 써야 할 책이다. 남편이 사막에서 홀로 지내고 있기도 하다. 이제는 각자 갈 길을 가자고 했다. 그녀는 어느 날 갑자기, 예상치 않게, 전 여자 친구가 되고 말았다. 그녀는 12월 5일에 짐을 싸서 떠났다.

그는 다시 혼자가 되었다.

"그녀가 나를 도와줄 수 있었을 텐데." 그는 혼자 생각했다. 하지만 그 여자도 그가 어머니 앞에서 기타를 치며 들려주던 노래인 「리틀 윙」에 나오는 여자와 다르지 않았다.

그녀는 오직 그 생각뿐이야.
바람을 타고 날아가는 것.

1월 5일, 그는 앰버를 강간했다.

기타 앰프 뒤엔 또 한 장의 팬티가 들어갔다.

사이클이 다시 시작된 것이다.

10

착한 이웃

2011년 1월 25일
콜로라도주, 웨스트민스터

헨더샷과 엘리스는 오랫동안 함께 일했다. 그들 사이에서만 통하는 농담이 있었다. 경찰업계에서는 날이면 날마다 회의가 열리지만 (경찰 업계엔 꽤 흔한) 특별히 따분한 회의 중이라면 회의실에 갇힌 사람이 SOS를 보내자는 거였다. "회의에서 빠져나올 수 있게 문자 보내줘. 긴급 상황인 것처럼 마지막에 '911'을 붙여서." 911은 실제로 써본 적은 없지만 언젠가 필요할 때 써먹기로 한 그들만의 탈출 계획이었다.

그래서 헨더샷이 '911'까지 포함된 문자메시지를 받았을 때는 농담으로 이야기했던 회의 벗어나기 전략인 줄 알았다. 헨더샷은 그날 아침 직원 연수에 참가하느라 웨스트민스터 시청에 있었다. 참내, 웃겼어. 헨더샷은 생각했다. 하지만 바로 직후 장난이 아니라는 것을 깨달았다.

엘리스에게는 빅뉴스가 있었다. 방금 레이크우드 강간 미수 사건 현장에 남은 장갑 자국과 신발 족적 자료를 받았다고 했다. 자료를 보내준 범죄분석가는 버지니아주 콴티코의 FBI 아카데미에서 2주간 연수를 받는 동안 친해진 친구 셰리 시마모토였다. 시마모토는 덴버의 법 집행기관 분석가들의 느슨한 네트워크인 블루웹 회원이기도 했다.

하필 시마모토가 그 신발 족적을 발견했다는 사실은 너무나 완벽하게 그녀다웠다고 할 수 있다. 그녀는 신발광이었다. 그녀는 전 세계 한정판 운동화 수집가들에게 사랑받는, 삼선 무늬가 들어가고 조개 모양의 앞코를 가진 아디다스 슈퍼스타 다섯 컬레를 포함, 50컬레나 되는 신발을 갖고 있었다. 경찰이 되기 전에 했던 아르바이트 중에 가장 좋아했던 일은 레이디 풋 로커라는 신발 매장 일이었다. 시마모토는 수학을 전공했지만 신발에 대한 남다른 애착 덕분에 범죄분석가가 된 후에 족적 식별 전문가가 되었다.

물론 족적이 지문만큼 수사에 도움이 되는 것은 아니다. 신발 족적은 개인의 고유한 특성이라 할 수 없다. 하지만 운이 좋으면 족적은 범인에 대한 이야기를 들려주고 용의자 파악에 도움을 준다. 족적은 신발의 브랜드가 나이키인지 머렐인지 특정해서 말해준다. 그리고 발뒤꿈치의 자국, 바닥의 마모 패턴, 높은 아치 등의 특징은 현장감식원이 특정 신발과 연결지을 수 있는 단서가 된다. 범죄현장 발자국이 어떤 신발의 발자국인지 찾기 위해 시마모토는 인터넷 신발 사이트인 자포스닷컴을 몇 시간 동안이나 들여다보곤 했다. 이 사이트는 친절하게도 수천 종류의 신발 밑창과 윗부분과 양옆 사진을 올려준다. 가까운 쇼핑몰에 가서 신발 매장에 들러 몇 시간을 보내기도 한다. 이 모든 것이 용의자에게 한발이라도 가까이 가기 위한 수사 작업이다.

시마모토는 레이크우드 현장에 도착하자마자 지문이나 신발에서 남은 기름이나 먼지를 드러내주는 이파장 파우더를 침실과 부엌 바닥에 뿌려 발자국의 흔적을 찾았다. 테니스화 발자국처럼 보이는 네 개의 흔적을 찾아냈다. 침실 창밖의 젖은 흙에서 또 다른 비슷한 발자국을 발견했다. 지문을 찾기 위해 창문틀에도 파우더를 뿌려보니 지문은 아니지만 장갑 자국으로 짐작되는 흔적도 발견했다.

손바닥에 벌집 모양 패턴이 있는 장갑이었다.

엘리스는 시마모토가 보내준 사진들을 보자마자 그 패턴을 알아보았다. 세라의 아파트 뒤쪽 울타리에서 발견한 벌집 모양 자국과 크기와 모양이 일치했다. 당시에 그녀는 어떤 물체가 남긴 자국인지는 확신하지 못했다. 이제 알겠군, 그녀는 시마모토에게 말했다. 시마모토는 그 말을 듣자마자 흥분해서 딕스 스포츠 용품 매장으로 달려갔고 부드러운 재질의 검은색 언더 아머 장갑을 찾아냈다. 손가락과 손바닥 부분에 벌집 패턴이 튀어나와 있었다.

다음 단계는 신발이다. 엘리스는 동료 범죄분석가인 칼리 깁슨이 골든의 앰버 아파트에서 스프레이를 뿌려 찍어온 발자국 사진을 검토했다. 시마모토가 레이크우드의 침실 창문 밑의 진흙에서 건진 발자국과 거의 동일해 보였다. 갤브레이스의 파트너인 맷 콜은 이 사진 이미지를 법 집행기관의 족적 확인 웹사이트에 보냈다. 동일한 신발이라는 답변이 돌아왔다. 2005년 3월부터 판매된 아디다스 ZX700 메시 운동화 밑창이었다.

헨더샷은 두 명의 현장감식반이 연결시킨 이 모든 것을 보았고, 알았다. 2010년 7월 6일 레이크우드의 여성을 공격했던 남자는 도리스와 세라를 강간한 범인과 동일인이다.

헨더샷은 즉각 레이크우드 경찰서에 전화를 걸었다.

———— ◆ ————

그 사건은 레이크우드 형사 에런 하셀이 맡은 사건 중에서 가장 이상한 사건이었다. 부촌의 어느 주택에서 강간 미수 신고를 받고 출동했다. 신고한 릴리라는 여성은 검은색 마스크를 쓴 남자가 그녀가 자고 있을 때 집에 들어와 공격했다고 했다. 그녀가 도와달라고 소리치자 범인은 그 집에 다른 사람이 있는지 확인하러 다른 방으로 갔다. 릴리는 그 순간을 놓치지 않고 탈출을 시도했다. 침대 위의 창문으로 올라가 뛰어내렸다. 바닥까지 2미터가 넘는 높이였는데 머리부터 떨어졌다. 갈비뼈에 금이 가고 척추뼈도 골절되었다. 극심한 고통 속에서도 비틀거리며 옆집까지 가서 현관문을 두드렸다.

하지만 경찰이 출동했을 때 집에는 강제 침입의 흔적은 남아 있지 않았다. 문을 억지로 딴 흔적은 없었다. 유리창이 깨지지도 않았다. 모든 문과 창문이 잠겨 있었다. 하셀은 이웃 네 명을 만나보았지만 이상한 장면을 보거나 소리를 들은 사람은 없었다. 현장감식반은 DNA를 발견하지 못했다. "증거라곤 찾을 수 없군." 하셀은 생각했다.

하지만 증거가 아예 없는 건 아니었다. 시마모토가 현장에서 신발 발자국과 장갑 자국을 발견한 것이다. 그 자국들은 릴리가 가진 어떤 물건과도 일치하지 않았다. 하지만 둘 중 무엇도 용의자를 가리키는 단서는 되지 못했다. 주거 침입이 있었다는 근거조차 되지 않았다. 릴리의 집 마당을 관리해주는 정원사도 있고 이따금 수리공이 집을 수리하러 오기도 하며 가끔씩 이 집에 머물다 가는 노년의 남성 친구도 있었다. 그들 중 하나가 남긴 자국일 수도 있었다.

릴리는 자기 나름대로 미스터리를 해결하기 위해 애를 썼다. 그녀는 자유로운 영혼의 소유자라 할 수 있었다. 경찰에 온갖 범상치 않은 요구를 하기도 했다. 하셀 형사에게 전화하여 강간 미수 사건 이후 그녀의 고양이가 검은색 부츠를 신은 사람만 할퀸다고 했다. 경찰은 검은 부츠 신은 사람을 찾아야 할지도 모른다고 말했다. "그 여성은 이런 종류의 정보가 수사에 유용할 것이라 생각하는 것 같다." 그는 보고서에 이렇게 썼다. 릴리는 러시아인 화가 친구에게 그녀가 묘사한 대로 몽타주를 그려달라고 부탁한 다음 그 몽타주를 하셀에게 가져가 언론에 뿌려달라고 요청하기도 했다. 파란 눈과 금발의 눈썹을 드러낸 눈 부분의 작은 구멍만 제외하고 마스크로 얼굴을 전부 덮은 남자의 그림이었다. 이 스케치 속의 남성을 알아보는 데 도움이 될 만한 다른 특징은 하나도 없었다. 하셀은 몽타주 배부 요청을 거절했다. 며칠 후에는 하셀에게 덴버의 모든 피트니스센터를 검문해 키가 180센티미터가 넘고 체격 좋은 푸른 눈의 백인 남성을 찾아야 한다고 말하기도 했다. "그러면 너무나 많은 남성이 포함될 텐데요." 그는 그녀에게 말했다. 신고 후 두 달도 넘은 시점에서 사건이 일어나기 바로 직전 그녀의 컴퓨터에 처음 보는 와이파이 네트워크명이 떴다는 이야기도 했다. 와이파이 네트워크명은 '순수 악(Pure Evil)'이었다는 것이다.

마침내 그녀는 하셀에게 최면 수사를 해달라고 요청했다. 하셀은 최면 자격증이 있는 제퍼슨 카운티 지방 검사실의 수사관에게 연락했다. 세 사람은 사건이 일어난 지 석 달가량 후, 10월의 어느 바람 부는 날 레이크우드 경찰서에서 만났다. 수사관은 일반적인 기술을 이용하여 최면을 걸기 시작했다. 엘리베이터에 있다고 상상해보세요, 엘리베이터를 타고 밑으로 내려갑니다. 계속 내려갑니다.

그녀가 말을 막았다. 아니에요. 난 엘리베이터에 없어요. 그녀에게는 자기만의 최면 기법이 있었다. 나는 초원을 걷고 있어요. 수사관에게 자신이 영매 역할을 하게 해달라고 요청했다. 그녀는 그 사건을 목격한 고양이가 되고, 다람쥐가 되고, 나무가 될 수 있다고 했다. 최면 상태에서 릴리는 이전에는 설명한 적 없고 목격한 적도 없었던 장면을 묘사했다. 용의자가 차고를 통해 그녀의 집으로 들어오는 장면을 묘사했다. 그가 어떻게 서 있었고 어떻게 창문을 통해 그녀를 들여다보았는지도 묘사했다.

릴리의 최면 상태로 본 통찰은 하셀과 수사관의 마음을 동하게 하지 못했다. 수사관은 "소득이 있는 세션은 아니었다고 말했다." 하셀은 이렇게 보고서에 썼다. 릴리가 수사를 방해한 것은 아니었다. 그러나 하셀의 생각에는 도움도 되지 못했다.

릴리도 답답했다. 그녀는 원래부터 경찰을 그리 신뢰하지 않았다. 강간 미수 사건 몇 달 전 레이크우드의 경찰과 관련해서 기분 나쁜 경험을 했기 때문이었다. 그녀는 동네의 이웃집 고목 앞에서 종교 의식을 하는 것을 좋아했었는데 집주인이 바뀌자 새 주인은 자신의 집 앞마당에서 이상한 여인이 노래를 하고 춤을 춘다며 경찰에 신고했다. 경찰은 릴리에게 사유지에서 떠나라고 명령했다. 그녀는 경찰이 그녀를 괴롭혔다는 내용의 청원서를 썼다.

또 다른 사건도 있었다. 침입 사건 이후 새벽 3시 30분에 그녀가 머물고 있는 집 바깥에서 이상한 소리를 들었다. 경찰에 신고했다. 덴버의 경찰이 그 전화를 받고 출동했다. 경찰은 문을 두드리면서 어깨 옆으로 플래시를 들고 비추었다. 릴리는 이 경찰이 지난번 집에 들어온 범인이 칼을 든 것과 같은 방식으로 플래시를 들고 있다고 생각했고 경찰에게 문을 열어주지 않았다. 다음 날 그녀는 하셀에게 그날 밤 찾아온 경찰이 용의자일지 모르니 조사를 해보라고 말했다. 하셀은 거부했다.

그녀는 날이 갈수록 하셀에게 화가 났다. 그 형사는 왜 항상 안 된다는 말밖에 할 줄 모르는가. 경찰 몽타주 전문가에게 그 범인의 몽타주를 그리게 해달라고 부탁했을 때도 안 된다고 해서 직접 러시아인 친구에게 부탁했던 것이 아닌가. 경찰은 그녀의 말을 진지하게 여기지 않았다. "그리 중요해 보이지 않습니다. 별 도움이 안 될 것 같습니다." 그들은 같은 말만 되풀이했다.

"내가 도움이 될 거라고요." 릴리는 주장했다. "그가 어떻게 생겼는지 난 봤어요. 어떻게 움직이는지도 봤어요. 그 남자에 대해서 내가 가장 많이 알아요. 그의 눈도 봤어요. 그의 몸을 봤어요. 난 예술가라 관찰력이 뛰어나다고요. 내가 도울 수 있어요."

사건 후 한 달 남짓이 지난 어느 날, 그녀는 정원을 돌보다가 뒷마당 울타리 근처 땅에 꽂혀 있는 원목 손잡이 칼을 발견했다. 그녀는 그 칼이 자기가 주로 수박을 자를 때 쓰던 부엌칼임을 알아보았다. 아마도 강간범이 들고 있던 칼이 이 칼이었을 것이다. 도망가기 전에 바닥에 던지고 간 것이다. 그런데 왜 경찰은 이 칼을 찾지 못했지? 왜 이다지도 중요한 단서를 내가 직접 찾아내고 전화해서 알려야 하는 거지? 그녀는 하셀의 "무반응"에 불만을 터뜨렸다.

릴리의 부모님 또한 하셀이란 형사가 못마땅했다. 사설 탐정을 고용하여 사건을 조사해달라고 했다. 은퇴한 덴버 경찰서 형사인 이 사설 탐정은 릴리의 뒷마당을 둘러싸고 있는 180센티미터 높이의 나무 울타리 꼭대기에서 긁힌 자국 하나를 발견했지만 그 외에는 별 단서를 얻지 못했다. 그럼에도 불구하고 이 단서는 릴리와 그녀의 부모에게 명백한 신호처럼 보였다. 하셀은 자기 일을 제대로 하지 못하고 있다. 어느 날 릴리의 어머니가 경찰서로 직접 찾아와 하셀이란 형사를 만나고 싶다고 했다.

솔직히 말해줘요, 그녀는 말했다. 내 딸 말을 믿어요?

대답하기 어려운 질문이었다.

하셀은 군인 집안에서 보수적인 기독교인으로 자랐다. 부친은 공군 참전 용사로 제대 후 가전제품 수리를 했고 어머니는 교사였다. 그는 오하이오주 데이튼 외곽에 있는 작은 침례교 대학인 시더빌칼리지에 진학했다. 시더빌칼리지의 학생들은 의무적으로 신학을 부전공으로 택해야 했고 교수들은 천지창조설을 가르쳤다. 학교의 모토 또한 이 학교의 사명을 명확하게 드러냈다. "예수의 월계관과 약속을 따르는 대학." 텔레파시니 나무에 깃든 심령이니 하는 것을 믿는 사람은 캠퍼스에서 구경조차 할 수 없었다.

하셀은 강간 신고 자체가 거짓말일 수 있다는 것도 알았다. 초임 경찰 시절에 자기 아파트에서 공격을 당했다는 여성의 신고를 받고 출동한 적이 있었다. 그녀는 자신이 남자에게 후추 스프레이를 뿌려 쫓아냈다고 말했다. 실제로 침실에는 후추 스프레이가 잔뜩 뿌려져 있었다. 하지만 의아한 구석이 있었다. 이 여성은 남자가 자신의 바지를 거칠게 벗겼다고 말했는데 그녀가 말한 그 바지는 마치 누군가 벗어놓고 몸만 빠져나온 것처럼 동그랗게 말려 있었다. 그러고 나서 그 여성이 신고 전날 후추 스프레이를 구입한 영수증을 발견했다. 이 사실을 따져 묻자 여성은 입을 다물었다. 그녀는 모두 지어낸 이야기라고 순순히 인정했다. 하셀은 그 여성이 몇 주 전 이웃들에게 또 다른 남성에게 공격당했다고 말한 사실도 발견해냈다. 그 여성에게 "관심을 받으려는 비정상적인 욕구"가 있어서라고 이해했다. 그는 그녀를 허위 신고 혐의로 입건했다.

하지만 그럼에도 하셀은 자신이 세상만사를 알 수 없다는 것을 알 만큼은 현명한 사람이었다. 시더빌에서 11킬로미터 북쪽으로는 또 다른 사립대학이 있었는데, 그곳은 완전히 다른 세계 같았다. 안티오크칼리지는 전형적인 소규모 인문대학으로 민주주의와 학생 자치와 사회 정의를 교육 철학으로 삼았다.[2] 학생들은 지역사회를 위해 봉사해야 했고 교수들은 학생들을 학점으로만 평가하지 않고 각각의 학생들에게 긴 글을 남겨주었다. 안티오크칼리지의 모토는 이러했다. "인류애의 실현 없이 죽는 것을 부끄러워하라." 하셸은 안티오크 학생들과 어울릴 기회가 많이 있었다. 그는 다르다는 게 비정상은 아니라는 것을 배웠다. 그 시절 경험 때문에 그는 릴리를 함부로 판단하기를 주저했다. "같이 일하는 동료들이 이렇게 말하곤 했죠. '그 여자 제정신 아냐.' 하지만 나는 그렇게 생각하진 않았어요. 그저 독특한 신념을 갖고 있는 사람이라 생각했죠."

경험을 통해 그는 잠재적 피해자를 거짓말쟁이로 보는 건 위험하다는 사실도 배웠다. 초임 경찰 시절에 벌어진 그 허위 신고 사건에서 자신이 잘못된 판단을 했다고 느끼지는 않았다. 허위 신고는 분명 경찰의 시간과 에너지를 잡아먹는다. 하지만 이제 그는 형사였고 제보자들이 허위 신고로 체포될까 두려워 중요한 정보를 나누는 것을 불편해해서는 안 된다는 것을 깨달았다. 레이크우드 경찰서의 고위 간부들 또한 극단적인 경우를 제외하고는 허위 신고로 입건하는 것은 지양하라고 했다.

그리고 성폭력이라는 특수 상황을 고려해야 했다. 성폭력은 이미 가장 신고율이 낮은 범죄로 알려져 있다. 성폭력을 당했다고 나선 사람을 믿지 않고 허위 신고라고 단정짓는다면 점점 더 많은 사람이 진술을 꺼리게 되고, 범인이 잡히지 않고 빠져나가며, 재범 확률도 높아진다. 많은 여성이 성폭력을 당했다는 거짓말을 한다는 잘못된 편견에 부채질을 할 수도 있다. 경찰 교육 책자에는 국제여성폭력방지위원회의 다음과 같은 제안이 담겨 있다. "허위 신고는 보통 심각한 심리적, 감정적 문제로 인해 발생한다.[3] [……] 허위 신고로 입건하기보다는 적절한 사회 보장 서비스를 제공하는 방식으로 해결하는 것이 우선이다."

하셸은 릴리 사건에 대해 자기 나름대로 이론을 세웠다. 릴리는 잠이 들기 전에 허브티를 마셨다고 했었다. 인터넷에서 검색해보니 그 허브티를 독하게 우려서 마시면 생생한 꿈을 꿀 수 있다고 했다. 그의 생각에 이 여성은 굉장히 강렬하고 생생한 꿈에서 깨어나 미처 꿈에서 마저 깨기 전에 창문으로 뛰어내린 것이 아닌가 싶었다. 이것만이 릴리를 거짓말쟁이로 매도하지 않고 진술과 일치하지 않는 증거 부족을 설명할 수 있는 방법 같았다.

그래도 약간은 오락가락했다. 의문의 발자국과 장갑 자국은 쉽게 설명할 수 없었다. 릴리가 당한 부상은 심각한 수준이었다. 어쩌면 정말로 어떤 괴물 같은 녀석이 그녀의 집에 침입했을 수 있다. 어쩌면 아직도 밖에 나돌아 다니고 있을지 몰랐다. 어떤 쪽으로건 아직은 확실히 결론을 내지 못했다.

그래도 아직 이렇다 할 증거가 거의 없는 상태에서 하셸은 자신이 할 수 있는 모든 일은 다 했다고 느꼈다.

2010년 10월 더 이상 적극적으로 수사하지는 않기로 했다. 하지만 수사는 진행 상태로 두고 새로운 정보나 단서가 등장할 경우를 대비했다.

그가 마지막으로 입력한 문장은 이러했다. "취할 수 있는 단서 없음."

———— ◆ ————

샤론 웰런은 착한 이웃 사람이었다. 그녀와 남편 게리는 레이크우드의 애

플루드라는 동네에 15년째 살고 있었다. 샤론은 근처 학교에서 미술과 연극을 가르쳤다. 남편은 지질학자였다. 그들은 호숫가에서 한 블록 떨어진 너른 부지 위의 방 다섯 개짜리 큰 주택에서 세 아이를 키웠다. 동네에는 모르는 이웃이 없었다. 이 마을에 인접한 한 레스토랑이 확장을 하려 하자 이 부부는 주민들과 함께 반대했다. "손바닥만 한 동네예요." 그녀는 자신의 지역사회를 이렇게 설명했다.

그녀는 자기 집 바로 맞은편에 사별하고 혼자 사는 89세의 노부인 케슬린 에스테스를 살뜰히 살피곤 했다. 어느 여름, 2010년 6월 14일 월요일의 늦은 밤, 웰런이 창문을 내다보자 에스테스 부인의 집 앞 골목 한 켠에 흰색 픽업트럭이 서 있었다. 트럭을 보자마자 이상하다고 생각했다. 수리공이 다녀가기엔 너무 늦은 시각이었다. 이 동네의 대부분의 사람들은 자동차를 차고나 집 앞 진입로에 세워두었다.

에스테스에게 전화했다. "할머니, 집 앞에 트럭이 세워져 있네요. 혹시 오늘 집에 누가 방문했나요?"

에스테스는 모르는 차라고 했다. 다른 집 손님 차인가? 다른 집에는 10대 아이들이 있었다. 그 애들의 친구들이 항상 들락날락하곤 했다. "나도 한번 지켜볼게." 에스테스는 웰런에게 말했다.

30분 후 웰런은 잠들 준비를 하고 있었다. 시계를 보니 10시 49분이었다. 트럭은 아직도 에스테스 집 앞에 세워져 있었다. 하지만 이번에는 운전석에 한 남자가 보였다. 남자는 아무것도 하지 않고 그냥 차 안에 앉아 있는 것 같았다. 남편이 번호판에 적힌 번호를 적었다. 웰런이 다시 에스테스에게 전화했고 에스테스는 경찰에 신고하기로 했다. 에스테스는 웰런의 남편이 적어놓은 차량번호를 말해주었다. 935-VHX.

레이크우드 경찰이 몇 분 후에 도착했을 때도 트럭은 계속 그 자리에 있었다. 하지만 남자는 사라졌다. 경찰은 픽업트럭을 한 바퀴 돌아보았다. 흰색 마즈다였다. 특별한 구석은 없었다. 차량번호를 조회해보았다. 기록은 없는 차량이었다. 경찰은 에스테스 집 현관문을 노크했다. 그는 특별히 문제될 건 발견하지 못했다고 말했다. 경찰서로 돌아온 그 경찰은 짧은 출동과 시민과의 만남에 대해 경과 보고서를 간단히 작성했다. 그리고 "의심스러운 차량 발견"이라고 제목을 붙였다.

다음 날 아침 일찍 일어난 웰런은 창문부터 내다보았다. 트럭은 사라지고 없었고 걱정은 접어두기로 했다. 에스테스도 마찬가지였다.

동네는 다시 평화로운 원래 모습으로 돌아갔다. 웰런은 8개월 후 지역 뉴스를 보기 전까지는 그 흰색 트럭에 대해서 까맣게 잊고 있었다.

———— ◆ ————

2011년 2월 초, 레이크우드 경찰서의 한 형사는 레이크우드의 범죄분석가인 다넬 디지오시오의 칸막이 책상으로 걸어갔다. 이 형사는 사건에 투입되면서 릴리 사건과 다른 성폭력 사건과의 연관관계를 더 알아보라는 임무를 받았다. 사건 브리핑에서는 강간범이 여성들을 오랫동안 스토킹하고 집에서 속옷을 훔쳐갔다고 했다. 그는 디지오시오가 온갖 종류의 데이터베이스를 조회할 수 있다는 것을 알았다. 속옷을 훔쳐간 강도를 신고

한 사람이 있는지 찾아봐줄 수 있나요? 그리고 내일까지 해줄 수 있을까요? 왜냐하면 공조 수사를 하기로 한 경찰들이 내일 회의에서 사건 증거를 검토하는 시간을 갖기로 되어 있었기 때문이었다.

디지오시오는 하마터면 크게 웃을 뻔했다. 데이터베이스를 이용해 찾을 수 있는 많은 것들이 있다. 하지만 이건 그중 하나가 아니었다. "만약 내가 아끼던 속옷을 잃어버렸다면 속옷 서랍 구석에 처박혀 있거나 세탁기가 먹어버렸다고 생각하고 말았을 걸요? 백만 년이 지나도 속옷 잃어버렸다고 경찰에 신고하는 사람은 없어요." 그녀는 형사에게 말했다.

디지오시오는 불가능한 일을 해달라는 요청을 받는 데 익숙했다. 그녀는 콜로라도주 그릴리 근처의 평야 지역 작은 마을에서 자랐다. 조용하고 안전한 마을이었다. 10대 때 배구와 농구선수로 활약했고 콜로라도주 길크레스트에서 열리는 육상 대회에서 밸리고등학교 대표로 출전하기도 했다. 하지만 그녀는 FBI에 더 끌렸다. 덴버대학교에 입학했고 범죄학을 전공할 예정이었다. 교수는 그녀에게 FBI에 입사하려면 특수 분야를 전공하는 것이 도움이 된다면서 통계학을 추천했다. FBI는 최근 자료 분석 분야에 투자하고 있던 참이었다.

하지만 디지오시오는 수학에 강하지 않았다. "영어를 잘했죠. 음악을 좋아하고." 그녀는 말한다. 하지만 법 집행기관에서 꼭 일해보고 싶었다. 통계를 공부해야 된다면 통계학을 공부할 것이다. "반 강제로 수학을 좋아하게 되었죠." 그러다 공부하면서 현실 세계의 문제를 해결하는 데 통계학의 힘이 크다는 것을 알고 매혹되었다. 그녀는 통계가 "목적이 있는 수학"이라고 했다. 1999년에 졸업했지만 FBI에 지원하지는 않았다. 대신 경찰들에게 범죄분석을 위한 지도 사용 방법을 교육하는 직업을 갖게 되었다. 그러는 사이 결혼을 하고 아이를 가졌고 자신이 교육이나 출장보다는 안정을 선호한다고 생각했다. 2008년 그녀는 레이크우드에서 일하는, 통계학을 전공한 콜로라도의 몇 안 되는 범죄분석가 중 한 명이 되어 있었다.

레이크우드 그녀의 책상에는 컴퓨터 모니터가 있고, 아이들 사진이 있고, 커피 포트가 있다. 사무실 안에는 정육점에서 사용하는 포장지처럼 생긴 롤로 된 도시 지도를 인쇄해주는 거대한 프린터도 있다. 그 프린터는 그녀의 전매특허 무기였다. 이것을 이용해 자동차 강도와 편의점 도둑의 위치를 표시해 경찰들이 범죄를 막는 걸 도왔다. 그녀는 속옷 강도 자료는 따로 갖고 있지 않다고 형사에게 말했다. 하지만 매핑 소프트웨어를 이용해 릴리의 집 400미터 반경 내의 모든 의심 차량과 수상한 인물에 대한 기록을 찾아줄 수 있었다.

"바늘 더미에서 바늘 찾기라고 할 수 있죠. 하지만 그게 내가 할 수 있는 일이기도 해요." 그녀는 말했다.

그리고 그날 저녁 바늘을 찾았다. 에스테스가 8개월 전에 했던 수상한 차량에 대한 신고 전화였다. 의심스러운 흰색 트럭이 자신의 집 앞에 세워져 있다고 했다. 장소와 시점이 디지오시오의 눈에 띄었다. 6월 14일이었고, 강간범이 릴리의 집에 침입한 날짜에서 3주 전이었다. 에스테스의 집은 릴리의 집에서 몇 블록밖에 떨어져 있지 않았다.

"흠, 너 뭔데 이 늦은 시간에 남의 집 앞에 차 세워놓고 있는 거지? 네가 있을 곳이 아닌데?"

다음 날, 2011년 2월 9일 하셀과 디지오시오는 웨스트민스터 경찰서로 함께 차를 타고 갔다. 회의실에 들어가자마자 디지오시오는 깜짝 놀랐다. 적어도 20명이 넘는 경찰과 FBI 요원들이 경찰서 2층의 긴 회의 테이블에 앉아 있었다. 헨더샷과 갤브레이스도 있었다. 버지스와 그루징도 있었다. 앰버 강간 사건 이후 35일이 지난 시점이었다.

대단한 뉴스는 없었다. 갤브레이스는 성폭력으로 고소당한 전력이 있어 주목하던 용의자 대학생 프랭크 터커의 휴대전화 통화 기록을 조사해 보았다. 그는 앰버가 강간당할 당시에 베일에서 스키를 타고 있었던 것으로 밝혀졌다. 그 학생은 경찰서에 불려왔을 때 앰버가 강간범의 종아리에서 본 반점과 얼추 비슷해 보인다고 했던 종아리의 얼룩을 보여주었다. 알고 보니 둥그런 모양의 푸른색 문신이었다.

FBI의 바이캡에서도 성과가 나오지 않았다. 그루징와 갤브레이스는 캔자스 로렌스의 한 대학 도시에서 여러 차례 발생한 강간 사건을 조사하던 형사들과 대화를 나눠보았다. 사건의 연결 가능성은 경찰들에게 설레는 일이었다. 하지만 캔자스 수사관들도 방에 가득한 콜로라도 형사들이 직면하고 있는 것과 같은 벽에 부딪혔다. 강간 사건들을 하나로 엮을 수는 있었지만 용의자를 특정할 수는 없었다.

콜로라도 수사국의 분석가인 루이스는 헨더샷이 요청했던 검사 결과를 보고했다. 웨스트민스터의 DNA 샘플을 오로라와 골든의 샘플과 비교한 것이었다. 그들에게는 딱 한 번의 기회가 있었다. 검사 과정에서 이전에 겨우 살려냈던 세포들이 훼손되기 때문이다. 하지만 그들은 DNA 샘플이 일치한다는 사실은 확실히 밝혀냈다. 이 증거가 특정 용의자를 찾는

데 도움이 되지는 않았다. 하지만 이제 형사들은 그동안 내내 의심해오던 것에 대한 확증은 얻을 수 있었다. 똑같은 사람이, 적어도 같은 가계의 남자들이 도리스, 세라, 앰버를 강간했다.

웨스트민스터 경찰서에서 언론 대응을 담당하는 트레버 마테라소 경사는 조만간 기자들에게 덴버 근교에서 연쇄강간범이 돌아다니고 있다는 뉴스를 전달해야 한다는 것을 깨달았다. 경찰은 범인의 신원에 대해서 전혀 단서가 없다는 사실도 인정해야 했다. 머릿속이 복잡해졌다. 경찰은 대중에게 어떻게 말해야 할까? 용의자 범위를 좁히고 싶다면 어떤 정보까지 말하면 좋을까? 기자들이 절대 피해갈 수 없는 질문, '이 강간범이 다시 강간을 저지를 것이라 생각합니까?'라는 질문을 할 텐데 어떻게 대답하면 좋을까?

디지오시오는 경찰들이 서로 갖고 있는 증거를 나누고 수사 진행 상황을 발표하는 걸 듣고 있었다. 자신이 최근 발견한 정보로 이 대화에 끼어들어도 될지 자신할 수 없었다. 따지고 보면 그저 릴리 집 근처에 세워져 있던 흰색 트럭 신고 전화일 뿐이지 않은가. 함께 차를 타고 온 하셀에게도 굳이 꺼내지 않았던 정보였다. 그녀는 생뚱맞은 소리를 하는 사람이 되고 싶지는 않았다. 어쩌면 수사관들은 그녀가 거리를 누비는 경찰이 아니라 책상머리에 앉은 분석가라는 이유로 무시할 수도 있다. 어쩌면 여자라서 얕잡아볼 수도 있다. 법 집행 분야는 남자들의 세계였다. 물론 헨더샷과 갤브레이스가 있었지만 그 자리에 있는 대부분의 사람들은 짧은 머리를 한 키 큰 백인 남자들이었다. "이 업계에서 내 자리를 지키려면 나는 다른 종류의 여자가 돼야 해요." 그녀는 말한다. "내 목소리를 지킬 만큼은 강해야 하지만 사람들이 기 센 여자라고 부를 정도면 안 되죠. 나만의 자리를 스스로 찾아내야 해요. 그러면서도 나다움을 지켜야 하고요."

디지오시오는 회의가 열리기 전에 그 강간범이 얼마나 잔인한지, 얼마나 많은 여성을 공격했는지 모르고 있었다. "나에게는 새로운 이야기들이었습니다." 회의가 곧 끝나려 하고 있었다. 몇몇 경찰은 자리에서 일어나서 작은 무리를 지어 이야기하고 있었다. 회의실을 나가는 사람도 있었다.

디지오시오는 말을 꺼내야겠다고 결심했다.

"제가 수상한 차량과 의심 가는 신고 전화를 찾았는데요." 그녀는 긴 회의 탁자에 있는 경찰들에게 말했다. "이게 중요한 단서인지 아닌지 잘 모르겠습니다만, 이상한 신고 전화를 발견했어요. 흰색 트럭에 앉아 있던 남성과 관련되어 있습니다."

갤브레이스는 그때 다른 경찰과 이야기하고 있던 중이었다. 그러나 말을 하다가 멈추었다. 지금 방금 디지오시오가 뭐라고 했지? "흰색 트럭." 갤브레이스는 사건이 일어난 날 밤 앰버의 아파트 주변을 돌던, 감시 카메라 속의 흰색 트럭을 떠올렸다.

"차량 정보가 있을까요?" 갤브레이스는 자리에서 일어났다.

디지오시오는 노트북을 갤브레이스에게 건넸다. 차량번호를 조회해보니 1993년형 흰색 마즈다 픽업트럭이라고 했다.

그 영상 속 트럭도 마즈다였다.

차량 등록자는요? 갤브레이스는 물었다. 그녀의 눈이 답을 찾기 위해 스크린을 재빨리 훑었다.

디지오시오는 그 부분까지 검색해두었다. 다른 파일을 열었다. 흰색 트럭 소유자의 운전면허증 사진이 나왔다.

가장 위에 이름이 있었다.

11

특별경죄

2008년 8월 마지막 주
워싱턴주, 린우드

그것은 교통 범칙금 고지서처럼 보였다. 교통 범칙금 부과에 쓰이는 것과 동일한 양식으로 한 장짜리에다가, 상단에는 '교통범죄', '교통 외 범죄'라고 기재된 각 문구 옆에 빈 네모칸이 그려져 있었다. 마리가 들고 있던 그 문서에는 '교통 외 범죄' 쪽에 표시가 되어 있었다.

그 우편물은 8월 말, 강간 신고를 한 지 3주가 채 되지 않은 어느 날 우편함에 도착했다. 봉투를 열었을 때, 그녀는 범죄로 기소된 사실을 알게 되었다. "허위 신고." 손글씨로, 모두 대문자로, 두 단어로 적혀 있었다. 이 소환장에는 허위 신고죄가 어떤 범죄로 분류되는지(경죄인지 중죄인지) 나와 있지 않았고, 법정형에 대한 언급도 없었다. 하지만 문서에는 그녀가 주 법규의 RCW 9A.84.040을 위반했다고 기재되어 있었다. 구글을 찾아본 결과 답을 얻을 수 있었다. 허위 신고는 특별경죄*에 속하는 것으로, 중죄에 약간 못 미치는 정도로 심각한 범죄라고 했다. 유죄일 경우에는 최대 징역 1년을 선고받을 수도 있다.

법규의 본문은 다음과 같다.

> 누구든지 자신이 진술·전달 또는 유포하는 정보가 거짓이라는 점을 알고 있을 뿐만 아니라, 그러한 허위 신고 등이 건물이나 사람들이 집합한 장소, 대중교통 수단의 소개疏開로 이어지거나 공중에게 불편 또는 공포를 야기시킬 가능성이 있다는 점을 알고 있으면서도 허위의 신고를 하거나 유포하는 행위를 할 경우, 또는 그와 같은 점을 알면서도 화재, 폭발, 범죄, 재해, 긴급사태가 발생하였거나 발생할 우려가 있다는 허위의 신고를 할 경우 허위 신고죄로 처벌된다.

한마디로 하자면, 마리는 강간을 당하지 않았으면서 강간을 당했다고 주장하며 잘못된 공포를 조장했다는 혐의를 받고 있는 것이었다.

마리는 엄청난 충격에 빠졌다. 그녀는 경찰이 원하는 것을 주었을 뿐이

◆ 한국 법 체계와 달리, 미국 법 체계에서는 중죄(felony)와 경죄(misdemeanor)를 구분한다. 특별경죄(gross misdemeanor)는 경죄 중에서도 중대한 편에 속하는 죄를 지칭한다.—옮긴이

었다. 자술서를 제출했고, 거짓말 탐지기 검사 요청을 포기했다. 그런데 어느 날 갑자기 집에 이런 문서가 날아왔다. 지난 일을 털어버리고 새로 시작해보겠다는 희망은 사라지고 있었다. 그녀는 형사 사법 시스템을 알지 못했다. 기소 절차가 얼마나 오래 걸리는지, 어떤 결론이 나게 될지 알수 없었다. 하지만 이 모든 것을 혼자서 헤쳐나가야 한다는 사실만은 알았다. 이제 친구들은 거의 남지 않았다. 친구가 있다 해도 법원까지 동행해주진 않을 것이다.

마리는 기소사실에 대한 인부를 위하여 린우드시 법원에 출석하여야했다. 만약 기소인부절차[♦♦]에 출석하지 않으면 그녀는 체포될 수도 있다.

우편함에 꽂힌 공백 기재 형식의 소환장 한 장은 1년 징역형이라는 위협을 경고하기에는 너무나 가벼운 방법처럼 보인다. 하지만 사실 마리에게 한 통지 방식만큼이나 그 결정이 이루어진 방식 또한 무성의했다. 범죄기소 절차는 복잡할 것이 없다. 경찰서에서 사건을 의무로 심사할 필요도 없고 검사에게 확인 서명을 받아야 하는 것도 아니다. 메이슨 경사는 소환장을 작성한 후 하단에 서명만 했을 뿐이다. 마리를 기소하겠다는 것도 메이슨 혼자 내린 결정이었다. 메이슨에게 그 판단은 당연한 것이었다.

메이슨은 마리가 거짓말을 했다고 확신했다. 법적으로 그녀의 거짓말은 범죄다. 범죄가 있는 곳에 범인이 있고, 범인이 있다면 기소가 따라야한다. "어려울 것 없었죠. 당연한 일이었습니다." 메이슨은 말한다.

♦♦ 영미법의 형사소송절차. 피고인에게 공소장을 읽어주고 유죄인가 무죄인가 물어 유죄임을 시인하면 증거조사 없이 유죄 판결하고 무죄라고 주장하면 무죄추정하에 증거조사하는 제도.—옮긴이

허위 신고에 대한 처벌은 때로 무거울 수 있다. 아칸소대학교 법대 교수인 리사 아발로스가 실시한 연구에 따르면 워싱턴을 포함하여 42개 주에서 허위 신고를 경죄로 취급하고 8개 주에서는 중죄로 취급한다.[1] 일리노이주와 와이오밍주에서는 최고 5년형까지 받을 수 있다. 아칸소주에서는 6년이다. 허위 신고는 연방법 기준으로도 중죄에 속해 최고 5년형에 25만 달러의 벌금이 부과될 수도 있다. 이 점에 있어서 미국은 영국에 비하면 그나마 관대한 편이다. 영국에서는 이 범죄를 '사법방해죄'로 취급하며 최고 종신형까지 선고할 수 있다.[2]

경찰 입장에서는 처벌이 강력해야 할 이유가 있다. 허위 신고는 경찰 자원을 낭비시킨다. 마리의 사건 같은 경우, 순찰 경관이 출동했고 과학수사대와 기술 인력이 동원되었고 형사와 경감이 현장에 갔고 아파트에 앰뷸런스도 출동했으며 이것 때문에 이 인력이 다른 명령이나 임무를 처리하지 못했을 수 있다. 병원에서는 의사와 특수 교육을 받은 간호사가 마리를 장시간 검사하는 동안 다른 환자들은 기다려야 했다. 메이슨과 동료들 또한 며칠 동안 이 사건에만 집중했다. 이 사건이 시민에게 미치는 영향도 있었다. 마리의 강간 사건은 시애틀이라는 대도시 지역에 크게 보도되었다. 낯선 이가 아파트에 침입해 여성을 칼로 위협한 흉악 범죄였다. 당연히 사람들은 동요했고 그녀와 같은 아파트에 살거나 같은 주거 프로그램을 공유하는 주민들은 특히 더 심각하게 반응했다.

마리의 사건에서 경찰은 용의자를 찾을 수 없었다. 하지만 만약 용의자가 있었다면 무고한 사람이 신문받는 고통을 겪었을 수도 있다. 용의자의 가족이 신문을 받았을 수도 있다. 직장 동료가 불려갔을 수도 있다. 이웃들도 마찬가지였을 것이다. 최악은 결백한 사람이 혐의를 받고 유죄 판결을 받을 수도 있었다는 것이다. 무고죄 피해자는 대중에게 노출되면서 명예훼손을 당할 수도 있다. 2006년 세 명의 듀크대학교 라크로스팀 선수들이 스트립 댄서를 성폭행했다는 혐의로 고소되었다. 그들은 그 다음해까지도 결백이 밝혀지지 않았는데 이 사건의 검사가 이들의 무죄를 증명하는 DNA 증거가 있음에도 제출하지 않았다는 사실이 후에 드러났다. 검사는 법률가의 자격을 박탈당했고 하루 동안 수감됐다. 2014년에 잡지 《롤링스톤》은 버지니아대학교의 남학생 사교 클럽의 회원들에게 집단 성폭력을 당했다고 하는 한 학생에 관한 특집 기사를 실었다. 곧이어 이 학생의 사건을 언론과 경찰이 파헤치면서 몇몇 남학생들이 의심을 받게 되었다. 이듬해 이 잡지는 그 기사 내용 전체를 철회했다. 한 저널리즘 기관에서 그 기사를 "올해의 실책"이라 이름 붙이기도 했다.[3] 결국 《롤링스톤》은 남학생 사교 클럽과 대학 행정관에게 명예훼손으로 손해배상 청구를 당하였고 조정에 따른 배상금을 지급하여야 했다.[4] 담당 행정관은 이 기사 때문에 자신이 "무책임한 제도의 상징"으로 억울하게 비난당했다고 말했다.[5]

마리 사건과 유사한 사건이 린우드에서 남쪽으로 몇 마일 떨어진 곳에서 일어났다. 마리의 강간 신고 5개월 전인 2008년 3월, 워싱턴주 킹 카운티의 한 여성이 허위 신고죄를 자백하고 유죄를 선고받아 8일 동안 수감된 적이 있었다.[6] 하지만 그녀의 이야기가 끼친 피해는 마리의 이야기보다 더 컸다. 그녀는 특정인(대학 교수)을 성폭력 가해자로 고소했는데, 그 과정 중에 이메일을 조작해 그가 학생을 여성으로 보고 접근했으며 그녀가

"한두 개 조건"을 만족시켜주면 학점을 잘 주겠다고 약속한 것처럼 보이게끔 했다. 그 교수는 체포되어 9일 동안 수감되었다가 무죄가 밝혀져 석방되었다.

린우드 경찰이 마리가 허위 신고를 했다고 공식적으로 결론 낸 건 수사가 종결되었다는 의미였다. 더 이상 수사할 것이 없다. 더 이상 증거를 수집하지 않을 예정이다. 탐문 수사도 더 이상 진행되지 않는다. 아파트 주민들, 마리가 살던 옛 아파트에서 여섯 명, 근처 아파트에서 일곱 명은 쓸 만한 대답을 해주지 않았고 더 이상 경찰이 찾아가지 않을 것이다. 수집된 증거는 절차에 의해 파기될 것이다. 충분한 시간이 흐르면 마리의 침구도 처리될 것이다. 침대에서 나온 머리카락과 섬유 조직과 슬라이딩 유리문에서 닦아낸 DNA도 파기된다. 성폭력 응급 키트도 마찬가지다.

마리의 진술, 마리의 이야기 그 자체도 공식 기록에서 삭제된다. 매년 FBI는 전국의 경찰서에서 범죄 데이터를 수집한다. 이 데이터를 사용해 법 집행기관들은 예산을 기획하고, 연구자들은 최근 범죄 성향을 조사하고, 입법자들은 법안을 제정한다. 매년 FBI에 보내는 그해의 수사 파일에서 린우드는 마리의 강간 신고를 '사실무근(unfounded)'으로 적시했다. 범죄가 신고되었지만 근거가 없거나 허위로 여겨지는 경우에 붙이는 다목적용 제목이었다. 최종적으로 2008년에 린우드 경찰서에 신고된 성폭력 사건은 10건이었고 린우드 경찰은 그중 4건을 사실무근으로 분류했다.

9월 11일, 기소사실인부절차의 날이 돌아왔고 마리는 법원에 출두하지 않았다. 출석 명령 거부는 범죄인 만큼 검사는 판사에게 마리의 체포 영장을 청구했다. 판사는 승낙했다. 이제 마리는 두 가지 혐의로 입건될 수 있었다. 다음에 경찰을 만나게 될 때면 체포될 수 있을 뿐 아니라 수갑을 차게 되고, 수감될 수도 있었다.

린우드 시법원은 혼란의 도가니였다. 일단 일이 밀려 있었다. 2008년 마리의 사건은 4859건의 경죄 중 한 건이었다. 법원은 대부분 교통 법규와 관련된 1만 3450건의 법규 위반을 처리하고 있었다. 입건되거나 범칙금 고지서가 발부된 사람들에게 이 법원은 온갖 사건 재판이 벌어지고 있는 어지러운 벌집 같았다. 주요 업무는 외주로 맡겼다. 개인 법률 사무소인 자커앤토머스가 기소를 담당했다. 또 다른 계약기관인 엔코트는 인터넷이나 전화를 통한 벌금 징수를 관리하며 추가 편의 비용을 청구했다. 사건이 진행될수록 벌금과 비용과 기타 법적 의무사항은 크게 늘어날 수 있다. 마리 같은 피고인은 보통 모든 공판에 참석하라는 요청을 받지만, 막상 법원에 가보면 공판 날짜가 미뤄지거나 다음 공판이 정해져도 피고인이 출석했을 때 또 다시 미뤄지게 되는 경우가 허다했다.

이 법원의 인터넷 홈페이지에서 판사인 스티븐 E. 무어는 법원의 목표는 "행동을 교정하는 것, 린우드를 시민이 생활하고 일하고 쇼핑하고 방문하기에 더 낫고 더 안전하고 건강한 도시로 만드는 것"이라고 언급했다. "우리 법원의 최우선 가치는 [······] 고객 서비스이다. 교통 범칙금을 받거나 기소된 사람이 자신들을 '고객'으로 생각하는 것이 어려울 수도 있다. 그러나 그들 또한 고객이다." 모든 사람들, 즉 피해자, 목격자, 배심원, 피고인 모두 "전문적인 일처리와 인권 존중을 기대할 수 있다." 판사는 이렇게 쓰고 있다.

9월 12일, 마리는 린우드 지방법원에 가서 사건의 경과를 물었다. 그녀는 전날이 기소인부절차 기일이라고 전해 듣지 못했다. 그녀는 체포 영장이 발부된 줄도 모르고 있었다. 직원이 서류들을 찾아보고 어찌된 일인지 기일 지정 통지서가 마리의 린우드 집이 아니라 시애틀의 주소로 보내졌다는 사실을 확인했다. 그래서 법원은 기소사실인부절차 날짜를 다시 잡았고 체포 영장은 취소했다. 하지만 마리가 부지런하지 않았다면, 즉 무슨 일이 있는지 확인하려고 직접 법원에 들르지 않았다면, 체포되어 그날 밤을 구치소에서 보내게 되었을지도 모른다.

기소사실인부절차가 9월 25일에 이루어졌고, 국선변호사인 제임스 펠드먼이 마리를 변호하게 되었다. 제임스 펠드먼은 검사들과 마찬가지로 린우드 법원에 시간제 계약직 국선변호사로 고용되어 일했다. 그는 민·형사 사건을 취급하는 소규모 로펌을 운영하면서 가정폭력이나 음주운전에서부터 개에게 물린 사건이나 낙상 사건 같은 온갖 종류의 사건을 취급하고 있었다.

34년 경력의 변호사 펠드먼은 마리의 사건을 검토한 후 그녀가 기소되었다는 사실 자체에 놀라워했다. 그녀의 진술은 누구에게도 피해를 주지 않았다. 어떤 피의자도 체포당하거나 신문을 받지도 않았다. 아마도 경찰이 이용당했다고 느꼈을 수는 있다. 그들은 시간 낭비를 고마워하지 않으니까.

기소인부절차에서 마리는 자신의 공소 사실을 부인하였다. 다음 기일은 6주 후인 11월 10일로 정해졌다.

2008년 10월 6일, 워싱턴주 커클랜드에 사는 63세 여성이 경찰에 강간 신고를 했다.

커클랜드는 시애틀 동쪽에 인접한 도시로 워싱턴 호수를 끼고 있는 이 교외 지역에는 아트 갤러리와 청동 조각상들과 요트 정박지들이 자리 잡고 있었다. 손자, 손녀가 있는 할머니인 이 여성은 2층짜리 콘도미니엄의 1층에 홀로 살고 있었다. 그녀가 살고 있는 콘도의 정원에는 잎이 무성한 나무 사이로 햇살이 일렁이고 진분홍색과 자주색의 철쭉이 피어 있고 산책로에는 나뭇잎들과 나뭇가지와 작은 솔방울들이 깔려 있다. 그녀는 경찰에게 오전 4시에 일어나 보니 남자가 집에 들어와 있었다고 말했다. 얼굴을 검은색 망사 소재의 마스크로 가린 남자는 장갑 낀 손으로 그녀의 입을 틀어막았다. 다른 손에 든 칼을 목에 대고 위협했다. 소리 지르지 마, 그는 말했다. 그는 그녀의 손을 그녀의 분홍색 테니스화 끈으로 묶었다. 그녀의 몸을 더듬었다. 사진을 찍었다. 칼끝을 눈에 대서 이 칼로 찔러버릴 수도 있다고 말했다. 그녀는 몸을 꿈틀거리다가 칼에 엄지손가락과 검지손가락 사이를 베이기도 했다. 그녀가 왜 이런 짓을 하냐고 묻자 그는 웃었다. 그는 경찰에게 전화하지 말라고 했다. 전화한다면 자신이 알아챌 것이라고 했다.

여자는 그 남자가 "아주 희고, 흰 피부"를 갖고 있으며 어깨는 각이 져 있기보단 둥그렇게 처져 있고 손은 부드럽고 구취가 심하다고 했다. 나이는 전혀 짐작이 안 된다고 했다. "마흔 정도 될 수도 있고요. 아니면 열다섯 살 소년일 수도 있고. 잘 모르겠어요." 그녀는 경찰에게 말했다. 그의 체격에 대해서도 인상적인 것은 없었다. "대체로 평범한 일반 남자 체형이 요. 덩치가 크진 않았어요. 근육질이지도 않았어요. 그렇다고 키가 작은 남자도 아니고. 마르지도 않았어요."

커클랜드 경찰서에서는 두 명의 형사 잭 키시와 오드라 웨버가 이 사건 을 맡았다. 이 범죄는 두 가지 면에서 굉장히 특수한 케이스였는데 범행 의 잔인함도 그랬지만 확률상으로도 그러했다. "여긴 커클랜드라고요. 이 런 범죄는 잘 일어나지 않는 곳입니다." 키시는 말한다. "우리끼리는 이곳 을 북부의 베벌리힐스라고 부릅니다."

웨버가 볼 때 이 사건은 마치 에드거 앨런 포나 엘러리 퀸 소설에서 나 올 법한 밀실 미스터리의 요소를 갖고 있었다. 이 노부인은 보안에 매우 신경 쓰는 편이었다. 현관문은 철쇠로 된 바로 막혀 있었다. 집 뒤편의 슬 라이딩 유리문과 침실 창문 레일에는 막대기를 끼워두었다. 범인이 어떻 게 침입했을까? 노부인은 한 가지 가능성을 제기했다. 그 전날 밤 피곤해 서 TV를 켜놓고 잠이 들었다. 어쩌면 일어나서 TV를 끄고 다시 침대로 가면서 슬라이딩 도어를 잠그는 것을 깜빡했을지도 모른다고 했다.

사실 두세 달 전부터 누군가가 자신을 미행하는 기분이 들었다고 말했 다. 강간당한 후에 911에 전화했는데 교환원의 목소리를 듣고 깜짝 놀랐 다. 목소리가 그녀를 공격한 용의자 목소리와 비슷하게 들렸기 때문이다. 그 남자가 중간에 전화를 가로채서 받은 거야, 그녀는 이렇게 생각했다. 경찰에 전화하면 자기가 알 것이라고 했던 말은 사실일지도 모른다. 그녀 는 너무 확신한 나머지 911 교환원의 질문에 답하기를 거부했다.

키시는 노부인과 오랜 시간 동안 면담을 했다. 가끔씩 그녀의 대답은 예상 밖의 방향으로 나가기도 했다.

"주변에 약간 이상한 느낌이 드는 사람이 있습니까?" 키시는 물었다.

"네, 있어요."

"말씀해주시겠어요?"

"음, 너구리들이 있어요."

"아, 네."

"개를 자꾸 풀어 놓는 사람들이 있어요. 개들이 왔다 갔다 해요."

"그렇군요."

"있잖아요. 작은 동물들과 얼룩 다람쥐들. 그것들을 보면 징그럽고 그래요."

이 사건을 회의적으로 보는 다른 경찰들의 의견도 있었다. 이런 범행이, 마치 A&E 방송국의 범죄 다큐 소재나 될 정도의 악의적이고 교활한 범죄가 이 평화로운 교외 지역에서 일어난 것 자체를 믿을 수가 없다고 했다. "몇 명이나 내 책상에 와서 말했습니다. '에이, 그 사건 안 일어났어요.' 그러면 난 대답했죠. '일어나지 않았는지 아닌지는 나도 몰라.' ……뭐 거짓말은 사람 본성이겠죠. 아니면 적어도 경찰 세계에서는 흔히 일어나는 일이거나요. 모두가 거짓말을 하거든요. 많은 사람이 경찰에게 거짓말을 해요." 하지만 어떤 사람도 그에게 사건 수사를 그만두라고 말하지는 않았다. "그냥 경찰들끼리 종종 오가는 대화 중 하나였습니다."

사건을 맡은 형사들도 자꾸 생겨나는 의심과 싸우고 있었다. 하지만 이할머니에게 별스러운 점이 있다고 해도 키시는 흔들리지 않았다. 그는 가정폭력 전담 형사이자 인질 협상가로 일하며 트라우마에 관한 충분한 경험을 갖고 있었다. "사람들의 반응은 모두 다릅니다. 사람들에게 인척 사망 고지를 한 적도 셀 수 없이 많아요. 그럴 때면 상상할 수 있는 모든 반응이 나옵니다. 강간 피해자의 경우도, 성폭력 피해자의 경우도 마찬가지입니다." 그는 사건을 설명하는 피해자의 말이 앞뒤가 안 맞는다 해도 흔들리지 않았다. "대부분의 피해자는…… 핵심 문제에 있어서는 확고합니다. 일치하지 않는 것들은 사소한 사항들입니다. 얼마든지 있을 수 있는 일이죠."

"그 노부인을 믿을 수 없는 이유를 찾기 전까지는 그분을 믿었습니다." 키시는 말한다.

---◆---

집에서 남편과 같이 앉아 있던 섀넌도 텔레비전 뉴스를 통해 커클랜드 사건을 보았다.

세상에, 그녀는 생각했다. 내가 틀렸나 봐. 경찰도 틀렸어. 마리는 정말 강간을 당했던 거야.

커클랜드 사건은 마리 사건 두 달 후에, 린우드의 마리 집에서 20킬로미터 떨어진 곳에서 일어났다. 섀넌은 두 사건의 유사점을 쉽게 발견할 수 있었다. 침입한 것, 손을 묶은 것, 사진을 찍은 것 등이었다. 그녀는 지체 없이 움직였다. 섀넌의 아버지는 시애틀 남부 켄트에서 경찰서장으로 일했다. 섀넌은 경찰들과 함께 자랐고 경찰을 믿었고 경찰이 어떻게 일하는지 알았다. 그녀는 곧장 컴퓨터를 켜서 전화번호를 찾은 다음 커클랜드 경찰서에 전화해 마리 사건과의 유사점을 제보했다. 그녀의 전화를 받은 커틀랜드의 경찰은 확인해보겠다고 했다.

전화를 끊고 섀넌은 마리에게 전화했다. 마리에게 그 뉴스를 전하고 직접 커클랜드 경찰서로 전화해서 린우드에서 있었던 일을 알려야 한다고, 이 사건들을 연결시켜 재수사하게 해야 한다고 말했다.

마리는 싫다고 했다. 그녀는 이미 겪을 만큼 겪었다. 그리고 지금은 자신이 기소된 형사 사건에 대처해야 했다. 어떤 경찰이든 더 이상 경찰서에 가서 경찰을 마주볼 수가 없다고 했다. 그렇지만 그녀도 인터넷을 찾아보았고 커클랜드에 사는 할머니에게 어떤 일이 일어났는지 읽었다. 그리고 사건 내용을 읽으며 울었다.

하나의 미해결 사건이 다른 사건과 연결되면 수사는 활기를 되찾는다. 증거가 더 늘어난다. 패턴이 나타난다. 웨버 형사는 이 두 사건의 관련성을 알고 싶어 린우드 경찰에 한 번이 아니라 두 번이나 전화했다. 그러나 두 번 다 린우드 경찰들은 그녀에게 말했다. 저희에겐 관련 사건이 없습니다. 우리 피해자는 피해자가 아니었어요. 그녀는 거짓말을 했다고 자백했어요. 그래서 웨버도 더 이상 캐지 않았다. "그쪽 판단을 존중했습니다. 그들이 맡은 사건이고 세부 사항도 내가 아니라 그 경찰들이 더 잘 알 테니까요." 그럼에도 불구하고 그녀는 경찰이 마리를 기소했다는 사실에 "충격을 받았다." 그녀는 전화를 끊고 생각했다. '그래, 다 이유가 있어서 그랬겠지.'

"아무리 그렇다고 해도 너무 심한 처사라고 생각해요." 웨버는 말한다. 그녀는 뒷이야기가 더 있을 거라고 생각했다. 아마도 린우드 여성에게 거짓말 전력이 있고 경찰의 시간을 더 낭비하게 했을 수 있다. 커클랜드 사건에서 웨버의 파트너인 키시도 린우드 경찰에 전화했지만 같은 답변을 들었다. 그 또한 경찰이 마리를 허위 신고죄로 기소했다는 말을 듣고 웨버와 같이 반응했다. 아, 그래도 이건 아닌데. "법에 그렇게 쓰여 있다고 해서 한 사람을 그렇게 쉽게 기소할 수는 없어요." 그는 말한다.

커클랜드 형사 한 명이 섀넌에게 경과를 전했다. 린우드 사건은 종결되었기 때문에 커클랜드는 섀넌의 제보를 이용할 수가 없다고 했다. 섀넌은 커클랜드 경찰에게 직접 마리와 이야기해보는 것이 좋겠다고 했으나 형사들은 그렇게 하지 않았다. "그게 끝이었어요." 섀넌은 말한다.

섀넌은 전보다 더 혼란스러워지기 시작했다. 커클랜드 사건에 이토록 매달리는 자신을 보면서 깨달은 것이 있었다. 어쩌면 그녀 또한 마리가 거짓말했다고 믿고 있는 게 아니었을지 모른다. "나도 마리의 말을 믿고 싶었던 거구나, 싶었죠." 섀넌은 말한다. "마리를 사랑했으니까요."

하지만 마리가 다시 나서서 무죄를 증명하기를 꺼려하면서 이 모든 의심들은 사라지고 말았다. 커클랜드 사건은 마리가 경찰에게 제대로 진술할 수 있는 두 번째 기회였다. 이번에는 린우드의 경찰이 아니라 다른 경찰이었다. 자신이 강간당했으며 수사를 다시 재개하여 커클랜드 사건과 연결시켜야 한다고 주장할 수도 있었다. 하지만 마리가 그렇게 하지 않는다는 점이 섀넌에게 생각을 또 다시 바꾸게 했다. 마리는 거짓말한 거야. 강간당하지 않은 거야. 그럼에도 불구하고 여전히 의문이 남았다. 마리의 아파트에서는 정말로 어떤 일이 일어났던 걸까?

———————— ◆ ————————

11월에 마리는 다시 법원에 출석했다. 순서를 기다리면서 옆에 있는 사람들이 무슨 이유로 여기 와 있는지 상상해보았다. 속도위반일까, 절도일까? 뺑소니 사고나 가정폭력일 수도 있겠지. 마리의 이름이 호명되었을 때, 마리의 국선변호사인 펠드먼은 판사에게 제기할 공판 전 신청을 할 것이 없다고 말했다. 그날 진행된 것은 그것이 전부였다. 다음 기일은 다음 달로 정해졌다.

12월에 다시 가보니 기일이 1월로 미루어졌다고 했다. 1월에 가보니 2월까지 기다리라고 했다. 2월에 가보니 다시 3월로 기일이 연기되었다.

마침내, 검사는 마리에게 유죄 협상안을 제시하였다. 일명 "공판 전 조건부 공소 취소 합의(pre-trial diversion agreement)"라고 불리는 합의안은 다음과 같은 것이었다. 마리가 앞으로 1년 동안 일정 조건을 따른다면 허위 신고죄의 공소가 취소될 것이다. 마리는 거짓말한 것에 대해 정신건강 상담을 받아야 한다. 감독관의 보호관찰을 받아야 한다. 어떤 법도 위반해서는 안 되며 올바르게 살아야 한다. 그리고 소송 비용으로 500달러를 법원에 납부해야 한다.

펠드먼이 볼 때 괜찮은 제안이었다. 마리가 이 합의에 다른 조건을 모두 이행한다면 전과 기록을 남기지 않을 수 있다.

마리는 모든 일을 끝내고만 싶었다.

그래서 3월에 마리는 변호인과 함께 법원에 여섯 번째로 출석했고, 합의를 받아들였다.

———————◆———————

커클랜드에서는 키시가 사건을 맡아 수사 중이었다. 그는 피해자가 거주하는 단지의 모든 콘도와 근처 단지의 주민들에게 무언가 보거나 들은 것이 있냐고 물었다. 관리 직원들을 만나 질문을 하기도 했다. 또 사건 2~3개월 전에 이 노부인의 집에서 텔레비전 케이블을 연결해주었다고 하는 이웃과 면담했다. 누군가 자신의 집에 침입하려 했다고 신고했던 한 여성도 만났다. 집 근처 식료품점, 주유소, 드럭스토어에 가서 사건 당일 아침에 찍힌 감시 카메라를 돌려보기도 했다. 시애틀 시내와 다른 소도시들인 쇼렐라인, 켄모어, 시택 등에서 일어난 사건 정보도 입수해 관련성이 있는지 조사했다.

하지만 2개월이 지나고 수집할 수 있는 단서들이 고갈되자 키시도 수사를 포기해야만 했다. 그는 순환 근무 때문에 다시 순찰대로 돌아가야 했다. 이후에 추가 단서가 발견되면 웨버가 진행해야 할 것이었다. 크리스마스와 새해 사이 두 형사는 사건 인계 작업을 하면서 마지막으로 수사 상황을 검토했다. 그들은 희망은 딱 하나밖에 없다고 결론내렸다. DNA였다.

수사 중 잠재적 용의자를 한 명 찾기도 했다. 신고 당일 아침 커클랜드 경찰은 신고 전화를 받고 약 새벽 5시 30분에 콘도 단지에 도착했다. 주차장에서 시동이 걸린 도요타의 조수석에 앉아 있는 남자를 발견했다. 경찰이 다가가 창문을 두드리니 남자는 자신의 이름과 생년월일을 밝혔다. 경찰은 서에 전화해 이 남자의 신원 확인을 해달라고 했다.

이 남자는 자신이 친구와 함께 이 콘도에서 살고 있다고 말했다. 그는 기계공으로 룸메이트와 같은 직장에서 일한다고 했다. 그날 아침 같이 차를 타고 갈 룸메이트가 나오길 기다리며 담배를 피우고 있었다고 했다. 경찰은 기계공에게 시간을 내주어 감사하다고 한 다음 걸음을 돌렸다. 바로 그때 전화가 왔다. 그 기계공에게는 체포 영장이 내려져 있었다. 공공장소 성기 노출로 6월에 발부된 영장이었다.

그러니 그 기계공은 사건 당시 근처에 있었고 성범죄 혐의 기록을 갖고 있는 사람이었던 것이다. 또한 그는 경찰이 찾고 있던 것과 일치하는 스웨트 셔츠를 입고 있기도 했다.

하지만 기계공은 자신은 절대 범인이 아니라고 주장했다. 전날 오후 2시부터 자기 집에만 있었다고 했다. 또한 경찰은 피해자인 노부인을 차에 태우고 그를 살펴보게 했는데 부인은 확신할 수는 없지만 그 남자가 아닌 것 같다고 말했다. 또한 그는 키가 195센티미터에 110킬로그램에 가까웠으니 결코 평균 체격이라 볼 수 없었다. 그럼에도 그는 확실한 증거가 나오기 전까지는 용의자였다.

워싱턴주 순찰대 과학수사대에서 감식원은 부인의 손을 묶는 데 사용된 신발 끈에서 미량의 남성 DNA를 추출할 수 있었다. 이 샘플은 완전한 유전자 프로필을 완성하기에는 부족했다. 하지만 부계 유전자를 식별할 수 있는 검사인 Y-STR 검사는 할 수 있었다. 주립 연구소에서는 Y-STR 분석을 하지 않았지만 일부 사설 연구소에서는 하고 있었다.

웨버는 기계공에게 대조를 위해 DNA 샘플을 제공해줄 수 있는지 물었다. 그는 동의하고 형사가 그의 볼 안쪽을 면봉으로 훑도록 했다.

2009년 7월 웨버는 면봉과 신발 끈을 사설 연구소에 보냈다. 그리고 기다렸다.

Y-STR 분석에는 한계가 있어 기계공과 범인이 동일인이라고 확실히 판단할 수는 없었다. 하지만 그가 범인이 아닐 경우에는 확실히 판정할 수 있었다.

6주를 기다렸고 8월의 마지막 날 웨버는 검사 결과를 받았다. 기계공은 용의자에서 제외되었다. 신발 끈에서 나온 DNA는 다른 사람의 것이었다.

웨버가 할 수 있는 건 거기까지였다. 더 이상 할 수 있는 게 없었다. 9월 2일, 그녀는 이 사건을 미결로 분류하고 다른 사건으로 넘어갔다.

◆

마리가 합의를 받아들이면서 수감의 위협은 사라졌다. 하지만 상실감은 오래도록 지속되었다. 린우드 사건이 일어난 아침 이후 몇 달, 그리고 몇 년 동안 그녀의 삶은 텅 비어 있었다.

교회에 다니지 않게 되었다. "하나님에게 화가 났으니까요." 그녀는 말한다. 교회에 나가지 않게 되면서 조던과의 사이도 멀어졌다. "우리는 여전히 친구이긴 했지만 예전처럼 자주 만나거나 통화하지 않았죠."

사진에 대한 흥미도 잃었다. 하루 종일 아파트에 처박혀 텔레비전만 보며 지내는 날들이 이어졌다.

대학 진학도 보류했다. 단순 업무만 하는 직업을 얻어 잠깐씩 일하다 말곤 했다. "상처를 너무 받았어요. 깊고 어두운 동굴 속에서 사는 기분이었어요. 열심히 살고픈 의욕이 생기지 않았어요." 그녀는 옷 가게에서 계산을 하고 가격표를 붙이고 정리하는 일을 했다. 미수금 처리 대행회사에서 전화를 받고 자료 입력하는 업무를 했다. 세일하는 파티 용품을 파는 매장에서 일했다.

경찰이 그녀의 아파트에서 찾은 연수허가증은 원래 일시적인 것이었다. 독립으로 가는 과정의 한 단계였다. 하지만 그녀는 다음 단계로 나아가지 않았다. 운전면허를 취득하지 않았다. 그녀는 버스를 타고 통근했다.

자존감은 자기혐오에 자리를 내어주었다. 그녀는 담배를 피우기 시작했고, 술을 마셨고, 살이 쪘다. 어리석은 선택들을 하고 그녀의 돈을 훔쳐가는 한심한 사람들과 어울렸다.

모든 사람이 자신을 버렸다고 생각했다. 그녀만 그렇게 생각한 건 아니었다. 섀넌도 그렇게 느끼고 있었다. "그녀 주변에 있었던 친구들이나 보호자였던 사람들은 그녀와 어떤 관계도 맺고 싶지 않아 했어요." 섀넌은 말했다.

마리는 우울증과 외상 후 스트레스 장애에 시달렸다. 그녀가 합의 조건으로 받게 된 전문가와의 상담에서 내린 진단이다. 어떤 날엔 더할 나위 없이 행복하다고 말했다. 어떤 날은 피곤했고, 너무나 지쳤고, 자신이 모든 것을 포기했다는 생각, 그토록 자기 것으로 만들고 싶어 했던 평범한 생활은 영원히 자기 곁을 떠나버렸다는 생각을 떨칠 수가 없었다.

법원 명령으로 마리는 1년 동안 상담을 받아야 했다. 처음에는 두려웠지만 차츰 적응했다. "적어도 상담을 받을 때는 판단당하지 않잖아요. 마음을 닫지 않고 누구에게 털어놓을 수 있으니 기분이 좋았어요." 두 사람은 함께 마리가 살아온 인생을 되돌아보았고 마침내 그녀가 했던 거짓말에 대해서까지 이야기했다. 하지만 "1년으로는 충분하지 않았어요." 마리는 말한다. 자신의 인생 이야기를 할 만큼 한 다음 마리는 딱 한 번 그날 린우드에서의 여름날 아침 어떤 일이 일어났는지 상담사에게 말했다.

"전부 다 이야기했어요." 마리는 말한다.

마리는 상담사가 그녀를 믿었는지 안 믿었는지 알 수 없었다.

12

흔적들

2011년 2월 11일
콜로라도주, 레이크우드

마크 패트릭 오리어리.

갤브레이스가 보고 있는 노트북 화면에 뜬 운전면허증 이름이었다. 오리어리는 180센티미터가 넘는 키였다. 몸무게는 100킬로그램이었다. 머리 색깔은 금발이었다. 눈은 녹갈색이었다. 얼굴은 네모지고 둔중해 보였다. 찰흙으로 빚은 인형 얼굴 같았다. 입술은 두툼하고 머리는 짧았다. 눈썹은 툭 튀어나와 있었다. 레이크우드 할런 스트리트 65번지에 살고 있었다. 생년월일은 1978년 6월 22일. 갤브레이스는 계산했다. 32세였다.

'이 놈이야.' 그녀는 생각했다.

갤브레이스의 마음에 후회의 감정이 스치고 지나갔다. 중요한 단서로 여기지 않아 동료 수사관들에게 그 흰색 트럭에 대해 말하지 않았다. 디지오시오가 그 트럭을 찾아낸 건, 행운, 순전히 행운이라고밖에 볼 수 없었다. 하지만 가끔은 그 행운이라는 것이 필요할 때가 있다. 갤브레이스는 웨스트민스터 회의실에 모여 있는 다른 경찰들에게 빠르게 두 사건의 연관성을 설명했다.

흰색 마즈다가 두 피해자의 거주지 근처에 서 있었다.

피해자가 묘사한 인상착의는 오리어리의 운전면허증에 있는 사진과 일치한다.

회의실에 있던 경찰들, 즉 헨더샷, 갤브레이스, 버지스, 하셀은 앰버가 신고한 강간 사건 후 한 달 동안 별 성과 없는 날들을 보내고 있었다. 쓰레기통을 뒤지고 배수구를 열어보고 대학생들과 케이블 설치 기사를 신문하고, 급히 특별수사반을 만들고 서로의 현장감식반과 범죄분석가 들과 협력했다. 그러다 이제는 조금 지쳐 있었고 연쇄강간범을 잡지 못할 거라고 거의 확신하고 있던 참이었다. 이제 용의자의 신원이 확인되었으니 지금부터 진짜로 일을 시작해야 했다. 웨스트민스터 경찰서 회의실은 비워졌다. 경찰들은 서둘러 각자의 사무실로 돌아가 하나의 질문에 몰두했다.

이 남자는 누구인가?

갤브레이스는 국립범죄정보센터를 조회했다. 전과 기록은 없었다. 교통 범칙금 기록 하나 없었다. 남편 데이비드에게 같이 인터넷 검색을 해보자고 했다. 다시 한 번 그들은 각자 노트북을 끼고 거실의 소파에 마주 앉았다. 데이비드가 첫 번째 대어를 낚았다. 마크 P. 오리어리는 틴섹스허브 닷넷(teensexhub.net)이라는 포르노 사이트를 등록해놓고 있었다. 강간범은 피해자들에게 사진을 인터넷에 올리겠다고 협박했다. 데이비드는 이 링크를 보자마자 앞으로 아내 얼굴 보기가 하늘의 별 따기가 되리란 걸 알았다. "스테이시는 중요한 사건에선 오로지 앞만 보고 불도저처럼 달려들죠. 아마도 서른 시간, 마흔 시간 쉬지 않고 일할 거예요."

그루징은 앰버와 릴리 둘 다 의심한 바대로 오리어리가 군인이었는지 확인하기 위하여 국방부 소속 수사대 직원에게 연락했다. 바로 답변을 받았지만 알게 된 세부 사항은 많지 않았다. 오리어리는 군대에 입대한 적이 있었고 부사관까지 진급했다. 그는 복무를 마치고 명예 제대했다.

디지오시오는 하던 일을 계속 해나갔다. 레이크우드 경찰서 또한 미국에 있는 법 집행기관 70퍼센트 이상이 사용하는 범죄 예방 도구인 차량 번호 판독기에 투자해왔다. 1분에 1800장의 사진을 찍을 수 있는 이 소형 고속 카메라는 순찰차 앞에 붙어 있다. 경찰이 차를 타고 순찰을 돌 때 이 기기는 지나치는 모든 차량 번호판의 사진을 찍어둔다. 번호판 정보 및 사진이 찍힌 시간, 날짜, 장소가 자동으로 데이터베이스에 저장된다. 시간이 갈수록 이 데이터베이스가 도둑맞은 속옷 기록보다 훨씬 더 유용하다는 것이 증명되었다.

알고 보니 판독기가 달린 차량 중 하나가 경찰서로 가는 도중에 할런 스트리트 65번지를 지나간 적이 있었다. 디지오시오가 차 번호를 입력하자 3개의 사진이 검색되었다. 하나는 오리어리가 진입로에 주차된 흰색 마즈다 옆에 서 있는 사진이었다. 또 한 사진에는 오른쪽 조수석 쪽 사이드 미러가 찍혔는데, 골든의 감시 카메라에 찍힌 흰색 마즈다 픽업트럭처럼 찌그러져 있었다.

헨더샷은 웨스트민스터의 자기 책상에서 디지오시오가 보내준 사진을 들여다보고 있었다. 차량번호 판독기 사진 중 하나가 2010년 8월 10일 레이크우드의 도로를 지나가고 있는 마즈다를 찍었다. 그날은 세라가 강간당한 날이었다. 타임스탬프를 봤다. 오전 8:49:05. 강간범이 아파트를 빠져나온 지 2시간밖에 지나지 않았다. 헨더샷은 더 놀라운 사실을 발견했다. 콜로라도 차량관리부 기록에는 오리어리가 같은 날 오전 11시 13분에 새로운 운전면허증을 발급받기 위해 사진을 찍은 것으로 나와 있었다. 세라는 범인이 흰 티셔츠를 입고 있었다고 묘사했고 사진 속의 그 또한 흰 티셔츠를 입고 있었다. 충격의 연속이었다. 그럼에도 불구하고 헨더샷은 여전히 신중했다. 앞으로 무엇을 더 찾아내게 될지 어떻게 알겠는가?

"나는 진범을 교도소에 넣고 영영 나오지 않게 되길 바라요. 무슨 말인지 아세요? 하지만 시야를 너무 좁히면 안 됩니다. 약간의 흥분은 느끼지만 여전히 할 일이 많아요. 성급하게 결론 내버리고 엉뚱한 사람을 유죄로 만든다고 생각해보세요. 얼마나 끔찍한가요? 흥분됐지만…… 하지만 처리해야 할 일이 아직 많이 남았어요." 헨더샷은 말했다.

───── ◆ ─────

잠복 중인 두 명의 FBI 요원에겐 쌀쌀한 아침이었다. 그들은 할런 스트리트 65번지 오리어리의 집 아래쪽 거리에 차를 세워놓고 차 안에 앉아 있었다. 자동차들이 쌩 하고 지나갔다. 기온은 영하에 가까운 추운 날씨였다. 하늘은 맑았다. 2011년 2월 11일, 금요일이었다.

낮 12시 13분, 한 남성과 여성이 그 집에서 나왔다. 남자는 185센티미터 정도 되어 보였고 금발 머리였고 90킬로그램 정도 나가 보였다. 여자는 짙은 갈색 머리에 스무 살 정도로 보였다. 남자는 오리어리고, 여자는 누구일까? 여자 친구? 커플은 도요타 코롤라에 올라타고 떠났다. 요원들은 그들의 뒤를 밟았다. 오리어리가 땀 흘리는 운동을 하러 갔기를 희망하고 있었다. 아니면 땅에 침이라도 뱉길 바랐다. 어떤 것이라도 공공장소에 체액을 남기는 결과를 가져올 행동을 하길 바랐다. 그런 잔여물, 공공장소에 남은 유전물질을 "버려진 DNA"라고 한다.[1] 물론 수정헌법 제4조에 따르면 용의자의 집이나 몸에서 유전자 정보를 수집하기 위해서는 영장이 필요하지만, 법원은 버려진 DNA 수집도 경찰의 정당한 수사로 인정하고 있다. 요원들은 버려진 DNA를 수집할 수 있고 과학수사대에서는 분석할 수 있다. 만약 오리어리의 DNA가 강간범이 남긴 일부 프로필과 일치한다면 경찰은 이 두 남자가 동일인이 아니라 해도 적어도 인적 관계라는 것은 알게 될 것이다.

오리어리와 여성은 차로 800미터 정도 가서 그리스, 미국, 멕시코 음식을 파는 루킹 굿 레스토랑 라운지라는 곳에 들어갔다. 요원들은 커플이 식사하는 한 시간 반 동안 밖에서 기다렸다. 둘이 식당에서 나오자 두 사람은 황급히 들어가 테이블에서 접시를 치우고 있던 웨이터를 말렸다. 레스토랑 매니저와 빠르게 대화를 나눈 다음 요원들은 오리어리가 사용했던 커피 머그잔을 손에 넣었다. 컵의 가장자리에는 DNA가 차고 넘칠 것이다.

감시 요원들이 오리어리를 지켜보고 있을 때 그루징과 지역 경찰은 대담하게 할런 스트리트 65번지의 현관문 앞까지 걸어갔다. 일반 시민 같은 셔츠와 바지 차림이었다. 집을 감시하기 위한 감시 카메라를 설치할 계획이라 집에 사람이 없는지 확인해야 했다. 그루징이 노크를 하자 한 남자가 문을 열었다. 그루징은 그를 단박에 알아보았다.

마크 오리어리였다.

이런 망할. 그루징은 집에 사람이 있을 수는 있다고 생각했다. 그러나 방금 차를 타고 떠났다고 생각한 용의자가 집에 있을 줄은 예상치 못했다. 연습대로 실행에 옮겼다. 그루징의 파트너는 그에게 그들이 경찰이라고 설명했다. 그루징은 주머니에서 몽타주를 하나 꺼내 오리어리에게 보여주었다.

이 근방에서 최근 여러 건의 강도 사건이 벌어지고 있습니다, 그루징은 말했다. 이렇게 생긴 사람 본 적 있습니까?

사실 그 몽타주는 FBI가 수사 중인 살인 사건 용의자였다. 그루징은 오리어리의 표정을 세심히 살폈다. 그가 의심하는 눈치인가? 오리어리는 몽타주를 받아들더니 자세히 들여다보았다. 그루징이 생각하기에 그가 만약 강간범이라고 해도 그렇게 보이려 하지 않을 것이다. 그는 곰곰이 생각하는 눈치였다. 하지만 당황스런 기색은 없었다.

"아뇨, 저는 이 사람 본 적 없는데요." 오리어리는 그루징에게 말하고 몽타주를 돌려주었다.

주민 분의 성함과 생년월일을 알 수 있을까요? 그루징은 물었다. 오리어리는 답해주었다. 이번에도 태연했다.

이 집에 다른 분이 또 사십니까? 그루징이 물었다.

마이클이 같이 사는데요, 오리어리가 대답했다. 그는 동생에게도 강도 이야기를 꼭 하겠다고 말했다.

그루징이 걸어나오면서 속임수가 먹혔다는 생각이 들었다. 그는 나쁜 놈들에 대해 많은 걸 알고 있다. 그들의 머릿속이 어떻게 돌아가는지 안다. 그들은 경찰을 볼 때마다, 지나가는 경찰차를 볼 때마다 피해망상에 시달리곤 한다. "나쁜 놈들은 언제나 누군가가 자신을 쫓고 있을 거라고 생각하기 때문이죠." 그가 말했다.

그는 그들이 어떻게 그 문제를 보완하는지도 알았다. 간단하다. 익숙해지는 것이다. 오리어리는 분명 그루징을 불신했을 것이다. 그러나 그 의심은 자신을 빤히 쳐다본다고 느낀 모든 경찰에게 가졌던 불신과 같은 종류일 것이다. 간발의 차이로 벗어났다며 스스로를 위로했을 것이다. 경찰이 얼마나 가까이 다가왔는지는 몰랐을 것이다.

상황 정리는 오래 걸리지 않았다. 감시 요원들은 이제까지 마이클 오리어리와 그의 여자 친구의 뒤를 쫓은 것이다. 머그잔에 있는 건 마이클의 DNA다. 그렇다면 마이클의 DNA를 강간범의 그것과 비교하는 데 사용할 수 있을까? 그루징은 과학수사연구소의 팀장에게 전화를 했다. 할 수 있습니다. 어떤 남자 형제의 샘플인지는 상관없이 강간범의 DNA와 비교할 수 있다고 했다. 팀장은 그루징에게 하룻밤이면 충분하다고 말했다.

다음 날 2월 12일 오후 2시 15분, 갤브레이스는 검사 결과를 받았다.

강간범의 DNA, 그러니까 도리스의 곰인형과 세라의 흰색 요리 타이머와 앰버의 얼굴에서 채취한 몇십 개 정도의 세포는 마이클 오리어리의 머그잔 가장자리에서 채취한 세포와 일치했다. 관련이 없는 백인 남성의 DNA가 우연히도 그렇게 맞아떨어질 확률은 4114분의 1이었다. 도박사라면 분명 그 강간범이 오리어리 가의 남자라는 데 돈을 걸 것이다.

수사 중에 그루징과 갤브레이스는 덴버의 먼지 날리는 가축 사육장 한가운데에 있는, 20세기 초반에 지어진 붉은 벽돌 건물에 위치한 그루징의 사무실에서 정기적으로 만났다. 그 건물은 한때 덴버 유니온 가축 사육회사가 있었던 곳으로 이오니아식 기둥과 폭이 넓은 계단과 세월에 닳은 원목 패널은 옛날 은행을 연상시켰다. 건물의 가장 높은 층에 있는 FBI 사무실은 남성 전용 클럽처럼 보이기도 했다. 요원들은 사무실 내부를 미국 어류 및 야생동물국에서 압수한 불법 포획 동물들의 박제로 장식해 멧돼지 머리와 엘크 머리가 여기저기 걸려 있었다. 남자 화장실엔 작은 냉장고 크기의 흰색 자기 재질 변기가 있었다. 그루징의 책상 뒤에 걸린 베네치아식 금속 블라인드는 사무실에서 열렸던 즉석 풋볼 게임에 의해 희생되어 찌그러져 있었다.

그루징과 갤브레이스는 새로 발견된 정보들을 공유하는 중이었다. 하루 전만 해도 마이클 오리어리의 존재를 몰랐다. 이제는 그가 마크의 쌍둥이 형제나 마찬가지라는 사실을 안다. 두 남자는 같은 사람이라 착각할 정도로 닮았다. 신장이 거의 비슷하고 몸무게는 약 3~4킬로그램밖에 차이나지 않을 것이다. 강간범이 마스크를 쓰고 있었기 때문에 피해자들은 이들을 세워 놓고 고르라고 하면 쉽게 선택하지 못할 것이다. 마이클도 군대에 다녀왔다. 육군에서 복무했다. 만약 마이클이 마크의 픽업트럭을 타고 강간을 저지르고 다닌 것이라면? 만약 두 사람이 번갈아가며 범죄를 저질렀다면?

그들은 여전히 마크 오리어리가 범인이라고 믿었다. 하지만 두 사람 모두 수완 좋은 변호사라면 이 사건에 대해 합리적 의심을 제기할 수 있다는 사실도 알고 있었다. '배심원 여러분, 피해자 중 어느 누구도 자신을 강간한 사람이 누구인지 확실히 말하지 못했습니다. 현대 과학도 밝히지 못했습니다. 우리의 법률 체계에서는 한 사람의 무고한 시민에게 유죄를 내리느니 열 명의 범죄자를 풀어주는 것이 낫다고 말합니다. 여러분은 무죄를 선고해야 합니다.'

근거가 더 필요했다.

그날 밤 갤브레이스는 판사에게 할런 스트리트 65번지의 수색 영장 청구서를 썼다. 범인이 마크 오리어리라고 말하는 증거인 인상착의, 군대 복무 기간, DNA 일치 여부 등을 열거했다. 그의 범죄 항목과 피해자들의 진술을 기재했다. 법률 문서에서 사용하는 건조한 문체로, 그의 집에서 발견할 가능성이 있는, 그의 유죄를 확증해줄 물건들을 적어 내려갔다.

- 피해자들이 사건 당일 분실한 물건: 분홍색 소니 사이버넷 카메라, 파란색과 노란색 꽃무늬가 그려진 잠옷, 여성 팬티, 초록색 새틴 베갯잇, 초록색 시트, 분홍색 침대 시트와 한 쌍인 베갯잇 두 장, '할머니 팬티' 한 장, 진분홍색 시트, 눈송이 무늬 파마자, 검은색 실크 재질의 천.

- 흰 티셔츠(앞면에 다른 색상이 들어가 있을 수 있음), 무릎에 구멍이 난 회색 스웨트 팬츠, 녹색 계열의 카키색 바지, 회색 후드 티셔츠, 검은색 마스크, 모자, 벌집 패턴이 있거나 벌집 무늬가 각인된 장갑 혹은 다른 종류의 물품, 흰색 줄무늬가 있는 검은색 아디다스 운동화.
- 지퍼가 있는 가방이나 배낭, 밧줄, 끈, 노끈 혹은 결박에 쓰이는 물건, 딜도, 개인/성관계 윤활제, 물병, 물티슈, 허벅지 높이의 밴드 스타킹이나 스타킹, 바이브레이터, 검은색 카메라.

갤브레이스는 그날 늦게서야 작성을 마쳤다. 담당 판사는 이메일로 영장 청구서를 받고 싶지 않으니 팩스로 보내라고 했다. 갤브레이스는 팩스 기계가 있고 늦게까지 문을 연 단 한 개의 매장인 세이프웨이까지 차를 몰고 가서 팩스를 보냈다. 판사는 토요일 밤 10시에 영장에 서명을 했다. 경찰은 다음 날 아침 현장을 급습할 예정이었다.

갤브레이스는 오리어리의 집에서 찾게 될 증거들이 검사들이 유죄를 증명하는 데 도움이 되리라는 것을 알았다. 하지만 마크 오리어리가 강간범이라는 사실을 확신하기 위해 그녀에게 필요한 건 단 하나였다.

다른 경찰서 소속의 분석가에게 이메일을 보냈다. "난 이 남자의 다리를 보고 싶어 **미치겠어!**"

2월 13일, 일요일 오전 8시 15분, 갤브레이스는 할런 스트리트 65번지의 옆문을 두드렸다. 맑고 추운 아침이었다. 마당에 눈이 쌓여 있었다. 나무들도 헐벗은 가지를 드러내고 있었다.

"경찰이다. 수색 영장이다. 문 열어!" 갤브레이스가 소리쳤다. 골든과 레이크우드에서 각각 출동한 여섯 명의 경찰과 그루징은 그녀 뒤에 서서 집의 남쪽 벽에 몸을 바짝 붙이고 있었다. 모두 방탄조끼와 군복 바지를 입었다. 총을 꺼내 손에 들었다.

갤브레이스는 집 안에서 들려오는 소음을 들었다. 문이 활짝 열렸다. 오리어리가 서 있었다. 그의 개 아리아스와 마이클의 개 핏불이 앞으로 뛰어나왔다. 경찰을 본 오리어리는 무릎을 꿇으려 했다.

밖으로 나와! 밖으로! 갤브레이스는 명령했다.

비스듬히 내리쬐는 한겨울의 아침 햇살 속으로 걸어나오는 그는 어안이 벙벙한 표정이었다. 회색 후드 티셔츠와 헐렁한 회색 스웨트 팬츠를 입고 집에서 신는 슬립온을 신고 있었다. 그는 갤브레이스에게 그의 동생 마이클은 지난밤 밖에 나간 후 돌아오지 않았다고 했다. 집에는 자기 혼자라고 했다.

갤브레이스는 그를 한쪽으로 끌어 세웠다. 몸수색을 했다. 그녀는 무릎을 꿇고 그의 바지를 걷었다.

있었다. 오리어리의 왼쪽 종아리에, 커다란 달걀 크기의 어두운 반점이 있었다.

그였다. 그가 범인이었다.

갤브레이스는 그루징을 돌아보았다. 엄지손가락을 치켜올렸다.

우리에게는 수색 영장이 있다, 그루징은 오리어리에게 설명했다. 오리어리는 변호사를 원한다고 했다. 그가 그 말을 하는 순간 갤브레이스는 그의 뒤에 섰다.

그녀는 "당신을 2011년 1월 5일 골든시에서 발생한 강도 및 성폭력 피의사실로 체포한다."고 말했다. 오전 8시 35분, 갤브레이스는 오리어리의 손목에 수갑을 채웠고 다른 경찰이 그를 차에 태우고 가는 모습을 지켜보았다. 그는 제퍼슨 카운티 구치소에 수감될 예정이었다. 지문을 채취했다. 완전한 DNA 프로필을 얻기 위해 그의 볼 안쪽을 면봉으로 쓸었다. 사진 촬영실에서는 옷을 전부 벗고 경찰 사진사가 몸의 모든 부위를 사진으로 남겼다. 처음에 그가 법정에 선 2011년 2월 14일, 오리어리는 성폭력, 납치, 강도, 협박죄로 기소되었다. 보석금은 500만 달러였는데 판사는 오리어리가 "극도로 위험한 인물"이라 판단했기 때문이었다.

갤브레이스는 체포 당일 아침 새로 산 부츠를 신고 있었다. 아마 앞으로 그 부츠를 신을 때마다 오리어리를 잡던 그 순간을 떠올릴 것이다. 직접 오리어리를 체포하고 싶었다. "그의 표정을 직접 내 눈으로 확인하고 싶었습니다…… 우리가 그를 찾아냈다는 걸 알려주고 싶었습니다."

골든의 현장감식원인 어맨다 몬타노는 열한 명의 경찰과 FBI 요원과 범죄분석가로 이루어진 팀을 이끌고 집을 현장 수색했다. 웨스트민스터의 캐서린 엘리스도 자원했고 레이크우드의 형사인 에런 하셀과 골든의 마커스 윌리엄슨과 분석가 칼리 깁슨도 합류했다. 모자가 달린 흰색 점프

수트를 입고 푸른색 수술용 장갑을 끼고 흰색 부츠를 신은 그들은 유독성의 폐기물질이 퍼진 재해 현장에 출동한 탐색대처럼 보였다.

수사대는 방마다 돌아다니며 집 안을 샅샅이 뒤졌다. 북동쪽 구석에 있던 마크 오리어리의 침실 창문에는 검은색 암막 커튼이 쳐져 있었다. 침대는 벽 한쪽에 붙어 있고 침대 중앙에 베이지색 시트가 둥그렇게 뭉쳐져 있었다. 바닥은 깨끗했다. 텔레비전이 위에 놓인 서랍장이 있었다. 서랍장 안은 모든 물건들이 반듯하게 정리되어 있었다. 잘 개켜진 셔츠와 바지가 한 서랍에 들어 있었다. 옷장 바닥에는 여러 켤레의 신발이 나란히 놓여 있었다. 몬타노는 그중 한 신발이 누구나 알아보는 검은색 삼선 운동화라는 것을 알아차렸다. 아디다스 ZX700. 웹사이트에서 본 것과 똑같군, 몬타노는 생각했다.

그녀는 집의 뒤편에 있는 작은방으로 갔다. 밤색 커튼이 로키산맥 전망이 보이는 창문을 덮고 있었다. 한쪽 벽에 기역자 모양 책상이 있고 위에는 컴퓨터, 스프링 공책, 아이폰이 있었다. 컴퓨터 위쪽 벽에는 육군 문장이 그려진 시계가 걸려 있었다. 시계 아래쪽에는 제3소대 '콕스', 즉 A 부대 제503공수 사단에서 나라를 위해 봉사한 마크 패트릭 오리어리 일병에게 감사한다는 문구가 새겨져 있다. 그가 한국에서 복무할 때 속해 있던 부대. 군인이었군. 피해자들이 의심한 대로야, 몬타노는 생각했다.

몬타노는 책상 위 책장에 꽂혀 있는 책 제목들을 적었다. 스티븐 호킹의 『시간의 역사』, 베네딕트 데 스피노자의 『에티카』, 도시 이스턴과 재닛 하디의 『윤리적 창녀(The Ethical Slut)』,◆ 지크문트 프로이트의 자서전, 『한 권으로 마스터하는 점성학』, 성경, 『섹스의 기원과 상식』.

다른 책장에는 파란색 플라스틱 상자에 시디롬이 가득 들어 있었다. 그 위에 분홍색 소니 사이버샷 카메라가 놓여 있었다.

이건 완벽해도 너무 완벽하잖아, 몬타노는 생각했다.

그날 내내 몬타노와 팀원들은 오리어리의 삶을 면밀히 살폈다. 욕실 바구니에는 검은색 천 조각이 마스크 형태로 매듭지어져 있었다. 부엌에 있는 바구니에서는 벌집 모양 패턴이 있는 언더 아머 장갑을 발견했다. 매트리스 밑에서 검은색 루거 38구경 권총을 찾아냈다. 탄창에는 여섯 발의 총알이 들어가 있었다. 검은색과 녹색의 이글 크릭 배낭은 작은방의 옷장 안에 걸려 있었다. 그 안에 봉투 여러 개가 들어 있었다. 한 봉투에는 분홍색 리본이 달린 투명한 플라스틱 하이힐이 들어 있었다. 투명 비닐 지퍼락도 있었다. 샤피 펜으로 단정하게 쓴 대문자 글씨가 지퍼락 안의 내용물을 나타냈다. 스타킹, 펜치, 딜도, 재갈.

윌리엄스는 옷장 뒤편에서 작은 검은색 기타 앰프를 발견했다. 앰프를 한 바퀴 돌려보니 두 개의 비닐 지퍼백 끄트머리가 보였다. 윌리엄스가 꺼내 몬타노가 바닥에 놓았다. 여자 속옷이 들어 있었다. 복숭아색과 흰색 줄무늬, 진분홍색, 흰색, 연분홍색, 갈색, 광택이 나는 하늘색, 꽃이 그려진 흰색 등 총 열 벌이었다.

그의 트로피들이다.

그 자리에 있던 모든 경찰들은 쏟아져나오는 증거를 보며 입을 다물지 못했다. 마치 직소퍼즐을 전부 맞춘 기분이었다. 크기와 모양이 제각각인

작은 조각들이 모여 선명한 그림을 완성했다. 마크 오리어리라는 그림이었다.

"형사는 영장을 받아 수색할 일이 많아요. 유용한 증거를 찾아낼 때도 있고 그렇지 못할 때도 있죠. 그런데 한 사건을 다른 사건들과 연결해주는 물증을 한자리에서 전부 찾는 경우는 드물어요. 증거가 너무 많아서 약간 우스울 정도였죠." 하셀이 말한다.

갤브레이스는 체포한 후 앰버가 새로 이사한 아파트로 차를 타고 갔다. 강간 39일째였다. 범인 검거 소식을 직접 전하고 싶었다.

앰버는 집 바깥 주차장에서 그녀를 만났다. 갤브레이스는 앰버에게 범인의 이름은 마크 오리어리라고 전했다. 그녀 전에 다른 여자들을 강간했고 앰버의 자세한 관찰과 설명이 수사에 많은 도움이 되었다고 말했다. 범인과의 대화를 시도한 것도 도움이 되었고 직감도 맞았다고 했다. 경찰에 걸었던 전화도 도움이 되었다. 갤브레이스는 원래 감정적인 사람이 아니었다. 그러나 지금 이 말을 전하는 그녀의 마음은 안심, 만족감, 기쁨으로 북받쳤다. 눈물을 흘리기 시작했다. **당신을 위해 이 일을 했어요.** 그녀는 생각했다.

앰버는 감정을 비추지 않았다. 갤브레이스에게 고맙다고 말하고 갤브레이스를 잠깐 포옹한 다음에 집 안으로 들어갔다. 갤브레이스는 이보다는 더 큰 반응을 원했던 것 같았다. 하지만 그녀는 알았다. 피해자의 감정은 자신이 움직일 수 없다. 강간 피해자의 경험은 지극히 개인적일 수밖에 없다.

헨더샷은 세라에게 전화했다. 우리 만나야 해요, 헨더샷은 말했다. 세

라는 할 일이 많아 바쁘다고, 따로 만날 시간을 낼 수 있을지 모르겠다고
했다.

"굉장히, 굉장히 중요한 문제예요." 헨더샷은 말한다. "당신이 있는 곳
으로 내가 갈게요. 장소는 당신이 정해요. 무조건 그곳으로 갈게요."

그날 저녁 헨더샷이 데니스 레스토랑에 도착하니 세라는 식당 구석에
서 홀로 식사를 하고 있었다. 세라에게는 근처에 사는 가족이 없었다. 남
편은 사망했다. 그녀는 고독하고 고통스러운 하루하루를 보내고 있었다.

헨더샷은 앉아서 소식을 전했다.

"끝났어요, 다 끝났어요. 우리가 범인을 잡았어요." 세라에게 말했다.

두 여성은 식당 부스에 나란히 앉아 조용히 눈물을 흘렸다.

"이렇게 말해도 된다면, 가장 행복한 순간이었습니다. 피해자 맞은편
에 앉아 당신이 헤아릴 수 없는 고통을 겪었지만 그래도 이제 다시는, 다
시는 그놈 때문에 걱정하지 않아도 된다는 말을 하게 되었을 때요." 헨더
샷은 말한다.

◆

마이클 오리어리는 무슨 상황이 벌어지고 있는지 이해할 수 없었다. 할렘
스트리트 65번지의 집에 도착하니 경찰들이 진을 치고 있었다. 경찰이 친
노란 선을 둘러싸고 주민들이 구경하고 있었다. 방송 스태프들이 집 바깥
에 몰려와 있고 기자는 카메라 앞에서 무언가를 말하고 있었다. 그는 차

에서 나와 경찰에게 자신이 누구인지 말했다. 그는 수갑이 채워진 채 경찰차 뒤로 들어갔다.

이제 그는 콜로라도 수사국 본부의 한 취조실에 앉아 있었다. 형사 둘이 그의 맞은편에 앉았다. 한 사람은 스콧 버지스이고, 다른 한 사람은 에드나 헨더샷이라 했다.

"당신은 지금 상황이 무엇 때문인지 전혀 짐작이 안 갑니까?" 버지스는 물었다.

"전혀요. 하나도 모르겠습니다." 마이클은 답했다. 자신의 형이 체포되었다는 사실은 알았지만 이유는 몰랐다. 그는 TV에서 애리조나의 한 남자가 총기 난사 사고를 저질러 체포된 사건을 본 적이 있다. 그 남자는 형을 연상시켰다. 외톨이에 비사회적 인물. 마크가 폭탄을 설치하기라도 한 걸까?

"교통 위반 같은 일로 누군가를 이렇게 체포하지는 않죠." 버지스는 그에게 말했다.

버지스와 헨더샷은 질문을 쏟아냈다. 먼저 그의 하루 일정을 캐물었다.

그는 오전 8시에 미용학원에 가고 오후에는 가구 배달 업체에서 일한다고 했다.

마크의 픽업트럭을 본 적이 있나?

있다. 한 번. 그는 덴버 근교에 TV 스탠드를 가져다 주느라 트럭을 사용한 적이 있다고 했다.

작은방에 있는 컴퓨터를 사용한 적이 있나?

있다. 하지만 계정이 따로 있고 비밀번호도 다르다. 판타지 풋볼 점수를 확인하러 들어가고 가끔 플랜티오브피시라는 데이팅 사이트를 기웃거리기도 한다.

오로라에 간 적이 있나? 웨스트민스터는? 골든은?

아뇨. 네. 아뇨.

"덴버 근처에 남자 인척이 살고 있습니까?"

아니요. 저희 형제 빼면 아버지뿐인데요. 아버지는 애리조나에 사세요.

버지스는 마지막 질문을 던졌다. 바지를 걷고 종아리를 보여줄 수 있겠습니까?

마이클은 자신의 종아리에 있는 흉터를 보여주었다. 어릴 때 자전거 타다 넘어져서 생긴 흉터라고 했다. 그런데 이게 뭐와 관련이 있는 건가요?

"그런데 형사님들, 저희 형이 무엇 때문에 체포되었는지 말해주시면 안될까요?"

버지스는 잠시 망설였다. 이 남자에게 큰 충격이 될 수 있다. 그는 말 그대로 아무것도 모른다. 여러 명의 여성들이 강간을 당했다고, 버지스는 그에게 말했다. 그들 모두 범인이 180센티미터 정도의 키에 100킬로그램 정도라고 했다. DNA 검사 결과 강간범은 오리어리 가족 중 한 명이다. 그리고 한 여성은 강간범의 종아리에 있는 반점을 보았다고 했다.

"이런 말 하게 되어서 안타깝고, 가족이 감당하기에는 굉장히 충격적인 일일 테니 안타깝게 생각합니다." 그는 마이클에게 말했다. "하지만 우리는 마크가 우리가 찾던 용의자라고 확신하고 있습니다."

마이클은 아무 말도 하지 않았다. 버지스와 헨더샷은 질문을 던졌지만 마이클은 더 이상 대답하지 않았다. 침묵이 흘렀고 두 경찰은 그가 먼저 입을 열 때까지 기다렸다.

마침내 그가 목소리를 냈다.

"우리 엄마가 아시면 쓰러지실 거예요." 그가 말했다.

"엄마는 절대 이 일을 견딜 수 없을 거예요. 그건 확실해요. 엄마한테는 그냥 끝인 거예요. 엄마 인생은 끝난 거예요. 평생 동안 씻을 수 없는 상처를 받을 거예요. 저도 손쓸 수 없을 거예요. 아무도 할 수 있는 일이 없을 거예요." 그는 말했다.

그는 버지스에게 사정하듯이 말했다. 그런데 우리 형이 진짜 범인 맞나요? 혹시 누명 쓴 건 아닌가요?

버지스는 아니라고 말했다. 그의 집에서 넘치도록 많은 증거들을 찾았다고 했다. "생각 이상으로, 압도적으로 많았습니다." 그는 마이클에게 말했다.

마이클은 형을 배신하고 싶지 않았다. 그래도 피는 물보다 진한 법 아닌가. 하지만 그럼에도 이건, 이건 아니었다.

"사실 전 어렸을 때부터 형을 우러러보고 형이 올바르게 살고 있다고 생각했어요. 더 이상 어떻게 생각해야 할지도 모르겠네요. 난 그냥, 너무 부끄럽고 당혹스러워요. 얼굴을 들 수가 없어요. 그냥 형은 차라리 죽는 게 낫겠어요. 그냥 사라져버리라 그래요." 마이클은 말했다. "차라리 형을 총으로 쏴버리고 싶어요."

그는 형사들에게 형이 오컬트 세계에 빠져 있었다고 말했다. 점성학이랄지 연금술이랄지 비밀 사교 클럽 같은 것. 형과 친구들은 이 세상의 위계질서에 대해 이상한 생각들을 품고 있었다고 했다. 이 세상에는 오직 두 종류의 인간만이 있다는 둥 하는 이야기를 했다. 위에서 거느리는 인간, 나머지 군중들.

"그들의 세계에서는 모든 게 그렇게 이분법으로 나뉘어요. 이를테면 알파와 브라보라든가." 그는 말했다.

버지스는 그 두 단어를 처음 듣는 것 같지 않다. 강간범은 앰버에게 늑대니 브라보니 하는 단어가 들어간 아리송한 문장을 중얼거렸다고 했다. 강간범의 동생도 비슷한 단어를 사용하고 있다. 배심원들 앞에서 이것이 우연이라고 주장하는 장면을 상상해보자. **서로 다른 두 사람이 같은 비밀 철학을 갖고 있을 수 있을까요? 그럴 확률이 얼마나 될까요?** 남은 퍼즐 하나를 제자리에 맞출 수 있는 기회였다.

버지스는 물었다. "그럼 '늑대와 브라보'라는 용어는 들어본 적 있습니까?"

"네. 늑대와 브라보." 마이클은 답했다.

"늑대와 브라보는 뭐죠?"

"늑대는 기본적으로 알파들이고요. 브라보는 일반 대중들을 말하는 거래요. 이 대중들은 신체적으로도 우수하지 않고 정신적으로 나약한 사람. 이도 저도 아닌 평범한 사람들. 한 단계 등급이 낮은 사람들. 사람을 그렇게 분류해요. 늑대들이 그런대요. 늑대들이 그렇게 자기들 안에서 등급을 분류하니까."

"그러면 형은 자기를 늑대로 여겼다는 겁니까? 형이 공부하던 게 그런 것들입니까?"

"그 사람들은 형을 알파로 봤고 그 사회의 알파 남성들은 기본적으로 여러 명의 여성들과 섹스할 수 있다고 했어요. 한 여자한테 묶여 살 필요가 없다고." 마이클은 말했다. "그딴 개똥철학을 가졌다고 해도 어떻게 강간을 하고 돌아다닐 생각까지 했는지 모르겠네요. 저는 그 두 개가 연결도 안 되고 이해도 안 돼요."

"그 새끼 개사이코였네요." 마이클은 말했다.

몬타노가 오리어리의 집을 구석구석 훑어보고 있을 때 그녀의 뒤를 따라다니는 남자가 또 한 명 있었다. 50세의 컴퓨터 전문가 존 에번스였다. 콜로라도 수사국과 일하는 민간 수사원인 에번스는 강간범이 피해자들의 사진을 찍고 인터넷에 유포하겠다고 협박했으며 포르노 사이트를 운영하고 있다는 사실을 알고 있었다. 에번스가 할 일은 이 집에 있는 컴퓨터와 하드 드라이브와 휴대전화를 몽땅 수거해 조사하는 것이었다. 몬타노는 오리어리의 유죄를 증명할 물리적 증거를 찾고 있었고 에번스는 디지털 증거를 찾고 있었다.

에번스와 컴퓨터와의 인연은 역사가 깊다. 젊을 때 그는 최초로 보급된 가정용 컴퓨터였던 코모도어 64가 출시되자마자 구입한 사람이었다. 1980년대였고 그 물건으로 할 수 있는 건 숫자 계산하기, HELLO라고 써서 프린트하기, 큰 픽셀의 그래픽 보기 정도였다. 하지만 그는 투박한 갈색 키보드와 번쩍이는 스크린이 달린 그 기계와 사랑에 빠졌다. 그 당시에는 컴퓨터가 하늘에서 뚝 떨어진 마법 같았다.

그는 자신의 취미를 업으로 삼았다. 해군에 입대하여 3년 동안 남극에서 극야와 백야를 충분히 체험하고 제대 후 콜로라도로 왔다. 처음에는 당시 도그캐처라 불리던 동물 관리원으로 일하다가 얼마 후 골든 경찰서에서 증거 관리원이자 범죄현장 감식원으로 일하게 되었다. 거의 혼자 일했다. 선반으로 가득한 사무실에서 지문 카드, DNA 면봉, 권총, 사진, 침대 시트와 찢어진 옷가지 등을 분류하고 등록하는 일을 했다. 전자기기에 관심이 많다 보니 컴퓨터와 영상 포렌식 수업을 들었다. 법정에서 사용될 수 있도록 디지털 미디어를 분석하는 작업이다. 그는 골든에서는 최초로, 덴버 근교에서도 손에 꼽히는 공인 컴퓨터 포렌식 분석가가 되었다.

에번스가 컴퓨터 능력자라는 소문은 알음알음 퍼져갔다. 다른 기관에서도 컴퓨터 관련 사건을 그에게 보내기 시작했다. 처음에는 대부분 골든 주변이었지만, 곧 콜로라도주 전역의 경찰들이 도움을 요청하기 시작했다. 감시 카메라 영상 화질이 나쁜가? 에번스가 화질을 높여줄 거야. 하드 드라이브 암호를 풀어야 하나? 에번스에게 맡겨. 비밀번호로 막혀 있는 이메일? 에번스에게 전화해.

이렇게 하여 에번스는 컴퓨터에는 흑마법 또한 깃들어 있음을 알게 되었다. 그가 다루는 사건 대부분은 아동 포르노와 관련이 있었다. 이 말은 곧 그가 상상할 수 있는 가장 역겨운 사진들을 오랜 시간 보고 있어야 했다는 뜻이다. 그는 이 세상의 변태들 사이에 인터넷으로 유통되는 아동학대 사진과 영상에 대한 모든 것을 알게 되었다. 절대로 쉬운 일이 아니었다. 결코 정상적이지 않다. 하지만 그는 시체를 다루는 경찰들처럼 익숙해졌다. "시간이 흐르면 면역이 생기죠. 물론 힘들어요. 보다가 일어나서 밖으로 나가야 하기도 해요." 그는 말한다. 에번스는 새로운 이미지에 대한 경계를 게을리하지 않았다. 한 번도 보지 못한 이미지에 특히 주목했는데, 이 아이들은 아직 구할 수 있는 가능성이 있는 아이들이기 때문이었다.

작은방에서 에번스는 오리어리의 컴퓨터 부품 목록을 작성했다. 컴퓨터 두 대. 한 대는 작은방 책상에, 한 대는 옷장 안 배낭과 기타 앰프 옆에 있었다. 아이폰. 책장 위의 USB 드라이브 두 개와 여러 장의 시디롬도 있었다. 오리어리의 카메라들, 피해자 집에서 훔친 소니 사이버샷과 그가 크레이그리스트에서 만난 여성과 주고받은 메시지에서 언급된 모델인 캐논 레벨 XTi 안에 들어간 SSD 메모리 카드도 두 개 있었다.

에번스는 이 모든 것들을 덴버의 가장 남쪽에 있는 소도시 센테니얼의 사무실 밀집 지역에 위치한 로키 마운틴 컴퓨터 포렌식 연구실로 가져갔다. FBI가 투자한 이 연구실은 연방정부 요원들과 콜로라도 수사관들이 컴퓨터 포렌식에 관련된 모든 범죄를 분석하는 지역 과학수사연구소로 사용된다. 주의 법 집행기관들은 암호화된 파일과 반은 지워진 회계 장부와 인터넷 아이피 기록 등을 가져와 범죄의 물증으로 탈바꿈하길 바라며 분석을 맡긴다. 골든 경찰서 소속으로서 이곳에 파견된 에번스는 이런 협력을 좋아했다. "모든 사람을 도울 수 있게 되니까요." 그가 말한다.

칸막이 책상이 이어진 긴 사무실에 있는 에번스의 책상 위에는 일곱 대의 컴퓨터가 있다. PC도 있고 맥도 있다. 각각의 컴퓨터에는 두 개의 스크린이 있다. 이 컴퓨터들은 윙윙 돌아가면서 디지털화된 비밀들을 캐내고 있다. 에번스는 월스트리트 주식 시장의 주식중개인처럼 보이긴 하지만 그의 열네 개 스크린은 얻은 것이 아닌 잃은 것만 보여줄 뿐이다.

"우리는 진짜 나쁜 것들을 들여다봅니다. 하루 종일, 매일이요."

오리어리의 컴퓨터는 바로 증거들을 내놓았다. 에번스는 오리어리의 아이폰을 백업해 그가 앰버를 스토킹할 때 기록한 메모를 찾을 수 있었다. 9월 28일자부터 시작하니 강간 전에 무려 3개월 이상을 스토킹한 셈이었다. 9월 28일 그는 다섯 시간 이상 아파트 바깥에서 보내며 여러 차례 기록을 남겼다. 마지막 기록은 새벽 2시 30분으로 "앰버는 집으로 와서 속옷만 입고 욕실에서 오랜 시간 있었고 책상에 앉아 무언가 쓰기 시작했다."라고 쓰여 있다. 11월 10일에는 앰버와 남자 친구를 관찰하고 기록했다. 앰버는 "백인 남자 친구와 밤 10시 30분에서 10시 45분 사이에 집에 왔다. 남자 친구는 파자마를 입고 있다. 오늘은 게임 오버다." 1월 3일 앰버의 집에 포장박스들이 보이자 이사갈지 모른다며 불안해한다. 그날 밤 현관문을 따서 그녀의 집에 몰래 들어갈 준비를 한다. "새벽 한 시쯤에 왔다. 집에 혼자 있다." 그는 사건 전날 이렇게 썼다.

동일한 아이폰에서 수사관들은 오리어리가 다른 여성을 스토킹하고 있었다는 증거를 찾아냈다. 리틀턴에 사는 이혼 여성이었다. 범행을 실행에 옮긴 흔적은 없었고 계획을 세웠던 증거만 발견되었다.

아이폰은 오리어리의 연락처들도 알려주었다. 저장된 번호가 많지는 않았다. 그의 동생 마이클, 어머니와 새아버지, 동네 친구들 몇 명이 있었다. 그리고 지역번호 602번인 번호가 하나 있었다. 애리조나가 주소지인 한 여성이었다. 이름은 칼릭사였다.

에번스는 찾아낸 모든 것을 갤브레이스와 헨더샷에게 전달했다. 늘 하던 대로 짧게 메모를 해서 보냈다. "오늘 찾아낸 몇 가지 흥미로운 것들." 에번스는 에드나의 남편인 마이크 헨더샷과 절친한 친구이기도 했다. 그들은 골든 경찰서에서 만났고 에번스는 갤브레이스도 그곳에서 만났다. 에번스도 블루웹의 회원이었다.

오리어리가 다운로드 받은 파일 중에는 경찰 수사 기법에 관한 책의 전자책인 『강간 수사 핸드북(Rape Investigation Handbook)』도 있었다. 수십 년간 성폭력 사건만을 전담 수사해온 베테랑 전 NYPD 경찰인 존 O. 사비노와 범죄 프로파일러인 브렌트 E. 터비가 집필한 이 핸드북은 굉장히 쉽게 쓰여 있고 다양한 사례가 담겨 있다. 대체로 강간범 프로필과 그들이 저지른 범죄를 예로 든다. 한편 이 책은 터치 DNA 분석, 바이캡 활용, 연쇄강간범의 특징 등 강간 수사 기법도 담고 있다. 에번스는 오리어리가 이 책으로 미리 공부한 것으로 보았다.

그는 진지한 학생의 자세로 강간을 공부했다.

에번스는 오리어리의 책상 컴퓨터의 하드 드라이브를 검사하다 수상한 파일을 찾았다. 다분히 자극적인 제목의 "렛치(Wretch, 쓰레기 년놈)"라는 파일로 거의 75기가바이트에 가까워 도서관 한 층의 책을 모두 다운받거나 고해상도 사진과 영상을 수만 개 저장할 수 있을 정도의 용량이었다. 그 파일은 꽁꽁 막혀 있었다. 에번스는 오리어리가 에번스 같은 전문가의 날카로운 눈으로부터 파일을 보호하기 위해 트루크립트라는 소프트웨어 프로그램을 사용했음을 발견했다.

에번스는 이 렛치의 비밀을 파헤치는 데 점점 집착하게 되었다.

비밀번호가 걸려 있었지만 약간의 힌트는 있었다. 오리어리는 이미지들을 렛치에 모두 옮겨 저장했다. 사진 폴더를 옮기는 과정은 기록을 남긴다. 에번스는 오리어리가 한 폴더에 "여자들"이라고 이름 붙였음을 알아냈다. 그것은 여러 폴더로 나뉘어 있었다. 각 폴더에 여자 이름이 붙어 있었다. 앰버의 이름도, 세라의 이름도 있었다. 도리스의 이름은 211개의 다른 파일에서 1422번 언급되고 있었다.

그가 듣지 못했던 여덟 개의 다른 이름들은 따로 분류해두었다. 경찰이 다른 피해자를 찾는 데 도움이 될지도 몰랐다.

"그의 속옷 서랍만 봐도 그가 얼마나 꼼꼼하고 체계적인 정리광인지 알 수 있죠." 그래서 폴더에 여자들의 이름을 붙여서 분류해둔 것이다. "그는 모든 일에 주도면밀합니다."

에번스는 컴퓨터 하나를 오직 렛치 해킹에만 사용했다. 그 파일이 열리길 기다리는 동안 할런 스트리트 65번지에서 가져온 것 중에 가장 작은 것, 오리어리의 카메라에서 나온 두 개의 메모리 카드를 뒤져보기로 했다. 우표 크기만 한 메모리 카드였다.

그리고 그 안에서 찾고 있던 증거를 찾았다.

피해자들의 사진이었다.

오리어리는 그것들을 최대한 숨기려고 했다. 에번스가 밝혀낸 바로는, 오리어리는 이제까지 카메라의 사진들을 렛치로 옮겨왔다. 메모리 카드 사진을 복사해 렛치에 저장한 다음 카드에 있는 사진은 모두 지웠다. 하지만 완전히 성공하지는 못했다. 그 사진 파일의 이름은 사라졌으나 이미지를 형성하는 전자 조각은 다른 사진으로 영원히 덮히기 전까지는 카드에 흔적이 남아 있다. 세상에서 가장 철저한 강간범도 흔적, 디지털 흔적은 남겼던 것이다.

에번스는 소프트웨어를 사용해 지워진 파일들을 복원했다. 공포에 질린 표정으로 포즈를 취한 앰버 사진이 400장 이상, 손목은 뒤로 묶인 채 침대에 다리를 벌리고 누워 있는 세라의 사진도 100장이 넘게 있었다. 오해가 비집고 들어갈 틈이 없었다. 사진 속 남자는 오리어리가 확실했다. 그는 피해자들이 묘사한 방식 그대로 여성들을 강간했다.

에번스는 사진들을 넘겨보다가도 중간에 한 번씩 끊고 밖으로 나가 담배 한 대를 피우고 와야 했다. 이제까지 법 집행기관에서 25년 동안 일하면서 상상 이상으로 잔인하고 폭력적이고 역겨운, 다수는 아동과 관련이 있는 포르노를 수백만 번쯤 보았다. 하지만 그 안의 사람들은 그래도 익명의, 모르는 사람들이었다. 하지만 지금 이 컴퓨터 스크린에서 그를 정면으로 보고 있는 겁에 질린 얼굴들은 그가 이름을 알고 있는 사람들이었다. "한자리에서 쭉 보고 있을 수가 없어요." 그는 말한다. "감당하기 힘들었습니다. 진짜니까. 진짜 피해자가 바로 저기 있다는 걸 아니까요."

에번스가 갤브레이스와 헨더샷에게 전화해 소식을 전하자 그들은 연구실로 한달음에 달려와 파일을 본 후 피해자들의 얼굴을 확인했다.

헨더샷은 간결한 평을 남겼다. "이보다 더 사악한 인간을 생각할 수도 없겠어."

헨더샷은 한 사진 속에서 세라의 발에 신겨진 빨간색 통굽 샌들을 보았다. 세라의 아파트를 수색할 때 상자에서 그 신발을 본 기억이 났다. 세라는 강간범이 자신에게 신발을 신겼지만 어떤 신발이었는지는 기억나지 않는다고 했다. 헨더샷은 다시 한 번 확인해보기로 했다. 세라에게 전화했다. 처음에는 가벼운 대화를 나눈 다음 그전에 했던 질문을 또 해보았다. 혹시 그 신발이 어떤 신발이었는지 기억할 수 있겠어요?

사실 기억이 난다고 했다. 몇 주 전에 사진첩을 넘겨보다가 그 빨간색 샌들을 신고 있는 사진을 보았고 기억이 밀려왔다. 강간범이 집어온 신발이 이 신발이었구나.

헨더샷은 깜짝 놀랐다. 6개월이 지난 후, 트라우마를 입었던 세라의 뇌가 잃어버렸던 장면을 살려낸 것이다. 그녀의 두뇌는 계속해서 기억의 퍼즐을 찾고 맞추고 있었던 것이다.

에번스는 오리어리가 삭제했다고 생각했던 파일들을 하나씩 살리는 작업을 계속 해나갔다. 몇 년 전에 찍은 사진 여덟 장도 구할 수 있었다. 그 사진들은 더 큰 폴더의 일부였지만 대부분의 이미지는 오리어리가 그 후에 더 많은 여자들을 강간하고 더 많은 사진을 찍으면서 덮어씌워져 사라지고 없었다. 만약에 한 번만 더 강간을 했다면 남아 있는 여덟 장의 사진들도 같은 운명을 맞아 영원히 사라져버리고 말았을 것이다.

하지만 에번스는 그 사진들을 복구해냈다. 갤브레이스와 함께 사진을 넘겨보는데 어린 여자의 사진이 하나 등장했다. 분홍색 티셔츠를 입고 있다. 다른 여성들과 마찬가지로 공포에 질린 표정으로 카메라를 응시했다.

갤브레이스의 심장은 바닥으로 쿵 하고 떨어졌다. 또 다른 피해자가 있었어. 하지만 어떻게 찾아내지?

마지막 사진이 답을 해주었다. 마크 오리어리는 이 여성의 연수허가증을 그녀 상체 위에 올려놓고 찍었다. 클릭했다.

그 사진에는 이름이 똑똑히 나와 있었다. 주소도 있었다.

워싱턴주 린우드였다.

13

어항 들여다보기

그는 동트기 전에 도착한 다음 이 여성의 아파트 밖, 침실 바로 옆에 서서 여자의 전화 통화를 듣고 있었다. 여름이지만 건조한 밤이라 밖에 오래 있어도 나쁘지 않았다. 얇은 벽을 통해 여자의 목소리가 들려왔다.

그는 나무를 좋아했다. 나무들은 그를 가려줄 수 있었기 때문이었고 이 아파트 단지에는 나무가 많았다. 아파트는 주택만큼 숨을 구석이 많지 않지만 나름의 장점도 있다. 일단 아파트에는 슬라이딩 유리문이 있다. 유리문은 종종 잠겨 있지 않았고, 잠겨 있다 해도 코웃음이 나올 정도로 따기 쉬웠다. 아파트는 창문도 장점이다. 어둠 속에서 눈으로 건물을 훑어보며 블라인드가 올라가 있고 불이 켜져 있는 집을 들여다본다. 마치 어항처럼 훤히 들여다보인다.

이 여자는 몇 주 전에 점찍어두었다. 차를 타고 자신의 기준에 맞는 목표물을 찾기 위해 동네 아파트 단지들을 정찰하고 있었다. 은신이 가능한, 몸을 숨길 곳이 있는 아파트 단지를 원했다. 아파트 외부가 너무 개방되어 있고 조명이 밝으면 사람들에게 노출될 것이다. 또한 들여다보기 쉬운 침실 창문을 원했다. 여러 가지 탈출 옵션이 있는 아파트를 원했다. 막다른 골목에 갇히면 안 될 것 아닌가. 가끔은 아파트 단지를 돌다가 모델하우스나 빈집에 들어가보기도 했는데, 구조를 미리 숙지하여 무엇이 어디에 있는지 정확히 파악하기 위해서였다.

또한 자기 집에서 최소 1.5킬로미터는 떨어져 있는 아파트를 원했다. 밥먹은 자리에서 똥 누는 거 아니라고 하지 않았나. 여자의 아파트 단지는 자신의 집과 6.5킬로미터 떨어져 있고 차로 10분 거리다. 그는 다른 사람들과 마찬가지로 쇼핑하러 자주 린우드에 오는 편이었다. 서킷시티, 프레드메리어, 베스트바이, 월마트에 들렀다가 올리브가든과 타코벨에서 식사를 하기도 하고 한국식 바비큐 식당인 시크릿 가든의 어둑어둑한 구석자리에 앉아 있기도 했다. 지난주에도 올더우드몰에 와서 반스앤노블에서 쇼핑을 했다.

린우드에는 여러 동네가 있었지만 대부분은 단독주택 주거 지역이었다. 주택도 그 나름대로의 매력이 있었다. 주택은 더 많은 비밀 공간을 보장하고 더 예측 가능했다. 단독주택에 사는 사람들은 한번 집에 들어가면 잘 나오지 않는 편이다. 신경 써야 할 이웃이나 행인도 적다. 하지만 아파트 단지는 그 나름대로 목표물을 찾아 배회하기에 좋고 차로 진입하거나 걸어서 가거나 한자리에 서 있어도 크게 눈에 띄지 않는다. 아파트 주민으로 보일 수도 있다. 그럼에도 그는 이런 아파트 단지에서도 한자리에 오래 있으면 안 된다는 것을 알았다. 그래서 두세 번은 침실 옆에서 걸어나와 의심을 사지 않기 위해 잠깐 동안만 돌아다녔다.

다시 돌아와서 창문에 귀를 대고 들었다. 전화 통화하는 중이라는 건 다른 사람 목소리가 들리지 않기 때문에 쉽게 알 수 있었다. 여자가 잠들기를 기다렸다.

여자는 18세였다. 그는 18세부터 30세 사이를 선호했다. 그가 아무리 괴물이라도 자신의 타락에 한계는 정해놓고 있었다. 적어도 스스로는 그렇게 말하고 있었다. 18세 밑으로는 건드리지 않는다. 또한 어린이들이 있는 집은 피했는데 아이들이 이 일에 말려들게 하고 싶지는 않았다. 혼자 사는 싱글 여성을 선호했다. 개를 키우는 집도 피했다. 개는 짖기 때문이다. 개들은 보안 경보기보다 더 시끄럽다.

나이 빼고는 이 여자는 별로 그가 좋아하는 타입이 아니었다. 여자의 아파트 창문을 며칠 동안 들여다보았기 때문에 이미 알고 있었다. 하지만 그는 이제까지 사냥(그는 이 과정을 사냥이라고 불렀다.)을 하느라 너무 많은 시간을, 수백 어쩌면 수천 시간을 보냈기에 자신의 판타지에 가능한 여러 타입의 여성들을 포함시키기로 작정한 터였다.

워싱턴주에 산 지도 어느덧 2년 반이 되어 있었다. 한국을 떠난 후에 이곳으로 이사해 예비군에 들어가 ROTC 후보생들을 훈련시키는 임무를 맡았다. 포트루이스 소속이었지만 시애틀 북쪽의 마운트레이크 테라스에 집을 얻었다.

워싱턴에서의 초기 시도들은 한국에서 시도한 두 건만큼이나 어설펐다. 이제까지 몇 건을 시도했다 실패했는지 그도 알 수 없었다.

"나도 몰라요." 그는 말했다.

"몇 번 정도 해봤어요."

"일곱 번이나 여덟 번 정도 시도했습니다." 압박을 받으면 그렇게 말했다.

한번은 손에 칼을 들고 한 여성의 침실까지 들어가는 데는 성공했으나 여자는 그를 보자마자 그를 밀치고 도망가버렸다. 그렇게 끝나버렸다. 도망가라고 내버려둘 수밖에 없었다. 만약 그 여자를 붙잡았다면 칼을 사용했을지도 모른다. 그렇게까지 하고 싶지는 않았다. 이제까지 해왔던 모든 노력, 이제까지 해왔던 수많은 준비는 여자와 함께 문 밖으로, 밤의 적막 속으로 사라지고 말았다. 여자가 겁도 없네. 하지만 한편으로는 여자의 행동이 존경스럽기도 했다.

또 한번은 콘도를 배회하다가 60대 정도의 노년 여성을 보았다. 얼굴을 자세히 보지는 못했다. 콘도 뒷마당이 개방되어 있어서 30미터에서 40미터 떨어진 풀숲에 숨어 울타리 너머를 관찰할 수 있었다. 기다렸다가 그 집에 들어갔다. 거실 텔레비전을 켜놓고 잔 것 같았다. 침실에 들어가서 자는 모습을 보았다. 막상 보니 생각보다 너무 늙은 할머니라 고민에 빠졌다. 어떻게 하지? 15분에서 20분 정도 마음속으로 씨름했다. 결국 침대로 가서 여인이 소리 지르지 못하게 입을 막았다. 할머니는 완전히 까무러칠 듯 놀랐고 그는 할머니가 심장마비가 올까 봐 걱정이 됐다. 그는 침대 커버를 벗기고 나서야 자신이 아무것도 할 수 없다는 걸 깨달았다. 너무나 쪼글쪼글한 할머니였다. 이불을 다시 덮었다. 여기 온 건 실수예요, 하고 말했다. 아무것도 훔치지 않을게요. 할머니를 해치지도 않을게요. 겁먹게 해서 미안한데 경찰한테 전화하진 마세요. 난 뒷문으로 나갈게요.

그리고 그렇게 했다.

그러다 그때부터는 돌아버릴 것 같았다. 이후 며칠, 몇 주 동안 그는 스스로를 꾸짖었다. 넌 네 인생을 낭비하고 있어. 매일 밤마다 탐색하고 준비했다가도 여자가 너의 판타지와 맞지 않으면 포기하지. 그 이후로 범주를 넓히기로 결심했던 것이다. 나이 든 여성이 나오는 포르노그래피를 찾아서 보고 또 보았다. 다음에는 달라질 것이다. 준비하느라 보낸 시간을 낭비하지 않을 것이다.

여자의 전화 통화는 끝날 줄을 몰랐다.

마리는 조던과 통화하면서 어둠 속에서 무언가 움직이는 형체를 본 것 같았다. 하지만 크게 신경 쓰지 않았다.

"창문 밖으로 보였어요. 나무 그림자처럼요."

어쩌면 사람이 지나갔을 수도. 그녀는 생각했다. 그림자는 왔다가 곧 사라졌다.

여자의 목소리가 드디어 들리지 않게 되었을 때는 해 뜨기 15분 전이었다. 난간을 기어올라가면서 손으로 문질렀다. 뒤 베란다에는 창고가 있었다. 창고를 지나쳐 슬라이딩 유리문으로 갔다. 문은 잠겨 있지 않았다. 거실로 들어갔다.

그는 아파트가 59제곱미터라는 사실은 알고 있었다. 거실은 작은 식사

공간으로 이어지고 침실 문이 있다. 2주 전부터 지켜보다가 몇 번쯤 집에 들어와 구조는 파악한 상태였다. 각종 서류들을 살펴보았고 침실 서랍을 열어 손 닿는 곳에 무기가 없는 것도 확인했다.

그에게는 학습 곡선이 있었다. 그는 이렇게 표현했다. "능숙해질수록 실수가 적어지는 법이니까요." 그가 자주 사용하는 단어는 "능숙함"이었다. 그는 비인격적이고 군대 용어를 차용한 자기만의 강간 용어를 갖고 있었다. 아파트 단지는 "목표물이 풍부한 환경"이었다. "감시"를 실행하고 있을 때는 "잠재력 있는 목표물 여럿"을 원했다. 마지막 단계로 실행 당일 밤, 마스크, 끈, 장갑 등을 챙기는 것을 "무기 점검"이라고 불렀다.

아마 그때는 학습 곡선에서 중간 지점 정도까지 도달했을 때였을 것이다. 그전에 실수를 하다가 경찰의 눈길을 끈 적이 있었다. 2007년 4월 마운트레이크 테라스의 한 경찰이 오전 5시에 배회하는 그를 불러 세웠다. 경찰은 그를 체포하지는 않았지만 이름을 적었고 다음과 같은 보고서를 썼다. "검은 옷을 입고 아파트 단지와 주택가를 배회하는 남성 발견." 그는 경찰에게 자동차가 고장 나서 주변에 사는 사람들에게 전화기를 빌려보려 했다는 말도 안 되는 소리를 지어냈다. 하지만 이후 몇 주 동안 그는 경찰이 그의 집 근처를 천천히 지나가며 그를 주시하고 있는 것을 알아챘다. 망할, 그는 생각했다. 나는 레이더망에 걸린 거야. 얼마간은 숨죽이기로 했다.

그는 자신의 집착과 비밀스러운 생활이 주변 사람들을 의아하게 한다는 것도 알았다. 거의 아침이 되어 마샤가 있는 집에 오면 마치 땅바닥을 기어 다니다 온 것처럼 옷이 더러워져 있었다. 그는 시애틀 예술대학에서 수업을 들으면서 만난 동기 사진작가에게 자기 웹사이트를 위해 사진을 찍어달라고 돈을 주며 부탁한 적이 있었다. 그 학생이 약속 장소인 사진 스튜디오에 가보니 페티시 기구들과 쇠창살로 되어 자물쇠가 잠긴 우리가 있었다. 나체 모델도 세 명 있었다. 그 사진작가의 말에 따르면 그 모델들은 "징그러울 정도로 말랐다."고 한다. 그의 결혼 생활 또한 위태위태했다. 너무 사이가 나빠져서 열린 결혼을 해보자고 말하기도 했다. 관계가 최악이라 아내도 동의했다. 마샤가 돈을 벌어서 가정을 부양하고 그는 밤낮으로 컴퓨터 앞에 앉아 웹 디자인을 하는 척하면서 포르노 사업 진출을 준비하고 있었다.

웹사이트 제작과 목표물 탐색에 시간을 쏟느라 정작 예비군 훈련소 업무는 소홀히 하고 있었다. 예비군의 월례 교육인 전투 집합에도 나가지 않았고 장교들과 연락을 하지 않은 지 거의 1년이 되어 있었다.

거실의 슬라이딩 유리문 맞은편에서 여자의 신발인 검은색 테니스화 한 켤레를 발견했다. 신발 끈만 풀고 신발은 얌전히 내려놓았다. 이후 경찰은 테니스화가 얼마나 가지런히 놓여 있었는지를 기록할 것이다. 마치 그런 단정함은 범죄와 맞지 않는다고 가정하는 것처럼.

그는 매사에 그러하듯, 정리 습관을 발동한 것뿐이었다.

신발 끈 하나는 여자 팬티에 꿰었다. 다른 하나는 여자를 묶는 데 쓸 계획이었다.

그는 매 공격마다 같은 장비를 준비하지는 않았다. 가끔은 수갑과 눈가리개를 가져가기도 했지만 어떤 날은 그 집에 있는 물건들을 사용했다. 가끔은 총을 가져갔다. 이번에는 그가 이 아파트를 전에 들렀을 때 발견했던 무기를 사용하기로 했다. 그의 판타지가 진화하면서 챙겨야 할 짐 목록도 늘어났다. 오늘 밤은 처음 시도하는 것이 하나 있었다. 카메라를 가져온 것이다.

아파트 안으로 들어가 30분가량, 아니면 그보다 더 오래 준비를 했다. 일부는 마음의 준비로, 그의 표현에 따르면 이 절벽을 넘어보자고 중얼거리는 것이다.

부엌에 가서 칼이 꽂힌 블록에서 윗줄 가장 왼쪽의 검은색 손잡이 식칼을 꺼냈다.

침실로 향했다.

오전 7시경, 어쩌면 7시 15분쯤, 그는 왼손에 칼을 들고 침실의 문가에 서 있었다.

그는 여자가 잠에서 깨는 것을 보았다.

뒤로 돌아, 마리에게 말했다. 마리는 그렇게 했다. 몸을 돌려 배를 바닥에 붙여, 그는 말했다. 그녀가 그렇게 하자 그는 마리 위에 올라타 그녀의 얼굴 가까이에 칼을 갖다댔다.

손을 등 뒤로 돌려, 그는 말했다. 그는 그녀의 손목을 묶고 눈을 가렸다. 소리를 죽이기 위해 천을 입에 쑤셔 넣었다.

아까 친구랑 재미있게 이야기하더라, 그가 그녀에게 말했다. 거기 서서 내내 들으며 기다렸다는 것을 알리고자 한 것이다.

문을 잠가놓고 자지 그러니, 그녀에게 말했다.

다시 몸을 돌려봐, 그는 말했다. 마리가 몸을 돌리자 그는 그녀를 강간했다. 강간하는 동안 장갑 낀 손으로 그녀를 만졌다.

그녀의 가방을 찾아내 뒤집어 쏟은 다음 연수허가증을 꺼내 그녀의 가슴 위에 올려놓고 사진을 찍었다.

마리는 부스럭거리는 소리를 들었지만 무슨 소리인지 알 수 없었다. 찰칵 하는 카메라 소리는 들렸는데 그것은 그녀가 잘 아는 소리였다. 말하지 못하고, 소리 지르지 못하는 상태에서 그녀는 기도했다. 살아 있게 해달라고 기도했다.

그는 일을 마친 후 경찰에 알리면 사진들을 인터넷에 올릴 것이며 언젠가 생길 자식들도 그 사진들을 보게 될 거라고 말했다.

그는 재갈을 입에서 꺼낸 다음 눈가리개를 풀었고 그녀에게 눈을 돌리고 머리는 베개에 고정하라고 말했다.

그가 마지막으로 한 말은 미안하다는 말이었다. 그는 자기가 바보처럼 느껴진다고, 막상 해보니 상상할 때가 훨씬 더 좋았다고 말했다.

그는 방을 나가 정문을 통해 밖으로 나간 다음 사라졌다.

———— ◆ ————

2008년 8월 14일, 마리가 린우드 경찰서에 가서 취조를 받고 모두 지어낸 이야기라 말하라는 압박에 굴복한 그날, 마크 오리어리는 99번 고속도로 옆 린우드 총과 탄약이라는 매장에 들러 탄약 네 상자와 라이플을 하나 샀다.

다음 달 틴섹스허브닷넷(teensexhub.net)과 포른인젝터닷컴(porninjector.

com) 등 다섯 개의 포르노 웹사이트를 등록했다. 그로부터 한 달 후 시애틀 동쪽의 커클랜드에서 또 다른 여성, 이번에는 63세의 여성을 강간했다. MO는 린우드 강간 사건과 거의 동일했으며 피해자의 신발 끈으로 몸을 묶은 행태도 같았다.

이듬해 그는 예비군에서 제대했다. 육군 현역으로 근무할 때는 명예 제대를 했지만 예비군에서 나갈 때는 "명예롭지 못했다." 예, 아니오로 나뉘는 등급 평가의 모든 항목, 즉 충성심, 책임감, 존중, 이타심, 명예, 성실함, 용맹함 등에서 아니오를 받았다. 그의 활동 평가서는 말한다. "최소의 능력만을 요구하는 일조차도 제대로 수행하지 못한다." 그는 거의 2년 동안 연락두절이었다.

2009년 여름 오리어리는 90번 주간고속도로를 타고 서부 워싱턴을 떠났다. 동남쪽으로 산맥을 넘어 야키마까지 갔다. 다시 84번 주간고속도로를 타고 오리건주 베이커시티, 아이다호주 벌리, 유타주 오그던까지 갔다가 I-80번 도로로 와이오밍주 록스프링스까지 갔다. 거의 네브래스카주 경계와 가까운 동부 와이오밍을 통과한 후 남쪽으로 향해 고향인 콜로라도에 도착했고 덴버 외곽에 정착해 새로운 생활을 시작했다.

14

500달러짜리 수표

2011년 3월
워싱턴주 린우드

갤브레이스 형사는 당연히 상대편도 기다리고 있던 전화일 것이라 생각했다. 그녀는 사건 해결을 위해서라면 타 경찰서를 도와줄 의향이 있었고 멀리 떨어져 있는 주라 하더라도 도움이 필요하다면 적극적으로 도움의 손길을 내밀고 싶었다. "이보세요. 당신들에게 도움이 될 정보가 저한테 있어요." 적어도 그녀는 도움이 될 거라 생각했다.

3월 3일 목요일, 린우드 경찰서에 전화해 신원을 밝힌 다음 마리의 이름을 말하고 마리라는 여성과 관련된 사건 기록이 있는지 물었다. 그렇다는 대답을 들은 갤브레이스는 사건 기록을 보내달라고 했다.

정식 요청서를 팩스로 보내주세요, 린우드 경찰은 말했다. 그쪽에서는 갤브레이스가 경찰이 맞는지 확인하고 싶다고 했다. 갤브레이스는 경찰서의 문양이 새겨진 도장을 집어들고 이렇게 타이핑했다. "이 사건 기록을 가능한 한 빨리 제 앞으로 전달해 주십시오. 우리 경찰서에서 비슷한 범죄 4건을 저지른 범인을 구속 중입니다. 감사합니다! —스테이시."

20분 후에 갤브레이스는 린우드 경찰서 기록실에서 팩스 한 장을 받았다. 커버 페이지를 보고 또 보면서 하단에 휘갈겨 쓴 문장을 이해하려고 노력했다. 거기에는 손 글씨로, 그녀가 전혀 예상치 못한 단어들이 나열되어 있었다.

피해자는 우리 사건에서 허위 신고죄로 기소되었습니다.

허위 신고죄라고? 사진 속에 있던 그 여성이? "피해자가 기소되었다."

그 단어들을 읽으면서도 믿을 수 없었다.

심장이 쿵쾅거렸다. 욕을 내뱉었다. 그 기소가 얼마나 잘못되었는지 알기 때문이었다.

갤브레이스는 주변 경찰들에게 말했다. 있잖아. 내 이야기 좀 들어봐. 파일을 넘겨보았다. 콜로라도 수사부에서 기록한 주요 단서와 과학수사 결과, 수색일지 들을 남김없이 모으면 거의 몇천 장의 문서가 된다. 린우드에서 온 팩스는 고작 44장이었다. 갤브레이스는 기록이 부실하다고 생각했다. 오리어리의 사진을 보았던 갤브레이스는 사건 첫날 마리가 경찰에게 한 진술을 읽자마자 그녀가 진실을 말하고 있다는 것을 알았다. 그 사진들은 마리의 증언과 일치했다.

그녀는 지금 자신이 타 경찰서 수사관들의 수사를 돕고 있는 것이 아니라는 사실을 깨달았다. 그들이 저지른 도저히 있을 수 없는 실수, 형사가 할 수 있는 최악의 실수를 공식적으로 알게 된 것이었다. 린우드 수사 기록을 검토하면 할수록, 의심이 어떻게 싹텄고, 어떻게 퍼졌고, 마리가 취조당했을 때 어떻게 진술을 포기했고, 어떻게 합의 조건을 받아들였을지 보면 볼수록 갤브레이스는 이 사진 속 여성이 겪은 일을 상상하기도 힘들다는 생각이 들었다. 또 상상하기 힘든 것은 앞으로 린우드 경찰서에 닥치게 될 날들이었다.

———— ◆ ————

메이슨 경사는 전화 한 통을 받고 근무지로 향하는 중이었다.

두 달 전 범죄 수사대에서 전문 분야인 마약단속반으로 부서를 옮긴 참이었다. 그는 여전히 직무 외에 여러 경찰 교육들을 수집하듯 챙겨 듣고 있었다. 최근에는 스카깃밸리대학에서 형사 사법 절차 강의를 들었고 대학 때부터 늘 그랬듯이 A학점을 받았다.

마리 사건이 종결된 지도 어느덧 2년 반이 흘러 있었고 그 사이 한 번도 사건을 재고해본 적이 없었다. "결론 난 사건이 100퍼센트 완벽하지 않을 수 있다는 생각은 하지 않았습니다."

그 수사는 마리의 말을 의심한 페기의 전화가 발단이 되어 다른 방향으로 흘러갔다. 이번에도 반전을 알린 건 전화 한 통이었다. 이번엔 린우드의 동료 경사인 로드니 콘하임의 전화였다. 그는 마리의 말이 모두 사실이었다고 알렸다. 그 피해자는 실제로 강간을 당했다. 그녀를 강간한 범인이 체포되었다. 범인을 체포한 경찰이 마리의 진술을 증명할 수 있는 사진을 확보했다.

믿기지 않았던 그 진술.

메이슨은 칼로 위협받으며 강간당한 여성과 마주앉아, 진술을 취소하라고 설득했으며, 그녀를 기소하기까지 했다. 차에 홀로 앉아 그 뉴스를 소화하려고 해보았다. 충격이 너무 컸는지 그날 자신의 행동과 모든 장면이 뿌연 안개처럼 흐릿하다. 갓길에 차를 세운 것 같긴 한데 어떤 정신으로 그랬는지도 잘 모르겠다. "기록에 남아 있잖아. 내가 한 게 확실하지." 콘하임은 전화로 그를 지지해줄 것이라고 말했다. "아마 그랬겠죠. 그런데 아무 말도 귀에 들어오지 않았습니다."

경찰서로 들어가 간부들을 만났다. 너도 나도 수사를 재개하고 범인 오리어리를 인도하고 마리에게 사실을 알리고 그녀가 낸 벌금을 배상하고 기록을 없애야 한다는 이야기들을 하고 있었다. 메이슨에게는 모두 웅웅대는 소음처럼 들렸다. 주변 동료들의 표정은 무거웠고 그 사건의 중심에 있던 형사에게 무슨 말을 건네야 할지 모르는 듯했다.

동료들이 일에 착수하고 메이슨은 사건에 대해 생각했다. 지난 과정을 따라가면서 그가 어디에서 길을 잃었는지 곰곰이 생각해보았다. 먼저 페기의 전화가 있었다. 마리가 아파트를 바꾸어달라고 했다는 프로젝트래더 담당자의 말도 있었다. 경찰서로 다시 와주어야겠다고 말했을 때 마리의 첫 마디는 **"저한테 무슨 문제가 생겼나요?"**였다. 각각은 큰 의미를 갖지 않는다. 하지만 당시에는 이런 조각들이 맞춰지며 하나의 그림이 완성된 것처럼 보였다. 경찰로 산 지 20여 년이 훌쩍 넘었는데 그는 처음으로 자신이 이 직업에 적합한 사람인지 자문했다. 다른 모든 경찰들처럼 그도 트라우마를 경험했다. 죽음을 보았고 위험에 처하기도 했다. 그 과정에서 언제나 잘 처신해왔다. 나쁜 일은 극복하고 현재와 앞날을 보며 살았다. 이번엔 다르다. 자기 자신에 대해 생각하고, 자신이 대답해야만 하는 그 모든 질문을 생각하던 그 순간에도 마리에 대해 더 많이 생각했다. 일을 이렇게까지 망쳐버린 내가 이 일을 계속할 자격이 있는가? 사표를 내야 하는 것이 아닌가?

◆

콜로라도의 수사관들은 480킬로미터 떨어진 린우드라는 곳의 사건 해결을 도왔을 뿐만 아니라 해군범죄수사국(NCIS, Naval Criminal Investigative Service)의 도움을 받아 워싱턴주 커클랜드의 미해결 사건까지 도왔다.

2004년 해군범죄수사국은 링스(LInX, Law Enforcement Information Exchange)라는 정보 교환 프로그램을 만들었다.[1] 해군 자산을 보호하기 위한 이 프로그램은 연방, 주, 카운티, 소도시 단위에서 법 집행기관의 수사 정보들을 수집하는 것을 목표로 하고 있다. 축적된 정보와 수사 기록을 검색하면 여러 관할에 걸쳐 같은 패턴을 갖거나 연관성 있는 사건들도 밝힐 수 있다. 2011년 북서부에서만 최소 275개의 기관들이 합류해 1300만 건이 넘는 범죄 수사 기록을 공유했다. 적극적인 협조 작업으로 인해 링스 프로그램은 FBI의 바이캡이 실현하지 못했던 성과를 이루었다.

오리어리의 사건을 린우드의 강간 사건과 연결시킨 갤브레이스는 이 데이터베이스를 사용해 워싱턴주에서 이와 비슷한 미해결 사건이 있는지 검색해보았다. 바로 커클랜드 사건이 검색되었다. 63세의 할머니가 마리 사건 두 달 후에 강간을 당했다. 모든 것이 착착 맞아 들어갔다. 오리어리의 컴퓨터 안에서 커클랜드 피해자의 이름과 같은 이름을 발견했다. 오리어리의 DNA를 할머니의 신발 끈에서 검출된 유전자 프로필과 비교할 수 있었다. 동일했다.

워싱턴 킹 카운티의 검사는 커클랜드 사건을 기소하기 전에 갤브레이스에게 정확한 수사를 위해 이메일로 증거 개요를 검토해달라고 부탁했다. 갤브레이스는 문서를 손본 후 답장했다.

기소 기소 기소! 진짜 **나쁜 자식**입니다!
주말 잘 보내세요.

린우드 경찰서에서는 경감 스티브 라이더, 그리고 경찰에게 강간이 사실이었다고 주장하려던 마리의 마지막 시도가 수포로 돌아간 자리에 참관했던 콘하임이 사건을 담당하게 되었다. 두 사람은 콜로라도의 형사들과 만나야 했고 그 자리는 매우 굴욕적인 자리가 될 것이었다. 그다음에 마리를 만나서 오리어리에 대해 말해주어야 했다.

"우리가 해야 일 중에서도 그게 가장 최악의 일이었죠." 라이더는 이렇게 말했다.

먼저 콜로라도로 향했다. 3월 14일 두 남자는 강간범을 체포한 두 명의 형사들에게 자신들을 소개했다. 린우드 경찰들은 자신의 부서가 저지른 과오에 충격을 받고 혼란에 빠졌던 것 같았다. 하지만 적어도 그 이후의 대처 방식은 갤브레이스의 마음에 들었다. "좋은 경찰들이었어요. 괜찮은 사람들이었죠. 진심으로 피해자의 입장을 우선하는지는 어떤 방식으로 일을 바로잡는지 보면 알 수 있죠. 그들은 전혀 오만하지 않았어요. 우리 대화에는 벽도 없었죠. 자신들을 애써 방어하는 느낌도 없었어요. 그저 그런 일이 벌어졌고, 앞으로 이렇게 행동하자. 그런 식이었죠." 갤브레이스와 헨더샷은 사건들에 대해 간략하게 브리핑하고 체포 후 검출한 오리어리의 지문을 넘겨주었다.

커클랜드의 경찰은 DNA를 포함한 물증을 보존하고 있었고, DNA는 마크 오리어리와 일치했다. 하지만 린우드 경찰은 마리가 거짓말을 하고 있다고 결론을 낸 후에 침구와 머리카락과 섬유 조직뿐만 아니라 성폭력 응급 키트에 담긴, 마리가 강간범 검거를 위해서 끔찍한 질문을 참아가며 병원에서 수집한 증거까지도 파기해버렸다. DNA를 확인할 희망은 사라졌다. 남아 있는 것은 슬라이딩 유리문에서 채취한 일부 지문이 들어 있는 카드 한 장뿐이었다. 오리어리의 지문 복사본과 대조해볼 이 지문 카드만이 린우드 경찰서가 물증을 통해 오리어리의 유죄를 입증할 유일한 희망이었다.

라이더와 콘하임은 두 명의 콜로라도 형사를 만난 날 제퍼슨 카운티 교도소에 가서 오리어리를 만나 자백을 받을 수 있을지 알아보았다. 하지만 오리어리는 그들이 누구고 무엇을 원하는지 듣자마자 변호사를 요청했고 어떤 질문에도 입을 열지 않았다.

다음 날 두 사람은 레이크우드의 콜로라도 수사국 사무실로 갔다. 회의실에는 오리어리 사건을 수사했던 콜로라도의 모든 수사원들인 골든, 웨스트민스터, 오로라, 레이크우드, CBI, FBI의 요원들이 린우드에서 온 경찰을 만나기 위해 모여 있었다. 사실 린우드 경찰들이 사건을 사실무근으로 종결하지 않고 수사했다면 콜로라도의 사건들을 막을 수도 있었다. 회의는 불편할 수밖에 없었다.

"까다로운 사건을 협력하여 해결하고 우리의 사건도 해결해준 훌륭한 수사원들과 함께 있었어요. 우리는 이곳에 속할 자격이 안 된다는 것을 알기 때문에 눈치만 보고 있었습니다. 우리 경찰서가 일을 이렇게까지 망쳐놓았으니까요." 라이더는 말한다. "그 사람들은 우리를 보면서 그랬을 거예요. '어떻게 일을 이렇게 처리할 수 있어요?'"

린우드 경찰들은 콜로라도 기관들이 얼마나 훌륭하게 협력 수사를 해냈는지에 충격받았다. "협력 정신이 있었죠." 콘하임은 말한다. 그들은 정보를 교환했다. 정기적으로 만나 의견을 나누었다. "이 사람들은 서로 서로를 다 알더라고요. 커뮤니케이션이 부자연스럽다거나 어색하다는 느낌이 없었어요." 워싱턴주의 린우드 경찰은 고작 25킬로미터밖에 떨어지지 않은 커클랜드의 협조 요청을 무시했다. 섀넌이 제보해 두 사건이 관련 있을 거라 주장했지만 두 서의 경찰들은 직접 만나지 않았다. 전화로 오간 정보들을 기록해두지도 않았다. 두 기관의 수사 파일에는 두 기관이 접촉을 했다는 말이 한 번도 등장하지 않는다.

콜로라도에서 라이더와 콘하임은 관계의 힘을 체감했다. 또한 린우드에는 없는 콜로라도 경찰서의 특수 수사 도구에도 놀랐다. 두 사람은 워싱턴으로 돌아가서 린우드 경찰서에도 전자 자동차 번호판 인식기를 설치하기로 했다.

첫 번째 산을 넘었으니 이제 다음 산을 넘어야 했다. 가장 두려워했던 일, 마리에게 말하는 것이었다.

———— ◆ ————

마리는 성폭력 피해자가 오히려 기소당하는 이례적인 경우였지만 사실 전국적으로 이와 비슷한 일이 전혀 일어나지 않는다고 할 수는 없었다. 이는 일부 경찰서에서 성폭력 신고자를 불신하고 때로 적대하기까지 한다는 사실을 반영한다.

마리의 경우 강간범이 찍고 저장해두었던 사진이 이야기의 진실성을 확인시켜주면서 그녀의 말이 진실임이 입증되었다. 미네소타주 화이트베어레이크의 13세 여학생의 경우에는 동영상이었다. 2001년 한 13세 소녀가 자신이 납치되어 성적 학대를 당한 후에 쇼핑몰에 버려졌다고 신고했다. "넌 거기 없었잖아. 그곳에 들른 적이 없다고."[2] 형사는 소녀에게 말했다. 경찰들은 쇼핑몰의 감시 카메라를 다 뒤져보았지만 그녀의 이야기와 들어맞지 않는다고 했다.

"넌 계속 거짓말, 거짓말, 거짓말만 하고 있어." 형사는 말했다.

일주일이 넘어가자 부모는 쇼핑몰의 감시 카메라를 직접 검토하기로 했고 자신의 딸이 처음부터 진실만을 말하고 있었다는 것을 증명할 장면을 찾아냈다.

캘리포니아주 벌레이오에 사는 물리치료사 데니스 허스킨즈는 2015년에 집에서 실종됐다가 이틀 후 집으로 돌아와 경찰에 납치와 성폭력을 당했다고 신고했다. 그러나 경찰은 그녀의 이야기를 믿지 않았다. 그녀의 진술이 당시 베스트셀러였던 『나를 찾아줘』 줄거리와 너무 비슷하다고 했다. 경찰은 그녀가 거짓말하는 것이라 했고 한 경위는 허스킨즈가 "지역 사회에 사과를 해야 한다."[3]고 말하기도 했다. 몇 달 후 경찰은 허스킨즈의 이야기가 진실이었음을 발견했다. 그들은 그녀가 강간당하는 비디오와 다른 증거들을 찾았다. 하버드 출신의 자격 박탈된 변호사가 허스킨즈를 납치했음을 인정했고 40년 형을 받았다. 하지만 그 이후에도 허스킨즈는 인터넷에서 악성 댓글에 시달렸는데 한 남자는 페이스북에 이렇게 남겼다.

> 네가 내뱉은 허튼소리 때문에 넌 지옥에 갈거야. 똥이나 먹어라 이 창녀야.[4]

허스킨즈는 페이스북에 이런 포스팅을 남겼다.

내가 한 것이라곤 살아남은 것뿐인데 나는 살아남았다는 이유로 범죄자 취급을 받았다.[5]

미국에서 얼마나 많은 여성들이 후에 진실로 밝혀질 성폭력을 당하고도 가짜 주장을 한다는 비난을 받는지는 정확히 알 수 없다. 그런 통계는 존재하지 않기 때문이다. 하지만 마리의 사건처럼 피해자가 기소되는, 거짓말했다고 비난받을 뿐 아니라 그 때문에 기소되기까지 한 극단적인 경우가 없는 것도 아니다. 1990년대 이후 언론에 보도된 유사한 사건만 최소 3건이다.

1997년 위스콘신 매디슨에서는 법적으로 시각 장애인이라 인정받은 수준의 시력을 가진 패티라는 여성이 칼로 위협하는 남자에게 강간을 당했다고 신고했다. 저널리스트 빌 루에도가 그 사건을 취재해 쓴 『강간이라 울부짖다(Cry Rape)』라는 책에 따르면[6] 경찰은 그녀가 강간 피해자처럼 행동하지 않는다며 그녀를 믿지 않았다. 담당 형사가 그녀를 취조했고, 그녀를 속였다. 경찰은 강간범이 사용한 콘돔의 일부라고 추정되는 라텍스 조각을 검사했는데 결과가 음성이었다고 말했으나 그건 거짓말이었다.(그런 검사를 하지 않았다.) 간호사가 외상의 흔적을 찾지 못했다고 그녀에게 말했다.(간호사는 찾았다.) 패티가 우울증 전력이 있으며 프로작을 복용한 사실을 들먹였고 그녀의 시력이 정말 나쁜지 의심했다. 패티는 계속된 신문에 굴복해 자신이 거짓말을 했다고 말해버렸고 공무집행방해죄로 기소되었다. "그녀가 피고인으로 이 자리에 섰다는 것은 세상이 미쳐간다는 증거입니다."[7] 그녀의 변호사는 판사에게 말했다. "이건 극단적으로 부조리한 상황입니다. '난 시각 장애인이에요.' '아니잖아.' '난 강간당했어요.' '아니. 안 당했어.' '물증이 있어요.' '아니, 없어.'" 패티가 기소된 다음에야 경찰은 그녀의 침구를 검사해서 정액을 발견했고 기소는 철회되었다. 2004년에 성폭력 전과범이 법정에 섰고 패티를 강간한 죄로 유죄 판결을 받았다. 패티는 경찰을 상대로 손해배상 청구를 하였으나 기각되었다. 하지만 시 의회는 매디슨 시의 "진심어린 사과와 깊은 후회"를 받아달라고 말하며 피해보상금 3만 5000달러를 지급했다.

1997년 패티가 강간당한 그해, 뉴욕의 한 10대가 16세 생일에 강간을 당했다. 퀸즈의 형사는 이 10대 소녀 팬시 피게로아는 임신 2주차라는 것을 알게 되었고 강간 주장은 핑계라고 생각했다. 피게로아의 신상이 공개되었고 허위 신고죄가 인정되어 3일 동안 쓰레기를 줍는 사회봉사 명령을 수행했다. 그러나 2003년 DNA 확인을 통해 다른 두 10대를 강간하기도 한 피게로아 사건의 범인이 밝혀졌다. 범인은 2004년에 유죄 판결이 내려져 22년형을 선고받았다. 범인이 체포되기 전까지 몇 년 동안 피게로아는 우울증으로 고통받았고 떨쳐버리기 위해 노스캐롤라이나로 이사까지 했다. "강간 자체보다 더 큰 상처를 받았어요."[8] 그녀를 거짓말로 몰아붙인 두 명의 경찰을 두고 이렇게 말했다. "강간범은 그저 왔다가 떠났죠. 하지만 6년 동안 아무도 나를 믿지 않았어요. 난 가족을 잃었어요. 자유도 잃었어요. 맨 정신으로 살지 못하게 되었어요." 피게로아의 어머니는 《뉴욕 데일리 뉴스》에 자신의 모순되는 감정에 대해 말했다. "팬시가 자기 삶의 한 챕터를 덮을 수 있다고 생각하니 기쁩니다. 하지만 솔직하게 말한다면, 나는 딸이 거짓말을 한 게 사실이었더라면 더 좋았을 거예요. 딸이 강간을 당한 적이 없었다면 더 나았을 겁니다."[9]

2004년, 패티의 강간범이 위스콘신에서 유죄 판결을 받고 피게로아의 강간범이 뉴욕에서 유죄 판결 받던 해에 19세 여성 세라 리디는 펜실베이니아 크랜베리 타운십의 주유소 캐셔로 일하고 있었다. 그녀는 당시 임신 중이었고 스스로 등록금을 벌어 대학에 다니고 있었다. 어느 날 밤 강도가 주유소에 들어와 600달러를 훔치고 총을 겨누고 리디를 강간했다. 병원에 온 형사가 그녀와 면담했다. "그 형사의 첫 번째 질문은 이거였어요.[10] '하루에 마약을 몇 번이나 하지?'" 리디는 이후 이렇게 돌이켰다. 경찰은 그녀를 돈을 훔치고 죄를 덮기 위해 성폭력 이야기를 꾸며냈다고 몰아세웠다. "그 형사는 결국 이런 말까지 했어요. '눈물 질질 짠다고 세상이 널 구해주지 않아.'[11] 결국 그때 나는 울기 시작했어요. 끔찍한 라이프타임* 영화 같았어요." 리디는 절도와 허위 신고로 검거되어 5일간 수감된 후 보석금을 내고 풀려났다. 리디가 재판받기 한 달 전에 한 건설 노동자가 펜실베이니아 브룩빌의 편의점에서 한 여성을 강간하려다 체포되었다. 그는 주를 돌며 여러 명의 여성을 폭행했다고 자백했고 그중에는 리디도 포함되어 있었다. 혐의는 벗겨졌다. 그러나 신상이 노출되기도 했던 리디는 경찰에 손해배상 청구를 하여 150만 달러의 합의금을 받았다.

이런 사건들의 중심에 있는 피해자를 경멸하는 태도는 그 뿌리가 깊다. 수전 브라운밀러는 1975년 출간된 『우리의 의지에 반하여』에서 뉴욕 그리니치빌리지의 경찰서에 가서 성폭력 신고 통계 자료를 요청했던 일을

◆ 주로 여성과 관련한 자극적인 드라마나 리얼리티 쇼를 방영하는 채널.—옮긴이

서술한다. 그 구역에서만 그달에 35건의 신고가 접수되었으나 오직 2건만 형사 입건되었다.

"검거율이 아주 높다고 할 수는 없겠네요."[12] 그녀는 경사에게 말했다.

"성폭력 신고를 누가 하는지 아세요? 손님에게 돈을 받지 못한 매춘부들이 하는 겁니다." 경사는 대답했다.

브라운밀러는 경사의 태도가 법 집행기관에 뿌리내린 심각한 문제점을 시사한다고 보았다. "강간이라는 범죄가 존재하지 않는다고 생각하는 경찰이 도달할 수 있는 목적지는 하나뿐이다."[13] 그녀는 썼다.

유사한 사건들이 마리가 강간당한 이후 몇 년 동안 언론과 학술 논문에도 자주 등장하고 있다. 2009년부터 2014년까지 볼티모어 카운티 경찰서는 전체 강간 신고의 34퍼센트를 허위 또는 사실무근으로 결론 냈다. 이 비율 자체도 충분히 우리를 불편하게 하지만 더 불편한 것은 그 결론에 도달한 과정이다. 경찰은 성범죄 전문 형사의 성폭력 피해자 면담이라는 기초적인 단계도 밟지 않고 수사를 포기해버린다. 《버즈피드 뉴스》의 기사가 밝힌 내용이다.[14]

2014년 미시건의 어느 사회복지학 교수가 "그레이트레이크 근교 중소도시"의 경찰과의 인터뷰를 기반으로 한 논문을 발표했다.[15] 한 경찰은 말했다. "바람피우는 아내들이 밤늦게까지 나가서 놀다가, 알잖아요. 어쩌고저쩌고해서 '난 강간당했어요.' 하는 겁니다." 또 한 경찰은 말했다. "젊은 여자들이 사람들을 갖고 놀기 위해서 성폭력이라는 카드를 써먹죠. [……] 남자 친구에게 복수하고 싶거나 관심을 받고 싶거나 아니면 일진이 안 좋다 싶으면 이러는 거죠. '내가 강간당했다고 하면 온가족이 달려오겠지? 난 그런 게 필요해.'" 2016년, 아이다호주 빙엄 카운티의 한 보안관은 지역방송국에서 이렇게 말했다.[16] "물론 강간 사건이 아주 없다는 건 아닙니다만 강간이라고 신고되는 사건 중 대다수가 사실은 합의된 성관계입니다."

———— ◆ ————

마리는 시애틀 남부의 퓨알럽으로 돌아왔다. 스무 살, 거의 스물한 살이 되어가는 그녀는 원래 모든 것이 이제야 제대로 돌아갈 것 같다고 생각하며 고등학교 첫날을 맞았던 전 위탁가정에 돌아갔다. 그러나 이번에도 그때처럼 무언가가 엇나갔다. 마리와 가족은 자주 부딪쳤고, 마리는 그곳에서 멀지 않은 또다른 예전 위탁가정으로 옮겨야 했다.

위탁가정들을 맴돌던 과거의 그날들로 돌아간 것 같았다. 아직까지도 자리를 잡지 못했다. 아직도 정식 운전면허증이 없었다. 할 만한 일자리는 제한되어 있어 소매점 이곳저곳을 옮겨다니며 일했다. 그녀의 인생은 계속 같은 자리를 맴돌았다.

가장 최근에 같이 살기로 한 가족의 집으로 들어온 지 얼마 안 되었을 때 마리는 휴대전화에 찍힌 린우드 경찰서의 메시지를 보았다. 만나 긴히 할 이야기가 있으니 연락해달라고 했다. 무슨 연유인지는 말하지 않았다.

마리는 강간 3일 후 메이슨 경사에게서 왔던 전화를 떠올렸다. 그때도 역시 할 이야기가 있다고 했다. 그때와 똑같은 질문이 떠올랐다. **나한테**

무슨 문제가 생긴 건가?

법원 출두 날짜를 놓쳤을지도 몰라. 그녀는 생각했다. 그 이유가 무엇이 되었건 마리는 경찰이 그녀의 행방을 찾아내느라 초조해하는 건 원치 않았다. 형사들이 체포 영장을 갖고 쳐들어올 것만 같았다. 그래서 바로 경찰에게 전화하여 새 주소를 가르쳐주었다.

3월 18일, 마리가 강간당한 날로부터 2년 7개월 그리고 일주일이 더 지난 그날 마리의 집에 경찰이 찾아왔다. 세 명이었는데 라이더 경감, 콘하임 경사, 가정폭력 사건 담당자로서, 린우드에서는 피해자 조력인에 가장 가까운 역할을 하고 있는 여성 경찰이었다.

그들은 조용히 이야기할 수 있는 장소가 있냐고 물었다. 마리는 그들을 자기 방으로 안내한 다음 문을 닫았다.

라이더는 이 순간을 오래도록 준비해왔다. 하지만 그 순간이 정말로 오자 어떻게 운을 떼야 할지 도무지 생각이 나지 않았다. 어떻게 말을 꺼내야 하나. 이제 우리는 당신을 믿습니다. 이제 당신이 우리를 믿고 함께 당신을 강간한 남자가 정당한 대가를 치르도록 도와줄 수 있기를 바랍니다. 이제 우리는 당신을 거짓말쟁이가 아니라 도움을 받아야 할 피해자로 대우하고 싶습니다. 그는 마리가 어떤 치유의 과정을 겪었다고 해도 "그 상처를 다시 헤집어 벌려놓으려 한다."는 것을 알았다.

몇 년 후 라이더에게 그날 어떤 단어를 사용했는지 물었을 때 그는 기억하지 못했다. 하지만 마리의 얼굴이 "딱딱하게 굳은 것"은 기억했다. 그의 메시지가 그녀에게 완전히 전달되었을 때, 마리는 충격, 안심, 분노가 뒤섞인 감정 속에서 눈물을 흘렸다.

그들은 마리에게 기소 관련 기록은 지워질 것이라고 말했다.

500달러짜리 수표를 한 장 건넸다. 소송 비용으로 마리가 납부한 금액에 대한 반환이었다.

성폭력 피해자를 위한 상담 정보가 담긴 봉투를 건네주었다.

마지막으로 콘하임이 마리를 본 건 그녀가 거짓말을 했다는 자백을 철회하려고 애쓰던 때였다. 그는 리트간 형사가 거짓말 탐지기 테스트에서 실패하면 감옥으로 보낼 수도 있다고 협박하는 장면도 보았다. 다시 마리를 보면서 콘하임은 그녀가 "이중 피해를 당했다."는 것을 알 수 있었다. 한 번은 강간범에게, 한 번은 경찰에게.

어떻게 다시 그녀를 전처럼, 이런 일이 없었던 것처럼 돌려놓을 수 있을지 생각해보았다.

그건 가능한 일 같지 않았다.

———— ◆ ————

저 할 말이 있어요, 마리는 전화로 이렇게 말했다.

경찰이 방금 왔다 갔어요, 마리는 섀넌에게 말했다. 나를 강간했던 범인이 콜로라도에서 체포되었대요. 이제는 나를 믿는대요.

섀넌은 이 소식 앞에서 한 가지 태도로 반응할 수가 없었다. 복잡한 심경이었다. 안도, 슬픔, 죄책감 등의 복잡다단한 감정이 그녀의 마음을 휩쓸고 지나갔다. 오리어리의 체포는 곧 마리의 정당성이 입증되었음을 의

미했다. 또한 그것은 마리가 강간당했음을 의미하기도 했다. 마리가 버림받았음을 의미하기도 했다. "자신의 인생에서 가장 절박했을 때 말이죠." 섀넌은 말한다.

"굉장히 복잡한 심경이었죠. 범인을 잡았다는 것, 그리고 동시에 그 일이 실제로 일어났다는 것을 안다는 건요. 마리가 강간을 당했지만 아무도 믿지 않았다는 것, 마리를 지지해주었어야 할 사람들, 돌봐주었어야 할 사람들, 회복되도록 도와주었어야 할 사람들이 믿지 않았다는 것도. 우리는 마리를 믿지 않았어요. 너무나 참담한 심정입니다."

섀넌은 마리에게 만날 수 있냐고 물었다. 해야 할 말을 직접 얼굴을 보고 전하고 싶었다.

그들은 예전에 종종 그랬던 것처럼 늘 함께 걷던 숲속 산책로를 걸었다. 300미터 정도 걷다가 둘은 멈추었다. "그때 사과할 준비가 됐었어요." 섀넌은 말한다. 섀넌은 마리에게 믿어주지 못해서 미안하다고 말했다. 더 이상 우리 집에 와서 잘 수 없다고 말한 것을 사과했다. 마리가 앞으로 자신을 영원히 용서하지 못하고 다시는 자기와 말하고 싶지 않다고 해도 충분히 이해한다고 했다.

마리는 섀넌을 안아주었다. 괜찮다고, 섀넌을 용서한다고 했다.

"내가 말했잖아요." "왜 나를 안 믿으셨어요?" 같은 말은 없었다. 마리의 용서는 즉각적이고 무조건적이었다. "마리가 그렇게 기꺼이 나를 용서해줄 수 있다니 놀라울 뿐이었어요. 너무나 큰일이었으니까. 너무나 오랜 시간이 걸렸으니까."

"난 용서할 줄 아는 사람이니까요. 그렇게 태어났거나 그런 것 같아요.

용서하거나 신뢰하기까지 시간이 걸릴 수는 있어도, 나는 용서해요." 마리는 말한다.

———————◆———————

마리는 프로젝트래더의 담당자였던 웨인에게 전화했다.

난 네가 거짓말하는 게 아니라는 거 알았어, 웨인은 마리에게 말했다.

웨인의 말을 듣고 충격으로 머리가 멍해졌다. 마리는 무슨 말을 꺼내야할지 몰랐다. 수많은 생각들이 파도처럼 밀려왔다. 그러면 왜 그렇다고 말 안하셨어요? 왜 나를 지지해주지 않았어요? 내 **담당 간사**였잖아요. 그러나 그 말들은 입 밖으로 나오지 않았다.

웨인의 입장에서는 어쩌면 그런 식으로 기억하는 것이, 혹은 그렇게 말하는 것이 더 쉬웠을지도 모른다. 하지만 그의 말은 그가 과거에 기록한 내용과는 상반되었다. 사건 일주일 후 작성된 기록에는 마리가 강간당했다는 말을 믿지 않는다고 쓰여 있었다.

———————◆———————

마리는 조던에게 전화했다.

조던은 이런 일이 생겨서 얼마나 안타까운지 모르겠다고 말했다.

마리는 조던 앞에서는 한 번도 흔들리지 않았다. 강간당하지 않았을지도 모른다고 말하지 않았다. 조던 또한 마리를 향한 믿음이 흔들리지 않았다. 그렇다. 조던도 마리가 거짓말할 가능성을 고려한 적은 있었다. 하지만 곧 그 생각을 털어버렸다. 마리는 그런 사람이 아니니까. 가끔은 그냥 아는 것이 있다. "나는 사건 전의 마리를 알았고 사건 후의 마리를 알아요. 그 두 사람은 같은 사람이 아니에요. 깊이 상처 받았기 때문입니다."

하지만 경찰은 마리의 자유를 빼앗았을 뿐만 아니라 그녀가 우정까지 잃게 했다. 경찰은 조던이 그녀를 믿지 않는다고 마리가 생각하게끔 내버려두었다. 조던은 그런 적이 없다고 말했다. 그럼에도 그녀는 그녀 뒤에서 사람들이 어떤 말을 했을지 생각하면서 조던에게도 의심을 키워왔다. 몇 년 동안 마리와 조던은 서서히 멀어졌다.

마리는 경찰 수사 보고서를 읽지 않았기 때문에 조던이 마리를 의심했다는 부분이 없다는 사실을 몰랐다. 조던은 마리에게 진실을 말했다. 그는 한 번도 마리를 거짓말쟁이로 여긴 적이 없었다.

———— ◆ ————

마리는 페기에게 전화했다.

"미안하다고 하더군요." 마리는 말한다. "그 말을 하면서도 그다지 충격받은 것 같지 않았어요. 그냥 어깨 한번 으쓱하고 마는 느낌이랄까요."

페기의 반응에 마리는 실망했다. 마리는 페기에게서 다른 반응을 원했지만 페기는 적어도 처음에는 마리가 원하던 반응을 줄 수 없었다. 자신의 의심이 어떤 파장을 낳았는지 알기에 자기가 한 역할을 반추하고 싶지 않았다. 마리와 섀넌의 사이는 말끔하게 해결되었다. 섀넌의 사과와 마리의 용서는 거리낌 없었다. 페기에게는 그 과정이 복잡했다. 몇 년 후 페기는 자신이 오리어리의 체포를 어떻게 알게 되었는지 확실히 기억하지 못한다고 했다. 마리가 전화하기 전에 섀넌에게 먼저 들었거나 페기의 엄마가 그 소식을 전해주었을지도 모른다. 페기는 엄마가 오리어리의 체포에 대한 기사를 그녀에게 보여주었던 것은 기억한다. "여전히 죄책감이 너무 깊어서 어쩌면 생각을 치워두고 있었는지도 모르죠. 그래, 그래, 그 사건이 진짜 일어났어. 하지만 고통스러워서 받아들이고 싶지 않아."

"어쩌면 제 입장에서는 부정하고 싶었던 마음이 컸나 봐요. 너무 괴로워서요. 저는…… 저는 그 모든 증거를 듣고선 사실이란 걸 알았어요. 그런데도 아직 그 일이 정말로 일어났다는 게 끔찍해요. 또 내가 마리를 불신하는 데 동참했다는 점도 끔찍하고요."

시간이 흐르면서 페기는 자신이 걸었던 전화, 마리의 이야기를 의심한다고 말한 그 전화 통화를 깊게 후회하며 돌아볼 수 있게 되었다. "내가 입만 다물었다면, 경찰들이 제 할 일을 했을 거란 생각이 들어요. 나름대로 솔직하고 싶어 한 시도였는데, 제 말에 전적으로 기대게 만들어버렸어요." 그녀는 말한다.

"나는 훌륭한 시민이 되려고 했었어요. 아시죠? 경찰들이 개인의 성격적 문제와 관련된 사건에 쓸데없이 자원을 낭비하지 않기를 바랐어요.

하지만 더 신중했어야 해요. 아니라고 증명되기 전까지는 피해자를 믿어야 하잖아요. 내가 저지른 실수예요. 내 실수입니다. 그 점에 굉장히 죄송하게 생각할 뿐입니다."

페기는 마리에게 연락했다. 첫 번째 전화에서보다는 더 나은 것, 섀넌과의 산책로 대화와 비슷한 어떤 것을 마리에게 주었다. "우리는 같이 앉아 저녁 식사를 한 다음 마리를 데리고 나가서 믿지 못해서 미안하다고 사과했습니다. 진심으로 마음을 열고 대화하려고 했어요. 아마도 마리가 나를 용서하기까지는 더 긴 시간이 걸리겠죠. 지금은 그럭저럭 괜찮은 사이가 되었어요. 이렇게 되기까지 아주 오래 걸렸죠."

———— ◆ ————

마리는 린우드 경찰의 정식 사과를 원한다고 말했다. 경찰서 공식 사과도, 경찰서를 대신하는 간부나 경찰서장의 말도 아니었다.

자신을 믿지 않던 두 명의 형사에게서 사과 받길 원한다고 했다.

약속한 날 마리는 린우드 경찰서 회의실에 가서 기다렸다. 리트간으로부터는 아무런 사과를 받지 못했다. 그는 현재 캘리포니아 남부에서 사설 탐정으로 일하고 있었다. 링크드인 프로필에 따르면 이혼이나 보상금을 의뢰한 노동자를 위해 증거 수집을 한다. 연방정부와 계약을 맺고 신규 채용자 배경 조사 같은 일도 한다고 나와 있었다.

그러나 메이슨은 그 자리에 나왔다. 회의실로 들어오는 그의 모습이 "길 잃은 강아지" 같았다고 마리는 회상한다. "자기 머리를 긁적이고 있었고, 정말로 자신이 한 짓을 부끄러워하는 것 같았어요." 그는 마리에게 사과했다 "진심으로, 진심으로 죄송합니다." 마리에게 그는 진정성 있어 보였다.

그의 사과가 "약간은" 도움이 되었다고 말한다. "하지만 그렇다고 해서 2년 반 전으로 돌아갈 수도, 내가 겪은 모든 일이 없었던 일이 될 수도 없죠. 사과가 내 과거를 바로잡아주지는 못해요."

마리는 이 자리에서 왜 메이슨이 자기를 믿어주지 않았는지 따지고 들수도 있었다. 하지만 차마 물어볼 수가 없었는데, 왜냐하면 "내가 정말 그답을 원하는지 알 수 없었기 때문이에요."

15

327년 그리고 6개월

2011년 3월~12월
콜로라도주 골든

3월의 어느 아침 7시에 밥 와이너의 휴대전화가 울렸다. 그는 덴버 서부 교외의 축구장 사이드 라인에 서서 딸의 등교 전 새벽 연습 경기를 지켜보고 있었다. 전화한 사람은 스테이시 갤브레이스 형사였다.

"맙소사. 우리가 방금 뭘 발견했는지 아세요?" 그녀는 이렇게 말문을 열었다. 흉악범 오리어리의 피해자를 또 한 명 발견했다는 것이다. 그녀는 워싱턴에 사는 마리라는 10대 여성이 손발이 묶이고 재갈이 물려 공포에 질린 표정으로 찍힌 사진을 에번스가 어떻게 발견했는지 설명했다.

"그다음이 더 기가 막힙니다." 그녀는 할 말을 마저 했다. "그 피해자가 허위 신고죄로 기소되었어요."

"말도 안 돼요." 와이너는 말했다.

와이너가 제퍼슨 카운티 지방 검사로 15년 동안 재직하면서 겪은 가장 끔찍한 사건의 또 다른 반전이었다. 와이너는 덴버 서부 두 카운티를 관할하는 검사실에서 가장 고참인 검사에 속했다. 검사와 경찰은 사실 잘 지내는 편이 아니다. 경찰이 볼 때 검사는 너무 원리원칙만 따지고 검사가 볼 때 경찰은 때로 규칙을 무시하고 제멋대로 행동한다. 하지만 이 사건 수사 중에는 그런 류의 갈등이 한 번도 일어나지 않았다. 갤브레이스와 와이너는 사건 초기부터 계속 연락을 주고받았고 6주간의 수사 기간 동안 수시로 통화하면서 수색 영장과 오리어리의 체포 시점 등에 관해 긴밀히 상의했다.

오리어리가 구금되면서 와이너는 유죄 증명을 위한 계획에 집중했다. 와이너의 표현에 따르면 갤브레이스와 헨더샷은 "믿을 수 없을 정도로 환상적인 수사"를 펼쳤다. 오리어리에게 종신형이 구형될 것이었다. 유죄를 인정할 경우 대가가 크기 때문에 그가 유죄답변 협상*에 응할 리는 없었다. 피고인 측의 모든 공격을 방어하고 배심이 유죄의 평결을 할 수 있도록 설득해야 했다. 그러나 와이너는 사실 관계들을 검토하면서 몇 가지 빈틈을 발견했다. "재판에 충분한 준비가 된 상태는 아니었습니다." 그가

◆ 피고인이 유죄를 인정하면 낮은 형량의 범죄로 기소하거나 구형할 형량을 낮추기로 하는 피고인과 검사 사이의 합의.—옮긴이

말했다.

처음에는 마크와 마이클 형제의 유사한 외모가 걱정되었다. 수완 있는 피고인 변호사라면 마이클 오리어리가 범인일지도 모른다는 주장을 하며 합리적 의심을 제기할 수 있다. 마이클이 강간을 하고 그의 도플갱어 같은 형이 포르노그래피 웹사이트 왕국을 굴렸을 수도 있지 않나? 그는 갤브레이스와 헨더샷에게 "동생의 알리바이가 필요합니다."라고 말했다. 갤브레이스는 마이클 오리어리가 배달 트럭 운전기사로 일하는 가구 매장의 2008년 8월부터의 근무 시간을 조사했다. 운이 따르지 않았다. 마이클은 사건이 일어난 날짜와 시간에는 가구점에서 일하고 있지 않았다.

헨더샷과 엘리스는 일명 '마즈다 프로젝트'에 착수했다. 헨더샷은 콜로라도에 등록된 모든 1993년형 마즈다 픽업트럭을 조회했다. 총 77대였다. 웨스트민스터 경찰서에 근무하는 열 명의 순찰대원들을 모아 주의 모든 지역으로 보내 그 트럭 사진들을 찍어오도록 보내려 했다. 단순한 전략이었는데, 피고측 변호사가 앰버를 강간한 날의 영상 속 흰색 마즈다가 오리어리의 차량이 아니라고 주장하려 한다면, 와이너가 콜로라도에 있는 모든 마즈다 트럭의 사진을 꺼내들 수 있도록 하려는 것이었다. 오직 오리어리의 트럭만이 영상 속 트럭과 일치할 것이다.

하지만 오리어리의 카메라 메모리 카드에 들어 있던 앰버와 세라의 사진, 이제 마리의 사진까지 발견한 후에 경찰들은 굳이 출장을 나갈 필요가 없어졌다. 와이너는 지나가는 사람들이 볼 수 없도록 컴퓨터 스크린을 문으로부터 돌려놓고 사진들을 넘겨보았다. 사진에 오리어리의 얼굴은 나오지 않았지만 그의 반점은 등장했다. 와이너는 범죄분석가에게 부탁해 오리어리의 몸에 있는 점들과 강간범의 몸에서 보이는 점들을 대조하기까지 했다. 유사한 점들을 연결하는 선과 화살표로 이루어진 '점 지도'는 마크와 범인이 동일인이라는 사실을 확인해주었다. 와이너는 이제 오리어리를 확실히 잡을 수 있다는 것을 알았다. 신원 오인은 걱정할 필요가 없었다. "사진을 찾았을 때 우린 외쳤습니다. '이거야.'"

와이너에게는 사진에 관하여 딱 한 가지 고민이 남아 있었다. 갤브레이스와 헨더샷에게 오리어리의 포르노 사이트를 확인해서 이 사진들을 하나라도 올린 적이 있는지 확인해달라고 했다. 두 여자 경찰은 아침 일찍 덴버의 구 국제공항이 있었던 신도시 스테이플턴의 FBI 지역 본부에서 만났다. 컴퓨터가 가득한 천장이 낮고 기다란 방에 서로 등을 맞대고 앉아 대형 컴퓨터 스크린으로 오리어리가 소유한 모든 사이트와 그가 링크한 사이트를 보기 시작했다.

"하루 종일 포르노만 봤어요." 갤브레이스가 말한다.

"하루 종일, 아침부터 밤까지요." 헨더샷이 덧붙였다. "하늘에 맹세컨대, 말 그대로 하루 종일 포르노를 보고 있었다니까요."

"역겨웠어요." 갤브레이스가 말한다.

피해자의 사진은 찾지 못했다. 그 사진들이 인터넷의 어느 후미진 구석에 올라가 있을 가능성을 완전히 배제할 수는 없었다. 하지만 적어도 오리어리가 자신의 협박을 실행으로 옮겼다는 증거는 찾을 수 없었다고 피해자들에게 알려줄 수는 있었다. 그나마 피해자들에게는 약간의 마음의 평화를 가져다 줄 수 있는 부분이었다. 와이너에게도 그러했다.

FBI 요원인 아버지 밑에서 자란 와이너는 덴버 지역에서 가장 중요한 성폭력과 살인 사건을 다루어왔다.[1] 법정에서 그는 예리하고 논리적인 변론으로 피고인을 꼼짝 못하게 하는 카리스마 검사로 통했다. 키가 크고 마르고 이마가 높고 장거리 육상선수 같은 강철 체력을 지녔다. 사실 그는 진짜 장거리 육상선수였다. 와이너는 마라톤을 즐겼다. 마라톤 훈련을 할 때면 덴버 교외 자신의 집 주변, 해발 650미터의 로키산맥의 높은 산들을 뛰기도 했다. 42세 때 그는 보스턴 마라톤을 2시간 31분 20초의 기록으로 완주하여 동 연령대 2위를 기록했다.[2] 러닝화 회사에서 후원을 받을 정도로 실력이 좋았다.

달리기는 그의 머리를 맑고 명료하게 해주었다. 피해자가 당한 끔찍한 사건의 이미지를 몰아내고 다시 기소를 위한 논리 구성에만 집중할 수 있게 했다. 이 사건의 경우는 결정적인 증거인 사진을 손에 넣었는데도 여전히 생각할 것들이 많았다.

예를 들어 강간이 지속된 시간으로, 이 여성들은 거의 서너 시간 동안이나 학대를 견뎠다. "전형적인 배심원이라면 앉아서 이렇게 생각할 겁니다. '이상하네. 여자들이 비명을 안 질렀잖아. 왜 소리를 지르지 않았나요? 왜 몸싸움을 해보지 않았나요? 잘하면 빠져나올 수 있었을 텐데요.'" 또한 오리어리가 각 피해자에 대해 상세히 알고 있었다는 점도 염려되었다. 배심원은 이렇게 의심할 수도 있다. 여자가 아는 남자였던 건 아닐까?

그런 종류의 의문은 많은 강간 수사를 방해하는 장벽이 된다. 기소 과정의 각 단계에 있는 사람이 강간 사건이 다음 사람에게 인계되었을 때 어떻게 달라 보이는지 걱정하는 이러한 경향을 연구자들은 "다운스트림"이라 부른다.[3] 최초는 피해자로부터 시작되는데 피해자들은 자기들의 치

마 길이나 마신 테킬라 샷의 숫자로 경찰에게 판단당할까 봐 두려워한다. 또한 경찰은 검사가 물증이 없는, 진술만 있는 사건을 어떻게 볼지 걱정한다. 마지막으로 검사는 배심원이 여성의 증언을 어떤 식으로 받아들일지 고민한다. 의심은 강간 사건 기소의 모든 단계를 따라다니며 괴롭힌다.

와이너는 강간범이 실제로 강간을 저지르는 현장의 사진까지 확보했으니 이 사건의 사실 관계는 충분히 증명할 수 있다고 믿었다. 그럼에도 불구하고 성폭력 피해자들에게 따라붙게 마련인 의심과 회의는 어떤 재판도 쉽지 않게 만든다. 그는 오리어리가 강간한, 법정에서 목격자로 서게 될 여성들이 특히 더 걱정되었다. 그들이 이 재판을 어떻게 견뎌낼 것인가? 그들은 적대적인 질문을 받게 될 것이다. 낯선 사람들이 가득한 법원에서 성폭력의 고통스럽고 사적인 세부 사항이 공개되고 언론에 실려야 한다는 사실을 견뎌야 한다. 자신과 몇 미터 떨어진 곳에 앉아 있는 범인을 보면서 증언대에 서야 한다. 아니, 그보다 먼저 그들이 과연 증언하기로 동의해줄 것인가?

재판은 2011년 10월로 잡혀 있었다. 와이너는 이제 마음의 준비를 해야 한다는 것을 알았다. 결국 그는 오리어리의 변호인하고만 싸우는 것이 아니었다. 수백 년 동안 이어져온 법의 역사와 맞서는 것이기도 했다.

———— ◆ ————

마리의 사건 수사를 그르치고 법원이 그녀를 거짓말쟁이로 판정하게끔 만든 경찰서는 하나였다. 하지만 그녀의 경험은 특이 사례가 아니다. 수전 브라운밀러는 강간 신고에 관한 한 형법 제도는 오랜 기간 "여성들은 거짓말을 하는 경향이 있다는 남성들의 가정"[4]을 수용해왔다고 쓰고 있다. 역사적으로 미국의 모든 법정에서 디폴트값은 언제나 의심이었다.

현재 강간 혐의에 관한 법률 제도에 가장 큰 영향을 미친 법률가는 4세기 전 인물이다. 올리버 크롬웰, 찰스 2세와 동시대 인물이었던 매슈 헤일 경은 1671년 영국 대법원장이 되었다. 어느 책에 따르면 그는 "당대 가장 명성 높고 존경받는 판사였다."[5] 법조계에서 그의 이름은 절대적인 권위였다. 1835년에 한 전기 작가는 이렇게 묘사한다. "요컨대 눈부시게 빛나는 그분의 탁월함 때문에, 오늘날까지도 **단 한 명의** 공정하고 강직한 법조인의 예를 들고자 한다면 사람들의 마음은 나침반의 바늘이 극을 향하듯 헤일 경으로 향하게 된다."[6] 그 이후로 쓰인 글에서도 그에 대한 비슷한 찬사는 얼마든지 찾을 수 있다.

신실함, 강직함, 냉철한 판단력으로 유명했던 헤일은 두 권 분량의 방대한 법률서인 『영국 형사 사건의 역사』를 집필했다. 이 책에서 강간을 "가장 혐오스러운 범죄"라고 명시하고 그 이후로 여러 차례 인용된 말을 덧붙였다. "기억해야 할 것은 이 범죄는 쉽게 혐의를 씌울 수 있으나 증명하기는 힘들며 고발당한 입장에서 무죄라 해도 변호하기는 더욱 어렵다."[7]

헤일은 허위 신고의 위험성을 환기시키면서(그 뿌리는 성경까지 거슬러 올라간다. 보디발의 아내가 요셉에게 거부당한 뒤 그에게 겁탈당했다고 주장하는 일화가 있다.) 강간 혐의의 공포를 법적인 프레임으로 만들어버렸다. 그는 그가 억울하게 기소당했다고 믿는 두 남성의 사건을 예로 들었다. 한 남성은 공갈 협박하기로 작정한 14세 소녀에게 고소당한다. 헤일은 배심원들이 이 점을 유념해야 한다고 썼다. 이 여성이 강간당했다고 주장하는 이유는 "자신의 좋은 명성"을 위해서인가 아니면 "타인의 나쁜 명성"을 위해서 인가? 그 여성이 울부짖으며 저항했는가? 달아나려고 노력했는가? 즉각 적으로 항의했는가? 다른 사람들의 지지를 받고 있는가? 헤일이 말하길, 판사와 배심원들은 바짝 경계해야 하는데 이 범죄의 흉악성에 사람들이 "너무나 분개한 나머지 지나치게 성급히 피고인을 유죄로 판단하는 경향 이 있으나 피해자의 자신만만한 증언은 때로는 악의적이고 허위적인 목 적을 갖고 있을 수 있다."[8]

헤일은 법 이외의 영역에서도 조언을 멈추지 않는다. 자신의 손자 손녀 들에게 182페이지 분량의 편지를 쓰면서 각 손녀에게 맞는 처방을 내린 다. 메리에게는 "만약 메리가 자신의 위대한 영혼을 다스릴 수 없다면 메 리는 오만하고 고압적이고 앙심 깊은 여성이 될 것이다."[9]라고, 프란시스 에게는 "프란시스가 거짓말과 속임수를 경계하고 두려워해야만 훌륭한 여인이자 아내가 될 것이다."[10]라고 말했고 앤에게는 "연약한 천성"을 가 져서 연극, 발라드, 감상적인 책이 "마음에 너무 깊은 인상을 심어주기 때 문에"[11] 멀리하라고 조언한다.

같은 편지에서 헤일은 세상이 타락하고 있다며 몸서리친다. "이 나라 인간들의 체질이 점점 더 방탕, 음주, 탐욕, 매춘, 도박, 욕심으로 물들어 상상을 넘어서는 어리석은 주정뱅이 난봉꾼들로 변하고 있다."[12] 그는 특 별히 젊은 여성들의 변화를 경멸했다. 그들은 "더 뻔뻔스러워지고" "목소리가 크다." 그들이 "하루 종일 하는 일이란 얼굴에 무언가를 칠하고 머리를 말고 최신 유행하는 값비싼 패션으로 치장하는 일이다. 오전 10시 전에 일어나면 아침은 빗과 거울과 화장품 사이에서만 보낸다. 스스로 식사 준비할 줄은 모르면서 꼭 자신이 원하는 식사를 해야 한다."[13] 때로는 한 문장에 160개가 넘는 단어를 쓰면서 요즘 여자들에 대해 끝도 없이 불평한다. 헤일은 두 번 결혼했고 그의 첫 아내가 외도를 했다는 소문이 있었으며 "서방질한 여자의 남편"[14]이라는 수근거림을 듣기도 했다. 그는 영국의 상류층 여성들을 "가정 파괴의 주범"[15]이라고 지칭하기도 했다.

"매슈 헤일 경이 여성을 보는 관점은 당시 시대 상황을 고려해도 표준에 못 미친다는 증거가 적지 않다."[16] 길버트 가이스와 이반 번은 공동으로 집필한 『마녀사냥』이라는 책에서 이렇게 말한다. 이 책은 헤일이 남긴 법률 유산에 "아주 약간" 흠집을 남긴 사건을 자세히 다루었다. 1662년 베리세인트에드먼즈에서 헤일은 두 명의 중년 여성이 마녀로 기소된 재판을 주재했다. 배심원에게 마녀는 실재하며 성경에서 그 사실을 확인하고 있다고 말했다. 배심원이 유죄를 선언하자 헤일은 에이미 데니와 로즈 컬렌더를 교수형에 처한다.(그는 4년 전에도 마녀 처형을 한 적이 있었다.) 문서로 보존된 헤일의 이 판례는 30년 후 매사추세츠에서 모범 답안으로 사용된다. "악명 높은 세일럼의 마녀사냥은 만약 베리세인트에드먼즈 판결이 없었다면 일어나지 않았을 일이다. 세일럼의 마녀사냥은 베리의 판례를 그대로 모방한 것이다."[17] 가이스와 번은 이렇게 쓰고 있다.

헤일의 마녀사냥 재판에 대한 영향력은 마녀가 실재한다는 믿음이 약해지면서 사라졌다. 하지만 강간 사건에 대한 그의 영향력은 계속 이어진다. 헤일이 1676년에 사망했으니 이미 300년이 흘렀지만 미국의 배심원단은 그의 경고에 귀를 기울인다. 법정에서는 이를 '헤일 경고'라 부른다. 강간 사건의 배심원에게 성폭력이란 고소당하긴 쉽고 변호가 어려운 범죄이니 허위 신고를 조심하라고 주의시키는 것이다.

———— ◆ ————

1786년 12월 16일, 토머스 제퍼슨은 파리에서 제임스 매디슨에게 편지 한 통을 썼다. 오른쪽 팔목에 탈구가 와서 "붓기가 가라앉지 않는다."며 "크나큰 고통"[18] 속에서 편지를 쓰고 있다고 말한다. 미네랄워터의 치유 효과를 기대하며 프랑스 남부로 떠날 것이라는 말도 한다. 미국과 프랑스 사이의 어류, 밀가루, 테레빈유, 담배 무역에 대해서도 쓴다. 그리고 지나가는 말처럼 자신은 성폭력 범죄자에 대한 지나친 처벌에 반대하는 입장이라고 말한다. "여성이 지조 없는 연인에 대한 복수의 수단으로 혹은 경쟁자에게 실망을 안기기 위한 수단으로 강간을 이용하려는 유혹이 있기 때문"[19]이다.

미국 독립 선언서의 초안자였던 남자는 이후 권리장전을 작성하게 될 남자에게 이렇게 쓰고 있다. 강간을 처벌해달라고 하는 여성을 경계해야 한다고.

7년 후 뉴욕시에서 기소된 어느 사건은 초기 미국 법체계가 어떻게 헤일의 기준을 적용해 여성의 신뢰성을 훼손했는지 보여준다. 1793년 "난

봉꾼", "한량"이라 알려져 있던 귀족 남성인 헨리 베들로가 17세의 침모이자 어부의 딸인 라나 소여라는 여성을 강간한 혐의로 법정에 섰다. 소여가 산책을 하다가 거리에서 남자들에게 희롱을 당하는 모습을 보고 베들로가 중재해주면서 두 사람은 만났다. 그는 소여에게 자신이 스미스라는 변호사라고 소개했지만 가명에 거짓말이었다. 둘은 며칠 후에 만나서 저녁 산책을 하기로 했고 그날 밤 베들로는 그녀를 사창가로 유인해 강간했다고 그녀는 말했다. 남자는 여성을 유혹한 것이라 말했다.

재판장에서는 다섯 명의 변호사가 베들로 편에서 변론했다. 한 변호사는 12명의 남성으로 구성된 배심원단에게 이 사건은 "어느 시민의 인생이 한 여성의 손에, 거의 전적으로 그녀의 의지와 욕구에 의해 좌지우지되도록 위협당한 일"이라고 했다. 또 한 변호인은 말했다. "거리의 창녀가 아닌 이상, 여성이라면 내면의 욕망과는 반대로 행동하기 마련이다." 세 번째 변호사는 "바느질이나 하는 처녀"라면 "불법적인 성 거래가 아닌 이상" 변호사가 자신에게 관심을 둘 것이라고 상상조차 할 수 있겠냐고 말했다. 여자는 그날 밤 늦게까지 남자와 걸었다. "이처럼 자기 순결의 요새를 수비하기를 포기하고 아무나 드나들게끔 부주의하게 구는 여자가 성채를 넘겨주고 항복하는 데 그렇게 오래 걸리겠는가?"

가장 길게 변론한 변호사는 이후에 (토머스 제퍼슨의 임명으로) 미국 연방대법관이 되기도 한 헨리 브록홀스트 리빙스턴이다. 리빙스턴은 배심원들에게 헤일의 말인 "쉽게 할 수 있는 고소"를 인용하면서 헤일의 질문들을 라나 소여에게 적용한다. 이 여인의 평판이 좋은가? "한 무리의 증인들이" 그녀가 정숙한 여성이었다고 증언했지만, 그는 그녀가 "겉으로는 순수하나 내면의 상스러운 본성을 숨기는 연기가 탁월할 수 있다."고 배심원들에게 말한다. 그녀는 비명을 질렀다고 말했다. 하지만 왜 일어나 도망치지 않았나? 왜 아이스크림 한 컵을 먹자는 말에 동의하면서 그 밤에 길게 만났나? "평판을 중시하는 여인이라면 아이스크림만 먹고 집으로 돌아왔을 테지만 이 여인은 남자와 한 시간 반 동안이나 머물렀습니다." 리빙스턴은 베들로가 자신에게 더 이상 관심이 없는 것을 안 소여가 화가 나 강간당했다는 거짓말을 했다고 주장했다. "여성의 가슴에 복수심이 얼마나 활활 타오를 수 있는지 모두 아실 것입니다. 버림받은 여성의 분노에 끝이란 없습니다."

재판은 15시간 동안 이어졌다. 배심원은 15분 동안 평의하였다. 평결은 "무죄"였다.

◆

증거법 분야의 20세기 대표적 전문가는 존 헨리 위그모어이다. 양쪽 끝이 말려 올라간 콧수염을 기른 이 학자는 12개 국어를 하는 천재[20]로 하버드대 법률 학술지 《하버드 로 리뷰》 창간을 도왔고 28년간 노스웨스턴대학교 로스쿨의 학장을 지냈다. 법대 교수들과 법학도들은 그의 명저를 '위그모어의 증거법'으로 불렀는데, 원제 『보통법 재판에 있어서 영미 증거법 체계에 관한 논문: 미합중국과 캐나다에 속한 모든 관할의 법령과 판례를 포함하여』는 너무 길기 때문이다. 시카고대학교 법학과 교수는 위그

모어의 두툼한 책의 분석적 방법을 가리켜 "오늘날의 증거 법률 제도의 기초"를 형성한 "아마도 가장 위대한 근대 법학 논문"[21]이라고 칭송했다.

위그모어는 정신의학과 심리학 저서도 상당히 많이 참고해 "심리학이 가질 수 있는 최고의 법률가 친구"[22]가 되었다. 성폭력을 주장하는 여자 앞에서는 법과 정신의학을 결합하자고 권고했다. 논문의 제3판이자 1940년에 출간된, 최종판이자 정본에서 위그모어는 여성과 신빙성을 주제로 1930년대 썼던 몇몇 용어를 확장했다. 이 책에서 그는 150년 전의 헨리 브록홀스트 리빙스턴이 주장한 개념인 "겉으로는 순수하나 내면의 상스러운 본성을 숨기는"을 채택하고 지크문트 프로이트까지 덧붙인다.

> 현대 정신과 의사들은 다종다양한 사건으로 법원에 출석하는 젊은 여성의 그릇된 행동에 대하여 충분히 연구해왔다.[23] 여성들에게는 다양한 정신적 콤플렉스가 있는데 일부는 유전적인 결함에 의해, 일부는 정신 착란과 비정상적인 본능에, 일부는 안 좋은 사회적 환경에 일부는 일시적인 심리적 혹은 감정적 조건에 기인한다. 이 콤플렉스가 발현된 형태 중에 하나가 남성에게 성적인 폭력을 당했다는 거짓 주장이다. 음란한 정신(이렇게 불러도 될 것이다.)은 서술자가 여주인공이거나 피해자가 되는 상상의 성적 사건 이야기 속에서 우연적이지만 직접적으로 표현된다. 겉보기에 이 진술은 정직하며 설득력이 있다. 하지만 진정한 피해자는 무고한 남성일 경우가 많다.

요약하자면, 전부 여자의 상상이라는 것이다.

"의심의 여지없이" 위그모어는 모든 판사와 검사가 이런 사건들을 여러 차례 보았다고 쓰고 있다.

이어서 "판사는 성폭력 고소를 한 여성 피해자의 과거 전력과 전문의가 검사하고 증언한 정신적 상태를 배심원에게 보여주어야 한다."[24]라고 썼다.

위그모어는 1943년에 사망했다. 40년 후 당시에는 국선변호사였고 이후 위그모어의 대학인 노스웨스턴대학교의 교수가 된 리 비넌은 위그모어가 자기 주장의 토대로 삼은 원자료들을 검토했고, 그 자료들의 과학적 근거가 부족하다는 사실을 밝혀냈다. 하지만 위그모어의 미심쩍은 연구와 "억압적이고 여성 혐오적인 입장"[25]에도 불구하고 그의 관점은 변호사와 판사들에게 여전히 강력한 영향력을 미치고 있었다. "성폭력 사건의 허위 신고에 관련된 법적 원천을 단 하나 꼽으라면, 바로 위그모어의 신조이다."[26]라고 비넌은 썼다.

강간 피해를 주장하는 여성들에게, 이 원칙의 핵심적인 전제인 "여자의 상상이다."는 그동안 법정이나 법률 문서에서 장기간 목소리를 내온 "여자가 원했다."의 다른 판본에 불과하다. "여성이 '좋아요' 라는 말을 절대 하지 않았다고 해도, 계속해서 '싫다'라고 말했어도, 마지막까지 일관적으로 저항의 의사를 관철했다고 해도, 그 여성은 관계에 절반 이상 동의했을 수 있다."[27] 뉴욕주 법원 판사인 그린 캐리어 브론슨이 1842년에 쓴 문장이다. 1952년《예일 로 저널》의 한 논문에서는 이렇게 말한다. "많은 여성들이 남성들의 공격적인 접근을 요구한다. 그들의 에로틱한 쾌락은 거친 신체적 육박전에 의해 고조되기도 하고 때로는 그것에 달려 있기

도 하다."²⁸

1970년대와 1980년대에 페미니즘 운동은 끈질긴 투쟁 끝에 전국의 성
폭력법 개혁을 이끌었다. 마티 고더드와 수전 아이리언이 성폭력 응급 키
트 도입과 트라우마 교육에 앞장섰던 그때, 입법부는 성폭력 신고자의 성
에 관련된 과거를 증거로 채택하는 것을 제한하는 성폭력 피해자 보호법
을 상정했다. 법원은 매슈 헤일 경의 언어를 그대로 사용한 배심원 지침을
폐기했다.

일부 법 전문가들이 지적했듯이 헤일과의 결별은 3세기나 늦은 것이었
다. 현재 그의 발언은 결코 옳지 않은데, 대부분의 강간이 신고되지 않고
지나가며 고소는 전혀 "쉽게 이루어지지" 않는다. 하지만 그의 말은 당시
에도 옳지 않았다. 그의 시대는 용기를 내서 나선 여성들이 고통받게 된
수많은 사례를 남겼다. 1670년 버지니아에서 두 명의 하녀가 주인에게 강
간당했다고 신고했으나 되려 노예 계약 몇 년 연장이란 처벌을 받았다.²⁹
1700년대 초반, 메인주에서 7년 차이로 두 건의 성폭력 신고가 들어왔는
데 한 여성은 문란죄로 경고를 받았고 다른 여성은 음란죄로 15대의 태형
을 선고받았다.³⁰

헤일의 용어는 사라졌지만 그의 유산은 여전히 희미하게 남아 있다. 마
리의 신고 전해인 2007년 메릴랜드주의 하원의원이자 형사 사건 변호사
였던 미하원 사법위원회의 의장 조지프 발라리오 주니어는 강간범에 의
해 임신을 했을 경우의 강간범의 양육권 인정 거부법 통과 입법청문회 중
에 헤일의 경고를 다시 들먹였는데 그는 자신이 헤일의 말을 인용한 건 역
사 공부 차원이었다고 변명했다.《워싱턴 포스트》의 기사에 따르면 그의

말은 "격분"을 일으켰다. 메릴랜드의 강간 반대 운동 단체는 발라리오가 "구시대적이고 여성 혐오적인 신조"[31]를 적용했다고 비난했다. 이 법은 통과되지 못했다. 10년 후 메릴랜드주의 하원의원 캐슬린 더메이스트가 아홉 번째로 이 법안 통과를 밀어붙였으나 모두 남성으로 구성된 상하원 패널들은 법안을 통과시키지 않았고 메릴랜드주는 성폭력 피해자가 가해자의 양육권을 거부하지 못하는 16개 주 중 하나로 남았다.[32]

———— ◆ ————

7월 어느 아침, 와이너는 오리어리를 변호하는 3년차의 젊은 국선변호사 제프리 더건에게 전화를 받았다. 더건은 오리어리의 메시지를 전달하고 싶다고 했다.

"이 남자가 유죄를 인정하고 싶답니다. 어서 끝내버리고 싶대요. 피해자들이 재판정에 서는 걸 원치 않는답니다." 더건은 이렇게 말했다. 더건은 오리어리에게 합의하지 말라고 조언했지만 오리어리는 완강했다. 다만 조건이 하나 있었다. 납치에 관련된 혐의만 없애달라고 한 것이다.

오리어리의 요청을 듣고 와이너는 놀라긴 했으나 그럴 이유가 있다고 생각했다. 갑자기 마음을 바꾼 것이 아닐 것이다.

와이너는 오리어리 속이 타들어가고 있다는 것을 알았다. 어머니와 나눈 전화 통화 녹취에서 오리어리는 형사들이 자기 컴퓨터에서 무언가 발견할 것 같다고 말했다. 다만 오리어리는 형사들이 얼마나 많이 발견하게 될지는 몰랐다.

와이너가 수집한 증거를 국선변호사에게 넘겼을 때야 오리어리는 알게 되었다. 법정 드라마에 자주 등장하는 '깜짝 반전'과는 반대로, 사법기관은 깜짝 증거를 그리 좋아하지 않는다. 재판 전 수사를 최대한 허용하기 위하여 양측은 상대에게 제시할 증거를 미리 공개해야 한다. 와이너는 최근 에번스가 발견한 사진들을 변호인 더건에게 제공함으로써 처음으로 경찰이 그가 여성을 강간하는 사진을, 적어도 그와 똑같은 신체적 특징을 가진 사람이 강간하는 사진을 구했다는 것을 알렸다. 그가 몇 단계의 암호화로 철저히 보안했다고 생각한 사진들이었다.

이제 그는 노출되었다.

하지만 여전히 와이너는 오리어리가 합의를 통해서 무엇을 얻고 싶은지 이해하지 못했다. 납치 부분의 공소가 취소되더라도 오리어리는 종신형을 피하지 못할 것이다. 형량 축소는 없을 것이다. 대체 그의 의도는 뭘까? 아무리 이렇게 확실한 증거가 널려 있다고 해도 더 이상 잃을 것도 없는데 왜 마지막까지 싸우려 하지 않을까? "흔한 경우는 아니었죠. 하지만 이 사건 자체가 독특하긴 하죠." 와이너는 무언가 중요한 심리적 이유가 존재한다고 생각했다. 어쩌면 오리어리는 자신이 강간범이라는 사실은 인정할 수 있지만, 납치범이라는 사실은 인정할 수 없는 것인지도 모른다.

이유가 무엇이건 간에 얻는 게 있을 터였다. 에번스처럼 와이너도 오리어리의 컴퓨터 속 암호화된 파일인 렛치에 집착하게 되었다. 와이너는 컴퓨터나 기술 방면에서의 전문가는 아니었다. 컴퓨터 파일을 "컨테이너"라고 부르는 사람이었다. 하지만 무언가를 숨기는 데 그렇게까지 공을 들였다면 그 안에 분명 숨길 만한 가치가 있는 내용이 있기 때문이라는 것은 알았다. 대체 무엇이 들어 있는 것일까? 다른 여성의 사진일 수도, 다른 강간 사건일 수도 있지 않을까? 혹은 여성들을 강간한 다음 사진을 교환하는 남자들의 비밀 클럽의 흔적이 담겨 있을 수도 있다. 아니면 아동 포르노일 수도 있지 않을까?

그 안에 무엇이 있는지 알아야 했다.

"아주 더러운 것들이 있을 거라 생각합니다." 그는 말한다.

와이너는 더건에게 대안을 제시했다. 유죄답변 협상안을 고려해보겠다. 대신 렛치의 비밀번호를 넘겨라. 더건은 답장을 보내왔다. 타협 없는 거절이었다. 그 답변의 신속함과 확고함은 와이너의 의심을 증폭시켰다. "그 안에 무언가 굉장히 중요한 것이 담겨 있다는 뜻이었습니다." 갤브레이스는 헨더샷과 버지스와 하셸에게 2011년 7월, 이메일로 이 소식을 전했다. "오리어리가 **절대** 비밀번호를 주지 않겠다고 합니다. **절대로.**"

오리어리가 자신의 비밀을 끝까지 감춘다 해도 와이너는 여전히 협상 조건이 나쁘지 않다고 생각했다. 납치 혐의는 제외하는 대신 유죄임을 인정한다. 와이너는 결정을 내리기 전에 피해자 한 사람 한 사람과 만나 면담했다.

여성들은 각각 다른 반응을 보였다. 도리스는 어떤 혐의도 공소가 취소되지 않기를 바랐다. 그녀는 재판이 두렵지 않다고 했다. "굉장히 강인한 분이었어요. '그 남자 두렵지 않습니다.' 이렇게 말했죠." 앰버는 그 사건이 친구와 가족에게 알려질까 봐 두려워했다. 세라는 아직 감정적으로 타격을 입은 상태였고 유죄 인정을 받아들이고 싶어 했다. 릴리는 경찰을 신뢰할 수 없다고 했다. 그녀는 하셀에게 많이 화가 나 있었는데 그가 자신의 사건을 조금만 더 적극적으로 수사했다면 골든과 웨스트민스터 강간은 막을 수 있었을지도 모른다고 생각해서였다.

와이너는 여성들에게 이 사건이 재판까지 간다면 어떤 과정으로 진행되는지 설명했다. 대중 앞에서 증언해야 한다. 힘든 반대 신문도 이어진다. 오리어리가 재판에서 말이나 제스처를 통해 상태에 영향을 끼치려 할지도 모른다. "성범죄자들은 사람 심리를 가장 악랄하게 조종하는 류의 인간들입니다." 그가 경고했다.

때때로 법이 피해자들에게 그다지 신경 쓰지 않는 것처럼 보일 수도 있다. 엄격한 법적 의미에서 이 범죄는 네 명의 여성들에 대한 범죄가 아니라 주써에 대한 범죄다. 와이너는 여성들의 염려와 불안에 대해서는 깊이 공감하지만 그들의 요구를 무조건 따라야 할 의무도 없다. 그의 의뢰인은 주민 전체다. 또한 오리어리는 유죄의 판결을 받기 전까지는 무죄로 추정된다. 판사와 검사는 공정한 재판을 받을 그의 권리를 존중해야 한다. "종종 낙담하실 수 있습니다. 초점이 피해자 여러분이 아니라 가해자에게 맞춰지는 경우가 많기 때문입니다." 와이너는 네 명의 여성에게 말했다. "그래도 안심하십시오. 우리에게 손해는 아닙니다."

마침내 네 명의 여성들은 유죄답변 협상을 받아들이기로 동의했다. 와이너는 이것이 최선이라 생각했다. 재판 과정에서 그들이 겪게 될 모욕과 고통을 덜어줄 수 있다. 오리어리는 여전히 오랜 징역형을 선고받을 것이다. 그의 최종 형량은 판사가 결정할 것이다.

와이너는 합의서에 서명하기 전에 한 번 더 물어보았다. 우리에게 비밀

번호를 넘길 생각이 없는가?

다시 한 번 답변이 돌아왔다. 싫답니다.

———— ◆ ————

오리어리에 대한 양형심리는 쌀쌀한 12월 초에 곡선 형태의 고층 건물인 제퍼슨 카운티 지방법원에서 내려졌다. 오리어리가 1년 전 앰버를 강간한 그 아파트 단지에서라면 이 법원 건물의 반짝이는 돔 지붕이 보였을 것이다. 오리어리가 수백 시간 동안이나 이 대학원생을 스토킹하는 동안 눈 덮힌 로키산맥을 배경으로 서 있는 그 법원 건물을 보았을 것이라 쉽게 상상할 수 있다.

회색과 갈색이 섞인 작은 법정에는 사람들이 가득 차 있었다. 갤브레이스, 헨더샷, 버지스, 그루징이 와 있었다. 엘리스와 시마모토도 있었다. 릴리와 도리스는 한쪽에 앉아 있었다. 오리어리의 어머니, 새아버지, 여동생도 맞은편에 앉아 있었다. 오리어리는 가장 앞, 판사 바로 앞에 있는 길고 번쩍이는 탁자에 앉았다. 짧게 깎은 머리에 검은 셔츠를 입고 두꺼운 갈색 보안 벨트를 했다. 길고 창백한 얼굴은 몇 분에 한 번씩 심하게 일그러졌는데 눈과 입을 코 쪽으로 찡그리는, 불안감에서 오는 틱 때문이었다.

필립 맥널티 판사가 앞에 앉았다. 흰 머리가 빈 정수리를 둘러싸고 있었다. 15년 동안의 판사 생활 동안 그는 공정함, 동정심, 초자연적일 정도의 평정심으로 정평이 나 있었다.[33] 언젠가는 이 법원의 법원장으로 임명될 것이 확실한 인물이기도 했다. 맥널티는 개정을 선언했다. 콜로라도주의 주민 대 마크 오리어리의 재판을 시작합니다.

와이너 검사가 먼저 나섰다. 그는 냉혹하고 주도면밀한 소시오패스가 폭력에 열중하는 과정을 묘사했다. 오리어리가 오로라의 도리스를 어떻게 강간했는지 설명했다. 레이크우드에서 릴리를 덮치려다 실패한 사건도 묘사했다. 세라의 웨스트민스터 아파트에서 현금을 훔친 후에 총기를 구입한 과정을 설명했다. 골든에서 어떻게 그것과 흡사한 총으로 앰버를 협박했는지를 묘사했다. 이 남자는 강간을 자신의 직업으로 삼은 사람이다. 그는 이 일을 사랑한다고 말했다. 사회에서 영원히 격리시켜야 하는 자다. 와이너가 판단하는 바에 따르면 형량은 최소 294년이 되어야 한다.

전날 밤 와이너는 판사에게 피해자들의 사생활 보호를 위해 부분 수정 처리를 한 사진을 제출했다. "이 피해자들의 얼굴을 보십시오. 이들이 당한 고통과 고문이 드러나 있습니다. 그가 이 여성들에게서 빼앗은 것, 그가 이 여성들을 해한 방식은 절대로 되돌릴 수가 없습니다." 그는 맥널티에게 말했다.

오리어리가 체포될 시기 그는 덴버 근교에서 또 다른 범죄를 계획하는 중이었다고 와이너는 판사에게 말했다. 수사관들은 그의 스토킹 메모를 찾아냈다. "그는 늑대와 같은 포식자입니다."

이제 피해자들이 진술할 차례였다. 갤브레이스와 헨더샷은 앰버와 세라를 대신해 그들의 진술을 읽었다.

앰버는 진술서에서 강간 이후 자신이 변했다고 말하고 있었다. 현관에 세 개의 자물쇠를 달아놓았고 집에 오자마자 그것들을 채운다. 여름밤이면 바람을 쐬기 위해 창문을 열고 자곤 했으나 이제 언제나 창문을 꽁꽁 잠근다. 연말연시면 끔찍한 기억이 되살아난다. 좋아했던 색깔, 방을 장식했던 그 색은 이제 강간을 상기시키는 색깔이 되었다. "나는 아직도 그 사건을 잊는 과정 중에 있고 앞으로 나아가려 하고 있다. 이 짓을 저지른 사람이 검거되어서 다행이다. 나는 더 이상 공포 속에서 살지 않아도 된다."

세라는 성폭력이 일어났을 때 불행에서 서서히 회복되려던 참이었다. 남편은 세상을 떠났다. 그녀는 새 아파트로 이사했었다. 강간 사건은 그녀에게서 더 많은 것을 빼앗아갔다. 자신의 전화기가 도청당한다고 생각하게 되었다. 해커들이 이메일을 감시하고 있다고 믿었다. 강간범과 체격이 비슷한 2층 이웃을 보면 겁을 먹게 되었다. 그녀는 그것을 "자신의 삶에서 잃은 것들"이라고 말한다. 자유와 안전과 신뢰와 평화의 감각을 잃었다. "이 사건이 나를 무너뜨린 건 아니다. 나는 일시적으로 넘어졌지만 다시 내 발로 일어나고 있다. 전처럼 하고 싶었던 일을 모두 할 수는 없을지 모른다. 나는 더 경계하는 사람이 되었다. 하지만 아직 살아 있고 내 삶을 살고 있다."

헨더샷이 세라의 진술서를 읽은 후에 맥널티 판사 쪽으로 고개를 돌렸다. 이제까지 경찰로 일하면서 몇 번 하지 않았던 이례적인 요청을 하나 했다. 제가 제 의견을 발언해도 되겠습니까? 판사는 그렇게 해도 좋다고 말했다.

헨더샷은 판사석 쪽으로 몸을 돌렸지만 여전히 오리어리를 응시하고 있었다. 오리어리와 눈이 마주치길 바라며. "판사님, 이 범죄는 개인적으로나 직업적으로나 제 인생에 굉장히 큰 영향을 미쳤습니다." 그녀가 말했다. "오리어리 씨는 도저히 이해 불가능한 수준의 오만함과 여성을 향한 경멸을 보였습니다. 각각의 성폭력 사건을 고려했을 때 그는 이 사회의 가치를 인식하지 못하고 윤리적, 도덕적인 기준이 완전히 결여되어 있다고 할 수 있습니다." 헨더샷은 판사에게 오리어리가 평생 동안 사회와 격리되어야 한다고 말했다.

오리어리가 강간한 레이크우드와 오로라의 여성이 일어나서 발언했다. 릴리는 판사에게 자신이 영성을 믿는 사람이며 세상의 모든 창조물을 위해 기도하고 예배하고 의식을 치르는 데 헌신하던 사람이었다고 말했다. 그러나 그 사건 이후에 그녀는 과거의 자아를 되찾지 못하고 있다고 말했다. 집에 혼자 있을 수가 없다. 폭력적인 생각이 머리에서 떠나지 않는다. 친구들과도 만나지 않는다. 집을 지키기 위해 무장 경호원을 고용했다. 의료비는 수만 달러가 나왔다. 그녀에게는 보험이 없었다. 채권 추심업체 사람들이 계속 전화를 한다. 사람들이 돈을 달라고 문 앞에 나타난다. "밤에 잠을 이루기가 어렵습니다. 악몽을 꿉니다. 트라우마에 시달립니다." 그녀가 말했다.

그녀는 판사에게 오리어리는 도움이 필요하다고 생각한다고 했다. 그는 "혼란에 빠진 인간"이라고 했다. 하지만 또한 그가 평생 동안 교도소에 있어야 한다고도 생각한다. 정의를 위해 말하자면 그가 강간한 여성들은 그의 야만적인 범죄를 이겨내고 살아남았다고 말했다. "나는 회복하고 있습니다. 모두가 회복하고 있어요. 아시겠지만 회복은 변화를 만듭니다. 우리는 우리 삶을 재건하기 위해서 최선을 다하고 있습니다."

67세의 도리스가 일어났다. 남학생 기숙사 사감인 그녀는 강간을 당하는 순간에 느꼈던 공포를 이야기했다. 사건 후 경비 시스템을 설치했다. 샤워를 할 때마다 알람을 켜놓는다. HIV에 감염되지 않았는지 확인하기 위해 병원을 수없이 다녔다. "매번 두려움과 불안에 떨면서 결과를 기다립니다." 겉으로 볼 때는 다시 정상적인 생활을 찾았다고 할 수 있다. 하지만 그녀의 정신은 여전히 치료가 필요하다. "아무런 감정적 외상 없이 이런 일에서 빠져나올 사람은 없습니다."

진술 막바지에 도리스는 오리어리를 돌아보면서 어떻게 자신을 찾아냈는지 직접 물어보았다. "왜 오로라에 있었나요? 우리 동네에 내가 걱정해야 할 당신 친구나 친척이 살고 있나요? 내가 계속 두려워하며 살아야 할 이유가 있나요?"

"어떻게 나를 이토록 나약하게 만들어버렸습니까?" 그녀는 자신을 강간한 남성에게 물었다.

---◆---

변호를 위해 처음 나선 사람은 마크 오리어리 본인이었다.

"저는 교도소에 가야 하기 때문에 이 자리에 섰습니다." 그는 이렇게 시작했다. "저는 아마도 여기 있는 누구보다도 그 사실을 잘 알 것입니다. 꽤 오랫동안 알아왔습니다."

"저는 성적으로 폭력적인 포식자이고 그것을 통제할 수 없습니다."

그는 사과를 하고 싶다고 판사에게 말했다. 설명하고 싶다고도 했다.

그는 주기적으로 찾아오는, 여성을 공격하고자 하는 통제 불능의 욕구 때문에 평생을 고통받아왔다고 말했다. 어린 시절부터 계속 그 욕구와 싸워왔다. 그는 사랑하는 가족이 있었고 운이 좋은 사람이었다고 했다. "저는, 더 나은 단어를 찾을 수 있다면 좋겠지만, 제 평생 동안 혐오해오던 무언가에 끌려다녔습니다. 그렇지만 여러분도 아시다시피 저는 결국 그 욕구에 저항할 수 없었고 결국 패배했습니다. 그 과정에서 제 인생만 잃은 게 아닙니다. 수많은 다른 사람들의 인생도 파괴했습니다."

"무엇 때문에 이렇게 되었는지는 잘 모르겠습니다." 그가 말했다. 오리어리는 융 이야기를 꺼내지는 않았다. 오컬트 책에서 본 신지학이나 인간의 이중성을 언급하지 않았다. 단순하게 정리했다. "뻔한 비유겠지만 정말로 제 인생은 현실 세계에 실존하는 지킬과 하이드였습니다."

오리어리는 맥널티에게 자신은 동정을 바라지 않는다고 했다. 하지만 사람들이 이해해주었으면, 그가 아니라 그와 같은 사람들을 이해해주기를 바란다고 했다. "많은 사람들이 나를 그저 괴물이라고 하겠지요. 하지만 그보다는 훨씬 더 복잡합니다." 그가 말했다.

오리어리는 도리스를 돌아보고 그녀의 질문에 답했다. 그녀의 이름을 SNS에서 찾아냈다고 대답했다. 그게 다였다. 그녀 동네에 사는 누군가를 두려워할 이유는 전혀 없다고 했다. "끔찍하지만 그저 나에게는 그냥 기회로 보였습니다. 역겨우시겠지만요. 그게 진실입니다."

"저한테 아무것도 잘못하신 건 없습니다."

오리어리가 말하고 있을 때 그의 모친은 앉아서 듣고만 있었다. 그녀는 마크가 유죄라고 믿었다. 하지만 그가 어린 시절부터 싸워왔다는 내면의 갈등은 처음 듣는 이야기였다. 아들은 한 번도 자신이 이중 인간처럼 느낀다고 말한 적이 없었다. 여자를 사냥하고 다녔다는 말도 한 적이 없었다.

셰리 시마모토는 오리어리의 어머니 뒤에 앉아 있었다. 그녀는 그 어머니가 여러 장의 종이를 들고 있는 것을 보았다. 시마모토는 그것이 그녀가 기회가 생겼을 때 발표하려고 한 진술서로, 아들의 선량한 점을 말하며 선처를 베풀어달라고 하려는 내용이라고 짐작했다. 오리어리가 자신의 범죄를 묘사할 때 시마모토는 그의 어머니가 종이를 공처럼 구겨버리는 모습을 보았다.

오리어리의 어머니가 일어나 발언을 했다. 장남의 체포 소식에 너무나 큰 충격을 받았다고 했다. 마크는 어린 시절 수다스럽고 장난도 잘 치고 동물을 사랑하는 행복한 아이였다. "지난 세월 동안 아들이 내면의 고통을 받고 있고 아들에게 도움이 필요하다는 것을 알았거나 낌새라도 느꼈다면 무슨 일이 있어도 이 아이를 도왔을 것입니다……. 하지만 우리는 전혀 눈치채지 못했습니다." 어쩌면 그의 군대 복무와 관련이 있었을지 모른다. 그는 제대하고 나서 다른 사람이 된 것 같았는데 더 어둡고 내성적인 사람이 되었다고 말했다. 아마도 아들에게 정신적인 질환이 있을지도 모르며 감옥에서 도움을 받길 희망한다고 말했다.

그녀는 법정에서 자신의 과거의 상처에 대해서도 털어놓았다. 그녀 자신도 성폭력의 피해자로 15세 때 파티에서 성폭력을 당했다. 1963년이었다. 아무도 섹스에 대해 이야기하지 않던 시절이었다. 아무도 강간에 대해 이야기하지 않았다. 그녀는 그 사건을 딸에게 털어놓은 적은 있었지만 마이클이나 마크에게 해본 적이 없었다. 지금은 그것이 후회가 된다. 어쩌면 그것이 서로 열린 대화를 할 수 있는 계기가 되지 않았을까? 그녀는 피해자들에게 그들이 어떤 고통을 겪었는지 안다고 했다. 그래도 아들에게 자비를 베풀어달라고 말했다. 자신에게도 베풀어달라고 했다. "사람들은 말합니다. '너무 자책은 하지 마.' 왜, 왜 제가 자책을 할 수 없을까요? 전 이 아이의 엄마입니다. 내가 길렀어요. 만약 내가 한 어떤 일 때문이 아니라면, 내가 하지 않은 어떤 일 때문에 이런 결과가 나온 것입니다."

오리어리의 변호사인 더건은 판사에게 짧게 말했다. 더건 판단에는 맥널티 판사가 오리어리에게 최소 26년형을 선고할 수 있을 것이라 말했다. 그 또한 선처를 부탁한다고 했다.

이제 판사의 차례였다.

"오리어리 씨, 먼저 이 말을 할 수 있게 허락하십시오." 맥널티가 말을 시작했다. "피고인은 사람들이 당신을 증오할 수도 있고 당신을 괴물이라고 여길 수도 있다고 말했습니다. 당신을 비난하는 것이 나의 직업은 아닙니다. 당신을 판단하는 것도 내 직무가 아닙니다. 당신의 행동을 판단하는 것이 내 임무입니다."

맥널티는 오리어리가 받은 혐의에는 아주 다양한 범위의 형이 선고될 수 있음을 지적했다. 오리어리에게 전과가 없고 반성의 태도를 보여주는 점에 점수를 주었다. "당신의 고백은 진심이었다고 생각합니다." 맥널티는 말했다.

판사는 오리어리의 범죄를 증명하는 증거를 제시했다. 스토킹. 강간 도구. 그가 주입한 공포. "이 사건에서 확실히 유죄를 보여주는 증거는 당신이 만들어낸 증거입니다." 그는 오리어리에게 말했다. "강간당하는 여성들의 사진입니다. 강간을 하면서 당신이 찍었습니다. 저는 그 여성들의 얼굴에서 분노와 공포와 절망과 무력감을 보았습니다. 그리고 생각했습니다. 어떻게 사람이 그런 얼굴들을 보면서도 사진을 찍으려고 버튼을 누를 수 있을까?"

형량을 정하기 위해 맥널티는 오리어리의 범죄를 그가 판결했던 다른 범죄자들의 범죄와 비교했다. 맥널티는 이제까지 이렇게 혐오스러운 사건은 보지 못했다.

"피고인은 이 사건에서 희생자들을 마치 먹잇감처럼 사냥했고 몇 시간 동안 지배하고 말로 다 하지 못할 행위를 강요했습니다." 그의 목소리는 낮고 확고했다. "피고인의 범죄 행위는 순수한 악행입니다."

맥널티는 오리어리에게 그가 자유로운 사회에서 살아갈 특권을 잃었다고 말했다. 가능한 최고형을 내릴 것이라고 말했다.

선고: 327년 6개월의 징역형.

오리어리는 다시는 바깥세상으로 나오지 못할 것이다.

◆

며칠 후 콜로라도 교정국의 레이저 철조망이 있는 형무소의 감방으로 돌아온 오리어리는 특이한 제안을 하나 했다. 변호사 참석 없이 수사관들과 자신의 범죄에 관해 이야기하는 데 동의한 것이다. 그는 피해자들이 마음속에서 이 사건의 결말을 짓는 데 자신이 도움을 주고 싶다고 했다. 한 가지 조건이 있었다. 갤브레이스가 출석하면 말을 하지 않겠다고 했다. 여자는 그를 불편하게 한다.

그루징이 자원했다. 오리어리가 체포된 지 10개월 만에 경찰들은 오리어리와 관련된 것이 확실한 워싱턴의 다른 성폭력 사건 증거를 한 건 발견했다. 하지만 그 외의 다른 범죄와 그를 연결시키지는 못했다. 캔자스 성폭력 사건은 미제로 남았고 아마도 앞으로도 미해결 사건으로 남을 것이다. 렛치는 여전히 막혀 있었다. 그루징은 오리어리에게서 무엇을 얻어낼 수 있을지 자신은 없었지만 FBI 거짓말 탐지기 전문가가 그에게 팁 하나를 주었다. **말을 많이 하면 할수록 우리에게는 이익이다.** 그것은 그루징의 목표가 되었다. 오리어리가 되도록 많이 떠들게 하자.

판결 일주일 후 2011년 12월 15일 오전 11시 15분, 그루징은 좁고 길며 검은색 사각형 방음 타일이 붙어 있는, 흰색 콘크리트 블록으로 된 방 안에서 오리어리와 마주 보고 앉았다. 그루징은 푸른색 폴로 셔츠, 초록색 바지를 입고 하이킹 신발을 신었다. 오리어리는 빨강색 점프 슈트를 입었고 안에는 흰색 티셔츠가 보였다. 머리는 짧게 깎았다. 검은색 테니스화를 신었는데 자살 방지를 위해 끈은 제거되어 있었다. 얼굴을 계속해서 찡그렸고 이목구비가 가운데로 몰리다가 다시 제자리로 돌아오곤 했다.

그루징이 맞은편에 앉자 오리어리는 팔짱을 끼었다. 말을 꺼내기 쉽지 않다고 그루징에게 말했다. 자기 제안을 취소하고 싶었다고도 했다. 교도소에서 가혹한 취급을 받았다고 했다. 교도관이 그를 독방에 가둬버리겠다고 협박하기도 했다. "지금은 별로 말하고 싶은 기분이 아니네요." 그가 말했다.

그루징은 준비를 하고 이 자리에 왔다. 오리어리가 각각의 공격에서 어떻게 자기만의 방법을 배워왔는지를 연구했다. 얼마나 주도면밀했는지도 알았다. 자신의 흔적을 숨기기 위해 얼마나 철저하게 노력했는지도 알았다. 그루징은 생각했다. 여기에 자신의 일을 자랑스러워하는 남자가 있다. 자신의 전문성을 자랑할 기회만 있으면 우쭐해하며 떠들 남자다. "당신은 연구 가치가 있는 중요한 인물이에요. 아주 완성도가 높은 괴짜 강간범이라고 할까. 우리는 당신에 대해 더 알고 싶습니다." 그루징은 오리어리에게 제안을 했다. 어쩌면 그는 FBI의 유명한 행동분석팀의 프로파일러와 이야기할 기회는 반길지도 모른다.

오리어리는 고쳐 앉았다. "이야기할 게 많긴 하죠." 그가 말했다.

그리고 갑자기 교수 모드가 되어 수업에 몰입하는 학생에게 말하듯 자신의 강간 기술들을 네 시간 동안 쉬지 않고 강의했다. 그루징은 몸을 앞으로 굽히고 듣거나 메모지에 적기도 하고 가끔은 경찰 수사의 토막 정보들을 나누기도 했다. 계속 떠들게 내버려두는 건 어렵지 않았다.

"푸짐한 추수감사절 저녁을 먹은 것 같았어요." 그는 의자에 등을 기대면서 어느 강간 사건에 대해 이렇게 묘사했다

각각의 강간을 묘사하며 세부 사항을 자세히 이야기했다. 도리스는 그에게 훈계를 했다고 한다. "다른 때보다 빨리 나왔어요. 그 할머니 말이 거슬려서요." 그는 앰버와 늑대와 브라보에 대한 대화를 나눴다는 것은 "헛소리"라고 했다. "대화라기보다 사이 사이 어색함을 깨고 싶어서 아무 말이나 했던 겁니다." 그가 말했다. "다른 상황이었다면, 다른 조건에서 만났다면 그 여자와는 잘 지냈을 수도 있죠." 그는 세라에 대해서는 깊

이 후회한다고 말했다. 그녀를 공격한 건 릴리의 집에서 실패한 후다. "릴리는 저를 위기에 몰아넣었어요." 그가 말했다.

그는 릴리가 그 몇 초 안되는 순간 도망갈 용기를 냈다는 점이 존경스럽다고 했다. "물론 화가 났죠. 하지만 그러면서도 웃기기도 했어요. 똑똑한 여자네. 딱 한 번의 기회가 있었는데 그걸 잡은 거죠." 오리어리는 그루징에게 릴리를 공격하기 전, 탐색하고 있을 때 벌어졌던 일에 대해 이야기했다. 어느 날 밤 의자 위에 서서 그녀의 창문을 훔쳐보다가 이상한 소리를 들었다. 뭐지? 무슨 소리지? 위를 올려다보았다. 지붕 위 바로 그의 머리 위에서, 회색 여우가 그를 내려다보고 있었다. 오리어리는 손짓으로 여우를 쫓아보려고 했다. 여우는 꿈쩍도 하지 않았다. 오리어리는 퇴각하기로 했다. 트럭으로 걸어가는데 여우가 따라왔다. 여우는 그가 차에 올라 시동을 걸고 떠날 때까지 움직이지 않고 지켜보고 있었다. 그는 어쩌면 릴리에게 진짜로 수호동물이 있는 건지도 모른다고 생각했다. "우리 대부분이 알아차리지 못하는 더 큰 세계가 있죠." 오리어리는 말했다.

오리어리는 법 집행기관들이 이 사건에서 배워야 할 교훈을 흘리기도 했다. 그가 경찰을 피하기 위해 마련한 대책들을 설명했다. 그는 군대에 자신의 DNA 샘플이 있다는 것을 알았고 경찰이 그 기록에 접근해 자신을 밝혀낼까 봐 걱정했다. 그래서 유전자 흔적을 조금도 남기지 않기 위해 최대한 준비한 것이다. 하지만 그도 결국에는 그것이 불가능한 일이라는 것을 알았다고 한다. "결국 과학기술은 이길 수가 없으니까요."

그는 또한 그루징과 다른 경찰 한 명이 할런 스트리트 65번지의 문을 두드려 그를 만났던 순간을 이야기했다. 그루징은 그에게 가짜 강도 몽타주를 건네주었고 오리어리는 그것이 자신의 지문을 채취하기 위한 속임수일지도 모른다고 생각했다. 그래도 그 코팅된 종이를 받아들었다. 그는 안전하다고 느꼈다. 그는 언제나 장갑을 끼고 있었기 때문에. '내가 지문을 남겼을 리가 없잖아.' 그는 생각했다.

그는 서로 다른 지역 경찰서들끼리 소통하지 않는다는 것을 알고 있었다. 그래서 일부러 각각의 범행을 다른 관할구역에서 저질렀다. "기본적으로 당신들을 내 자취로부터 떨어뜨려놓으려는 거였죠. 가능한 오랫동안." 워싱턴에서는 잘 통했다. 린우드 경찰은 기회를 놓쳤다고 말했다. "만약 워싱턴에서 조금만 더 주의를 기울였더라면 나는 아마 그때부터 용의자였을지도 모르죠."

그는 경찰이 수상쩍은 사람들의 위치를 추적해야 한다고 말했다. 강간이 일어난 시점에 범인을 추적하는 건 너무 늦다. 그의 사이클은 계단식으로 뚝 떨어진다. "당신들이 수사에 총력을 기울일 때는 난 숨을 시기입니다. 평범한 사람으로 살고 있죠." 오리어리는 말했다. 그는 의자에 기대더니 웃었다. "그러니까 스케줄이 맞지 않는다고 할까."

"우리가 잘못했군." 그루징이 말했다.

"그렇다니까요." 오리어리가 동의했다.

그러더니 밑도 끝도 없이 한탄을 늘어놓기 시작했다. 자기도 평생 동안 내면의 적과 홀로 싸워왔다는 것이다. 싸웠지만 패배했다. 그런 사람이 자기뿐만이 아닐 것이다. 자기 안의 괴물을 죽이기 위한 헛된 투쟁 속에서 평생을 살아가는 다른 남자들도 있다고 했다. 싸워봤자 소용이 없다.

"그들을 멈출 수 있는 방법은 당신 같은 사람이 집 앞에 나타나는 것뿐이죠." 그는 그루징에게 말했다. "그때부터는 그냥 견본이 되는 거예요. 그들은 그런 사람들일 뿐. 언론은 그들을 세워 놓고 구경하겠죠. 가족들의 삶은 무너지죠. 그들은 구멍 속에 갇히고 세상은 그들을 찔러보고 싶을 때만 꺼내는 거죠." 오리어리는 손으로 얼굴을 덮었다. "그런 드라마들 널렸잖아요. 「크리미널 마인드」, 「덱스터」, 「로 앤 오더: 성범죄전담반」. 나에게 일어나는 일만 아니라면 다들 보고 싶어 하죠. 기차 탈선 사고가 우리 동네에서만 일어나지 않는다면, 얼마나 즐거운 구경거리입니까. 다들 보고 싶어서 아주 삼킬 듯이 달려들죠. 사람들은 책을 팔고 싶어 하니까."

오리어리가 갑자기 말을 멈추었다. 다시 자신 속에 침잠하는 것 같았다. 그는 바닥만 내려다 보았다.

"우리 모두에게 어떤 타고난 성향이란 것이 있어요." 그루징은 말했다. "당신이란 사람의 성향도 있고. 덕분에 우리도 밥 먹고 사는 거고."

그루징은 자리에서 일어났다. 오리어리가 올려다보았다. 그는 면담실 뒤쪽 벽의 양방향 거울을 가리켰다.

"저 건너편에 전부 몰려서 보고 있는 거죠?" 그가 물었다.

"아뇨. 당신과 나, 그리고 스테이시 갤브레이스만 있어요." 그루징이 대답했다.

오리어리는 얼굴을 푹 떨어뜨리더니 양손에 묻었다. "그럴 줄 알았어요." 그가 말했다.

오리어리는 거울을 정면으로 바라보았다. 반대편에서 갤브레이스가 그를 쳐다보고 있었다.

"안녕, 스테이시 갤브레이스." 오리어리는 중얼거렸다. "아마 날 총으로 쏴버리고 싶었겠지."

그루징이 끼어들었다.

"어차피 여기는 총 못 갖고 들어옵니다."

"아뇨. 지금 말고. 우리 집 문 앞에 와서 나에게 총을 겨누었을 때 말입니다."

그루징이 고개를 흔들었다.

"안 그래요. 그러면 서류 작성이 얼마나 복잡해지는데요."

거울 맞은편에서 그를 보던 갤브레이스는 순간 등골이 서늘했다. 그날 밤, 수사 시작 이후 처음으로 밤에 잠을 이루지 못했다.

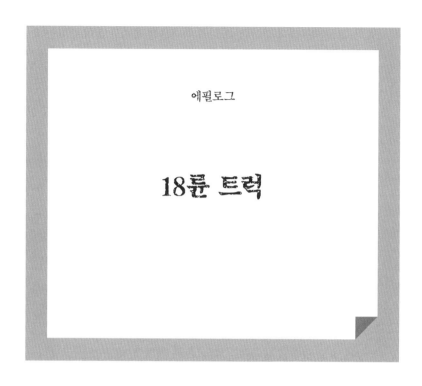

애필로그

18륜 트럭

메이슨 경사는 갈등했지만 경찰직을 그만두는 결정을 하지는 않았다. "그 사건이 나를 정의하게 하고 싶지 않았습니다. 그 일에서 교훈을 얻어 더 나은 수사관이 되려고 합니다."

우리는 2015년 12월 린우드 경찰서에서 메이슨을 만났다. 우리는 그가 7년 전 마리를 면담한 바로 그 방에서 그를 인터뷰했다. 마리가 주먹으로 탁자를 치며 자신은 강간당한 것이 맞다고 주장했던 그 테이블 맞은편에 메이슨이 앉아 있었다. 메이슨은 자신의 의심이 강해지게 된 경로를 추적해보았다. 프로젝트래더 간사의, 마리가 아파트를 옮기고 싶어 했다는 말, 강간 다음 날 전화로 폐기가 의심스럽다고 했던 말. "그들이 나보다 마리를 훨씬 더 잘 아는 사람들이었으니까요." 메이슨이 말했다.

메이슨은 마리의 사건으로 징계를 받지는 않았다. 몇 년 후면 그의 인사 기록에는 훌륭한 형사라는 기록만 남을 것이다.

"이 일에 적지 않은 시간 종사해온 사람들이라면 그들에게 깊게 영향을 미친 일들이 꽤 있을 겁니다. 그 사람을 더 강하게 해주었다거나." 메이슨은 우리에게 말했다. 그는 마리의 사건을 통해, 조금 더 열린 마음으로, 무죄추정의 원칙을 존중할 필요를 느꼈다. "어떤 사람도 2차 피해를 가할 생각을 하고 법 집행 분야에 들어오는 사람은 없을 겁니다."

메이슨에게 폐기에 대해 물었다. "본인이 중요하다고 생각한 정보를 전달했을 뿐입니다." 메이슨은 말했다. 그녀는 좋은 시민으로 처신하려 했고, 그렇게 하고 있다고 생각했다. 메이슨은 전화를 해준 것은 고맙다고 했다. 그녀의 정보를 그런 방식으로 적용한 책임은 자신에게 있다고.

"내 불찰이죠."

우리는 마리에 대해서도 물었다. 마리는 일이 이렇게까지 된 데에 자신에게도 책임이 있는지, 그녀가 하지 않았어야 하는 행동이 있었는지 알고 싶어 한다고 말해주었다.

"마리는 잘못한 것이 없습니다. 접니다. 모두 저 때문입니다." 메이슨이 말했다.

"나를 설득하는 건 마리가 할 일이 아니었어요. 이제 와서 돌아보면, 끝까지 더 파고들어야 했던 건 나죠. 난 그러지 않고."

"돌아보면 어떤 점이 가장 당신을 괴롭힙니까?" 우리가 물었다.

"여러 면에서 그렇죠." 그가 한숨을 쉬었다. "그래도 가장 괴로운 부분은…… 마리가 수사 중에 견뎌야 했던 것들……."

"마리를 자주 생각합니까?"

5초, 10초, 15초가 흐르는 동안 아무 말도 없었다. 그는 그 질문을 가라앉히며 자기 마음을 추스르고 있었다. 30초 정도 흐르고 그가 말문을 열었다.

"저 잠깐……."

"그러세요."

"물 좀 마시고 오겠습니다."

그가 방을 나갔다.

메이슨은 돌아와서 말했다. "네, 그렇습니다." 그는 마리를 자주 생각한다고 했다. "난데없이 떠오르죠. 전혀 예상치 못했을 때 문득문득. 일상생활을 하다가 갑자기. 다른 주에 살고 있는 우리 가족에게 갈 때도 그렇고. 그때그때 달라요.

마리를 생각할 때는 보통 지금 마리가 어떻게 살고 있을까 생각하죠.

부디 잘 지냈으면 좋겠습니다."

———— ◆ ————

마리가 허위 신고죄로 기소된 기록은 2011년 봄에 말소되었다. 파일은 봉해졌고 모든 흔적은 삭제되었다. 하지만 마리는 과거를 지운다고 해도 같은 일이 반복될 수 있다는 것을 알았다. 그래서 2013년 6월, 미국 연방 제 1심법원에 린우드시를 상대로 손해배상 청구의 소를 제기했다. "경찰이 변할 수 있는 계기가 되어 다른 여성들이 나 같은 대우를 받지 않게 하고 싶습니다." 그녀는 말했다.

피고에는 시가 포함되었다. 두 명의 형사인 메이슨과 리트간, 프로젝트래더 프로그램을 관리하는 비영리단체인 코쿤하우스, 프로젝트래더 간사인 재나와 웨인도 포함되었다. 이 소송의 쟁점들은 다음과 같았다. 경찰은 마리에게 미란다 원칙에 따른 권리를 고지하지 않고 신문했다. 경찰서는 성폭력 피해자에게 적절한 훈련을 받은 전문 인력을 배치하지 않았다. 코쿤하우스는 마리에게 변호사를 구해주지 않음으로써 경찰 편에 선 것이 되었다. 피고 측 변호인은 경찰이 마리를 신문하기 위해 차에 태워 갈 때 그녀가 체포된 건 아니었다고 답했다. 마리는 구속 상태가 아니라 자유롭게 떠날 수 있었기 때문에 경찰들이 미란다 고지를 생략했던 것이라고 했다. 한편 코쿤하우스는 재나와 웨인이 마리에게 변호사를 구해주려 하지 않았다는 점은 인정했으나, 그들에게 그럴 의무는 없었다고 말했다.

피고 측 주장 하나가 나머지 모든 것 위에서 맴돌고 있었다. 만약 이 주장이 인정된다면 다른 쟁점은 모두 논의할 필요가 사라진다. 바로 소송 유효 기간이 지났다는 주장이었다. 그들은 민권 소송의 공소시효는 3년이며 시효는 2008년 8월, 마리가 신문을 받고 허위 신고죄로 기소되었을 때 기산되므로 마리의 손해배상 청구권이 존재하더라도 시효가 지나 소멸되었다고 주장하며 손해배상 청구를 기각시키고자 하였다.

마리에게는 당혹스러운 주장이었다. "그들이 내 말을 믿지 않는데 소송을 할 수는 없습니다." 그녀는 말한다. 오리어리가 체포되면서 그녀의 주장이 입증되었고 그것이 소송의 근거가 되었다. 오리어리가 없었다면 그녀가 소송을 할 수 있었을까? 그럼에도 불구하고 청구를 기각시키려는 상대편 움직임은 마리 측 변호사 H. 리치먼드 피셔를 골치 아프게 했다. 그는 마리의 상황을 의사가 수술 중에 스펀지를 몸속에 넣고 봉합했다는 것을 몇 년 후에 알게 된 환자의 상황과 비교했다. 그럴 경우 법은 수술과 이물질 발견 사이의 시간 경과를 환자의 책임으로 돌리지 않는다. 마찬가지로 법이 그녀의 체포와 오리어리의 체포 사이의 기간을 시효기간에 산입해서는 안 된다고 주장했다.

2013년 12월, 마리와 린우드는 재판 전 합의에 도달하기를 바라며 조정 절차를 밟는 데 동의했다. 양측 모두 사전에 원하는 조정안을 제출했다. 피셔는 마리가 500만 달러를 원한다고 했다. 린우드 측 변호사는 그녀가 "일곱 자리 숫자는 물론 여섯 자리 숫자의 배상금조차" 받을 가능성이 낮다고 말했다. 크리스마스 2주 전, 조정인은 결론을 내기 위해 양측을 불렀다. 경찰과 마리는 각각 다른 방에 있었고 변호사들이 변론을 했다. 마리가 호출되었다. 린우드 경찰서의 간부 두 사람에게 어떤 일을 겪었는지 설명해달라는 요청을 받았고, 마리는 그간 자신이 겪어야 했던 일들을 이야기했다. 그녀는 그들에게 만약 여러분의 따님이 경찰서에서 나와 같은 취급을 받았다면 어떠했을지 상상해보라고 말했다. 경찰 두 사람은 마리에게 사과하고 부서의 실책을 받아들였으며 앞으로 경찰의 임무를 제대로 수행하겠다고 약속했다.

마리는 500만 달러는 받지 못했고 린우드와 15만 달러에 합의했다. "적절한 선에서 합의가 이루어졌다."[1] 린우드 측 변호사 한 명이 신문기자에게 말한 내용이다. 마리는 코쿤하우스에게도 따로 합의된 배상금을 받았으나, 그 액수는 공개되지 않았다.

그녀는 리트간, 즉 그녀를 감방에 보내겠다고 협박하고 캘리포니아 남부로 가버린 그 형사에게서는 아무 소식도 듣지 못했다. 하지만 마리의 소송이 시작된 후 《시애틀 타임스》의 기자가 전화상으로 리트간과 연락이 닿았다. "리트간은 말했다. 소송에 관해 알지 못한다고 답했다."[2] 기자는 기사에 썼다. "처음에는 '콜로라도 범인'과 관련되었다는 것 외에는 그 사건을 기억해내지도 못했다."

린우드가 15만 달러에 합의를 하긴 했지만 보험회사가 대부분의 보상금을 처리했고 린우드는 오직 보험계약상 자기부담금 해당 금액만 지불했다.

결국 린우드 시는 2만 5000달러만 지급한 셈이다.

———— ◆ ————

"우리는 일을 크게 그르쳤습니다." 린우드 경찰서 경감인 스티브 라이더가 우리에게 말했다.

"대형 사고를 친 겁니다." 그는 이 일을 그렇게 불렀다. "철저한 자기 반성을 해야죠……. 잘못된 방향, 잘못된 가정, 잘못된 전화.

우리는 피해자가 잔인하게 강간당했다는 걸 알면서도, 그녀가 거짓말하고 있다고 했습니다."

부정적인 결과를 대면해야 하는 많은 경찰 부서들은 수습하기에만 급급하다. 일은 망쳤고, 일단 숨고 보자. 대형 사건을 쳤을 때 그들은 숨기에 바쁘며 사과는커녕 잘못도 인정하지 않으려 한다. 하지만 린우드 경찰서는 예외가 있음을 증명했다. 2011년 마크 오리어리의 검거 이후에 린우드 경찰서장은 수사가 실패한 이유와 과정을 되돌아보기 위해 내부 감사와 외부 감사를 실시했다. 린우드 경찰서는 자신의 실수를 받아들이기로 했고 그 실수에서 배우기로 했다.

총 7페이지짜리 문서인 내부 감사 보고서는 사건에 관여하지 않은 린우드의 경감 한 명과 경사 한 명이 작성했다. 그들의 보고서에 쓰인 언어는 절제되어 있었지만(예를 들어 수사가 "잘못된 결론에 도달했다."고 썼다.) 분석은 예리했다. 형사들은 마리 진술의 사소한 모순과 폐기의 의심에 너무 많은 무게를 실었다. 의심이 한번 싹튼 후에는 마리를 면담하기보다는 취조하는 쪽으로 방향을 바꾸었다. 마리가 자백하자마자 "서둘러 허위 신고죄로 기소하고" 사건을 종결해버렸다. 마리가 자백을 취소하려고 했을 때 리트간 형사는 협박의 용어를 사용했다.

외부 감사도 대략 같은 내용이었지만 쓰인 언어가 좀 더 신랄했다. 외부 감사는 스노호미시 카운티 보안관실 경사 그레그 린타가 맡았는데 그는 메이슨과는 달리 성폭력 사건을 다룬 경험이 풍부한 경찰이었다. 5년 동안 보안관실의 특수 수사대를 지휘했는데, 이 수사대는 성인 성범죄와 아동학대를 포함해 1년에 700여 건의 사건을 다루었다.

"모든 측면에서 이 사건에서는 수사가 거의 이루어지지 않았다고 할 수 있다." 린타는 14페이지의 감사 보고서에 이렇게 썼다. "설명할 수 없는 이유로 마리의 신뢰 문제가 수사의 초점이 되었으며 심각한 중범죄가 일어났음을 가리키는 강력한 증거들은 완전히 무시되었다." 린타는 첫날 한 시간밖에 수면을 취하지 못한 마리가 강간당한 일에 대해 몇 번이나 반복해서 진술했는지 되짚는다. 당일에 메이슨이 마리에게 진술서를 요구한 것은 불필요하며 잔인하기까지 했다. "경찰은 피해자에게 같은 이야기를 **다섯 번**이나 하라고 요구했다." 이런 여러 개의 진술을 손에 쥐고 메이슨은 그 진술의 "사소한 차이"가 정신적 외상을 입은 피해자에게 흔한 일인데도 불구하고 중대한 불일치로 만들었다. 또 메이슨은 폐기의 의심을 수사 보고서에 언급해서도 안 되었다. 뒷받침하는 증거가 없는 어떤 이의 의견은 "수사와 절대적으로 무관하다."고 린타는 썼다.

린타는 감사 보고서에서 그 부서의 실책과 태도 자체가 믿을 수 없을 정도로 부당하다고 했다. 형사들이 마리의 트라우마를 전혀 고려치 않았던 점을 이해할 수 없었다. 피해자를 향한 이해심이나 연민이 보이지 않았다는 점도 이해할 수 없었다. 형사들이 마리를 경찰서로 데리고 와 거짓말을 했다고 비난하던 그날에 대해 린타는 이렇게 썼다.

마리가 메이슨 경사와 리트간 형사가 마리를 대한 태도는 괴롭힘과 강압이라고밖에 할 수 없다. 읽기조차 괴로우며 어떻게 전문적이어야 할 국가기관인 경찰서에서 경험이 풍부한 경찰들이 이런 류의 행동을 할 수 있었는지 이해하기 어렵다. 만약 보고서에서 기록되지 않았다면 실제 일어난 일이라고 믿지 않았을 것이다.

그들의 취조 강도를 보면 피해자가 결백함에도 불구하고 거짓말했다고 자백한 것도 놀랍지 않다고 린타는 썼다.

4일 후에 리트간이 마리에게 감옥에 보낼 수 있고 집을 잃을 수 있다고 협박한 것은 최악이다. "이러한 발언은 강압적이고 잔인하며 믿을 수 없을 만큼 프로답지 않다. 이런 발언은 **어떤** 식으로도 정당화될 수 없다."

린타는 이후에 일어난 일도 되짚었다. 경찰은 마리와 같이 내려가 두 명의 프로젝트래더 간사에게 넘겨주었다. 간사들은 경찰이 있는 앞에서 마리에게 강간을 정말 당했냐고 물었다. 마리는 아니라고 대답했다.

"이 모든 상황이 피해자에게 '진실'을 말하라고 압박하기 위한 목적으로 기획되었다고 생각할 수밖에 없다." 린타는 말한다.

"피해자가 어떤 기분이었는지 상상하는 것만으로도 고통스럽다."

라이더 경감은 마리의 사건이 린우드 경찰서의 관행과 문화에 변화를 가져왔다고 말했다. 형사들은 성폭력 피해자와 트라우마에 관한 추가 교육을 받는다. 국제경찰서장연합의 규약(조앤 아침볼트가 쓴 가이드라인)에 따르면 경찰은 피해자와 신뢰를 쌓고 존중하고 있음을 보여주고 판단을 유보하며 피해자에게 면담 장소와 시간을 결정할 수 있도록 해야 한다. 성폭력 피해자들은 지역 정신 건강센터의 상담사에게 즉각 도움을 받을 수 있다. 수사관들은 거짓말이라는 "확실한 증거"를 입수하지 않은 이상 허위 신고라고 의심해서는 안 된다. 앞으로 허위 신고죄로 기소하기 전에 반드시 고위 간부의 검토를 받아야 한다. "정말 많은 것을 배웠습니다. 앞으로 이런 일이 어떤 시민에게도 일어나지 않아야 합니다." 라이더 경감의 말이다.

FBI의 통계 자료에 따르면 마리 사건은 2008년 린우드 경찰서에서 사실무근으로 분류된 네 사건 중 하나였다. 2008년부터 2012년까지 5년 동안 이 경찰서는 47건의 성폭력 신고 중 10건에 대해 사실무근 처리했고 이는 21.3퍼센트에 달한다. 같은 기간 비슷한 규모의 인구를 관리하는 경찰서의 전국 평균인 4.3퍼센트보다 다섯 배나 많은 숫자다. 라이더는 마리 사건 이후 린우드 경찰서가 어떤 사건을 사실무근으로 결론 내는 데 더욱 신중해졌다고 말했다.

"현재 우리 경찰서는 다른 경찰서보다 사건을 더 철저히 조사한다고 감히 말할 수 있습니다. 우리가 사건을 제대로 종결할 수 있게끔 극도로 신중을 기하고 있습니다."

"우리 경찰서의 모든 경찰은 이 사건을 영원히 기억할 것입니다."

———————— ◆ ————————

눈보라가 친다는 예보가 있었지만 잠잠했던 11월의 어느 날, 우리는 덴버에서 차를 타고 네브라스카에 인접한 콜로라도 북동쪽으로 올라갔다. 스털링 교화 시설이라는 교도소는 여타 교도소와 다를 바 없이 철조망이 둘러친 낮고 긴 건물로 우리는 등 뒤에서 잠기는 슬라이딩 도어 세 개를 통과한 다음 긴 복도를 지나서야 접견실로 갈 수 있었다.

마크 오리어리는 초록색 교도소복에 야구 모자를 썼다. 턱수염이 까칠하게 자라 있었다. 수감 당시 사진과 비교하면 턱에 군살이 붙어 있었다. 마치 눈꺼풀에 모터라도 달린 듯 눈을 경련하는 것처럼 깜박였다. 양손은 무릎에 얌전히 놓여 있었지만 왼쪽 엄지손가락을 계속 까닥였다.

"책을 많이 읽고 있습니다." 감옥에서 어떻게 지내냐는 말에 이렇게 대답했다. 철학, 과학, 심리학 책을 읽고 "아니면 도교 같은 형이상학적인 책도 읽고요……. 최근에는 명상을 많이 했어요……. 생각이 날 지배하게 하지 않으려고요……. 바느질도 해요."

가족은 한 달에 두 번 정도 방문한다. 가족들은 그가 법정에서 발언하던 순간까지 그의 실체, 정확히 말하면 이 부분만큼은 알지 못했다. "아주 오랫동안, 몇 십 년 동안이나 숨기고 사는 법을 익혔습니다. 그러니 잘해냈죠." 우리는 그에게 경찰이 알지 못하는 다른 범죄를 저지른 적 있냐고 물었다. "주택 침입 외에는 심각한 건 없습니다." 정식 심리 검사를 받은 적이 있냐고 물었다. 아니요. 그는 대답했다. "법원은 내가 조리 있게 말할 줄 알고 일기장 같은 데 미치광이 같은 소리들을 써놓진 않았으니까 내가 완벽하게 정상이라고 생각하나 봅니다. 하지만 남의 집에 침입해서 강간을 하고 돌아다니는 게 정신질환이 아니라면, 나는 정신질환의 정의가 완전히 잘못되었다고 생각합니다."

오리어리는 오래전에 일탈적인 환상 때문에 괴로워하는 청소년들을 치료하는 프로그램이 있었다면 자신이 멈출 수 있었을지 궁금하다고 했다. "외줄 위에 간신히 서 있는 사람, 자기가 잘못된 길을 갈 거란 걸 뻔히 아는 사람이 찾아가서 '저 도움이 필요해요.'라고 말할 수 있는 안전한 곳은 없어요." 상담기관의 성공은 자기와 같이 강간 욕구를 이해하는 상담사에게 달려 있다고 오리어리는 말했다. "벽에 박사 학위 스무 개가 걸려 있건 범죄학과 심리학을 통달했건 나는 상관없어요. 날 완전히 열어보일 수 있는 방법은 없었을 겁니다." 오리어리는 자신이 잠재적인 강간범들에게 심리 상담을 해주기에 "더없이 적합한 사람"이라고 말했다.

우리가 이곳까지 온 가장 큰 이유는 린우드 사건 때문이었다. 그가 뉴스를 보았을 때, 린우드 경찰이 그 사건을 종결하고 강간은 일어나지 않았다고 결론 냈을 때 그는 어떻게 반응했을까? 황당했을까?

"내가 체포될 때까지도 몰랐습니다. 콜로라도의 국선 변호인이 말해주어서 알았습니다."

강간을 한 후에는 뉴스나 신문을 보지도 않고 인터넷으로 수사 상황을 검색해보지도 않는다고 했다. 그럴 필요를 못 느꼈다. "가끔 생각은 났죠. 하지만 일부러 찾아보진 않았어요. 나는 두 개의 인생을 사느라 바빴거든요. 잠도 거의 못 잤어요. 그야말로 두 사람 분을 살고 있었어요. 그래서 거기까진 집중하진 못했어요.

그냥 경찰이 찾고는 있겠거니 짐작만 하고 있었죠."

———— ◆ ————

이 사건을 조사하던 몇 달간 우리는 검사, 경찰, 연구자, 활동가 등 수많은 성폭력 전문가들과 만나 대화를 나누었다. 강간 혐의 수사의 기초를 작성한 퇴직 형사 조앤 아첨볼트가 본 마리의 사건은 경찰의 회의주의가 얼마나 자기충족적인 예언일 수 있는지 보여준다고 했다. "안타깝게도 피해자를 취조하듯 신문하고 진술의 불일치를 따지는 것은 그저 피해자를 입 다물게 하고 진술을 번복하게 함으로써, 많은 성폭력 고소가 사실 무근으로 끝난다는 법 집행기관의 편견을 강화하게 됩니다."[3]

린우드 경찰은 마리를 신문했을 뿐만 아니라 보통은 강도 피의자에게 사용하는 리드 테크닉을 사용했다. 도발했다. 속임수를 썼다. 피해자의 신체적인 반응을 살폈다. 그런 방식의 접근은 "부적절했다."고 린타 경사는 외부 감사 보고서에 쓰면서 이렇게 덧붙였다. "신체 언어를 해석하는 것은 부정확한 과학으로 그 분야의 전문가가 아니라면 진실을 판가름하는 결정적인 도구가 되어서는 안 된다. 그리고 메이슨과 리트간은 분명그 분야 전문가가 아니었다." DNA 검사를 통해 무고한 사람들이 형사들에게 자백한 경우가 드러나면서 리드 테크닉은 점차 재고되고 있는 기법이기도 하다. 경찰 컨설팅 회사인 위클랜더줄라스키앤어소시에이트는 2017년 허위 자백의 위험성 때문에 경찰에게 이 신문 기법은 더 이상 교육하고 있지 않다고 말한다. "우리에게는 쉽지 않은 결정이지만 하지만 상당히 오랜 기간 동안 숙고해 내린 결정이기도 하다."[4] 이 회사의 회장은 말했다. 이 기법의 창설자인 존 리드는 1955년 네브라스카 살인 사건에서 젊은 수목관리원 대럴 파커에게서 자백을 이끌어내면서 명성을 얻었다.[5] 그러나 23년 후 웨슬리 피어리라는 사형수가 자신이 그 사건의 진범이라고 밝혔다. 파커는 마리의 기록이 삭제된 해의 다음해인 2012년에야 정식으로 무죄가 선언되었다.[6]

마리의 사건은 다른 면에서도 구체적인 교훈이 될 수 있다. 아첨볼트는 강간 피해자의 기억력이 뒤죽박죽이며 일관적이지 않을 수 있고 때로는 틀릴 수 있다고 경고한다. 마리는 강간범의 눈동자를 푸른색으로 기억했으나 오리어리의 눈은 녹갈색이었다. 마리는 강간범의 키가 170센티미터에서 180센티미터 사이쯤 된다고 묘사했으나 오리어리의 키는 188센티미터였다.

그녀의 사건은 수사 중단과 성폭력 응급 키트 폐기의 위험이 얼마나 큰지도 보여준다. 경찰은 마리가 거짓말을 하고 있다고 의심하기 시작하자 수사를 중단해버렸다. 거짓말로 결론낸 뒤에는 성폭력 응급 키트를 폐기했다. 전국적으로 비슷한 수준의 허술한 수사는 대규모로 누적되어 있다. 마리가 강간당하기 1년 전인 2007년, 주와 카운티의 수사관들로 이루어진 태스크포스팀이 일리노이주 하비 경찰서를 불시 단속한 결과, 조사되지 않은 성폭력 응급 키트 200여 개를 발견할 수 있었다. 2년 후 디트로이트에서는 한 검사가 창고에서 "먼지에 뒤덮인"[7] 1만 1341개의 조사되지 않은 성폭력 응급 키트를 발견했다. 2015년 《USA 투데이》에서는 전국적으로 7만여 개의 성폭력 응급 키트가 검사되지 않고 버려지는데 이는 전체의 일부일 뿐이라고 보도했다.[8] 같은 해 백악관은 40만 개에 달할 것이라고 추정했다.

"비극적이죠. 정말 비극입니다." 1970년대 처음 성폭력 응급 키트 도입에 앞장섰던 수전 아이리언은 말한다.

하지만 어떤 면에서, 문화적이고 정치적인 면에서는 변화를 목격하고 있기도 하다. 아첨볼트가 경찰이었을 당시 사람들은 강간 논의 자체를 피했고 대중은 경찰 자원이 성폭력이 아닌 다른 종류의 범죄에 투자되기를 원했다. 하지만 2015년 미국 법무부와 맨해튼 지방검찰청은 전국의 미처 리된 성폭력 응급 키트를 전수 조사하기 위해 거의 8000만 달러를 투자 했다.[9] 이 작업을 적극 지지한 단체는 인기 TV 드라마인 「로 앤 오더: 성 범죄전담반」의 배우인 마리스카 하지테이가 설립한 비영리단체 조이풀하 트 파운데이션이었다. 2016년 아카데미 시상식에서는 부통령 조 바이든 이 "이제 우리의 문화를 바꿔야 합니다."라고 말하며 레이디 가가를 소개 했고, 그녀는 성폭력 생존자들에 둘러싸여 노래했다. 몇 달 후에 유명한 백래시 사건이 일어났다. 스탠포드대학교 수영선수 출신인 브록 터너가 의식을 잃은 여성을 강간하고도 고작 6개월 형을 받은 것이다. 100만 명 이 넘는 사람들이 이 사건의 담당 판사를 해임하라는 온라인 탄원서에 서 명했다.

한편 성범죄 전문 경찰은 점점 더 새로운 접근 방식을 받아들이고 있 다. 많은 형사들이 '트라우마 피해자 면담' 교육에서 강간 피해자들의 뇌 에 생기는 신경학적인 변화를 배운다. 다른 디테일을 일깨우도록 도와주 는 감각 기억에 관해 질문하는 방법도 배운다.(그때 어떤 소리를 들었나요? 어떤 냄새를 맡았나요?) 피해자들이 시간 순으로 명확하게 설명하지 못할 수 있다는 점을 이해하며 중간에 말을 막지 않고 피해자들이 말하도록 하는 법을 배운다. 신문의 느낌을 주지 않으면서 다양한 답이 나오는 개 방형 질문을 하는 법을 배운다.

린우드 남쪽으로 난 주간고속도로 5번을 직선으로 타면 나오는 오리 건주 애슐랜드에서 캐리 헐이라는 형사가 '당신에겐 선택권이 있습니다

(You Have Options)'라는 새로운 프로그램을 개발했다. 2013년에 처음 도입된 이 프로그램의 목표는 성폭력 피해자들의 신고 수를 늘려 연쇄 성범죄자 검거를 돕는 것이다. 헐은 많은 피해자들이 비밀 보장을 원하고, 신뢰받지 못할까 봐 두려워한다는 것을 알고 있었다.[10] 따라서 이 프로그램은 경찰이 어떻게 수사할지, 아니면 수사 진행을 할지 안 할지까지도 피해자 스스로 결정하게 한다. 피해자들은 익명으로 남을 수 있다. 피해자가 고소를 꺼리면 경찰은 그 결정도 존중한다. 프로그램 도입 첫해 애슐랜드 경찰서에서는 성폭력 신고가 106퍼센트 증가했다. 그 이후 버지니아, 미주리, 콜로라도, 워싱턴 등 12개 이상의 주 경찰서에서 이 프로그램을 도입했다.

이 프로그램의 접근 방식에 의문을 표하는 경찰들도 있었다. 범죄를 수사하지 말라는 이야기를 듣는 것과 마찬가지라고 보는 것이다. 헐은 다르게 본다. 피해자가 준 정보는 무엇이 되었건 앞으로 일어날 사건 해결에 도움이 될 수 있다. 그루징이 받은 조언과도 비슷한 맥락이다. 그저 그들이 되도록 많이 이야기하게 하라.

———— ◆ ————

우리는 오로라, 레이크우드, 웨스트민스터, 골든의 경찰서에서 오리어리 수사 파일을 받았다. 방대한 분량이었다. 미진한 부분이 전혀 없이 사건을 속속들이 설명하고 있었다. 단 한 가지만 빼고.

존 에번스는 오리어리 피해자들의 사진을 복구한 다음 마지막 작업에 혼신의 힘을 기울였다. 렛치 해독하기. 그는 로키 마운틴 컴퓨터 포렌식 연구실에 있는 일곱 대의 고성능 컴퓨터 중 한 대를 이용해 오리어리의 가장 깊은 비밀이 담긴 75기가바이트의 암호화된 파일을 푸는 데 매달렸다. 전문 해킹 소프트웨어를 사용하여 하루에 24시간, 일주일에 7일 가동하며 비밀번호를 수없이 쏟아부었다. 몇 개의 비밀번호는 할런 스트리트 65번지를 수색하며 밝혀낸 오리어리의 삶의 조각들이었다. 옛날 비밀번호. 이메일 주소. 가족과 친구들의 이름. 하지만 대부분의 경우 이 소프트웨어는 그저 무지막지한 연산 능력을 사용해 대형 망치처럼 암호화된 프로그램에 수천 개의 단어와 암호를 무차별적으로 때려 넣어보는 것이다. 그중 아무것도 먹히지 않았다.

"괴로워 미칠 지경이었습니다. 그 안에 더 많은 다른 범죄의 증거가 있다고 생각했거든요. 어느 누구도 봐서는 안 되는 것들이 들어 있겠죠."

6개월 동안의 싸움 끝에 에번스는 더 큰 망치가 필요하다고 생각했다. 이 파일을 FBI의 컴퓨터 전문가 집단인 암호와전자정보기술연구소에 보냈다. FBI 안에서도 가장 철통같은 보안을 보장하는 암호분석팀은 수백만 개의 이메일을 수색하며 미 국가안보국을 돕는다. 이 팀의 과학자, 요원, 프로그래머 들은 어려운 컴퓨터 관련 사건들로 고전하는 지역의 법집행기관의 사건들도 돕고 있다. 하지만 이 암호분석가들도 렛치는 열지 못했다.

에번스는 원본 파일이 들어 있는 하드 드라이브를 골든 경찰서에 보관했다. 평범하기 그지없는 은색 하드 드라이브는 증거 창고의 선반에 놓였다. 모델명은 WD3200AAKS, 제품 번호는 WMAWF0029012, 사건번호 1-11-000108.

밥 와이너 또한 로키산맥의 러닝 코스를 달리다가도 자기도 모르게 생각이 렛치로 향하곤 했다. 오리어리가 유죄 선고를 받은 지도 이제 수년이 흘렀고 그는 평생 동안 교도소에서 보낼 것이다. 그는 비밀번호를 절대 내줄 생각이 없다고 했다. 와이너는 대체 그 안에 무엇이 들어 있는지 궁금했다.

"어쩌면 살인과 관련된 정보가 있는 게 아닐까요. 나도 모르죠. 시시때때로 그 생각을 합니다. '그 안에 뭐가 있을까? 무슨 일이 있었을까?' 아직도 가끔 생각납니다." 와이너는 말한다.

———————◆———————

성폭력 피해 이후 사람들은 마리가 히스테리컬해지거나 망가졌을 거라 짐작했다. 마리는 평범한 생활을 놓치지 않으려 했다. 때로 그것이 연극이라고 해도 말이다. 평범함은 그녀가 이전부터 갈망해온 것이고, 사건 이후에도 갈망하는 것이었다. "기본적으로, 아무 일이 일어나지 않은 것처럼 행동했어요." 그녀는 당시를 돌아보며 말한다. "모든 신경을 꺼버렸어요." 마치 그 사건과 거리를 둔 것처럼 말했던 그날처럼 말이다. **마치 방금 샌드위치 하나 만들었어요라고 말하는 듯했죠.** 그 다음 날에 그녀는 잔디에 뒹굴거리며 놀기도 하지 않았던가. 키득키득거렸던 건, 그녀가 불안할 때 하는 행동이다.

우리는 2015년 봄에 마리를 처음 인터뷰했다. 사건 이후 거의 7년이 되어가고 있었다. 그녀는 둘째 아이를 임신 중이었다. 남편은 직장에 나갔다고 했다.

사건 후 다른 사람들이 이상하다고 여겼던 마리의 행동에는 뿌리 깊은 이유가 있었다. "어려서 엄마와 살 때, 나는 나한테 일어난 나쁜 일은 아무에게도 이야기하지 않았어요." 마리는 말했다. 어린 시절 당한 성폭력도 아무에게도 이야기하지 않았다. "그냥 안에 묻어두었어요. 그 남자가 도망갔는지 다른 사람을 또 해쳤는지 몰라요. 그런데 그때만큼은 그렇게 하기 싫었어요." 그래서 그날 그렇게 많은 사람들에게 털어놓았던 것이다. 전화를 해서 사방에 알렸던 행동의 이유였다. 마리가 경찰에 알린 이유이기도 하다. 수차례 반복되는 진술에 전부 다 응한 것도 마찬가지였다. 대부분의 강간 피해자들은 나서지 않는다. 마리는 나섰다. "그래야 다른 사람들도 다치지 않으니까요." 그녀는 말했다. "그래야 경찰이 나한테 이런 짓을 한 사람을 찾으러 나설 테니까."

그녀는 경찰이 증거를 없애버렸다는 사실이 여전히 충격이라고 말했다. "내 팔목에 있었던 상처 자국은 거짓이 아니잖아요. 다음 날 다른 사람과 악수할 때도 팔목이 아팠어요. 울고 싶을 정도로 아팠어요." 바로 그날이 페기가 메이슨에게 전화한 날, 의심이 싹튼 날, 경찰이 마리의 이야기의 여러 다른 버전을 물고 늘어진 날, 그녀를 또다시 아프게 한 날이었다. "사소한 디테일들은 달라질 수 있는 거잖아요. 하지만 우리 집에 남자가 들어와서 날 강간했다는 기본 진술은 늘 일관적이었어요."

페기와 조던이 그녀를 믿지 않았다는 말을 경찰이 했을 때 "가슴이 무너졌다."고 마리는 말했다. 그녀 스스로 자신을 의심하기 시작했고 때때로 자신이 진짜로 이야기를 지어낸 건 아닐까 혼란스러웠다. 어쩌면 내가 꿈을 꾼 건지도 몰라. 거짓말을 했다고 자백했을 때는 "모든 걸 잃었죠." 자기 자신도 잃었다. 새로운 시작을 향한 열망으로 가득했던 18세 소녀는 사라졌다. 우울증이 그녀를 잡아먹었다.

사건 이후 그녀는 바깥 외출이 두려웠다. 집에 틀어박혀 온종일 텔레비전만 봤다. 밤이 가장 무서웠다. "최악이었죠. 어느 날 밤 가게에 혼자 걸어가는데 누가 나를 뒤쫓아오는 것 같은 환각이 보였어요. 무서워 죽을 것 같았어요. 우리 집에서 700미터밖에 못 나갔는데요. 집까지 달렸죠. 전속력으로 뛰었어요. 누가 나를 따라온다고 진심으로 믿었기 때문이죠." 그녀는 그때부터 어두워지면 밖으로 나가지 않았다. 아파트에 있을 때면 침실이 두려워 소파에서 불을 켜놓고 자곤 했다.

오리어리의 체포 소식을 들은 날 마리는 린우드 경찰서에서 그가 몇 명의 여성들을 해쳤는지 물었다. 그녀는 생각하지 않을 수 없었다. 내가 진술을 번복하지 않았다면 그들이 피해를 당하지 않았을지도 몰라. 그 책임을 그녀에게 묻는 것이 아무리 부당하다 해도 그녀에게는 또 다른 짐이 되었다.

오리어리는 워싱턴의 두 사건에도 유죄를 인정했다. 그가 양형심리 절차를 위해 워싱턴에 왔을 때 마리는 법정에 가지 않았다. "그를 만나고 싶지 않았어요. 그건 내가 감당할 수 없는 일이었어요."

커클랜드의 노부인은 오리어리의 재판에 참석했다. "그 남자라는 것을 확인하는 것이 내게는 중요했습니다." 그녀는 말한다. "그게 그를 위한 정의이기도 하고, 나를 위한 정의이기도 했죠." 그녀는 양형심리 절차에서 진술은 하였지만 강간의 세부적인 과정에 대한 언급은 피했다. "그가 그날의 일을 다시 상기하는 것이 싫었습니다." 그에게 그런 만족을 주고 싶지는 않았다. 성폭력 사건 후에 그녀는 외상 후 스트레스 장애로 고통받았다. 심장이 갑자기 빨리 뛰곤 했다. 블라인드는 항상 내려두었다. 모든 소음에 민감하게 반응했다. 특히 밤이 힘들었다고 말한다. 샤워를 할 때가 가장 힘들었다. 물소리 외에 다른 소리를 들을 수 없으면 무서운 상상이 자꾸 들기 때문이었다.

오리어리는 커클랜드 사건으로 40년 형을 받았다. 마리의 강간으로는 28년 6개월을 선고받았다.

마리가 법원 명령으로 정신 건강 상담을 받으러 다닐 때 상담사에게도 진실을 말한 적이 있다. 그녀는 자신이 강간당한 것이 사실이라고 말했다. 콜로라도에서 오리어리가 체포된 후 마리는 상담사에게 전화해 말하고 싶었다. 내가 강간당했다고 말했을 때, 나는 당신에게 진실을 말하고 있었어요. 하지만 그 상담사를 찾을 수 없었다. 마리는 그녀 이야기의 최종 결말을 알지 못하는 사람이 많다는 걸 알았다. 프로젝트래더의 또래 회원들. 그날 둘러앉아 거짓말했다는 고백을 들었던 그 애들은 진실을 알까? 엘리자베스는 안다. 엘리자베스는 마리의 오른쪽에 앉아 있었던, 그녀에게 연민을 느낀 유일한 소녀였다. 그 둘은 나중에 친구가 되었다. 마리는 엘리자베스 또한 성폭력을 당한 적이 있다는 것을 알게 되었다. 그런데 아무도 믿어주지 않을까 봐 말도 꺼내지 않았다고 했다. 하지만 그 모임에 있던 다른 아이들은 그 이후 상황에 대해 알 가능성이 적었다. 사람들은 각자 갈 길을 가고 오해는 오해로 남을 뿐이다.

런던에 사는 한 남자가 운영하는 블로그인 '전 세계 성폭력 무고죄 연대기'에는 여전히 린우드의 마리 사건이 올라와 있다. 그녀는 여전히 글쓴이의 주장을 뒷받침하는 실례로 남아 있다. 진실은 아직 거짓말이 퍼지는 속도를 따라잡지 못하고 있다.

우리는 마리에게 오리어리의 체포 사실을 안 다음부터 어떻게 살았는지 알려달라고 했다.

돌려받은 500달러로 마리는 새 휴대전화를 샀다. 이전에 쓰던 휴대전화가 고장 났기 때문이었다. 옷도 샀다. 친구에게도 빌려주었다.

섀넌의 도움으로 운전면허를 취득했다. 면허증을 받은 날 또 다른 종류의 면허 신청을 했다. 트럭 운전수가 되기 위해 학원에 다녔다. 길 위에 있는 직업이라는 점이 마음에 들었다. 워싱턴을 떠나갈 것도. 과거로 정의되지 않을 만한 직업이라는 점도. "내 인생을 저주하면서 두려움 속에서 살기는 싫었어요."

대형 운전기사 자격시험은 한 번만에 통과했다. 면허증이 도착한 날 비행기에 올랐다. 동부로 가서 면접을 보았고 합격했다. 그 일은 트럭 운전만 하는 것이 아니라 작업복과 보안경과 안전모를 착용하고 3.5킬로그램 무게의 망치를 휘두르는 일이었다. 그다음 일은 오직 운전만 하는 것이었다. 석유 시추 부지에 생수를 배달하는 일을 했다. 그다음에는 굴착 장치에 사용될 파이프를 운반했다.

인터넷으로 한 남자를 만났다. 트럭에 앉아 파이프 하차를 기다리고 있을 때 그의 첫 메시지가 도착했다. "처음 만났을 때부터 편하게 대화했어요." 마리에게 그는 신뢰할 수 있는 사람이었다. "나에게 처음으로 근사한 저녁을 사준 남자이기도 하죠." 두 사람은 결혼해 첫아이를 낳았다. 우리가 마리를 처음으로 만나 인터뷰하고 몇 달 후 둘째 아이가 태어났다. 이 가족은 현재 미국의 중부 어딘가에서 살고 있다.

2016년 가을 마리는 길에서 누군가에게 전화를 걸었다. 펜실베이니아였고 메인으로 물류 배송을 하러 가던 중이었다. 스테이시 갤브레이스가 전화를 받자 마리는 자신을 소개했다. 마리는 자기의 이름과 성을 밝히면서 갤브레이스에게 자신이 그 사진 속의 여자라고 말했다. 애써주셔서 정말 감사하다고 말씀드리고 싶었습니다. 그렇게 말할 때 마리는 목이 메기 시작했다. 갤브레이스는 마리에게 어떻게 지내고 있냐고 물었고 마리는 결혼했고 아이가 둘이라고 했다. 갤브레이스는 자기도 아이 둘을 키우고 있다고 말했다. 두 사람은 15분 정도로만 짧게 통화했는데 마리가 원한 것, 마리에게 진정 필요했던 것은 그저 갤브레이스 형사가 해준 일이 자신에게 얼마나 큰 의미였는지 알리는 것뿐이라 시간은 상관없었다. 오리어리가 체포되기 전에 마리의 인생은 출구가 없는 막다른 길 같았다. 운전면허조차 따지 못했다.

"그분 덕분에 앞으로 나아갈 수 있었으니까요." 마리는 말한다.

마리는 18륜 대형 트럭을 몰고 펜실베이니아를 떠나 뉴잉글랜드로 가서 나머지 800킬로미터의 여정을 마쳤다. 북동쪽 도시에 도착한 후, 화물을 내리고, 새로운 화물을 싣고, 캘리포니아 서쪽을 향해 다시 떠났다.

작가들의 말

우리는 (여기서 말하는 우리는 T. 크리스천 밀러와 켄 암스트롱이다.) 각각 다른 경로로 이 이야기를 접했다가 중간에서 서로를 만나게 되었다.

밀러는 프로퍼블리카라는 심층보도 기관에서 일하고 있었다. 2015년 그는 강간 사건의 미흡한 수사를 조사 중이었다. FBI가 구축한 바이캡이 잘 활용되고 있지 않다는 내용도 기사로 썼다. 또한 전 스타 풋볼선수로 네 개의 주에서 아홉 명의 여성에 대한 강간 치사와 강간 혐의로 유죄 판결을 받았던 대런 샤퍼의 범죄를 중간에서 멈추지 못한 경찰의 수사 실패에 대해서도 썼다. 일련의 기사를 쓰다가 그는 타 지역 경찰서와 기관들 사이 기적적인 협동 수사 작업으로 콜로라도에서 검거한 연쇄강간범 마크 오리어리 이야기를 접하게 되었다. 밀러는 제대로 수행된 강간 수사에 대한 기사를 쓰기 위하여 덴버 부근에서 취재를 시작했다.

한편 시애틀에 사는 암스트롱은 형사 사건을 전문으로 취재하는 비영리 저널리즘 기관인 마셜프로젝트에서 일하고 있었다. 그는 지방 신문에서 시를 상대로 한 마리의 고소 사건을 읽고 마리를 알게 되었다. 하지만 마리는 언론과의 인터뷰를 거절하던 중이었다. 린우드 수사의 외부 감사를 실시했던 성범죄 전문 수사관 그레그 린타와 마찬가지로 암스트롱 또한 마리와 연락이 닿지 않아 허위 신고 혐의를 받았을 때의 심정을 상상만 할 수 있었다. 암스트롱은 마리에게 연락해 이야기를 공유해줄 수 있는지 물었고 7개월 동안의 이메일과 전화를 한 끝에 마침내 인터뷰 동의를 얻었다. 2015년 봄부터 암스트롱과 라디오 프로그램 「디스 아메리칸 라이프」의 PD 로빈 시미언은 마리, 페기, 섀넌, 메이슨 경사 등을 인터뷰했다. 암스트롱은 수사를 재구성하기 위해 린우드 경찰로부터 수사 일지를 건네받았다.

2015년 여름 밀러는 오리어리 사건의 워싱턴 부분에 관한 기사를 쓰다가 마리의 변호사인 H. 리치먼드 피셔에게 연락했다. 그때 피셔는 어떤 기자도 듣고 싶지 않은 말을 들려주었다. 또 다른 기자가 같은 기사를 취재하고 있다는 것이었다. 뉴스 보도기관은 경찰서보다도 훨씬 더 자기 사건 사수에 민감한 법이라 이 발견으로 인해 우리는 각 상사들의 입에서 욕이 터져 나오는 것을 보았다. 하지만 우리는 힘을 합쳐보기로 했다. 함께 반쪽짜리 이야기 두 개를 이어붙여 하나로 만드는 작업을 했다. 실패로 돌아갔던 수사와 제대로 흘러간 수사를 연결시켜 본 것이다. 2015년 12월 우리는 「믿을 수 없는 강간 이야기(An Unbelievable Story of Rape)」라는 제목의, 총 1만 2000단어로 된 기사를 발표했다. 이 기사에는 워싱턴주의 경찰 수사와 콜로라도주의 수사를 비교하면서 마리가 겪은 정신적 상처에 대해서도 실었다. 2016년 2월 「디스 아메리칸 라이프」에서는 '의심의 분석'이라는 주제로 마리 사건에서 의심이 어떻게 시작되고 퍼져갔는지를 주제로 방송했다. 진행자 아이라 글래스는 서두에서 이렇게 말했다. "감정 이입을 하려고 노력한 사람들이 있죠. 하지만 잘하지 못했습니다." 이후에도 우리는 두 가지 이야기를 완성하였지만 더 하고 싶은 이야기가 있다고 느꼈다. 우리는 강간 피해자가 자주 마주치는 의심의 역사를 따라가보고 싶었고 형사들을 잘못된 수사로 빠지게 하는 편견과 가정에 대해서도 탐구하고 싶었다. 우리는 마크 오리어리의 인적 사항을 밝히고 그가 체포되기까지 법 집행기관의 수사가 어떻게 펼쳐지는지 보여주고자 했다.

마리의 사건을 개인이 아니라 전국적인 차원에서 보면서 그녀가 겪은 시련이 얼마나 극심한지 보여주고, 같은 고통을 겪었을 다른 피해자들도 조망해보고자 했다.

그렇게 해서 이 책이 탄생했다.

우리가 기사를 발표하면서 본인의 아픈 부분에 대해서 털어놓기로 결심한 사람들의 진심에 큰 감명을 받았다. 마리는 자신의 경험이 알려지면 같은 일이 반복되지 않으리라는 신념으로 우리의 인터뷰에 응했다. 페기와 섀넌은 다른 이들이 자신의 실수에서 배우길 바라는 마음에서 모든 사연을 털어놓았다. 린우드 경찰서의 경감인 라이더, 콘하임 경사, 그리고 이 사건의 담당 형사였던 메이슨 경사도 마찬가지였다.

우리는 전 린우드 경찰인 존 리트간과 직접 만나 인터뷰하려고 노력해 보았지만 성공하지 못했다. 대신 그는 이메일로 답장을 보내왔다. 린우드 경찰서에서 마리를 압박했다고(그는 이 부분이 불편하다고 말했으며 린타 경사의 감사 보고서에는 '강압'이라는 단어가 사용되었다.) 하는 표현은 "진실과 거리가 멀다."고 말했다. "경찰서에게 거짓말하는 사람들은 여전히 있고, 당신들처럼 편파적인 기사로 주목을 받으려는 사람들은 진실을 말하지 않습니다. 만약 그 사건의 진상, 인터뷰와 증거 등등을 모두 알고 싶다면 그에 합당한 물질적 사례가 있다는 전제 아래 인터뷰를 하겠습니다." 우리는 인터뷰를 하기 위해 돈을 지불하지는 않겠다고 통보했다.

강간에 대해 쓰면서 객관성을 유지하는 데 어려움을 느꼈다. 예를 들어 성폭력을 묘사할 때는 오리어리가 피해자들에게 준 공포를 전달하기 위하여 되도록 자세히 묘사하려고 했다. 하지만 그와 동시에 불필요한 세부 사항은 적지 않으려고 애썼다. 오리어리의 피해자들에 대해 서술할 때 신분이 노출될 수 있는 사항은 생략했다.(세라가 교회 성가대에서 활동한다고 했지만 어떤 교회인지는 밝히지 않았다.) 그러면서도 그가 공격한 여성들을 캐리커처가 아니라 개별적인 인물로 묘사하는 것이 중요했기에 어느 정도의 디테일은 추가할 수밖에 없었다. 또 하나의 어려움은 역시 용어와 관련되어 있다. 작가의 말과 이 책의 모든 곳에서 우리는 마리를 비롯해 오리어리에게 강간당한 여성들을 지칭하기 위해 '피해자'라는 단어를 사용했다. 강간을 당한 이들 중에는 모두는 아니지만 '생존자'나 '승리자'라는 단어를 선호하는 이들도 있었다. 우리는 가장 흔히 쓰이는 용어이자 일반적인 용어로서 '피해자'를 택했다. 하지만 오리어리에게 공격당한 여성 중 한 명은 이 용어로 표현되는 것을 거부했기에 그에게는 이 용어를 쓰지 않았다. 오리어리의 강간을 묘사하며 상호합의적인 성관계와 관련된 언어는 절대적으로 피하려고 노력했다. 예를 들어 우리는 '애무하다' 대신에 '더듬다'라는 표현을 사용했다.

성폭력 피해자의 익명성 보호를 위해, 일반적인 관례에 따라 우리도 이 책에서 몇 사람의 이름은 가명을 사용했다. 마리의 삶에 존재한 사람들인 친구, 가족 등은 성을 빼고 이름만 사용했다. 피해자들과, 무고함이 밝혀진 용의자들에 관해서는 가명을 사용했고 마리의 경우 미들 네임을 사용했다.(그녀는 평소에 이 이름을 쓰지 않는다.) 피해자가 공개를 허락했을 경우에만 이름과 성을 공개했다. 경찰, 검사, 판사, 공적 인물은 이름과 성을 모두 사용했고 마크 오리어리 또한 본명이다.

취재하고 집필하는 과정에서 우리는 어쩌면 있을지도 모를 사각지대에 대해서 늘 주의하려고 애썼다. 어쩌면 이 프로젝트에 있어서 가장 큰 도전은 젠더 문제였을지 모른다. 성폭력 피해자들 대부분이 여성인 반면 우리는 둘 다 남성이다. 다행히 우리는 이 프로젝트 작업 과정과 우리의 삶에서 여성들에게 의지하고 기댈 수 있었다. 우리 책 에디터들은 레이철 클레이먼과 에마 베리로 둘 다 여성이다. 크라운 출판사 대표도 여성인 몰리 스턴이다. 우리는 또한 아내들을 포함한 다른 여성 독자들에게 원고 초고를 보여주며 피드백을 받았다. 트라우마와 성폭력 분야의 전문가들에게도 원고를 보내 검토를 받았다. 피드백을 준 저널리즘트라우마다트센터의 이사인 브루스 셔피로, 국제여성폭력방지위원회 회장 조앤 아첨볼트, 미시건주립대학 심리학과 교수이자 성폭력 연구자인 리베카 캠벨에게도 감사를 표한다.

마지막으로 마리에게 우리 원고를 검토해달라고 부탁했다. 부정확한 부분은 없는지, 혹시 자신의 고통을 불필요하게 과장하진 않았는지 확인해주었다. 우리는 마리의 회복탄력성에 감복했다. 또한 자신의 이야기를 사람들에게 알려 사회적 선에 기여하고자 하는 관대함에도 감동했다. 우리가 그녀의 이야기를 진실 되고 힘 있게 전달했기만을 바란다. 그 외의 다른 실수가 있다면 전적으로 우리 책임이다.

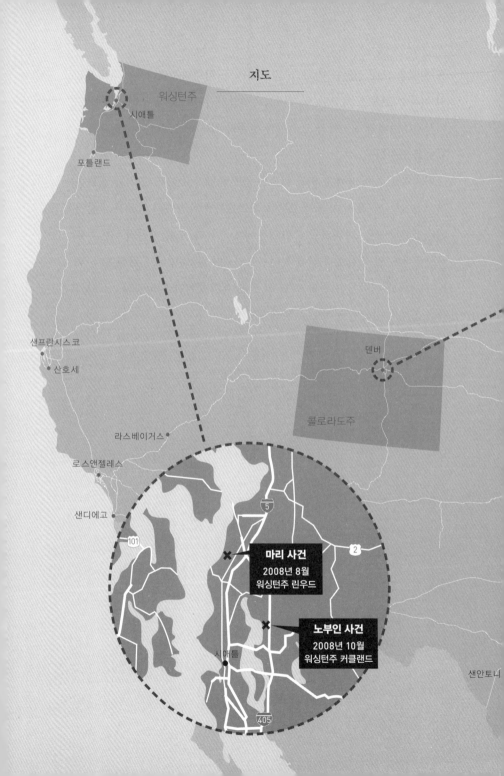

지도

워싱턴주

시애틀

포틀랜드

샌프란시스코

산호세

덴버

콜로라도주

라스베이거스

로스앤젤레스

샌디에고

마리 사건
2008년 8월
워싱턴주 린우드

노부인 사건
2008년 10월
워싱턴주 커클랜드

시애틀

샌안토니

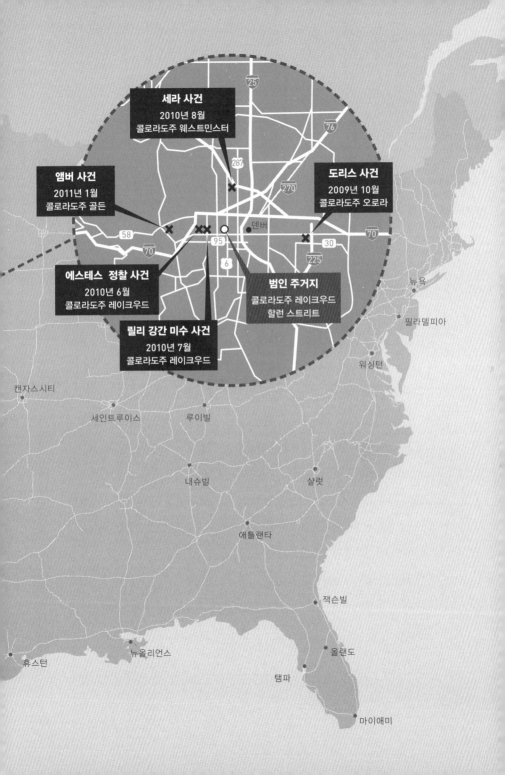

주

이 책은 인터뷰와 서류와 자료 들로 이루어졌다.

이 이야기의 워싱턴 부분에서 우리가 직접 인터뷰한 사람들은 다음과 같다. 마리, 마리의 위탁모인 페기와 섀넌, 친구 조던, 마리가 허위 신고죄로 기소당했을 때 변론을 해주었던 국선변호사 제임스 펠드먼, 마리가 린우드시를 상대로 소송했을 때의 변호사인 H. 리치먼드 피셔, 경사 제프리 메이슨, 경사 로드니 콘하임, 린우드 경찰서 경감 스티브 라이더, 커클랜드 경찰서의 경장 잭 키시와 형사인 오드라 웨버, 커클랜드에서 강간당한 노부인.

콜로라도 부분에서 인터뷰한 사람들은 다음과 같다. 골든 경찰서의 스테이시 갤브레이스 형사, 컴퓨터 분석가 존 에번스, 웨스트민스터 경찰서의 경사 에드나 헨더샷, 경관 데이비드 갤브레이스, 경사 트레버 마테라소, 범죄분석가 로라 캐럴, 현장감식원 캐서린 앨리스, 피해자 상담사 에이미 크리스텐슨. 레이크우드 경찰서 형사 에런 하셀, 범죄분석가 다넬 디지오시와 셰리 시마모토. 오로라 경찰서의 형사 스콧 버지스, 범죄분석가 던 톨락슨, 제퍼슨 지방검찰청 부장 검사 로버트 와이너, 공보장교 팸 러셀, FBI 특수 요원 조나단 그루징, 공공 사건 전문가 데버라 셔먼, 맞은편 거리에 주차된 흰색 픽업트럭을 주시하고 신고한 샤론 웰런, 마크 오리어리의 철학 교수 멀린다 와일딩.

인터뷰 중 일부는 저자들이 2015년 12월 16일 프로퍼블리카와 마셜프로젝트에서 출간한 기사 「믿을 수 없는 강간 이야기(An Unbelievable Story of Rape)」를 취재할 때 이루어졌다.

성폭력 수사에 대한 지식을 얻기 위하여 우리는 재직 중인 경찰과 전직 경찰, 형사, 검사, 성폭력 피해자 지원 단체, 학계 교수를 만나 조언을 구했다. 애리조나주립대학의 범죄학과 형법 대학 학장인 카시아 스폰, 미시간주립대학의 교수이자 연구원 리베카 캠벨, 애리조나 피닉스 경찰서의 전직 경사 짐 마키, 범죄분석가 제프 젠슨, 플로리다주 힐즈버러 카운티의 보안관 사무실의 특수 수사 부서 경감인 J. R. 버턴 총경, 국제법집행정보분석가연합회의 전 회장인 리치 마르티네스, 덴버 지방 검사실의 컨설턴트이자 전직 검사인 앤 먼치, 오리건 애슐랜드 경찰서의 형사 캐리 헐, 텍사스 오스틴 경찰서의 경사 리즈 도네건, 아칸소대학의 범대 교수인 리사 아발로스.

우리는 마크 오리어리를 콜로라도의 스털린 교도소에서 인터뷰했다.

또한 강간 수사 전문가들과 강간 수사 도구의 발전에 역할을 한 조앤 아쳄볼트와 캠벌리 론스웨이와 수전 아이리언을 만났다.

FBI의 바이캡 프로그램을 조사하기 위해서는 바이캡의 전 부서 팀장인 아트 마이스터, 행동 부서 팀장인 티머시 버크, 범죄분석가 네이선 그레이엄, 특수 요원 부서 담당자 케네스 그로스, 범죄분석 감독관 케빈 피츠시먼스, 부서 부팀장 마크 A. 니컬라스를 만났다. 바이캡에 대한 정보를 위해 소설가 퍼트리샤 콘웰도 만났다.

우리는 정식 공문서 청구를 통해 1만 페이지가 넘는 보고서와 문서를 입수했다. 워싱턴주 린우드와 커클랜드 경찰서, 콜로라도주 골든, 웨스트민스터, 오로라, 레이크우드 경찰서, 워싱턴 스노호미시 카운티와 킹 카운티의 지방 검사실, 콜로라도 제퍼슨 카운티의 지방 검사실, 린우드시, FBI에게 받았다.

문서 자료에는(카운티와 연방 법원에서 추가 기록물을 받았다.) 범죄현장 사진, 법 집행기관이 수집한 감시 카메라 영상, 의료 기록과 심리 기록, FBI의 오리어리 인터뷰 영상, 오리어리의 군대 기록, 경찰 인사과 기록, 프로젝트래더 회원 기록, 피해자와 목격자와의 경찰 인터뷰 요약본과 녹취본, 오리어리의 직불 카드 내역, 린우드 경찰서의 마리 사건 수사에 대한 내부 감사와 외부 감시 보고서가 있었다. 가끔은 우리를 위해 특별히 만들어진 자료도 이용했는데 예를 들어 오리어리의 콜로라도 법원 재판 사본 등이다.

마셜프로젝트와 프로퍼블리카의 도움으로 FBI의 범죄 통계 보고서를 분석할 수 있었고 린우드에서 '사실무근'으로 끝난 강간 사건을 전국적으로 주목받는 사건으로 확대시킬 수 있었다.

1
다리 위

참고 자료: 리트간, 메이슨 외 린우드 경찰들이 작성한 사건 보고서, 2008년 8월 18일 프로젝트래더 회원 일지, 마리의 진술서, 마리의 주장 철회 뉴스 기사, 2008년 8월 15일 KING5 채널 뉴스 방송.

1 Northwest Cable News, Aug. 16, 2008, 10:30 a.m. and 4:30 p.m. newscasts.

2 KING5 News, Aug. 15, 2008, 6:30 p.m. newscast.

3 "Another Motiveless False Rape Claim Exposed," *Community of the Wrongly Accused*, Aug. 21, 2008, falserapesociety.blogspot.com/2008/08/another-motiveless-false-rape-claim.html.

4 "An International Timeline of False Rape Allegations 1674-2015: Compiled and Annotated by Alexander Baron," accessed on Feb. 5, 2017, infotextmanuscripts.org/falserape/a-false-rape-timeline.html.

5 Alexander Baron, "An International Timeline of False Rape Allegations 1674-2015: Introduction," accessed on Feb. 5, 2017, infotextmanuscripts.org/falserape/a-false-rape-timeline-intro.html.

6 "Anatomy of Doubt," This American Life, episode 581, Feb. 26, 2016.

2

쫓는 자들

참고 자료: 골든, 웨스트민스터, 오로라 경찰서 및 FBI의 공개 자료. 경찰의 성폭력 수사에 관한 정보에 관심 있는 독자들은 다음과 같은 자료를 참고하면 좋다. End Violence Against Women International의 교육 모듈인 A Comprehensive Collection Collection of Best Practice; John O. Savino and Brent E. Turvey, *Rape Investigation Handbook*(San Diego: Elsevier Science, 2011); Cassia Spohn and Katharine Tellis, *Policing and Prosecuting Sexual Assault: Inside the Criminal Justice System*(Boulder: Lynne Rienner ublishers, 2014), Rebecca Campbell, Hannah Feeney, Giannina ehler-Cabral, Jessica Shaw, and Sheena Horsford, "The National Problem of Untested Sexual Assault Kits(SAKs): Scope, Causes, and uture Directions for Research, Policy, and Practice," *Trauma, Violence Abuse*(Dec. 23, 2015): 1-14.

1 Jennifer L. Truman and Lynn Langton, "Criminal Victimization, 2014," published by the US Department of Justice, Bureau of Justice Statistics.

2 Savino and Turvey, *Rape Investigation Handbook*, 25.

3 "Start by Believing: Ending the Cycle of Silence in Sexual Assault," End Violence Against Women International, accessed Feb. 22, 2017, startbybelieving.org/home.

4 "Coors Brewery Tour," MillerCoors, accessed April 22, 2017, millercoors.com/breweries/coors-brewing-company/tours.

5 "Golden History," City of Golden, accessed April 22, 2017, cityofgolden.net/live/golden-history/.

6 "CDOT Encourages Public to Comment on I-70 East Supplemental Draft Environmental Impact Statement," Colorado Department of Transportation, Aug. 27, 2014, codot.gov/projects/i70east/assets/sdeis-i-70-release-082614. CDOT는 하루 평균 교통량을 한 시간에 8541대로 계산해서 하루에 20만 5000대 정도라고 발표했다.

3

평범한 삶

참고 자료: 2013년 10월 18일, 법정 증거로 제출된 자료였던 존 R. 콘티의 「전문가 소견: 마리 정신 감정 (Disclosure of Expert Opinion, an evaluation of Marie)」, 메이슨의 린우드 경찰서 수사 기록, 프로젝트래더 관련 스노호미시 카운티 자료.

1   "Homeless Grant Assistance Program(HGAP) 2007 Project Summary," 2007년 7월에 만들어진 3페이지짜리 스노호미시 카운티 자료.

2   "Homeless Grant Assistance Program(HGAP) 2006-7 Project Documentation," 예상 결과와 프로젝트 일정표를 포함한 4페이지짜리 스노호미시 카운티 자료.

3   Judith M. Broom, *Lynnwood: The Land, the People, the City*(Seattle: Peanut Butter Publishing, 1990), 49.

4

난폭한 연금술

참고 자료: 웨스트민스터, 오로라 경찰서, 볼더 카운티 보안관 사무실, FBI의 공개 자료. 성폭력 허위 신고 논의에 관한 자료를 원한다면 다음을 참고하면 좋다. Cassia Spohn and Katharine Tellis, *Policing and Prosecuting Sexual Assault: Inside the Criminal Justice System*(Boulder: Lynne Rienner Publishers, 2014).

1   "Fun Facts about Arvada," City of Arvada, accessed April 22, 2017, arvada.org/about/our-community/arvada-fun-facts.

2   Philip N. S. Rumney, "False Allegations of Rape," *Cambridge Law Journal 65*(March 2006): 125-58.

3   Susan Brownmiller, 우리의 의지에 반하여: 남성, 여성, 그리고 강간의 역사(*Against Our Will: Men, Women and Rape*)(New York: Fawcett Columbine,1975), 387.

4   Kimberly Lonsway, Joanne Archambault, and David Lisak, "False Reports: Moving

Beyond the Issue to Successfully Investigate and Prosecute Non-Stranger Sexual Assault," *The Voice*, published by the National Center for the Prosecution of Violence Against Women, 2009.

5 Edna Hendershot, Alverd C. Stutson, and Thomas W. Adair, "A Case of Extreme Sexual Self-Mutilation," *Journal of Forensic Sciences* 55(Jan. 2010): 245-47.

6 Rebecca Campbell, "The Neurobiology of Sexual Assault," a Dec. 3, 2012, seminar presentation sponsored by the National Institute of Justice, transcript accessed on June 13, 2017, nij.gov/multimedia/presenter/presenter-campbell/Pages/presenter-campbell-transcript.aspx. 일부 학자들은 강간 피해자들의 기억력에 대한 수사관들의 불신을 줄이기 위해 여성 운동가들이 두뇌의 트라우마에 대해 과장할 수도 있다는 의견을 내기도 한다. 이에 관한 자료는 다음과 같다. Emily Yoffe, "The Bad Science Behind Campus Response to Sexual Assault," *The Atlantic*, Sept. 8, 2017.

7 Dorthe Berntsen, "Tunnel Memories for Autobiographical Events: Central Details Are Remembered More Frequently from Shocking Than from Happy Experiences," *Memory & Cognition* 30, no. 7(Oct. 2002): 1010-20.

5

이길 수 없는 싸움

참고 자료: 골든 경찰서, FBI, 제퍼슨 카운티(콜로라도)의 검사실, 스노호미시 카운티(워싱턴), 킹 카운티(워싱턴) 검사실 공개 자료.

1 "Understanding the ASVAB Test," US Army, accessed April 22, 2017, goarmy.com/learn/understanding-the-asvab.html.

2 "9th Infantry Regiment(United States)," Wikipedia, accessed April 22, 2017, en.wikipedia.org/wiki/9th_Infantry_Regiment_(United_States).

3 Jon Rabiroff and Hwang Hae-Rym, "'Juicy Bars' Said to Be Havens for Prostitution Aimed at US Military," *Stars and Stripes*, Sept. 9, 2009.

6
백인, 푸른 눈, 회색 스웨터

참고 자료 : 마일스, 넬슨, 켈시, 메이슨, 리트간이 작성한 린우드 경찰서의 사건 보고서. 린우드 경찰국의 메이슨의 인사 파일. 링크드인의 리트간 이력서. 마일스가 찍은 범죄 현장 사진. 린우드를 상대로 한 소송 자료에 증거로 제출된 마리 성폭력 검사 기록, 마티 고더드의 말과 초기 성폭력 응급 키트에 관한 자세한 정보는 애크런대학교에서 제공한 구술 자료를 참고함. 고더드가 2003년 2월 26일 캘리포니아 새크라멘토에서 한 인터뷰. 구술 자료는 vroh.uakron.edu/transcripts/Goddard.php에서 찾을 수 있다. 성폭력 응급 키트의 역사를 조사하며 다음과 같은 자료를 참고하면 좋다. Bonita Brodt, "Vitullo Kit Helps Police Build Case Against Rapists," *Chicago Tribune*, July 31, 1980; Jessica Ravitz, "The Story Behind the First RapeKit," CNN, updated Nov. 21, 2015; Chris Fusco, "Crime Lab Expert Developed Rape Kits," *Chicago Sun-Times*, Jan. 12, 2006.

1 Ravitz, "The Story Behind the First Rape Kit."

2 Brodt, "Vitullo Kit Helps Police."

3 Ann Wolbert Burgess and Lynda Lytle Holmstrom, *Rape: Crisis and Recovery* (West Newton, MA: Awab, 1979), 36.

4 Burgess and Holmstrom, *Rape: Crisis and Recovery*, 36.

5 Brodt, "Vitullo Kit Helps Police."

6 Kimberly A. Lonsway, Joanne Archambault, and Alan Berkowitz, "False Reports: Moving Beyond the Issue to Successfully Investigate and Prosecute Non-Stranger Sexual Assault," End Violence Against Women International, May 2007.

7 Joanne Archambault, T. Christian Miller and Ken Armstrong, "How Not to Handle a Rape Investigation," *Digg*, Dec. 17, 2015, digg.com/dialog/how-not-to-handle-a-rape-investigation#comments.

8 Archambault et al., "How Not to Handle a Rape Investigation."

9 Ronnie Garrett, "A New Look at Sexual Violence," a Q&A with Joanne Archambault, *Law Enforcement Technology*, Sept. 2005.

10 Garrett, "A New Look at Sexual Violence."

11 "Investigating Sexual Assaults," Model Policy, IACP National Law Enforcement Policy Center, May 2005.

7

자매들

참고 자료: 골든, 웨스트민스터, 오로라 경찰서, FBI의 공개 자료. 바이캠에 대해 더 알고 싶다면 다음 자료를 참고하면 좋다. Richard H. Walton, *Cold Case Homicides: Practical Investigative Techniques*(Boca Raton, FL: CRC/Taylor & Francis, 2006); Don DeNevi and John H. Campbell, *Into the Minds of Madmen: How the FBI's Behavioral Science Unit Revolutionized Crime Investigation*(Amherst, NY: Prometheus Books, 2004). 바이캠을 기반으로 한 범죄 소설 시리즈는 Michael Newton, *Blood Sport*(Clinton, MT: Wolfpack Publishing, 1990)부터 시작한다.

1 "Frequently Asked Questions on CODIS and NDIS," Federal Bureau of Investigation, accessed April 22, 2017, fbi.gov/services/laboratory/biometric-analysis/codis/codis-and-ndis-fact-sheet.

2 Matt Sebastian, "JonBenét Investigation the CBI's Largest Ever," *Daily Camera*, Feb. 3, 1999.

3 Joanne Archambault, Kimberly A. Lonsway, Patrick O'Donnell, and Lauren Ware, "Laboratory Analysis of Biological Evidence and the Role of DNA in Sexual Assault Investigations," End Violence Against Women International, Nov. 2015.

4 "Alice Stebbins Wells," International Association of Women Police, accessed April 22, 2017, iawp.org/history/wells/alice_stebbins_wells.htm.

5 Penny E. Harrington, *Recruiting & Retaining Women: A Self-Assessment Guide for Law Enforcement*, National Center for Women & Policing, a Division of the Feminist Majority Foundation, 2000.

6 Robert J. Homant and Daniel B. Kennedy, "Police Perceptions of Spouse Abuse: A Comparison of Male and Female Officers," *Journal of Criminal Justice* 13(Dec. 1985): 29-47.

7 Carole Kennedy Chaney and Grace Hall Saltzstein, "Democratic Control and Bureaucratic

Responsiveness: The Police and Domestic Violence," *American Journal of Political Science* 42, no. 3 (July 1998): 745-68.

8 Kenneth J. Meier and Jill Nicholson-Crotty, "Gender, Representative Bureaucracy, and Law Enforcement: The Case of Sexual Assault," *Public Administration Review* 66, no. 6 (Nov.-Dec. 2006): 850-60.

9 Joanne Archambault and Kimberly A. Lonsway, "Training Bulletin: Should Sexual Assault Victims Be Interviewed by Female Officers and Detectives?," End Violence Against Women International, Feb. 2015.

10 Harrington, *Recruiting & Retaining Women*.

11 Lynn Langton, "Women in Law Enforcement, 1987-2008," Crime Data Brief, Bureau of Justice Statistics, June 2010.

12 United States Congress, "Serial Murders: Hearing Before the Subcommittee on Juvenile Justice of the Committee on the Judiciary, United States Senate, Ninety-Eighth Congress, First Session, on Patterns of Murders Committed by One Person, in Large Numbers with No Apparent Rhyme, Reason, or Motivation," July 12, 1983.

13 United States Congress, "Serial Murders: Hearing Before the Subcommittee on Juvenile Justice of the Committee on the Judiciary."

14 Don DeNevi and John H. Campbell, *Into the Minds of Madmen*.

15 Stanley A. Pimentel, "Interview of Former Special Agent of the FBI Roger L. Depue (1968-1989)," Society of Former Special Agents of the FBI, nleomf.org/assets/pdfs/nlem/oral-histories/FBI_Depue_interview.pdf.

16 Robert J. Morton, ed., "Serial Murder: Multi-disciplinary Perspectives for Investigators," Federal Bureau of Investigation (Behavioral Analysis Unit-2, National Center for the Analysis of Violent Crime), fbi.gov/stats-services/publications/serial-murder.

17 Kevin M. Swartout, Mary P. Koss, Jacquelyn W. White, Martie P. Thompson, Antonia Abbey, and Alexandra L. Bellis, "Trajectory Analysis of the Campus Serial Rapist Assumption," *JAMA Pediatrics* 169, no. 12 (Dec. 2015): 1148-54.

18 David Lisak and Paul M. Miller, "Repeat Rape and Multiple Offending Among Undetected Rapists," *Violence and Victims* 17, no. 1 (2002): 73-84.

19 Morton, "Serial Murder: Multi-disciplinary Perspectives for Investigators."

20 T. Christian Miller, "The FBI Built a Database That Can Catch Rapists—Almost Nobody Uses It," ProPublica, July 30, 2015.

8

"그 애 말투와 어조가 뭔가 이상했어요."

참고 자료: 메이슨과 리트간이 작성한 린우드 경찰서 수사 보고서. 마리의 자술서. 한 장은 8월 13일 제출, 두 장은 8월 14일 제출. 메이슨의 인사 파일. 리트간의 링크드인 이력서. 린우드 경찰서 조사국의 외부, 내부 감사 보고서. 8월 15일 프로젝트래더 회원 일지. 린우드 경찰서와 범죄피해자보상위원회 사이에 오간 문의와 답변 기록. 메이슨과 리트간의 보고서에서는 8월 14일과 8월 18일에 형사들과 마리 사이에 오간 대화가 자세하게 묘사되어 있다. 마리가 조던과 페기가 자신을 의심한다는 말을 들었다는 부분은 우리와 마리가 한 인터뷰에서 나왔다.(조던 또한 마리가 조사받은 후 전화하여 조던이 자신을 믿지 않는다는 말을 경찰에게 했다고 들었다고 한다.)

리드 테크닉을 조사하면서는 다음과 같은 자료가 도움이 되었다. Fred E. Inbau, John E. Reid, Joseph P. Buckley, and Brian C. Jayne, *Criminal Interrogation and Confessions*, 5th ed.(Burlington, MA: Jones & Bartlett Learning, 2013); Fred E. Inbau, John E. Reid, Joseph P. Buckley, and Brian C. Jayne, *Essentials of the Reid Technique: Criminal Interrogation and Confessions*, 2nd ed.(Burlington, MA: Jones & Bartlett Learning, 2015); Douglas Starr, "The Interview," *New Yorker*, Dec. 9, 2013; Robert Kolker, "A Severed Head, Two Cops, and the Radical Future of Interrogation," *Wired*, May 24, 2016(published in partnership with the Marshall Project); Robert Kolker, "'I Did It,'"*New York*, Oct. 3, 2010.

1 Inbau, *Essentials of the Reid Technique*, viii.

2 Kolker, "A Severed Head, Two Cops, and the Radical Future of Interrogation."

3 Starr, "The Interview."

4 Inbau, Essentials of the Reid Technique, 5.

5 Ibid., 83.

6 Ibid., 83.

7 Ibid., 138.

8 Ibid., 21.

9
내면의 그림자

참고 자료: 골든, 웨스트민스터, 오로라 경찰서와 FBI의 공개 자료. 카를 구스타프 융의 그림자 개념은 다음의 자료를 참고했다. Stephen A. Diamond, "Essential Secrets of Psychotherapy: What Is the 'Shadow'?," *Psychology Today*, April 20, 2012.

1 C. G. Jung, *Psychology and Religion: West and East(The Collected Works of C.G. Jung, Volume 11)*, 2nd ed.(Princeton, NJ: Princeton University Press, 1975), 76.

2 Neil Strauss, *The Game: Penetrating the Secret Society of Pickup Artists*(New York: HarperCollins, 2005), 80.

3 Mystery and Chris Odom, *The Mystery Method: How to Get Beautiful Women into Bed*(New York: St. Martin's Press, 2007), 96.

4 "Marc O'Leary's Ex-Girlfriend: 'Something Was Off Between Us,'" *48 Hours*, Nov. 19, 2016. 이에 대한 추가 정보는 cbsnews.com/news/marc-patrick-oleary-48-hours-hunted-the-search-colorado-serial-rapist/에서 얻을 수 있다.

10
착한 이웃

참고 자료: 골든, 웨스트민스터, 오로라, 레이크우드 경찰서. 워싱턴 주 킹 카운티의 검사실. FBI, 콜로라도 제퍼슨 카운티 지방법원 사건 번호 11CR430의 공개 자료.

1   "Why Cedarville," Cedarville University, accessed May 3, 2017, cedarville.edu/About.aspx.

2   "About" page, Antioch College, accessed May 3, 2017, antiochcollege.edu/about.

3   Kimberly Lonsway, Joanne Archambault, and David Lisak, "False Reports: Moving Beyond the Issue to Successfully Investigate and Prosecute Non-Stranger Sexual Assault," *The Voice*, published by the National Center for the Prosecution of Violence Against Women, 2009.

11
특별경죄

참고 자료: 린우드 지방 법원에서 발행한 마리의 허위 신고죄 명세서. (사건 파일 자체는 봉인되었지만 명세서는 남아 있어 시를 상대로 한 소송에서 자료로 제출했다.) FBI 동일 범죄 보고 자료. 2008년 10월 6일 발생한 성폭력에 대한 커클랜드 경찰서 사건 보고서. 키시의 피해자와의 인터뷰 기록. 워싱턴주 관할권의 2008년 연간 법원 사건 기록. 허위 신고가 어떻게 기소되는지에 관해서는 다음 자료를 참고하면 좋다. Lisa Avalos, "Prosecuting Rape Victims While Rapists Run Free: The Consequences of Police Failure to Investigate Sex Crimes in Britain and the United States," *Michigan Journal of Gender and Law* 23, no. 1(2016): 1-64; Lisa R. Avalos, "Policing Rape Complainants: When Reporting Rape Becomes a Crime," *The Journal of Gender, Race & Justice* 20, no. 3(2017): 459-508.

1   Lisa Avalos, Alexandra Filippova, Cynthia Reed, and Matthew Siegel, "False Reports of Sexual Assault: Findings on Police Practices, Laws, and Advocacy Options," draft report of an advocacy paper prepared for Women Against Rape, Sept. 23, 2013, 9. This report can be found online at womenagainstrape.net/sites/default/files/final_paper_for_war_9-23.pdf.

2   Avalos, "False Reports of Sexual Assault," 8, 57-58. 아발로스의 논문에서는 영국에서 종신형까지 선고된 경우는 나오지 않지만 강간 신고에 대한 무고죄로 열세 명의 여성이 2년에서 3년의 징역형을 받았다고 기록되어 있다.

3   Craig Silverman, "The Year in Media Errors and Corrections 2014," Poynter Institute, Dec.

18, 2014, poynter.org/2014/the-year-in-media-errors-and-corrections-2014/306801/.

4 T. Rees Shapiro, "Fraternity Chapter at U-Va. to Settle Suit Against Rolling Stone for $1.65 Million," *Washington Post*, June 13, 2017.

5 T. Rees Shapiro and Emma Brown, "Rolling Stone Settles with Former U-Va. Dean in Defamation Case," *Washington Post*, April 11, 2017.

6 Peyton Whitely, "Woman Pleads Guilty to False Rape Report," *Seattle Times*, March 19, 2008.

12

흔적들

참고 자료: 골든, 웨스트민스터, 오로라, 레이크 우드 경찰서와 FBI의 공개 자료. 버려진 DNA에 관한 논쟁 자료는 다음을 참고했다. Elizabeth E. Joh, "Reclaiming 'Abandoned' DNA: The Fourth Amendment and Genetic Privacy," *Northwestern University Law Review* 100, no. 2(2006): 857-84; and the US Supreme Court decision *Maryland v. King*, docket no. 12-207, decided June 3, 2013.

1 Kevin Hartnett, "The DNA in Your Garbage: Up for Grabs," *Boston Globe*, May 12, 2013, bostonglobe.com/ideas/2013/05/11/the-dna-your-garbage-for-grabs/sU12MtVLkoypL1qu2iF6IL/story.html.

13

어항 들여다보기

참고 자료: FBI의 오리어리와의 인터뷰 영상 자료. 마운트레이크 테라스 경찰서가 2007년 4월 3일에 오리어리를 의심해 불심검문한 기록. 골든 외 콜로라도 법 집행기관 경찰 보고서, 오리어리 현역 시절과 제대 후 활동에 관한 미 육군 자료. 린우드 경찰서 기록. 법 집행기관이 밝힌 오리어리의 직불 카드 내역; 그

가 어디에서 쇼핑하고 식사했는지 나와 있어 워싱턴에서 콜로라도까지의 여정을 재구성할 수 있었다.

14
500달러짜리 수표

참고 자료: 골든 경찰서와 린우드 경찰서 사이에 오간 이메일, 갤브레이스가 작성한 골든 경찰서 보고서. 커클랜드 경찰서 보고서. 킹 카운티 고등 법원에서 실시된 커클랜드 사건의 재판 보고서. 2011년 9월 8일에 오간 갤브레이스와 킹 카운티 부장 검사와의 이메일. 메이슨의 성적 증명서가 포함된 인사 파일. 콘하임이 제출한 린우드 경찰서 보고서. 프로젝트래더 회원 일지.

1 *Law Enforcement Information Exchange (LInX) Information Brief,* prepared by the Naval Criminal Investigative Service, Oct. 29, 2009.

2 Mika Brzezinski, "Child Who Was the Victim of a Kidnapping Is Further Victimized by Police Detective in Minnesota," *CBS Evening News,* Feb. 23, 2004.

3 Catie L'Heureux, "Police Thought This Gone Girl-Like Kidnapping Was a Hoax Because the Woman 'Didn't Act Like a Victim,'" *The Cut,* Aug. 3, 2016.

4 Gabriella Paiella, "Woman Falsely Accused of Faking Her Gone Girl-Like Kidnapping in 2015 Says She's Still Being Harassed Online," *The Cut,* Jan. 4, 2017.

5 Paiella, "Woman Falsely Accused of Faking Her *Gone Girl*-Like Kidnapping in 2015 Says She's Still Being Harassed Online."

6 Bill Lueders, *Cry Rape: The True Story of One Woman's Harrowing Quest for Justice*(Madison, WI: Terrace Books, 2006), 59-60, 123-25.

7 Lueders, *Cry Rape,* 126.

8 Scott Shifrel, "Victim's Vindication: Con Admits Raping Queens Girl," *New York Daily News,* March 19, 2004.

9 Scott Shifrel and Leo Standora, "Rape Strains Family Bond; Mom's Doubts Scarred Teen," *New York Daily News,* March 20, 2004.

10 Natalie Elliott (Q&A with Sara Reedy), "I Was Raped—and the Police Told Me I Made It

Up," *VICE*, Jan. 8, 2013.

11 Elliott, "I Was Raped—and the Police Told Me I Made It Up."

12 Susan Brownmiller, *Against Our Will: Men, Women and Rape*(New York: Fawcett Columbine, 1975), 365-66.

13 Brownmiller, *Against Our Will*, 366.

14 Alex Campbell and Katie J. M. Baker, "Unfounded: When Detectives Dismiss Rape Reports Before Investigating Them," *BuzzFeed News*, Sept. 8, 2016.

15 Rachel M. Venema, "Police Officer Schema of Sexual Assault Reports: Real Rape, Ambiguous Cases, and False Reports," *Journal of Interpersonal Violence* 31, no. 5(2016): 872-99. This article was first published online in 2014.

16 Natalie Shaver, "Local Sheriff Reacts to Rape Kit Legislation," *KIFI* (LocalNews8.com), posted March 17, 2016; Salvador Hernandez, "Idaho Sheriff Says 'Majority' of Rape Accusations in His County Are False," *BuzzFeed News*, March 16, 2016.

15

327년 그리고 6개월

참고 자료: 골든, 웨스트민스터, 오로라, 레이크우드 경찰서, FBI 공개 자료. 콜로라도 제퍼슨 카운티 지방 법원 사건 번호 11CR430 자료. 성폭력 사건에서 검사가 유죄 판단을 내리는 데 영향을 미치는 요소에 대한 자료는 다음을 참고하면 좋다. Cassia Spohn and David Holleran, "Prosecuting Sexual Assault: A Comparison of Charging Decisions in Sexual Assault Cases Involving Strangers, Acquaintances, and Intimate Partners," National Criminal Justice Reference Service, 2004. 베들로 사건을 설명하며 가져온 인용문이 실린 재판 보고서는 약간 황당한 제목을 갖고 있다."Report of the Trial of Henry Bedlow, for Committing a Rape on Lanah Sawyer: With the Arguments of the Counsel on Each Side: At a Court of Oyer and Terminer, and Gaol Delivery for the City and County of New-York, Held 8th October, 1793 / Impartially Taken by a Gentleman of the Profession." 다음에서도 찾아볼 수 있다. tei.it.ox.ac.uk / tcp/Texts-HTML/free/N20/N20224. html.

1 John Meyer, "A Balance of Career, Fitness—on the Run," *Denver Post*, April 30, 2007.

2 "Boston Marathon Race Results 2007," Boston Marathon (plug the name Robert Weiner into the search box), accessed April 24, 2017, marathonguide.com/results/browse. cfm?MIDD=15070416.

3 Cassia Spohn and David Holleran, "Prosecuting Sexual Assault: A Comparison of Charging Decisions in Sexual Assault Cases Involving Strangers, Acquaintances, and Intimate Partners,"

4 Susan Brownmiller, *Against Our Will: Men, Women and Rape*(New York: Fawcett Columbine, 1975), 369.

5 Gilbert Geis and Ivan Bunn, *A Trial of Witches: A Seventeenth-Century Witchcraft Prosecution* (London: Routledge, 1997), 3.

6 John Bickerton Williams, *Memoirs of the Life, Character, and Writings, of Sir Matthew Hale, Knight, Lord Chief Justice of England*(London: Jackson and Walford, 1835), viii.

7 Sir Matthew Hale, *Historia Placitorum Coronae: The History of the Pleas of the Crown*, ed. Sollom *Emlyn*(London: Printed by E. and R. Nutt, and R. Gosling, assigns of Edward Sayer, Esq., 1736), vol. I, 635.

8 Hale, *Historia Placitorum Coronae*, 636.

9 Matthew Hale, *Letter of Advice to His Grand-Children, Matthew, Gabriel, Anne, Mary, and Frances Hale*(London: Taylor and Hessey, 1816), 30-31.

10 Hale, *Letter of Advice*, 31.

11 Ibid., 30.

12 Ibid., 15.

13 Ibid., 116.

14 Alan Cromartie, *Sir Matthew Hale 1609–1676: Law, Religion and Natural Philosophy* (Cambridge, England: Cambridge University Press, 1995), 5.

15 Hale, *Letter of Advice*, 119.

16 Geis, *A Trial of Witches*, 119.

17 Ibid., 7.

18 *The Papers of Thomas Jefferson*, vol. 10, Julian P. Boyd, ed.(Princeton, NJ: Princeton

University Press, 1954), 602.

19 Ibid., 604.

1 William R. Roalfe, John Henry Wigmore: *Scholar and Reformer*(Evanston, IL: Northwestern University Press, 1977), ix.

2 George F. James, "The Contribution of Wigmore to the Law of Evidence," *University of Chicago Law Review* 8(1940-41), 78.

3 James M. Doyle, "Ready for the Psychologists: Learning from Eyewitness Errors," *Court Review: The Journal of the American Judges Association* 48, no. 1-2(2012), 4.

4 John Henry Wigmore, *Wigmore on Evidence*, 3d ed., rev. by James H. Chadbourn, vol. 3A (Boston: Little, Brown and Company, 1970), 736.

5 Wigmore, *Wigmore on Evidence*, 737.

6 "Leigh B. Bienen, "A Question of Credibility: John Henry Wigmore's Use of Scientific Authority in Section 924a of the Treatise on Evidence," California Western Law Review 19, no. 2(1983): 236.

7 Bienen, "A Question of Credibility," 241.

8 *People v. Hulse*, 3 Hill(NY), 316.

9 Quoted in Peggy Reeves Sanday, *A Woman Scorned: Acquaintance Rape on Trial*(Berkeley: University of California Press, 1996), 158.

10 Estelle B. Freedman, *Redefining Rape: Sexual Violence in the Era of Suffrage and Segregation* (Cambridge, MA: Harvard University Press, 2013), 15.

11 Sharon Block, *Rape and Sexual Power in Early America*(Chapel Hill: University of North Carolina Press, 2006), 38, 92.

12 Lisa Rein, "Comments on Rape Law Elicit Outrage," *Washington Post*, April 6, 2007.

13 Catherine Rentz, "AllMale Panel Ruled on Rape Bill During Maryland's Legislative Session," *Baltimore Sun*, April 17, 2017.

14 "First Judicial District—District Judge," Colorado Office of Judicial Performance Evaluation, accessed April 24, 2017, coloradojudicialperformance.gov/retention .cfm?ret=987.

에필로그

18륜 트럭

워싱턴 서부지법에 접수된 마리 소송의 법정 기록. H. 리치먼드 피셔와 린우드의 변호사가 중재자에게 제공한 메모. 마리 소송의 합의서. 보험사 청구서. 린우드 경찰서가 실시한 마리 사건의 내부 감사 보고서. 린타 경사의 린우드 수사의 동료 감사 보고서. 메이슨 인사 파일, 린우드 경찰서에서 현재 사용되는 경찰 훈련 자료. FBI 동일 범죄 보고서 자료. '당신에게 선택권이 있습니다' 프로그램의 더 많은 자료는 다음에서 찾을 수 있다. Katie Van Syckle, "The Tiny Police Department in Southern Oregon That Plans to End Campus Rape," *The Cut*, Nov. 9, 2014.

1 Diana Hefley, "Lynnwood Settles with Rape Victim for $150K," *Daily Herald*(Everett, WA), Jan. 15, 2014.

2 Mike Carter, "Woman Sues After Lynnwood Police Didn't Believe She Was Raped," *Seattle Times*, posted June 11, 2013.

3 Joanne Archambault, T. Christian Miller, and Ken Armstrong, "How Not to Handle a Rape Investigation," *Digg*, Dec. 17, 2015, digg.com/dialog/how-not-to-handle-a-rape-investigation #comments.

4 Eli Hager, "The Seismic Change in Police Interrogations," Marshall Project, March 7, 2017.

5 Douglas Starr, "The Interview," *New Yorker*, Dec. 9, 2013.

6 Todd Henrichs and Peter Salter, "State Apologizes, Pays $500K to Man in 1955 Wrongful Conviction," *Lincoln Journal Star*, Aug. 31, 2012.

7 Anna Clark, "11,341 Rape Kits Were Collected and Forgotten in Detroit. This Is the Story of One of Them," *Elle*, June 23, 2016.

8 Steve Reilly, "70,000 Untested Rape Kits USA Today Found Is Fraction of Total," *USA Today*, July 16, 2015.

9 Eliza Gray, "Authorities Invest $80 Million in Ending the Rape Kit Backlog," *Time*, Sept. 10, 2015.

10 Avery Lill, "Oregon Detective Pioneers New Sexual Assault Reporting Program," NPR, Sept. 22, 2016.

감사의 말

이 책이 탄생하기까지 우리와 함께해준 많은 이들에게 깊은 감사를 전하고자 한다. 모든 건 편집부에서 우리의 특집 기사인 「믿을 수 없는 강간 이야기」를 조금 더 발전시켜보자고 제안하며 시작되었다. 마셜프로젝트의 빌 켈러와 커스틴 대니스, 프로퍼블리카의 스티븐 엔젤버그, 로빈 필즈, 조지프 섹스톤에게 감사한다. 카피 에디터 에이미 제르바는 서사를 구성하고 우리의 글을 세심하게 가다듬어주었다.

원 기사를 취재하고 보도할 때 제3의 파트너가 되어준 이들이 있었다. 영리하고 깊이 있는 라디오 방송의 모범이라 할 수 있는 「디스 아메리칸 라이프」, 우리 에피소드의 프로듀서였던 로빈 시미언, 프로그램 진행자 아이라 글라스에게 진심으로 감사한다.

우리의 에이전트 몰리 글리크과 크리에이티브아티스트 에이전시의 동료인 미셸 와이너는 신문 기사를 단행본으로 변모시키는 데 큰 도움을 주었다. 모든 단계에서 우리를 지원하고 격려했다.

펭귄 랜덤하우스의 크라운 퍼블리싱 그룹의 몰리 스턴, 레이철 클레이먼, 에마 베리, 매슈 마틴은 넓은 시야와 대담함으로 까다로운 주제를 능숙히 다루었다. 처음부터 끝까지 편집, 감독, 적절한 조언을 제공하며 우리의 강점을 살려주었다. 아예렛 왈드먼과 마이클 셰이본은 우리와 상의하며 적극적으로 의견을 나누어주었다. 제목 짓기는 언제나 어렵다.

우리는 친구와 가족, 친지들에게 초고를 읽어달라고 부탁하기도 했다. 소중한 피드백을 준 루스 볼드윈, 러모나 하텐도르프, 린 하인만, 아나 리, 레슬리 밀러, 모린 오하이건, 세레나 퀸, 크레이그 웰치에게 고마움을 전한다.

워싱턴대학교의 갤러거 법대 도서관의 사서들은 우리를 믿고 낡고 오래된 장서들을 대출해주었다. 도서관 사서들은 언제나 훌륭하다.

취재는 무척 많은 자금이 들어가는 일이다. 설립 첫해에 시모어 허쉬 기자의 미라이 학살 취재를 지원해준 탐사보도 펀드(The Fund for Investigative Journalism)는 너그러이 이 책을 위한 취재 비용을 지원해주었다. 수많은 기자들이 FIJ에게 마음의 빚을 지고 있다. 우리도 그중 일부다.

믿을 수 없는 강간 이야기

피해자 없는 범죄,
성폭력 수사 관행 고발 보고서

1판 1쇄 찍음 2019년 8월 16일
1판 1쇄 펴냄 2019년 8월 23일

지은이 T. 크리스천 밀러·켄 암스트롱
옮긴이 노지양
펴낸이 박상준
펴낸곳 반비

출판등록 1997. 3. 24.(제16-1444호)
(우)06027 서울특별시 강남구 도산대로1길 62
대표전화 515-2000, 팩시밀리 515-2007

한국어판 ⓒ (주)사이언스북스, 2019. Printed in Korea.

ISBN 979-11-89198-94-7 (03330)

반비는 민음사출판그룹의 인문·교양 브랜드입니다.